伟大的世界文明

古埃及

伟大的世界文明

古埃及

一部震撼视觉史

白杰 张靓 译

中国大百科全书出版社

Original Title: Ancient Egypt: The Definitive Visual History

Copyright © Dorling Kindersley Limited, 2021

A Penguin Random House Company

北京市版权登记号：图字01-2024-3021

审图号：GS（2024）2406号

图书在版编目（CIP）数据

伟大的世界文明古埃及 / 英国DK 公司编；白杰，张靓译. -- 北京：中国大百科全书出版社，2024.7.
ISBN 978-7-5202-1585-5

Ⅰ．K411.2

中国国家版本馆CIP 数据核字第2024WS6076 号

译　　者：白　杰　张　靓

专业审定：郭小凌

出 版 人：刘祚臣

策 划 人：杨　振

责任编辑：田　祎　何　欢

特约编辑：刘世元

封面设计：殷金旭

责任校对：袁　存

伟大的世界文明 古埃及

中国大百科全书出版社出版发行

（北京阜成门北大街17号　邮编：100037）

http://www.ecph.com.cn

新华书店经销

惠州市金宣发智能包装科技有限公司印制

开本：787毫米×1092毫米　1/16　印张：20

2024年7月第1版　2024年7月第1次印刷

ISBN 978-7-5202-1585-5

定价：298.00元

混合产品
纸张 |
支持负责任林业
FSC® C018179

www.dk.com

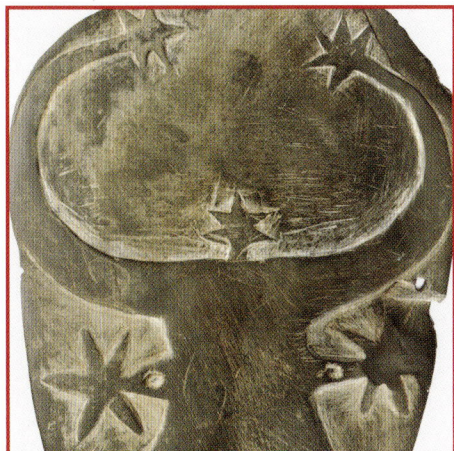

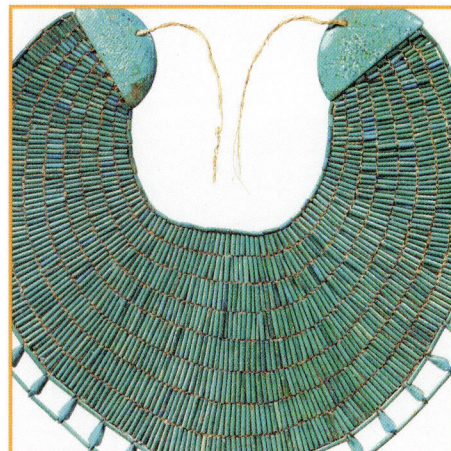

1 古埃及早期
约公元前4400~前2686年

2 从古王国时代到第一中间期
约公元前2686~前2055年

3 从中王国时代到第二中间期
约公元前2055~前1550年

4 新王国时代前期
约公元前1550~前1295年

5 新王国时代后期
约公元前1295~前1069年

6 第三中间期
和后期埃及时代
约公元前1069~前332年

7 希腊-罗马时代
约公元前332~公元395年

作者

史蒂文·斯内普

英国利物浦大学埃及考古学专家,曾任加斯康考古博物馆馆长。先后在埃及西奈半岛、尼罗河三角洲东部、阿拜多斯和底比斯等地指导田野考古,是拉美西斯时期要塞城市扎维特·乌姆·拉哈姆考古项目负责人。研究重点为聚落考古、拉美西斯时期和古埃及宗教考古。出版《古埃及墓葬:生与死的文化》《古埃及的城镇和城市》等多部考古学著作。

顾问

乔伊斯·泰德斯利

英国曼彻斯特大学埃及学教授,曼彻斯特博物馆荣誉副研究员、博尔顿大学考古学和埃及学学会主席。她的研究聚焦于古埃及女性的生活,她在埃及和欧洲都有丰富的考古挖掘经验,面向世界各地的学生开设埃及学在线课程,著有20本关于古埃及的畅销书,包括《尼斐尔泰悌的脸:一个偶像的创造》,以及入选英国广播公司四频道每周最佳图书的《克娄巴特拉:埃及最后的女王》等。

译者

白杰

博士,中国博物馆协会副理事长、北京市文物局副局长。长期致力于历史文化研究和文化遗产保护传承,曾主持申报"北京抖空竹"入选首批中国非物质文化遗产名录。2015年到2021年主政首都博物馆期间策划出品"首尔:清溪川的变迁""都市·生活:18世纪的东京与北京""文艺复兴时期意大利艺术、文化和生活""重生:巴洛克时期的西里西亚""秘境:秘鲁安第斯文明探源"等世界文明互鉴系列主题展览。

张靓

首都博物馆副研究馆员,《博物院》期刊编辑部主任、中国博物馆协会青年工作委员会委员。擅长法语、英语,出版译著《摄影的极简主义》《疯狂时尚》;从事博物馆教育与国际交流合作工作,主持"摄影:一项法国的发明""利玛窦:明末中西科学技术文化交融的使者""海参:华人、望加锡人、澳洲土著人的故事""从住宅到城市:罗杰斯建筑设计展""都市·生活:18世纪的东京与北京"等国际合作展览项目。

△ **赴阿拜多斯朝圣**

这幅来自塞内弗尔墓的壁画，描绘了人们前往圣城阿拜多斯朝圣的场面。据说来世之神奥西里斯被葬于此地。

没有哪种古代文明比国王（第 18 王朝起开始称国王为法老）时代的埃及更令人着迷和兴奋。它的艺术、纪念建筑和神像至今仍为人们所熟知，但这只是它漫长而迷人的历史的局部。现存文献证据表明，古埃及人上至国王下至黎民，都仅仅是这种充满活力的文化的一部分。即便在数千年后，这种文化仍令人痴迷。

中文版序言

古埃及是世界上最著名也是最神秘的古代文明之一，当克娄巴特拉七世在公元前 30 年去世时，大金字塔已经有了 2500 年的历史，而象形文字较之还要早 600 年就已被使用了。在这段漫长的时间里，诸多的成就光耀至今。以金字塔和神庙为代表的古埃及纪念性建筑，是人类建筑史上的伟大成就，特别是当我们意识到用来建造它们的不过是些简单的工具时，这些建筑则更令人叹为观止。

我们今天仍可细数其姓名的古埃及国王和王后们，比如图坦哈蒙、拉美西斯、哈特舍普苏特和克娄巴特拉等，都曾下定决心要创造出永垂不朽的遗产。但古埃及的遗产不仅存在于其统治者建造的巨大建筑中，同时也存在于他们创造的一切之中。那些精美的艺术品表达了成千上万古埃及人的宗教信仰和他们对于来世的希冀，它们早已成为世界上最受欢迎的博物馆展品。

然而，这些博物馆珍宝不仅限于那些壮观而著名的文物，如图坦哈蒙黄金面具或罗塞塔石碑，还包括众多考古发现。这些都提醒我们，古埃及人是非常真实的，虽然在一些方面与我们今天的生活不同，但在另一些方面却过着与我们相似的生活。

根据现有的考古证据，我们得以知悉这些人在数千年前的生活。这些考古资料都是古埃及人自己书写的文献，包括那些他们为后代与神灵雕刻和绘画在神庙墙壁上的铭文、治理国家的官方记录、法律卷宗等，以及那些写给朋友、邻居和敌人的私人信件。

这本书通过精细的地图和数百张令人惊叹的艺术品、建筑的高清图像，与您一起探寻古埃及文明的方方面面。从中我们得以一窥，古埃及从早期原始的农业社会，成为一个统一的国家，继而成为超级大国，统治非洲东北部、西亚和地中海东部大部分地区近 3000 年的历史。

当然，历史从不会风平浪静。本书追溯了古埃及跌宕起伏的命运，它的自身发展及与努比亚、赫梯以至后来罗马的对抗与竞争，深入研究了每位国王和王后的生活及其统治，从第一位统一埃及的国王那尔迈到克娄巴特拉七世，并以此为线索揭示古埃及的历史和文化进程。

本书通过探索古埃及人的宗教——他们崇拜的神灵，以及他们如何崇拜这些神灵，让我们得以窥见王室和其他古埃及人的陵墓，透过壁画、文字以及种类繁多的日常用品，看看他们为来世做了多么详尽的准备。书中还研究了为陵墓和神庙创作的令人惊叹的艺术品，直观展示了古埃及人的民居，领略了尼罗河两岸的真实生活——他们的食物、他们的发型、他们的游乐，以及他们入葬的棺木。

本书的作者史蒂文·斯内普先生，曾是加斯康考古博物馆馆长；而本书的译者白杰先生，曾经主政首都博物馆。他们与我同为博物馆人，我们的共通之处，都是致力于博物馆对世界文明的传播与互鉴。这也正是上海博物馆不断推出国际大展的原因与追求，而中国大百科全书出版社对这部译著的出版，与本馆即将推出的"金字塔之巅：古埃及文明大展"可谓相得益彰。这正如习近平总书记所指出的，"文明因交流而多彩，文明因互鉴而丰富。文明交流互鉴，是推动人类文明进步和世界和平发展的重要动力。"我们都有这样的责任，更应担当起这样的使命。

上海博物馆馆长 褚晓波
2024 年 5 月 18 日

朝代年表

古埃及年表依托朝代和具体国王的统治时期，将古埃及历史划分为一个个时段较长的历史分期。长期的研究成果为我们建构起了一长串由国王的名字组成的序列，可考的最早的王名出现在公元前 3000 年左右。

前王朝时代	早王朝时代	古王国时代	第一中间期	中王国时代
约公元前4400~前3000年	约公元前3000~前2686年	约公元前2686~前2160年	约公元前2160~前2055年	约公元前2055~前1650年

前王朝时代

巴达里文化时期（约公元前4400~ 前4000 年）

涅伽达文化一期（阿姆拉文化）（约公元前 4000~ 前3500 年）

涅伽达文化二期（格尔塞文化）（约公元前 3500~ 前3200 年）

涅伽达文化三期（第 0 王朝）（约公元前 3200~ 前3000 年）
那尔迈

早王朝时代

第 1 王朝
阿哈
哲尔
杰特
登
美丽奈茨
阿涅德吉布
塞麦尔凯特
卡阿

第 2 王朝
亥特普塞海姆威
拉涅布
尼涅特捷尔
温尼格
塞尼德
帕里布森
哈塞海姆威

古王国时代

第 3 王朝
尼布卡
乔塞尔
塞凯姆凯特
卡阿巴
萨纳赫特
胡尼

第 4 王朝
斯尼弗鲁
胡夫（齐奥普斯）
拉杰德夫
哈夫拉（齐夫林）
孟考拉（米塞里努斯）
舍普塞斯卡夫

第 5 王朝
乌塞尔卡夫
萨胡拉
尼斐利尔卡拉
舍普塞斯卡拉
尼斐勒弗拉
纽塞拉
孟考霍尔
杰德卡拉
乌那斯

第 6 王朝
特悌
乌塞尔卡拉
珀辟一世
麦然拉
珀辟二世
尼托凯尔悌

第 7 王朝和第 8 王朝
众多短命国王，未列举。

第一中间期

第 9 王朝和第 10 王朝
凯悌一世
凯悌二世
凯悌三世
美里卡拉

第 11 王朝（底比斯的南方王朝）
孟图霍特普一世
安太夫一世
安太夫二世
安太夫三世

中王国时代

第 11 王朝
孟图霍特普二世
孟图霍特普三世
孟图霍特普四世

第 12 王朝
阿蒙尼姆赫特一世
辛努塞尔特一世
阿蒙尼姆赫特二世
辛努塞尔特二世
辛努塞尔特三世
阿蒙尼姆赫特三世
阿蒙尼姆赫特四世
索布克尼弗鲁

第 13 王朝
威格夫
索布考特普二世
伊赫尔尼斐尔特·尼斐尔霍特普
阿蒙尼·安太夫·阿蒙尼姆赫特
荷尔
肯杰尔
索布考特普三世
尼斐尔霍特普一世
萨托尔
索布考特普四世
索布考特普五世
埃伊

第 14 王朝
作为割据政权，该王朝可能始创于尼赫西，大致与第13王朝同期。

命名约定

在古埃及史的大部分时间里，每位国王一般都有 5 个名字。两个最重要的名字分别是出生名和王位名，均以王名圈形式书写。古埃及人以王位名来区分拥有类似出生名的国王。在有关古埃及历史的现代书籍上，我们称之为拉美西斯二世的国王，对古埃及人而言是拉美西斯·乌瑟尔玛阿特拉·赛太普恩拉，有些文稿则更亲切地称其为"塞斯"。而所谓二世是埃及学家们为了便于区分采取的命名方式。

古希腊和古罗马的历史学家也会通过国王名字的变体来辨识他们，例如，胡夫被称为齐奥普斯。除此以外，大多数埃及学家使用辛努塞尔特这个名字指代第 12 王朝的一些国王，另一些则倾向于用塞索斯特里斯这一更为古典的称谓。

△ 图坦哈蒙墓北墙壁画：国王（右）在葬礼上拥抱冥界之神奥西里斯（左）

第二中间期	新王国时代	第三中间期	后期埃及时代	希腊-罗马时代
约公元前1650~前1550年	约公元前1550~前1069年	约公元前1069~前664年	约公元前664~前332年	约公元前332~公元395年

第二中间期

第 15 王朝
萨里梯斯
希安
阿波庇
卡穆底

第 16 王朝
底比斯的早期统治者，大致
与第 15 王朝同期。

第 17 王朝
拉霍特普
索贝克姆萨夫一世
安太夫六世
安太夫七世
安太夫八世
索贝克姆萨夫二世
塞肯内拉·泰奥一世
塞肯内拉·泰奥二世
卡莫斯

新王国时代

第 18 王朝
阿赫摩斯一世
阿蒙霍特普一世
图特摩斯一世
图特摩斯二世
图特摩斯三世
哈特舍普苏特（女王）
阿蒙霍特普二世
图特摩斯四世
阿蒙霍特普三世
阿蒙霍特普四世（后改名为:
埃赫那吞）
斯门卡拉
图坦哈蒙
阿伊
郝列姆赫布

第 19 王朝
拉美西斯一世
塞提一世
拉美西斯二世
美楞普塔
阿蒙美西斯
塞提二世
西普塔
特沃丝拉

第 20 王朝
塞特那克特
拉美西斯三世
拉美西斯四世
拉美西斯五世
拉美西斯六世
拉美西斯七世
拉美西斯八世
拉美西斯九世
拉美西斯十世
拉美西斯十一世

第三中间期

第 21 王朝
斯门德斯
阿蒙涅姆尼苏
普撒塞尼斯一世
阿蒙尼摩普
老奥索尔康
西阿蒙
普撒塞尼斯二世

第 22 王朝
舍尚克一世
奥索尔康一世
舍尚克二世
塔凯罗特一世
奥索尔康二世
塔凯罗特二世
舍尚克三世
皮迈
舍尚克五世
奥索尔康四世

第 23 王朝
帕杜巴斯特一世
尤普特一世
舍尚克四世
奥索尔康三世
塔凯罗特三世
鲁达蒙
帕夫乔阿维巴斯特
尤普特二世

第 24 王朝
泰夫那克特
博克霍里斯

第 25 王朝
皮安希
夏巴卡
夏巴塔卡
塔哈尔卡
坦塔马尼

后期埃及时代

第 26 王朝
尼科一世（王朝奠基人）
普萨美提克一世
尼科二世
普萨美提克二世
阿普里斯
阿赫摩斯二世
普萨美提克三世

第 27 王朝
冈比西斯
大流士一世
薛西斯一世
阿塔薛西斯一世
大流士二世
阿塔薛西斯二世

第 28 王朝
阿米尔塔伊俄斯

第 29 王朝
尼斐利提斯一世
哈考尔
尼斐利提斯二世

第 30 王朝
涅克塔尼布一世
泰奥斯
涅克塔尼布二世

第 31 王朝
阿塔薛西斯三世
阿尔塞斯
大流士三世

希腊-罗马时代

马其顿王朝
亚历山大大帝
菲利普·阿黑大由斯
亚历山大四世

托勒密王朝
托勒密一世索塔尔
托勒密二世菲拉德尔弗斯
贝雷尼克二世
托勒密三世奥厄葛提斯一世
托勒密四世菲洛帕托尔
托勒密五世埃庇法尼斯
托勒密六世菲洛麦托尔
托勒密七世尼奥斯·菲洛帕托尔
托勒密八世奥厄葛提斯二世
托勒密九世索塔尔二世
托勒密十世亚历山大一世
托勒密九世索塔尔二世（复辟）
托勒密十一世亚历山大二世
托勒密十二世尼奥斯·狄奥尼索斯
克娄巴特拉七世
托勒密十三世菲洛帕托尔
托勒密十四世菲洛帕托尔二世
托勒密十五世凯撒

罗马时期
无。

1

古埃及早期

约公元前4400～前2686年

古埃及早期

公元前 50 万年到公元前 9000 年间，非洲东北部被一群狩猎采集者占据。在当时的大部分时间里，当地气候比现在更为湿润，这些狩猎采集者可以在今已是撒哈拉沙漠的地方游荡，捕猎大型哺乳动物。这种生活方式因干旱期的到来而结束。当公元前 9000 年前后气候再次变得湿润时，人类开启了一种截然不同的生活方式。在撒哈拉新石器时代（公元前 8800～前 6800 年），人类开始定居、放牧以及制造陶器。公元前 5000 年，尼罗河谷地及尼罗河三角洲已形成人类聚落；到公元前 4400 年，他们的生活方式在文化上已日趋成熟。

前王朝时代

埃及南部的考古遗址比北部三角洲的遗址保存得更好，在上埃及的遗址中发现了许多日益成熟的文化遗迹，特别是墓地。在这些遗迹中发现的手工艺品表明，生活在前王朝时代的人们擅长制作陶器、石器和金属器。这些手工艺品的演变，使我们得以区分前王朝时代（公元前 4400～前 3000 年）的不同阶段。

埃及南部最重要的遗址是希拉孔波利斯。这个聚落在历史演进中愈发突出，继而成为一个拥有执政者和发达行政体系的城市。这类城市的执政者们，都开始通过艺术将自己描绘成打败敌人的强大国王。这一时期可能是埃及南部不同派别执政者之间发生冲突的时期，各个城市都希望扩大自己的领地。在希拉孔波利斯，出土了一些带有国王名衔的手工艺品，其中最著名的国王是那尔迈，据说他同时击败了在南部和埃及北部的对手，将埃及统一为一个国家。

早王朝时代

埃及的统一产生了一系列后续影响，其中之一是孟斐斯被确立为国家的首都。孟斐斯靠近尼罗河谷与三角洲交汇处，具有重要的战略地位，是统治整个埃及的理想之地。国家的政治结构基于王权神圣的思想而确立，理论上王权是在父子间相传。古埃及从此进入王朝时代，统一后的早王朝时代由第 1 王朝和第 2 王朝构成。

我们可以从位于埃及南部阿拜多斯的乌姆·卡伯墓地了解早王朝时代的国王。那尔迈和大多数第 1 王朝、第 2 王朝的国王与前王朝晚期的统治者一样，选择乌姆·卡伯作为王室墓地的原因还有待研究。随着时间的推移，这片墓地里修建的王陵愈发宏大和精致，国王们甚至会在生前来这里举办一些王室成员的庆祝活动。在接下来的古王国时代，利用墓碑彰显王权的做法发展到巅峰。

◁ 涅伽达陶俑

约公元前5000年，下埃及的麦里姆达·贝尼·萨拉姆出现聚落

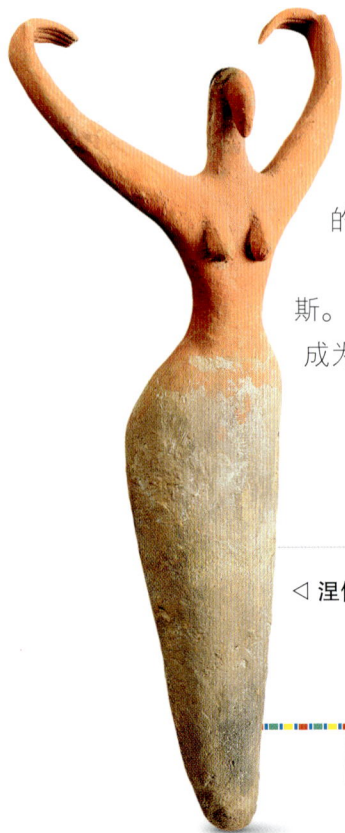

约公元前4400年，上埃及进入巴达里文化时期

约公元前4200年，下埃及玛阿迪文化肇兴

约公元前4000年，上埃及进入涅伽达文化一期

地中海

布托

塞易斯

法哈土丘 ● 明沙特·阿布·奥玛尔

下埃及

尼罗河三角洲

麦里姆达

阿布西尔 ● 赫利奥波利斯

孟斐斯 ● 玛阿迪

萨卡拉 ● 赫勒万

法尤姆

塔尔汉

格尔塞

尼罗河

东部沙漠

苏伊士湾

西部沙漠

巴达里

尼罗河

阿拉伯沙漠

红海

古埃及早期

这一时期的著名考古遗址包括埃及南部的涅伽达文化的遗址、北部今开罗附近的玛阿迪文化的遗址，以及新近发掘的一些位于三角洲的遗址。

贝特·哈拉夫

阿拜多斯 ●❶

阿姆拉

上埃及

涅伽达 ❷

格贝林

希拉孔波利斯 ❸

北

0 ——— 50 千米

0 ——— 50 英里

考姆翁布

第一瀑布

❶ 阿拜多斯的乌姆·卡伯墓地

❷ 绘有船葬的涅伽达陶罐

❸ 希拉孔波利斯的墓画

约公元前3300年，希拉孔波利斯成为上埃及占主导地位的城市

约公元前3200年，进入涅伽达文化三期

约公元前2890年，第2王朝开始

约公元前2686年，第2王朝及早王朝时代终结

约公元前3500年，上埃及进入涅伽达文化二期

约公元前3250年，古埃及人最早开始书写文字

约公元前3000年，那尔迈统一古埃及。阿哈成为第1王朝首位国王

约公元前2690年，哈塞海姆威在阿拜多斯修建了早王朝时代最大的王陵

第19王朝国王塞提一世焚香祭祀历代先王

王子拉美西斯在献祭仪式上展开纸草卷诵读祭文

美尼斯的名字，他是传说中古埃及的首位国王

"拉"

"玛亚特"

"蒙"

年表与古埃及诸王

王表与古埃及历史

王表又称君王谱，通常被铭刻在神庙的墙壁上，或是记录在文献中，是了解古埃及文明年表、历史事件顺序的重要信息来源。

在公元前290年至前260年间，有一位名叫马涅托的祭司撰写了一部反映古埃及历史的著作，名为《埃及史》。其真正成书是在希腊化时期（约公元前332～前30年），可能是外来的托勒密王朝国王——来自希腊的统治者们对他们所统治的这个国家的历史知之甚少，因而试图收集有关这个国家的历史信息，从而加强自身对埃及的统治。

《埃及史》原书没能留存下来，但后世沿用了马涅托的历代王表，将王表里的国王按照统治过古埃及的不同家族划分成各个王朝，为我们提供了研究古埃及历史的基本线索。马涅托可能是从神庙档案库中找到的文献信息，其中大部分文献早已佚失。留存至今的最好版本是《都灵纸草》（因其存放于意大利的都灵埃及博物馆而得名）。《都灵纸草》制作于拉美西斯时期（约公元前1295～前1069年），现多为残片，大致依据时序列出了诸王的名字。

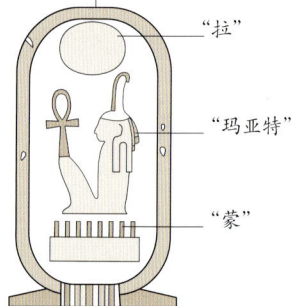

△ **国王的名字**

这个放大的图案就是所谓的"王名圈"，即环绕国王名衔的椭圆形的圈，圈内的名衔一般是出生名或王位名，这是古埃及国王拥有的五大名衔中的两个。这个王名圈是第19王朝国王塞提一世的，环绕了他的王位名"蒙－玛亚特－拉"。

第11王朝孟图霍特普二世的名字，他是中王国时代的开创者

第4王朝胡夫的名字，他是吉萨大金字塔的建造者

第18王朝阿赫摩斯一世的名字，他是新王国时代的开创者

阿蒙霍特普三世的名字，他是第18王朝的第9位国王

△ 阿拜多斯王表

这份由第19王朝国王塞提一世"官方"认定的王表，于公元前1280年左右被铭刻在位于阿拜多斯的神庙墙壁上。这份王表的真实性有待商榷，因为第18王朝女王哈特舍普苏特的名字以及阿玛尔纳时期在新都实施改革的统治者们的名字不在其中。

文献与文物中保留下来的各种王表并不都是完全准确的，部分原因在于它有时被当作王室宣传的工具，遭到人为的篡改。正如铭刻在塞提一世位于阿拜多斯的神庙墙壁上的王表（见上图），国王选择性地只列出他认可的历代先王，借以巩固自身权威。还有一些留存下来的类似王表，但其对理解历史帮助不大，因为未按时间顺序排列。

纪年方法

从另一角度说，现任国王的身份及其统治时间对于受过教育的古埃及人来说十分重要。古埃及人没有通用的、从某一特定日期开始纪年的日历，他们只能用国王的名字以及他在位的年份、日月和季节来计算时间。因此，文件、信函，甚或是酒标上的日期可能写为："在上、下埃及的国王陛下奈布－玛亚特－拉（即第18王朝阿蒙霍特普三世）治下的第3年，夏季第2个月的第5天。"

若使用这种纪年方法，就需要掌握现任国王的名字及其在位的具体时长。如果书吏想查阅过去的

事件，他必须知道在此之前国王的顺序及在位时长。然而，这种标注时间的方式只适合上层社会和文化程度较高的人。对于大多数古埃及人而言，他们只能模糊地记得现任国王是谁，至于统治时长就更不清楚了。

巴勒莫石碑

在遗存至今的7块双面铭刻古埃及王室编年记录的玄武岩石碑残片中，最大的一块被称为巴勒莫石碑，高约2米，现存于意大利西西里岛巴勒莫考古博物馆。制作石碑的目的、时间等信息尚不完全清楚。巴勒莫石碑除了列出历代国王的名字，还记载了所列国王一生中发生的重要事件。石碑的内容抄录自原始档案，最早的原始档案可追溯到古王国时代后期。

尼罗河

古埃及的命脉

古希腊历史学家希罗多德将古埃及喻为尼罗河的赠礼。没有尼罗河，古埃及就不可能从最初分散的一批小定居点，发展为强大而充满活力的文明。

除了少数人居住在沙漠中，几乎所有古埃及人都生活在尼罗河及其支流、运河附近。尼罗河对于生存至关重要——如果没有这条大河的滋养，古埃及人的生存空间将局限于仅以有限的雨水作为淡水来源的地中海沿岸。古埃及受惠于尼罗河。时至今日，在远离海岸的北非腹地中，尼罗河流域仍是唯一能够维持大规模定居人口的地区。

奔涌的大河

尼罗河是世界上最长的河流，约有6700千米。尼罗河有两条主要支流——青尼罗河和白尼罗河。青尼罗河源于埃塞俄比亚高原的降水，白尼罗河来自一连串东非湖泊的径流。这两条支流在今苏丹首都喀土穆的北部汇合，继而向北注入地中海。尼罗河流贯埃及大部分地区时，只有一条干流，且十分宽阔，但在流经今开罗地区之后、注入地中海之前，尼罗河分为众多支流并形成扇形三角洲。奔流向北的尼罗河，因不断跨越坚硬的岩石条带而形成了一系列急流，这些急流就是让沿河旅行变得异常危险的尼罗河大瀑布。

基于尼罗河的地形地貌，古埃及人将古埃及划分为"下埃及""上埃及"两大地理板块。下埃及指尼罗河三角洲，而上埃及则指三角洲以南的尼罗河谷，最南远至古埃及神话中的河流源头——位于阿斯旺的第一瀑布。古埃及国王通常采用"上、下埃及的国王"或"两地之主"的衔号，反映了王国的双重性。

定居点与洪水泛滥

尼罗河谷和三角洲都是定居的主要区域。在史前时代，村庄建在河边，人们可以给饲养的动物饮水、种植作物。河流提供了人口增长所需的足够资源，于是村庄变成了城镇，有些最终发展成为城市。

尼罗河最重要的特征之一，是定期的洪水泛滥。

◁ 尼罗河的源头

这件浮雕被镌刻在菲莱岛的伊西斯神庙里，描绘的是被巨蛇守护的尼罗河神哈比手捧两个水罐，尼罗河水从罐中倾泻而出。

▷ 《狩猎图》

这幅墓葬壁画描绘的是新王国时代的官员尼巴蒙及其家人在尼罗河流域的沼泽地里猎鸟。许多古埃及人在尼罗河上进行打猎、捕鱼和行舟等日常活动。

▷ 蓝色河马

这件施釉的蓝色彩陶像制作于中王国时代，它所塑造的形象是河马。河马对尼罗河上的船夫来说是一种致命威胁。

狩猎用的投掷棒

尼巴蒙敏捷的
猫猎得一鸟

滋养青尼罗河的降水是季节性的，所以河水水位每年按照一定规律涨落。尼罗河会在水位最高的夏末决堤，洪水会淹没邻近的村庄，然后水位逐渐回落至常态。

尽管一次特大洪水可能会暂时淹没附近的村庄和城镇，但其总体效果却是有益的。洪水提供了一种自然的灌溉方式，还可以被贮存在专门为其设计的大型蓄水池中。从埃塞俄比亚高原倾泻而下的河水满是淤泥，这些淤泥在洪水退去后成了播种作物的天然肥料。

古埃及人以洪水周期为基础，将一年划分为三季：泛滥季（阿赫特）、播种季（佩雷特）、收获季（施姆）。对于这片土地上绝大多数的农业人口来说，每年由两个时期构成，除了需要紧张劳作的播种季，还有一段不必忙于农事的空闲期（即收获季的大部分时间和泛滥季）。在空闲期，他们可能会被要求从事其他劳作，如建造陵墓和金字塔。

尼罗河两岸

尼罗河向北流经象岛以及今天埃及南部的城市阿斯旺，这就解释了为什么尼罗河对于古埃及人来说是至关重要的资源。浩浩荡荡的河水灌溉了沿岸百姓种植的作物，使两岸狭长的土地变得富饶、肥沃。远处沙漠中干旱的沙质峭壁与富饶的河岸形成了鲜明的反差。河面驶过的帆船提醒我们，尼罗河也是货物和人员运输的主要通道，比如那些用于建造著名建筑物的花岗岩石材，它们也依靠尼罗河转运。

耕作黑土地

古埃及的农业

尼罗河造就了埃及这片富饶的土地，这里农作物的丰产程度令人吃惊。在古代，丰富的农作物远胜黄金、宝石或其他任何原料，它是古埃及财富与权力的基础。

尼罗河每年定期的泛滥（详见第18～19页）给古埃及带来了重要的天然收益。洪水不仅灌溉了沿岸的土地，而且洪水退去后留下的淤泥是天然肥料，造就了沿岸肥沃的良田。这为发展农业创造了完美条件，并使人口得以增长，继而成就了一个强大的国家。

食物生产

尼罗河有效促进了农业生产：农民只需在潮湿、肥沃的黑土地中种植作物，然后等待它们在温暖的季节发芽、生长即可。只要洪水达到合适的水位，就会出现大丰收。然而如果水位低于合适高度的话，就不能灌溉足够多的农田，可能导致产量下降，出现饥荒。

面包和啤酒是古埃及人的主要食物。两者都由谷物——小麦和大麦——制成，因此谷物是尼罗河

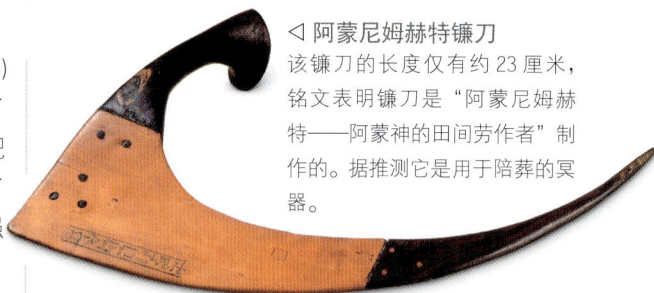
◁ 阿蒙尼姆赫特镰刀
该镰刀的长度仅有约23厘米，铭文表明镰刀是"阿蒙尼姆赫特——阿蒙神的田间劳作者"制作的。据推测它是用于陪葬的冥器。

谷和三角洲最重要的农作物。农民也种植黄瓜、洋葱和莴苣这样的蔬菜，许多地方还种植椰枣树。三角洲地区温和的气候有利于种植葡萄和生产葡萄酒。鸭、鹅、绵羊和山羊是古埃及人蛋白质的重要来源。考古证据表明，村民们也经常养猪，尽管墓葬中很少出现对猪的描绘。古埃及人很珍视牛肉，但因生产成本高而很少食用。

红土地与黑土地

对古埃及人而言，红土地和黑土地差异显著。红土地是他们对遍布岩石的赭红色沙漠的称呼。那里寸草不生，是他们埋葬逝者的地方。而黑土地则意味着尼罗河两岸黑而肥沃的土地，上面可以种植所有作物。以上两种迥异的地貌景观深刻影响着古埃及人对世界的感知。

因此，古埃及人在他们的绘画中经常用红色作为代表消极意象的颜色，比如红色代表着死亡。另一方面，他们认为黑色和绿色是代表积极意象的颜色，这两种颜色与生命、成长和死后复活有关。

谈起古埃及，人们很容易想象，古埃及的城市

◁ 郁郁葱葱的田野和红色的沙漠
在尼罗河流域的许多地方，肥沃的黑土地和贫瘠的红色沙漠形成鲜明对比，成为显著的景观特征。

森尼杰姆收割用于制作亚麻布的亚麻

果园

▷ **浇灌花园**

这是一幅壁画的局部，出自位于代尔·麦地那的伊普伊（约公元前 1250 年）墓，描绘了园丁用类似滑轮的装置（被称为沙杜夫的一种灌溉工具）汲水的场景。

中拥有充分的宏伟石制建筑，法老及其仆从居中其间。而实际上绝大多数人都居住在小村庄里，通常作为佃农终生务农。农业对于古埃及的重要性，直接反映在了他们对于来世的看法上，比如他们相信所有人死后的来世必须在"芦苇之境"（详见第 262 ~ 263 页）为奥西里斯从事农耕等工作。我们经常在身居高位者的墓葬壁画上看到人们在来世农耕的画面，这些壁画为我们了解古埃及人如何耕作土地提供了至关重要的证据。

▽ **芦苇之境**

这幅墓画出自位于代尔·麦地那的一座新王国时代墓葬。墓画描绘的是名叫森尼杰姆的农夫及其妻子伊内弗蒂在芦苇之境从事各种农事活动的画面，他们身穿的是最好的白色亚麻服装。

森尼杰姆用镰刀收割小麦

伊内弗蒂为下一次收获而播种

泛舟尼罗河

船只与河运

古埃及陵墓和神庙的墙壁上，总是绘有众多神灵、国王以及普通人在河上航行的场景。尼罗河作为一条贯穿南北的天然通道，无论怎么强调其重要性都不过分。

对于古埃及人及其种植的作物、饲养的动物来说，尼罗河提供的水源是不可或缺的。与此同时，尼罗河也是沿岸村庄和城镇主要的污水与垃圾处理系统。此外，尼罗河还在其他诸多方面定义了文明。

在古埃及，经由陆路出行相当困难。除了穿越沙漠的小路外几乎没有道路，部分原因是每年的洪水（详见第 18 ~ 19 页）都会冲毁道路。去到各地的人们往往要步行才能到达各地。如果想运输少量货物，则会用驴子驮运（骆驼在古埃及历史的后期才为人所知）。由于缺少道路，除了极少供军队和精英阶层使用的双轮马拉战车，轮式交通工具极为罕见。

尼罗河为人们提供了一种简便的出行方式。用纸莎草茎制造的小船，以及用从黎巴嫩进口的良种木材建造的王家驳船，都是重要的交通工具。船只是汛期时村庄间往来唯一可行的交通工具。在尼罗河上航行极其便捷，从北向南吹的劲风有利于向南顺风航行，而河水从南向北的天然流向，有利于向北顺水航行。在古埃及的象形文字符号中，表示"向南航行"的是一艘满帆的船，而表示"向北航行"的则是一艘收起帆的船。

石料运输

古埃及的船只具有多种用途，比如作为丧葬驳船、前往圣地朝圣以及运输沿岸各地的大量谷物。河运在石料运输方面的作用尤其不容忽视，巨型石料的运输对古埃及文明的发展甚至产生了重要影响。重达 1000 吨的古埃及巨像和方尖碑几乎不可能通过陆路从采石场长途运送至神庙。然而，它们却可以被装上驳船顺流而下，从阿斯旺的花岗岩采石场运往尼罗河谷，甚至远达尼罗河尽头的尼罗河三角洲。

△ **现代三桅小帆船**
虽然发动机驱动的汽船早已问世，但名为费卢卡的传统帆船至今依旧在尼罗河上穿行。

船主坐在用于遮阳的天篷下

瞭望员密切关注沿河险情

船尾两支巨大舵桨中的一支

◁ **中王国时代船模**
这艘船模（约公元前 1980 年）被放置于底比斯的一座墓里，墓主人相信可以在来世乘船赴圣地阿拜多斯朝圣。

伊西斯，她是
荷鲁斯的母亲

荷鲁斯，他头戴象征
上、下埃及的双冠

▽ 埃德福的荷鲁斯

这幅雕像出自位于埃德福的荷鲁斯神庙。立于船上的
荷鲁斯，用鱼叉刺击一头象征劲敌塞特的小河马。

被刻画为一头小
河马的塞特

地方政府

地区、诺姆（省）和城镇

古埃及是一个庞大且复杂的国家，需要中央政府和地方政府的共同管理。因此，它被划分为众多具有不同行政级别的地理单元。

在古埃及人眼中，他们的国家由南方的上埃及和北方的下埃及两大地区组成，国家的治理方式直观地反映了这种组成形式。在新王国时代，古埃及有两个重要的政府机构。北方通常以孟斐斯为统治中心，南方则以底比斯为统治中心。两个政府机构各设一位名为维西尔的总管，维西尔直接对作为"两地之主"的国王负责。

在更早的古王国时代，国家治理更为简单。国家的权力中心是孟斐斯，几乎所有的政府高级官员都在这里办公。然而征税等行政事务仍然需要地方政府来完成。诺姆（省）是古埃及存续时间最长的地方行政单元，它存在于整个古埃及王朝时代。这个词源于希腊语对古埃及词汇"斯帕特"的转写，意为"以一个城镇作为当地首府的地区"。尽管在不同的历史时期，诺姆的大小、边界和辖地数量会发生变化，但其总数通常稳定在 42 个。

诺姆（省）的创立

虽然大多数诺姆都是以一个重要城镇为中心绕城而建的，但是无人知晓这些诺姆的来源及其疆界。诺姆似乎是由中央政府创建而成，而不是在古埃及既有行政区的基础之上发展而成的。相较于规模较大的诺姆，那些规模较小的诺姆经常位于尼罗河谷中更富饶的地区。这一现象表明，诺姆不论大小，

△ 古埃及的诺姆

在新王国时代，古埃及被划分为 42 个（上埃及 22 个，下埃及 20 个）诺姆，每个诺姆都有一个具备地方行政中心职能的首府。

▷ 地方神灵

这幅壁画来自位于阿拜多斯的第 19 王朝国王拉美西斯二世神庙的墙壁，描绘了众多象征着各诺姆的地方神灵向这座神庙的主神献祭的场景。

科普特斯城标

地中海

下埃及

苏伊士湾

上埃及

尼罗河

北

0　50 千米
0　50 英里

图例
1—20 下埃及各诺姆
1—22 上埃及各诺姆

科普泰特诺姆神的
象征——双头隼

◁ 国王和诺姆神
这是一尊古王国时代的雕像，
第5王朝国王萨胡拉（右）坐
在一位站立着的诺姆神（左）
旁边。诺姆神是象征各诺姆的
地方神灵，雕像中的是科普泰
特诺姆神。

其经济地位大致相当。每个诺姆都有自己独特的标志，这一标志也就是诺姆的名称。它们列在一起时，则象征整个古埃及，于是"诺姆表"经常出现在神庙的墙壁上，这一传统一直延续到希腊－罗马时代。如今，我们通常以诺姆首府的名字指代某个诺姆，如上埃及的科普泰特诺姆，得名于其首府科普特斯。

诺姆长的权力

各诺姆最重要的官员是诺姆长（省长），或称"斯帕特的伟大领主"。理论上诺姆长由国王任命，实际上这一职位往往世袭，因而形成尾大不掉的地方割据势力。这些地方势力甚至在没有国王的第一中间期（介于古王国时代和中王国时代之间的历史时期），获得了比中央王权更大的权力。

如今，各诺姆首府所在地的最主要考古遗址不是定居点本身，而是诺姆长为了表现自己在地区的威望而为自己修建的豪华墓地。这些墓室的墙壁上往往绘有诺姆长最重要的政绩，如代表国王或地方政府征税（以剩余农产品的形式）等。

古王国时代之后，新兴城镇或新的王室庄园成为了经济和政治的权力中心，其重要性与诺姆等同。

到了第19王朝至第20王朝的拉美西斯时期，从《威尔伯纸草》（古代的一种税收凭证）等文献不难看出，一些诺姆已成长为高度繁荣的中心地区，而另一些诺姆则发展水平低下，与用于放牧的地区几乎没有区别。

哈瓦特－赛特－阿赛特庄园标　　　　丹德拉城标　　　　内布特城标

前王朝时代的埃及

最早的定居点及其文化遗存

古埃及文化中那些辨识度较高的艺术、建筑和工艺品，不是在第1王朝开始时突然出现的，而是在公元前3000年政治统一之前的时期——前王朝时代逐渐发展起来的。

△ 鸵鸟调色板

这件粉砂岩制成的巨大调色板，不仅具有功能性，还以浮雕的艺术手法在上面描绘了一排沙漠中的常见动物——鸵鸟。

尼罗河流域在新石器时代后期，通常被称为"前王朝时代"，因为它比公元前3000年左右由诸王统治古埃及的王朝要早。在这个漫长的历史时期中，人们开始定居并耕种土地，然后陆续开发了复杂的新技能，继而围绕村庄形成了第一批政治中心。这些政治中心逐渐发展为城镇。

◁ 房屋模型

这件泥土房屋模型是一个罕见的发现，因为很少有泥砖建筑能留存至今。它是涅伽达文化二期的文物，可以由此推测出这一时期房屋的样貌。

寻踪过往

前王朝时代大部分的考古资料，来自比聚落保存得更好的墓葬。墓葬出土的复杂人工制品，最早出现于中埃及（上埃及的北部），尤其是在巴达里、马特马尔和莫斯塔格达。随后，它们出现在更靠南方的地点，比如玛哈斯纳、阿姆拉、涅伽达和胡。在尼罗河谷北端，尤其是在格尔塞，墓葬中出土的文物证明当时的技术和艺术水平日益精进。

通过不同地点出土文物（尤其是陶器）随着时间的推移而发生的变化，考古学家能够判定它们的年代。基于文物体现出的年代差异，前王朝时代被划分为4个阶段：巴达里文化时期，约公元前4400～前4000年；涅伽达文化一期（阿姆拉文化时期），约公元前4000～前3500年；涅伽达文化二期（格尔塞文化时期），约公元前3500～前3200年；

涅伽达文化三期（第0王朝），约公元前3200～前3000年。

在巴达里文化时期和涅伽达文化一期，最具特色的陶器是各种形状的抛光黑顶红陶制品（详见第32页）。到了涅伽达文化二期和三期时，人们则偏好浅黄色陶罐，罐上多绘有非写实风格的风景，以及包括船只、人物在内的两岸生活场景。

涅伽达文化

陶罐是涅伽达文化时期最具代表性的文物，但它们并非该时期唯一类型的工艺品。其他各类高品质的出土文物，表明了前王朝时代社会财富的增长，和等级制度的发展。石匠们制作了精致的燧石刀，以及由角砾岩、闪长岩和花岗岩等装饰性坚硬石料制成的容器。他们还用坚硬的石料制作了具有军事

> "长期以来，放牧的生活方式与新的礼仪实践的传播有关。"

大卫·温格罗，《早期埃及考古》，2006年

活动意义的权标头（权标在统一王朝建立的过程中，以及建立后都具有核心的象征意义）。黑粉砂岩是用来制作小调色板的主要石材（详见第 28 页左图），古埃及人用调色板来研碎和调制化妆颜料。

在整个前王朝时代，古埃及的金属加工工艺得以发展，这从大型工具和武器等众多铜器中可见一斑。除铜外，还出现了另一种古埃及人使用的金属——黄金，黄金在古埃及南部一些地方的发展中起到了至关重要的作用。

在前王朝时代的所有艺术形式中，动物形象都占有一席之地。来自沙漠和河谷的野生动物（尤其是河马）与牛等家畜在艺术作品中都有出现，表明社会经济正处于从狩猎到农耕的演进过程。

玛阿迪文化

在下埃及，保存最好的前王朝时代考古遗址位于三角洲边缘，以及靠近今天开罗的区域。玛阿迪遗址尤其具有代表性，因此约公元前 4000 ~ 前 3200 年的文化遗址群被命名为玛阿迪文化群。尽管

前王朝时代的贸易

在几处前王朝时代的遗址中，考古学家均发现了骨制和象牙制的雕像，这是其中一件雕像（出处不明，可能属于涅伽达文化一期）。这件雕像相当典型，唯一的特别之处是由青金石制成的眼睛，这种引人注目的蓝色宝石在古埃及历史上始终颇受珍视，在前王朝时代的其他文物上也有发现。然而，已知离埃及最近的青金石产地是远在今阿富汗东北部的巴达赫尚采石场，这意味着如果要把这些珍贵的原材料运到埃及，需要经历长途的海、陆运输。这样的行程需要复杂的贸易规划，并在贸易路线上设立一系列贸易站点。这表明，在古埃及统一之前，尼罗河谷就已经成为一个巨大贸易网络的组成部分。

青金石眼象牙雕像

玛阿迪文化群出土的工艺品相比同时期的涅伽达文化一期、二期数量较少（或是由于这里的人不将工艺品放于墓中），但这里的制铜业却似乎很活跃。在涅伽达文化二期，来自涅伽达文化的文物在三角洲东部的明沙特·阿布·奥玛尔等北方地区都十分常见。

这表明在古埃及统一前，涅伽达文化已经在古埃及北部占据了主导地位。

▷ **四牛模型**

这件彩绘四牛小陶模出自位于阿姆拉的一座古墓（约公元前 3500 年），描绘的是 4 头带角的牛吃草的场景，由此可见牛对于墓主人的重要性。能够驯养野牛和管理畜群是前王朝时代社会发展的标志。

泥浆混合物被搬
运给制砖工匠

制砖工匠使用模具生
产出成排的砖

反复揉踩泥砖混合物

△ **劳作中的制砖工匠**

这幅壁画出自第 18 王朝莱克米尔的墓室，莱克米尔是一位总管
底比斯的维西尔。莱克米尔墓的壁画记录了他所执掌的一系列行
业工坊，而这里详细展示的制砖工艺只是其中的一个内容。

泥造之城

用泥砖建成的建筑

泥砖是古埃及的主要建筑材料，其重要性不言而喻。泥砖的广泛使用使得人类能够便捷地建造任何建筑，小到一间棚屋，大到一座城市。

以石料为主要建材，是现存的古埃及建筑物和历史遗迹给人留下的直观印象。毫无疑问，最令人印象深刻的建筑物往往都是用石料建成的，比如以追求永恒为目的而修建的神庙和陵墓。但是在他们日常居住的村庄、城镇和城市中，绝大多数建筑则是用泥砖建成的。

制砖

相较于石材或其他建材，泥砖有多项优点。在尼罗河或运河的河岸附近很容易找到泥浆，因此对大多数人而言，泥砖是容易获取的建材。同时，制作泥砖的方法特别简单且成本低廉。泥浆与沙子、稻草混合在一起，形成合适的稠度，随后被压入矩形模具中形成一块砖。泥砖制成后立即脱模，模具又可以用于制作下一块砖。

泥砖不像大多数现代黏土砖那样需要烧制，只需晾晒大约 3 天后再翻过来晒干另一面即可。用于将砖粘在一起的灰泥，与用于制作泥砖的原料是同一种泥浆混合物。任何人都可以便捷地制造出大量的泥砖，如果有人想在一场特大洪水后重建自己的房子，那么他可以轻松地达成愿望。然而泥砖却有一个致命的问题：因为它们未经烧制，所以长时间与水接触后，就会不可避免地恢复成泥。这便是泥砖建筑无以存留后世的根本原因。

大型建筑

泥砖不仅是农民的普通建材，也常被用于建设王室建筑。现代研究表明，一支由 4 名制砖工匠组成的团队每天可以生产大约 6000 块砖。大型国家项目则需要征招更多的制砖工匠来生产砖块。例如，第 12 王朝国王辛努塞尔特三世位于达舒尔的金字塔内部，用了大约 2450 万块砖；在今苏丹境内的布亨要塞用了大约 460 万块砖。如果选用石材建造这些大型建筑，成本更高、难度更大，而且会需要更专业的劳力。比如在阿玛尔纳（详见第 182 ~ 183 页）和培尔－拉美西斯（详见第 221 页）等城市进行快速施工，只可能通过大量使用朴素的泥砖来实现。

△ 戳印泥砖

重点建设项目所用的泥砖，通常以带有国王名字的戳印来标明其主人的身份。这块泥砖上的戳印，是第 18 王朝的两位统治者图特摩斯一世和哈特舍普苏特的王名。

制砖模具

制砖工匠将泥浆、沙子和稻草混合为泥浆

◁ 制砖工艺模型

这件木质模型是中王国时代墓葬中的一件重要随葬品。墓主人相信，这件模型描绘的场景将伴随着他，并永远为他生产泥砖。

前王朝时代的陶器

源自史前埃及的古陶艺术

在前王朝时代，古埃及人制作出了十分复杂和令人惊叹的陶器。应该说，在国王、象形文字和石质建筑出现之前，尼罗河流域的先民们就制作出了精美的陶器，其中包含着他们对于二维和三维艺术创作的最早尝试。

彩绘河马

△ 狩猎河马纹陶碗

绘有狩猎场景的图案，是王朝统一以前陶器的特征。这只陶碗源自涅伽达文化一至二期，描绘的是一个人用鱼叉捕猎河马的场景，这可能象征着人类对自然的掌控。

抛光技艺使表面光亮

薄口沿

▽ 黑顶大口杯

这件朴素的大口杯是涅伽达文化一期黑顶红陶的典型器。它是用黏土捏塑或是拉坯而制成。

△ 巴达里文化抛光陶罐

这件巴达里文化时期（前王朝时代的第一阶段）的陶器展示了最早的黑顶红陶样式。

△ 胡萝卜状尖底陶罐

黑顶红陶是最好识别的古埃及早期陶器类型之一。这件涅伽达文化一期的陶罐有一个罕见的胡萝卜状尖底。

无黑顶的抛光红陶器身

独特的红色由黏土中的铁氧化而成

平口沿

◁ 仿石彩绘陶罐

雕琢石器耗时很长，而这件涅伽达文化二期的陶罐是一件成本相对较低的日用品。这只有两个把手的陶罐，从器形和表面纹样两个方面来模仿石头的形状。

陶罐表面绘有石头形状的彩绘纹样

白色的几何纹彩绘

▷ 几何纹红陶罐

在涅伽达文化一期，这种带有白色彩绘的抛光红陶，是一种流行的装饰性陶器。

△ 网纹陶罐
这是一件筒形罐，绘制于罐身的线条，可能模仿的是用来盛装这类器物的网袋。

——深红色的彩绘线条

雕刻出的人足形状——

△ 人足形陶碗
这件源自涅伽达文化一至二期的陶碗，在碗的基础上融合了许多雕塑细节。它可能象征着意为"带来"的象形文字"in"。

制陶

古埃及人使用两种黏土来制作陶器。一种是尼罗河岸边冲积而成的淤泥，这种淤泥易于制作陶器，但制作出来的陶器通常粗糙而多孔。另一种是质量更好的泥灰岩黏土，这种黏土是他们从南部沙漠边缘的地下沉积物中挖掘出来的。为获得延展性，这种黏土需要经过严格的工艺处理，且必须经过高温烧造。经过烧造的陶器坚硬而光滑，呈白色或浅黄色。

这个模型展现了制陶工匠用拉坯机制作陶碗的场景——

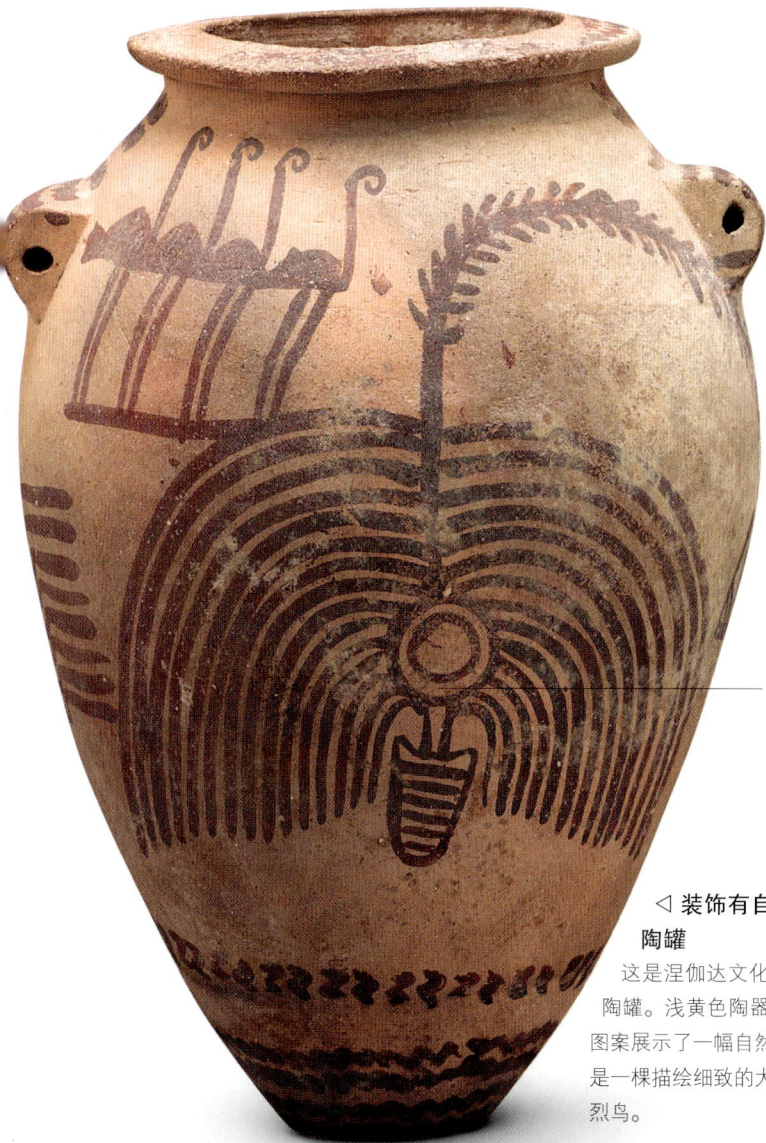

——复杂的树形彩绘

◁ 装饰有自然景观图案的陶罐
这是涅伽达文化二期典型的彩绘陶罐。浅黄色陶器表面装饰的深色图案展示了一幅自然风光场景，上面是一棵描绘细致的大树，以及一群火烈鸟。

▷ 人像彩绘陶罐
这件涅伽达文化二期的陶罐上绘有一艘带有船舱的船，一个像人或是神灵的形象立于船之中。在古埃及统一后，这类主题的图案在艺术品当中越发受到重视。

带有船舱的大船——

▽ 鸟形陶碗
前王朝时代的古埃及人喜爱动物造型的石器和陶器，这件仿照鸟的形状塑造的陶碗就是典型代表。

简化的鸟首——

△ **动物的主宰者**
这种一人擒两兽的装饰图案在当时的美索不达米亚艺术中很常见，可能象征着人对自然的掌控。

◁ **殴打俘虏**
一人手握高举过头的权标向前走，准备杀死战败的敌人。这是一类描绘古埃及国王取得胜利的常见画面内容，此类艺术表达方式一直延续至希腊－罗马时代。

▷ **人类冲突**
画面中的战争场景表明，战争是前王朝晚期的重要特征。长矛、盾牌、弓箭和狼牙棒等一系列古代兵器，在这一时期得到发展。

希拉孔波利斯

已知最早的古埃及城市

———◆———

前王朝晚期（或称统一时期）最重要的考古遗址，是位于埃及南部的希拉孔波利斯。一个多世纪以来，从希拉孔波利斯发掘出的古迹，是尼罗河流域早在涅伽达文化时期就存在城市的最好证据。

———◆———

尼肯古城是如今希拉孔波利斯最为著名的考古遗址。尼肯古城位于尼罗河谷南部，处于底比斯与阿斯旺之间，是涅伽达文化（详见第 28 ～ 29 页）的一个代表性区域。希拉孔波利斯崛起于王朝统治以前的涅伽达文化二期后期至涅伽达文化三期。这里似乎是当地的权力中心，执政者雄心勃勃，试图将权力尽可能地扩展到以此为中心的更广阔地区。

希拉孔波利斯是一座城市，而不是简单的一个大城镇。它具有以下几个特征：第一，它明显大于任何其他城镇，且居民人口更多，但也控制着周边的所有土地，因而能够征用周边资源（尤其是当地种植的食物）以供给居民生活。第二，城市受惠于专业化的工业（特别是需要熟练工种或新技术的行业）的发展。第三，逐渐形成了社会等级制度（从古埃及大小、繁简不等的陵墓可以看出），以及影响力能够辐射到城市之外的政治体系。第四，出现了

巨大的香蕉造型船只，此类图案经
常出现在前王朝晚期的艺术作品中

船只可能属于当地的执政者，是一种权力的象征

纪念性或仪式性的宏伟建筑。以上特征表明，希拉孔波利斯是一座名副其实的城市，而且尚没有更早期的其他遗址满足上述特征中的全部因素。因此，希拉孔波利斯通常被视为古埃及的第一座城市。

城市生活

希拉孔波利斯的居民能够掌握和使用复杂的技术。在其他前王朝遗址中出现的工业，比如金属加工、制陶、石雕和造船，都在希拉孔波利斯得到了长足的发展。城市人口的饮食中有一部分是集中生产和供给的，在此地发现的一处制造啤酒的大型综合建筑群可以体现这一点。

希拉孔波利斯的地理位置得天独厚，紧邻瓦迪·阿巴德河谷走廊，

◁ **青金石小雕像**
这件珍贵的青金石雕像出土于希拉孔波利斯，其特征与之前的雕像一致。它可能象征着某位女神。雕像的头部和身体在不同的考古探险活动中被分别发现，并被组装在一起。

这条走廊将古埃及盛产黄金的东部沙漠与红海贯通在一起。这一地区的黄金似乎吸引了远在亚洲西南部的美索不达米亚贸易者。在统一时期，美索不达米亚早期城市的某些方面可能影响了希拉孔波利斯的发展，也促进了古埃及的整体发展。

对斗争的欲望

通过在希拉孔波利斯的广泛考古挖掘，考古学家发现了大量描绘战争及屠杀敌人场景的文物，特别是"100号墓"壁画（详见上图）和后来的那尔迈调色板（详见第44～45页）。这些文物证明了执政者的权力不断增强，并且充满了赢得新领土的欲望。

△ **希拉孔波利斯"100号墓"壁画**
1899年，这幅壁画所在的墓葬被发掘于希拉孔波利斯，遗憾的是墓葬在发现不久后被损毁。这是已知的第一座绘有壁画的古埃及墓葬，可能属于当地的某位执政者。壁画反映的是有关冲突和战争的重要主题。

古城地图

到前王朝时期结束时，希拉孔波利斯已经统辖了阿布苏芬干河谷的绝大部分地区，即占据了沙漠边缘的一处重要洼地。古代城市并非单一的城镇地区中心，而是多个相距甚远的分散聚落的组合体，包括定居点、墓地、工业综合体（特别是制陶业）和仪式性活动中心。第2王朝期间，国王哈塞海姆威建造了一圈巨大的围墙，被发掘者称为"堡垒"。然而在埃及统一以后，人们废弃了希拉孔波利斯早期的大部分地域，并选择定居于尼罗河平原上考姆·艾哈迈尔的山丘上。

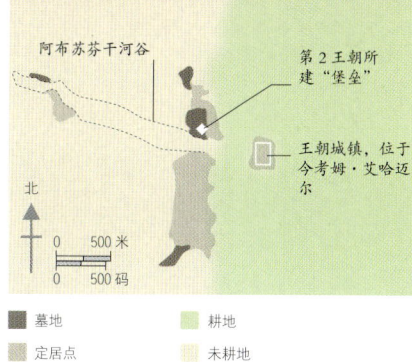

阿布苏芬干河谷

第2王朝所建"堡垒"

王朝城镇，位于今考姆·艾哈迈尔

北

0   500 米
0   500 码

■ 墓地   □ 耕地
■ 定居点   □ 未耕地

早期神庙与神灵

前王朝时代的宗教信仰

古埃及宗教的核心要素之一，就是在专门建造的神庙中对众神进行崇拜。这种崇拜是在前王朝晚期和早王朝时代发展起来的。

尽管我们无法知道古埃及人开始建造神庙的准确时间和他们在前王朝时代崇拜的是何方神灵，但是大量证据表明，进入统一时代的第 1 王朝、第 2 王朝后，在尼罗河谷和三角洲就出现了不少祭祀神灵的重要场所（通称祭礼中心）。在这些祭礼中心里，成群的人为一位或多位神灵举行祭祀仪式。前王朝时代陶器上不同神灵的形象，证明了这些神灵的存在。同时，古埃及人也创造了小至塑像大到巨雕的立体神灵形象，这些立体形象被当作了他们崇拜的对象。

神像崇拜

古埃及人认为所有神灵都可以驻留于且不被束缚于具体的神像（比如一座雕像）中。这种观念建构起了古埃及的神灵崇拜。崇拜者可以将塑造出来的神像视为神灵的化身，并加以崇拜。崇拜者对神灵的供奉，犹如仆人侍奉主人，包括为主人供奉饮食、梳洗穿衣。专职祭司也会以此方式为神像提供饮食、梳洗穿衣。古埃及人称祭司为 "hm ntr"，字面意思就是 "神的仆人"。

神庙

在古埃及人的观念里，因为涉及神灵与其供奉者之间的特殊关系，所以宗教仪式不是在任何场合都可以进行的。他们相信神灵和人一样，需要一座房子供他在其中与其仆人独处。他们称神庙为 "pr-ntr"，字面意思是 "神灵之家"。在神庙中，神与人的关系，效仿的是人类主仆之间的互动关系。

◁ 法哈土丘小雕像

这座镀金小雕像，形制上与前王朝晚期和早王朝时代的男性神像十分接近。它被发现于尼罗河三角洲的法哈土丘，正是在这里，考古工作者发现了一处与宗教有关的重要窖藏。

奈斯神庙

古埃及早期最清晰的神庙图像来源于第 1 王朝的一张简易标牌，国王阿哈正在进行一些活动。标牌的其中一部分展现了一个简单的神庙，它可能由几根木桩搭建而成，并以芦苇席作为围墙（如下图的复原示意图）。通过神庙 "庭院" 中竖立的旗帜，可以辨识出这座神庙属于女神奈斯。而奈斯经常与三角洲西部城镇塞易斯联系起来，由此可以推断，这张标牌记录了一次皇室访问。

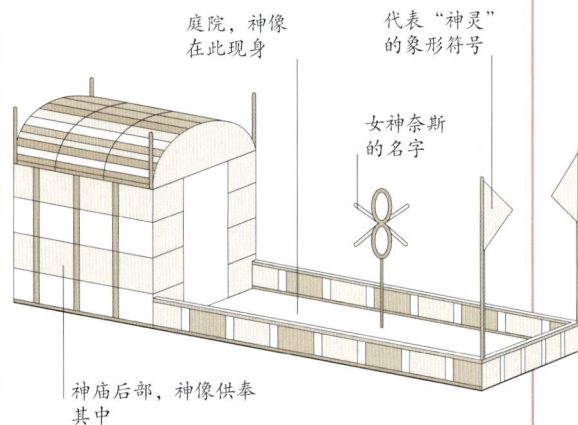

庭院，神像在此现身

代表 "神灵" 的象形符号

女神奈斯的名字

神庙后部，神像供奉其中

像牛角一样高
举的双臂

喙状脸

风格化的长颈

最早的神庙

　　尽管普通房屋和神庙之间具有相似性，但在许
多重要方面都有所不同。这一点在新王国时代的大
型石制神庙中表现得最为明显，尽管这些神庙在建
造时的底层概念与普通房屋基本相同，但是无论在
形制还是规模上都与普通房屋完全不同。在前王朝
和早王朝时代，神庙并非用石头建造，而是用比较
容易获取的泥砖、芦苇席、少量木头等建筑材料建
成的。这些简易的、易腐烂的建筑没能在尼罗河谷
和三角洲上长久地留存下来，历史学家只能依靠少
数插图来复原最早的神庙可能的面貌。

　　后来石质神庙的建筑设计，将早期建筑物中的
简易材料设计成了装饰元素。例如，希腊－罗马时
代神庙墙壁的边缘，就是模仿芦苇席边缘设计而成
的。这些装饰表明，后世的神庙设计者试图通过仿
效古建筑，来追求所建"神灵之家"的原生性。

细腰

神灵之家

　　最早的神庙不仅包括后面的房间（祭司供奉神
像之所），也包括类似庭院的更为开阔的区域。这些
开阔的区域是半开放的，神灵可以在此现身于更广
泛的信众中。这就是典型的古埃及式神庙原型。

　　古埃及人似乎因两个原因而修建神庙：一是服
从于国王的命令；二是响应当地的倡议，为地方神
建造简易神庙。第二个原因在当时的古埃及似乎更
为普遍。

白裙

◁ **女性赤陶俑**

这件约公元前 3500 年至前
3400 年间的神秘雕像，塑造
了一个双臂高举、下半身简化
的女性形象。她的形象似乎与
某种庆祝仪式有关，也可能代
表了母亲神。类似的形象经常
出现在前王朝时代的艺术品
中，有的是雕塑，有的出现在
陶罐的彩绘中。

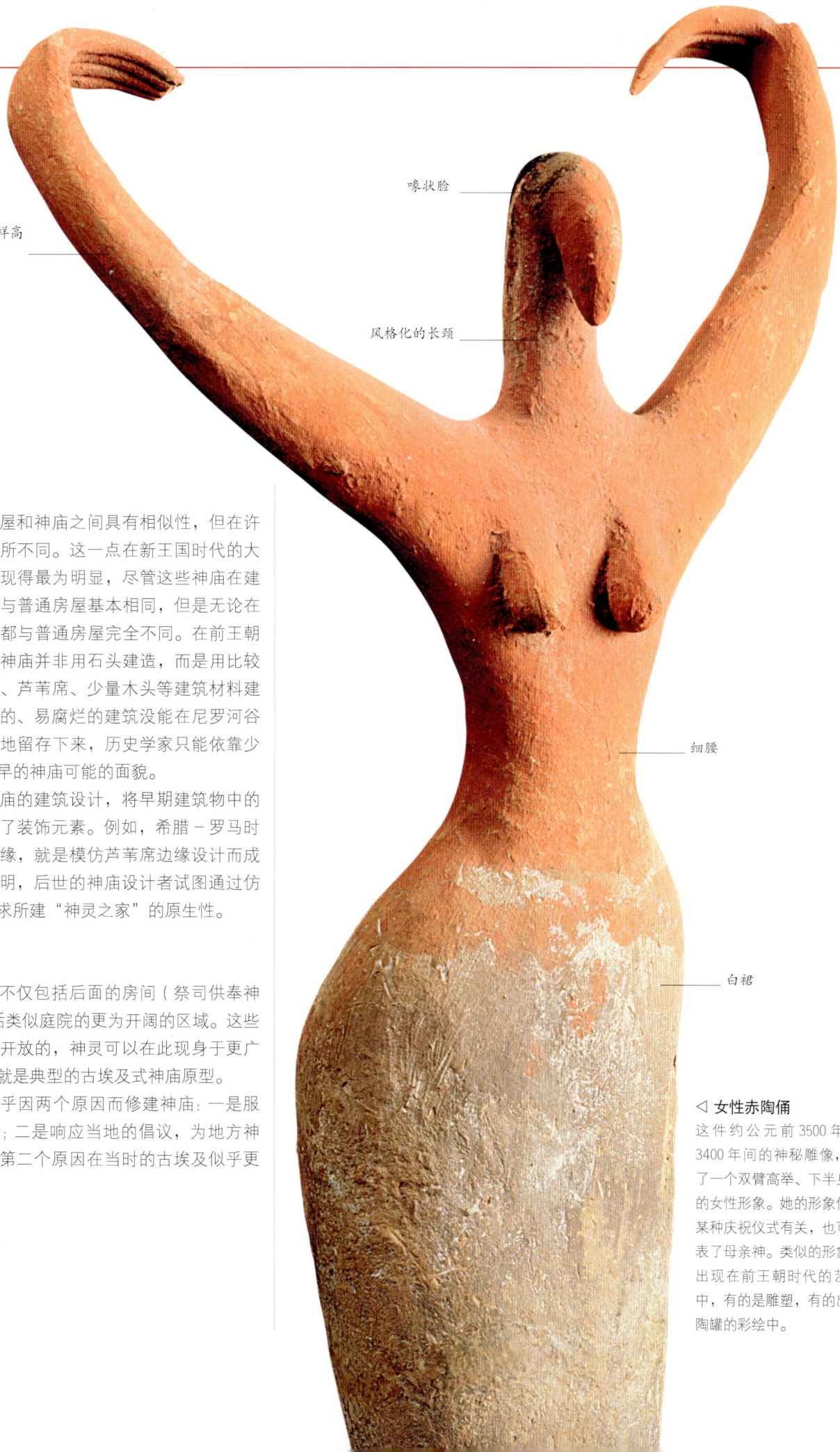

男神和女神

古埃及的主要神灵

古埃及的大多数神灵都具有不同的身份特征，可以通过他们不同的名字和角色来加以分辨。他们一般也拥有独特的外表，或是在艺术品上标有很容易辨识的标志。有些神与特定的埃及城市或地区相关，还有很多神与其他神共同构成了神灵家族。

象征上、下埃及的双冠

▷ 穆特
她是阿蒙之妻和月亮神孔苏之母，其形象通常为头戴上、下埃及双冠的女性。在底比斯的卡纳克建筑群有专门的穆特神庙。

象征王室权威的权杖

▷ 阿图姆
他是统治古埃及的四代大神的祖先，是最伟大的创世神。在今开罗附近的赫利奥波利斯，人们将他当作拉神来崇拜。

▷ 伊西斯和荷鲁斯
伊西斯是奥西里斯的妹妹和妻子，这位完美的母亲神发挥着至关重要的作用，一直保护其子荷鲁斯免受塞特的欺凌。对她的崇拜在菲莱等地尤为重要。

只有女神和王后们可佩戴的秃鹫头罩

扭曲的兽首

▷ 荷鲁斯
原为天神（正如其猎鹰形态所示），通常头戴上、下埃及的双冠。古埃及以荷鲁斯来体现神圣王权。

受鹰神保护的国王形象

△ 塞特
他是奥西里斯的兄弟，在谋杀奥西里斯后与侄子荷鲁斯争夺王位。他的形象是人身兽首。

双羽冠，这是阿蒙神的重要标识

亮蓝色釉陶

▷ 阿蒙
他最初是底比斯的地方神，后来与太阳神"拉"合并，成为新王国时代最重要的神灵。他主要的"家"是底比斯的卡纳克神庙建筑群。

▷ 朱鹭首

◁ 塞克美特
她是太阳神"拉"凶猛的女儿，其形象为头顶太阳圆盘的母狮。她同时也是普塔神之妻，和普塔神一样在孟斐斯深受爱戴。

金色太阳圆盘

由杂青金石（一种半宝石）制成的雕像

▷ 普塔
他是创世神和工匠之神，是塞克美特之夫、奈费尔武姆之父。在孟斐斯，对于他的崇拜在整个王朝时代是最重要的崇拜之一。

▷ 托特
他常被描绘成一个有着朱鹭首（一种圣鸟）的人，或是一只狒狒。托特神与书写和知识有关，他主要被供奉位于中埃及的赫尔莫波利斯·马格纳。

太阳圆盘暗示着她与"拉"的父女关系

台座是代表宇宙秩序的象形符号

伊西斯女神的双翅环绕着他的下半身

◁ 哈托尔
她是太阳神"拉"的女儿，是拥有众多身份的一位女神，常由女祭司相伴侍奉。她通常被描绘成两角间头顶太阳圆盘的母牛形象或女性形象。

◁ 拉
他是最重要的太阳神和古王国时代王室最看重的神，通常被描绘成猎鹰形象或是头顶太阳圆盘的鹰首男身形象。人们认为拉神要每天乘坐小船穿行于天空中。

猎鹰形象的"拉"浮雕

◁ 奥西里斯
他是传说中的古埃及国王，在被其兄弟塞特谋杀后在来世继续其统治。他头戴王冠、手持权杖和连枷的木乃伊形象反映了这一点。

出自私人墓葬的小金字塔压顶石

古埃及的统一

割据势力的争斗与王国的开端

古埃及历史上最重要的时刻出现在公元前3000年左右，从那时起古埃及成为一个独立的、统一的国家。古埃及的统一是地方政权之间竞争、冲突以及经济因素等共同作用之下产生的结果。

在前王朝晚期，希拉孔波利斯已经发展成为古埃及南部一个成规模且繁荣的城市（见第34～35页）。随着这里的执政者在城市周边不断扩张自己的势力，它也成为了一座更加繁荣的首府（尽管后来迁都到了孟斐斯）。希拉孔波利斯执政者们的野心，可能导致他们陷入了与其他小王国的执政者之间的连续冲突中。执政者们主要的扩张方向是向北，而不是向南。

这一执政者们相互争斗与冲突的时期，如今被称为统一时期，因为胜利者最终成为了统一古埃及的首位国王。众多历史学家认为，希拉孔波利斯的执政者可能是权力斗争中的胜利者，他们最终控制了自尼罗河谷绵延向北，直到进入三角洲的大片领土。

仪式用品

统一时期，各地的执政者在本地享有政治、经济上的崇高地位，他们下令制作的御用之物往往成为了记录统一过程的最好物证。这些文物的核心功能是展示执政者们的成就——尤其是军功，因为战争是他们获取权力的关键。

希拉孔波利斯"100号墓"壁画的中心主题是冲突。然而墓葬壁画不常刻画这类主题，大多数表现战争主题的工艺品比墓葬壁画要精巧得多。多数反映这一时期冲突与战争主题的艺术品采取的是日常用品（如刀柄、权标头以及化妆品调色板等）的形态。相比日常用品，这些艺术品体量更大且经过精心雕琢。这些文物多几经古董商易手，因此难以确定原始出处。

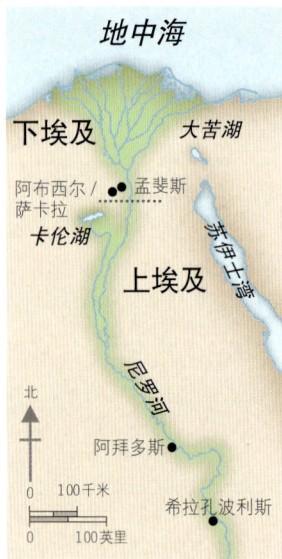

◁ 上埃及和下埃及
这张地图显示了上、下埃及在统一前的地域。此时国家归于首位"两国之王"的统治之下。

幸运的是，最重要的一组文物出自希拉孔波利斯神庙区的一处考古发掘现场——"主堆积层"。这批非同寻常的文物看上去是仪式用品，它们可能都是执政者们以个人名义献给神庙之神（也许是荷鲁斯）的礼物，既用来敬神，又为自己庆功。在希拉孔波利斯还发现了一些描绘执政者们的雕像和壁画，他们可以被称为国王，因为他们穿戴的服饰与王冠的款式，与此后3000年里的埃及国王相同。

一些国王的名字以象形文字的形式被记录了下来，但这种文字很难被破解。这一时期装饰在工艺品上的浮雕，最明显的一个特点，也许就是对狮子

蝎王权标头

这件硕大的石灰岩权标头，来自希拉孔波利斯，时间大约是公元前3100年至前3000年之间。上面的浮雕刻画了一位国王的生活场景，这位国王的名字在象形文字中用"蝎子"来表示。与同时期其他大部分仪式用品不同的是，这件权标头所刻图案的主题并非军事成就，而是手持一把锄头（挖掘工具）的国王。这位国王看上去是在开凿运河或实施灌溉项目。这充分说明了埃及统一后国王在国家经济活动中起到的主导作用。

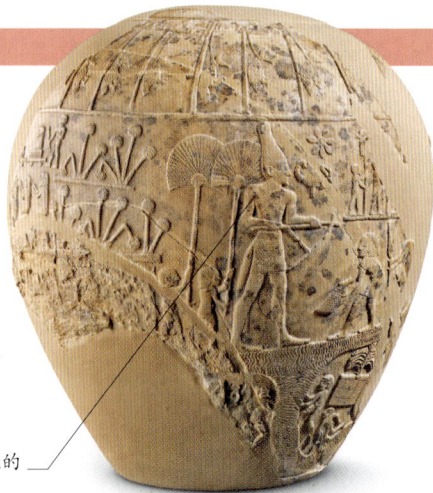

头戴上埃及白色王冠的"蝎子"王手握锄头

> "意识形态作为一种补充政治实体的思想体系，随着国家的出现而出现。"

巴里·克姆普，《解剖古埃及》，2009年

和公牛等凶猛有力的动物的细微刻画，这些动物践踏着敌人，或者将敌人撕成碎片。这些动物或许代表的是下令制作浮雕的国王击败战争中的敌人，并以此表明国王比常人更伟大。

尽管很难根据这些文物将古埃及统一的过程写成详尽信史，但可以确信的是，大约在古埃及统一的同时，王权的概念已然发展起来，并在艺术上得到神化。王权在那尔迈调色板（见第44～45页）上有着登峰造极的表达。古埃及的王权之所以会兴盛，是因为这一时期的古埃及人发明了文字书写系统，这意味着他们能够记录自己的历史。

▽ 刀柄的细节

这种"动物的主宰者"的形象也出现于美索不达米亚地区的艺术品中。

人用两只手各擒一只猛兽

象牙刀柄

波纹片状燧石刀片

△ 格贝尔·艾尔-阿拉克刀

这把柄上刻有冲突场景的刀（约公元前3500～前3200年）是典型的统一时期的器物。

横冲直撞的狮子可能代表着统治者超人的力量，这一形象就像后来古埃及神话中出现的斯芬克斯

一只食腐鸟在啄食尸体的脚

◁ 战场调色板

这块约公元前3100年的石质调色板残片描绘了一场战争之后的场面：底部表现的是战场上敌人尸横遍野，顶部表现的则是代表战胜方的旗帜像人一样掳走战俘。

文字的发明

古埃及的象形文字

没有文字,古埃及王国便不可能存在。古埃及的统一、国王的出现、文字的发明,这三个重大事件的发生并非共时,却看上去几乎同时出现。

对于大多数处于不断演变、扩张之中的古代文化而言,文字的出现与发展至关重要。对于一个国家的运转来说,文字发挥着传递信息、颁布法令、记录历史、征收税收等不可替代的作用。尽管文字似乎在统一之前就已出现,但新近实现统一大业的埃及国王们却要仰赖文字来统治尼罗河谷和三角洲地区。

历史上,近东地区曾经发展出不同的书写系统。古埃及的书写形式与众不同,是一种以物的图像特征来书写的象形文字。这种书写系统代表着在今天埃及的所在区域使用了许多世纪的语言,最早出现在统一时期的标牌以及调色板和权标头之类的器物上。此时的象形文字是一种纯粹的图像文字,所以通常很难分辨这些符号究竟是作为文字在使用,还是对真实事物的绘画。

△ "安赫–卡"容器
这件容器可能用来供奉主人灵魂的祭品,上面"安赫"(生命)和"卡"(灵魂)两个象形文字彼此交织。

安赫   卡

进入早王朝时代,象形文字的使用方式变得更为复杂。符号开始表示音或音节(类似于字母或字母组合),文字符号的外形与其代表的含义不再有任何明显的联系——门闩代表"s"的发音,脚代表"b"的发音,角蝰蛇代表"f"的发音。其他一些表意符号的出现则很重要,因为它们决定了一个词的含义,如用一条船或一双腿来表达旅行类的动词。

更便捷的书写形式

古埃及象形文字的问题在于其象形性质。相较于简洁的字母,即使使用这种文字(因其常展现于陵墓与神庙,被称为"圣书体")书写一段简短的文本也需花费相当长的时间,因为如果把每个符号都书写标准,相当于创作一幅小型绘画。认识到这一点后,古埃及人发明了一种如今被称为"僧侣体"的简化形式的文字,用于在纸草上书写信函和行政文件。

然而,"圣书体"的权威性是无可比拟的。古埃及人把用"圣书体"写成的、铭刻于陵墓之上和神庙内的大型铭文看作"神谕"。

一个矩形线框(塞拉赫)中的国王名字"登"

国王登坐在高起的王座上

△ 国王登的标牌
早期王陵中常发现附在容器上的象牙标牌和木制标牌。较为复杂的标牌上还会记录国王在任期间的统治事件,正如图中国王登的标牌。

刻于王名圈中的拉美西斯
二世名字（局部）

象形文字 "上、下埃
及之王"

这个矩形符号表示
象形文字 "房子"

这个精雕细琢的猫头鹰符号
表示 "m" 发音，此处意为
"……之内"。

△ 纪念碑上的象形文字（位于拉美西斯二世神庙内）

这里使用的是圣书体，而不是僧侣体。整个古埃及历史上的王室纪
念铭文都用圣书体写成。这是一段拉美西斯二世的献词，描述了载
有献词的这座建筑的局部。

上埃及的白色王冠

王名——那尔迈

这里的猎鹰代表的
可能是荷鲁斯神

下埃及的红色王冠

持国王便
鞋的仆从

公牛（代表国王）
将敌人践踏于脚下

◁ **调色板正面**
调色板的中间是那尔迈国王。这里
将他描绘成征服敌人而获胜的国王。
画面中，他的王冠和权标强调了其
权力和权威。

母牛形象的巴特女神

那尔迈调色板

王权的宣示

这块出土自希拉孔波利斯"主堆积层"的那尔迈调色板，是埃及最重要的出土文物之一。那尔迈调色板由粉砂岩制成，高 64 厘米，可能是同时期尺寸最大的礼器。其形状基于用来碾碎化妆颜料的调色板，可能是古埃及统一后的首位国王那尔迈向神进献的礼物。这里的神可能是荷鲁斯，因为在调色板正面出现了其化身为猎鹰的形象。调色板正反两面均精雕细琢，每面都刻有象征着那尔迈军事胜利及其威权的图案。

获胜的统治者

调色板正面的主要形象是那尔迈，他展现了埃及国王的经典姿势，即站在一个被征服的敌人面前，高举权标，准备击打他。这一形象之所以引人注目，不仅是因为它描绘了民众面前的国王形象，而且还因为在古埃及的平面艺术中，对国王形象的刻画一般质量较高。一些学者甚至将这件调色板视为古埃及艺术，或者是古埃及王朝时期艺术的开山之作。国王以侧脸示人，胸部朝前，每条手臂和腿都清晰可见。调色板也遵循了古埃及艺术的传统做法，如作为画面主体的国王比其他人物形象的尺寸大得多，

◁ 调色板背面

在调色板背面，神兽占据主要位置。两只脖子蜿蜒缠绕在一起的豹子可能代表上、下埃及的联合。

他的敌人比他小，为他持便鞋的仆从则更小。

神兽

在调色板的背面，空间被均匀划分为一系列横向的画面，类似于现在的连环画。在顶部，那尔迈（左）带领他获胜的军队去查验被枭首的敌军尸身，这些尸身被成排地摆在地上。

更大的画面内容被刻画在调色板中央一个浅浅凹陷部分的周围，这个凹陷部分是平常用以研磨颜料的地方。上面有两只野兽，它们的脖子缠绕在一起。这两只神秘的野兽结合了长颈鹿和狮、豹的特征。这一形象可能象征着上、下埃及的统一。

一些学者认为，那尔迈调色板画面的含义是庆祝那尔迈通过军事手段实现统一。战争胜利的场景、神秘的野兽，调色板正反两面的那尔迈分别头戴上、下埃及王冠，这些形象都佐证了这一观点。尽管这样来诠释古埃及的统一可能过于简略，但毫无疑问，那尔迈调色板清楚地表现那尔迈作为上、下埃及之主所拥有的军事实力和王权。

阿拜多斯王陵

埃及早期国王的陵墓

位于阿拜多斯的第1王朝和第2王朝国王的陵墓，是早王朝时代最早的历史见证，其中的巨型陵墓代表了古埃及时期王权的基本特征。

△ **国王哲尔的陵墓**
当时地上的建筑早已无存，幸存下来的只有一部分地下遗迹。在陵墓的地下空间里有很多墓室，墓室里储藏着供国王来世使用之物。

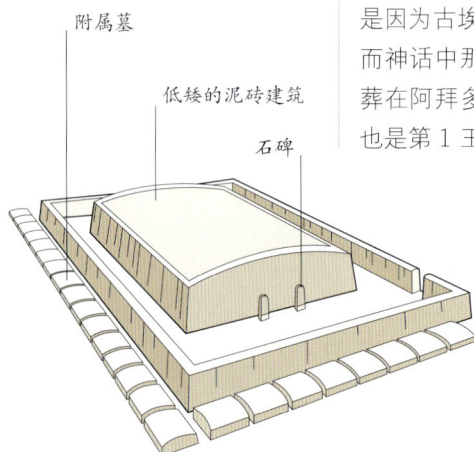

附属墓
低矮的泥砖建筑
石碑

◁ **第1王朝王陵**
这张复原图呈现了阿拜多斯第1王朝王陵地上建筑可能的样貌。主陵周围环绕着众多小型附属墓。

　　阿拜多斯的王陵是古埃及最为重要的墓葬遗址之一。纵观古埃及历史的不同时期，阿拜多斯地区与古埃及人对于来世的观念联系十分密切。这主要是因为古埃及人有着强烈的"事死如事生"的观念，而神话中那位在来世成为神圣国王的奥西里斯就埋葬在阿拜多斯。因为这一点，人们似乎忽视了这里也是第1王朝和第2王朝最重要的王陵所在地。

　　没人知道为何阿拜多斯成了早期的王陵所在地，并因此声名鹊起。这应该不是因为它临近那座在统一时期非常强大的城镇提尼斯。事实上，那些本应该被埋葬于希拉孔波利斯的国王陵墓却都在阿拜多斯——尤其是那尔迈（第0王朝）及其继任者阿哈（第1王朝的）。

　　由此可见，在统一时期之前阿拜多斯已被视为理想的修建大型重要墓地的场所。即便是孟斐斯成为国家的首都后，远在南方的阿拜多斯依然是王室的重要陵址。直到第2王朝时，王陵选址才逐渐转到离首都孟斐斯更近的萨卡拉；直到第3王朝时，该王朝的大多数埃及国王才被埋葬于孟斐斯。

　　第1王朝和第2王朝的王陵位于阿拜多斯一个

▷ **国王杰特的墓碑**
每个陵墓都有一块高耸着的石碑，上面刻有国王的名字。国王杰特的名字被刻在塞拉赫符号的方格当中，方格顶部的猎鹰代表荷鲁斯神。

距离沙漠不远的地方，这个地方现被称为乌姆·卡伯（意为"陶罐之乡"）。这个地方遍布着向奥西里斯（古埃及冥王）献祭的朝圣者遗留下来的破碎陶器，"陶罐之乡"由此得名。大多数第1王朝和第2王朝的国王被葬在这里相对集中的一片区域内，形成了陵墓群。这些陵墓规模相对较小，且主要由泥砖建造而成。

备受争议的陵墓

一些考古学家认为位于萨卡拉（即孟斐斯附近）的墓地才是早王朝时代的王室墓地，因而怀疑上述位于乌姆·卡伯的墓地是否属于国王（他们认为阿拜多斯的墓地是纪念国王的衣冠冢，而非真正的王陵）。这种观点现在已非主流，部分原因在于乌姆·卡伯墓区并非王室陵墓的唯一组成部分。

作为圣地的乌姆·卡伯空间有限，因此此处

"……从对黄金的欲望、痴迷的狂热、投机者的贪婪中劫后余生的遗存……"

弗林德斯·皮特里，1900年

的陵墓规模较小。早王朝时代的国王们为了扩大陵墓面积，除了在乌姆·卡伯建有陵墓外，还在比乌姆·卡伯更接近阿拜多斯的区域（如今称为"北方公墓"）用泥砖修筑了巨大的、呈长方形的围墙。

这些围墙中唯一现存的，是由第2王朝最后一位国王哈塞海姆威建造的舒内特·泽比布围墙（见下图）。无人知晓这些围墙在当时国王的葬礼仪式上有何功用。其中一些围墙被与真实船只大小相同的木制船模围绕着，这些船模可能是之后古王国时代金字塔周边所发现"船葬"的雏形。

—— 舒内特·泽比布围墙

—— 被掩埋的船模

◁ **围墙和木船**
远处是宽阔的舒内特·泽比布围墙，围墙长125米，宽65米。近处是与实际船只同等大小的船模，这些船模或许是供国王来世享用的陪葬品。

埃及的首批国王

第1王朝和第2王朝的统治者

在早王朝时代，中央集权制巩固了古埃及的统一。在第2王朝末期，古埃及文明经过约300多年的发展，牢固确立了自己的关键性特征。

古埃及文化的标志性特点，或许就是国王在古埃及文化中所扮演的角色。统一时期的各种礼器都意在展示国王作为国家强大统治者的角色与身份，并暗示他具有超人的能力。这一思想随时间推移在古埃及文化中被无限地加以强化。国王被视为沟通神灵与人间的唯一中间人，因此人们认为国王的部分权力来自神灵。

国王通过建造像阿拜多斯王陵这样的大型王室建筑，来彰显他的绝对权威和对一切埃及资源的控制力。他的权力甚至大到令侍者随葬，以在来世伴君。神庙、陵墓等大量的王室建筑彰显了古埃及文化的显著特征，其中最具代表性的是后文介绍的古王国时代的巨型金字塔。

确立领土范围

古埃及的领土范围在这一时期被清晰地确立起来。尼罗河第一瀑布（水浅的湍急河段）被定义为南方边界，象岛（在今阿斯旺）是埃及领土最南的城镇。北方领土包括整个三角洲，其东部和西部的边缘也基本确立在今日埃及的边界线附近。上、下埃及的王室家族通过相互联姻，扩大并强化自身的权力和影响。

女性王室成员的姓名反映了这种政治联姻的现

△ 国王亲征

这是第1王朝国王登的凉鞋上的象牙标牌。标牌上的图案描绘了国王以典型的攻击姿态击打敌人的场景。专家推测最右侧的象形文字写的是"首次（征讨）东方"。

象。女性王室成员的姓名很多与奈斯有关，而奈斯是三角洲西部城镇塞易斯的地方女神。

"白墙"，即后来的城市孟斐斯，毗邻尼罗河在三角洲的分流之处，此处是统治刚统一的上、下埃及全境的战略要地。在孟斐斯参与国家政务的高官们死后多葬于附近墓地，尤其是萨卡拉的墓地，高官们最后可以在这里与他们的国王葬在一起。

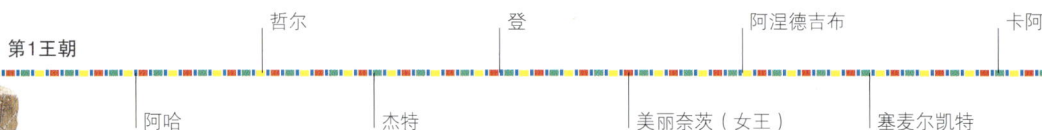

◁ 哈塞海姆威

这是第2王朝最后一位国王哈塞海姆威的雕像。国王头戴代表上埃及的白色王冠端坐于王位之上。

| 第1王朝 | 阿哈 | 哲尔 | 杰特 | 登 | 美丽奈茨（女王） | 阿涅德吉布 | 塞麦尔凯特 | 卡阿 |

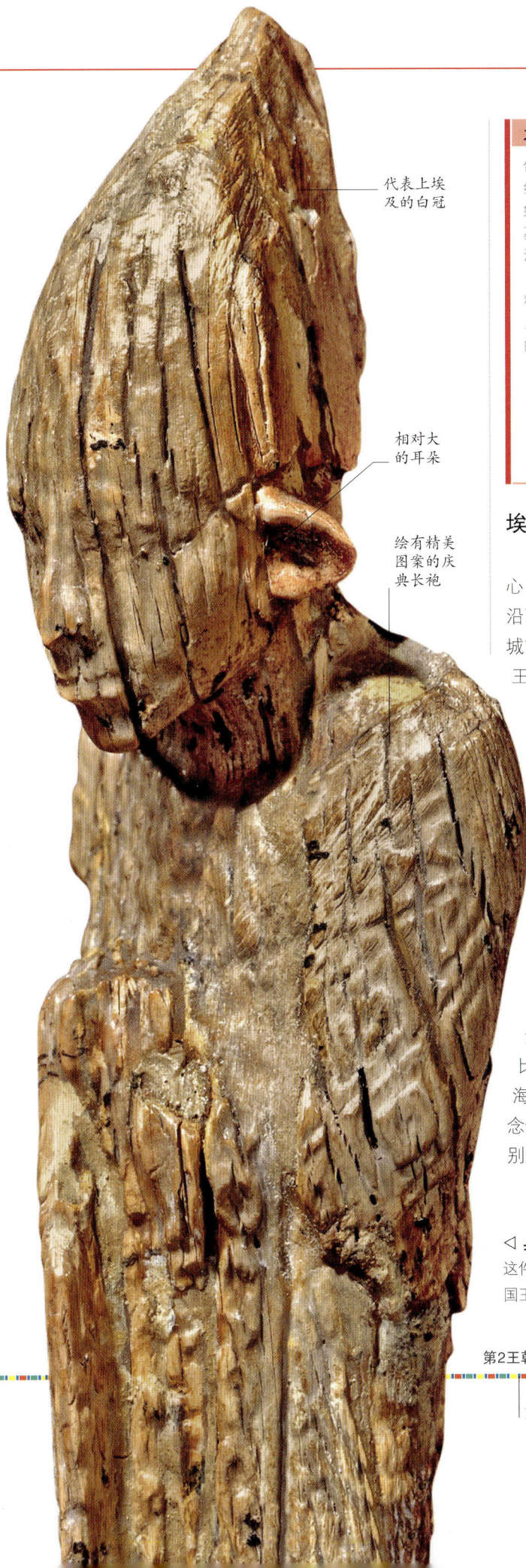

代表上埃及的白冠

相对大的耳朵

绘有精美图案的庆典长袍

为永生而准备的器物

位于阿拜多斯的王陵早在考古学家们于19世纪末发掘前已频遭洗劫。盗掘活动最早可能始于距今4000多年前的第一中间期。好在陵墓本身虽小，里面却满是宝藏，因而至今也没被盗墓者盗光。

这件石制容器由专供国王使用的上乘材料制成。打造这件容器的白云石是一种坚固且难以获取的石材。容器用金箔和金线制成的盖子密封，并用黏土密封。

配有金箔盖的石制容器

埃及早期政治

对外事务方面，古埃及每一时期的对外政策核心，都是破坏其南部邻国努比亚的稳定。古埃及人沿西奈半岛北部海岸建立了通往巴勒斯坦地区南部城市的贸易路线，而文物上一再出现的有关埃及国王打击"东方人"的绘图与文字表明，他们对东部沙漠和西奈半岛的游牧族群采取了更为强势的政策。

相比对外事务，内部政治更难被了解，对于早王朝时代的政权建设我们知之甚少。美丽奈茨是唯一一位被发现在乌姆·卡伯拥有大型陵墓的王室女性，该陵墓证明她可能担任过女王。我们同样不清楚，为何第2王朝前几位国王被葬于萨卡拉，而后几位国王又被葬回了阿拜多斯的王室墓葬群。我们对于第2王朝的大多数国王几乎一无所知，唯一清楚的只有两件事：最后一位国王哈塞海姆威在阿拜多斯建造了早王朝时代最大的王陵，形态很像舒内特·泽比布围墙及在希拉孔波利斯的一座类似建筑；哈塞海姆威的陵墓在第2王朝末期为后世国王树立了纪念性建筑的样板，这一样板是第3王朝的国王们（特别是乔塞尔）始终致力于超越的。

◁ **身着庆典长袍的国王**
这件长者形象的象牙小雕像，雕刻的是一位身着长袍庆祝塞德节的无名国王。传统意义上，举办塞德节庆典标志着国王顺利执政满30年。

第2王朝　拉涅布　温尼格　帕里布森
亥特普塞海姆威　尼涅特捷尔　塞尼德　哈塞海姆威

私人墓葬

对逝者的永世供养

除王陵以外，非国王人群的墓葬的发展是早王朝时代的一个重要特征。这一发展的精神源头是人们对于"卡"这一精神形态的信仰与追求。

阿拜多斯的早王朝时代王陵、其后萨卡拉的王陵以及紧邻孟斐斯的其他王陵，都表明国王希望拥有一个独特的来世。尽管无人知晓这些国王对于来世的具体设想，但他们显然期待着一种常人无法企及的身后世界。学者认为他们心中的来世生活可能与众神有关。

在古埃及，国王以外的所有人，对来世都有着截然不同的期望。古埃及人对人去世后的精神本质（即他们的"灵魂"）会发生什么，没有统一的概念。在第一中间期和新王国时代，他们的想法是多样的，并发生了很大变化。

如果说早王朝时代的私人墓葬初步表达了古埃及人的信仰追求，那么在随后的古王国时代墓葬中，这种信仰的表达愈发清晰起来。我们从沙漠中的简陋坟墓里几乎看不出关于墓主人信仰的信息，但更庞大、更复杂的墓葬能够透露出许多相关信息。

"卡"

古埃及人相信每个人都有一种称为"卡"的精神生命力。"卡"在人活着的时候存在于身体之中；死后继续存在于世间，并拥有与活人相似的需求，前提是需要以死者本人的尸身躯体作为依存的对象。也许是古埃及人在沙漠里偶然看到了干尸，令他们认为保存尸身对于保全"卡"的生存来说至关重要。尸体和"卡"都需要一个"家"，这便是古埃及人热衷于建墓的思想源头。他们所建造的墓葬不仅是"卡"的寄生安息之所，同时也是"卡"可以永享吃喝之所。

祭品

理想情况下，活着的人以祭品形式持续向墓内供奉食物和饮品。或者，人们可以通过提前在自己墓里装饰的各种模型、图画和铭文（最好由活着的人大声诵读出来）来召唤"卡"所需的食物。因此，每一座墓葬都承担着双重使命：保护逝

祭室内外遗留着大量用于献祭的陶罐

墓室　　祭室

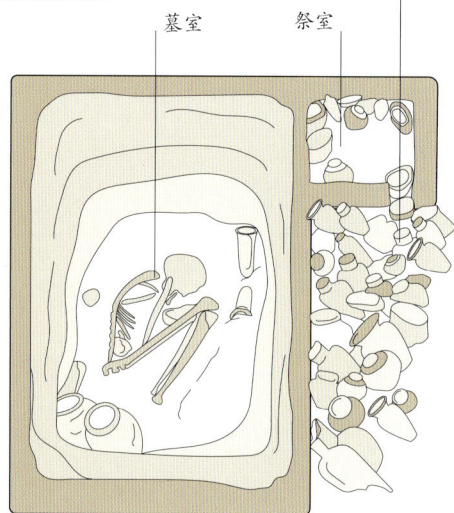

△ 塔尔汉1845号墓
这是一座十分典型的墓葬。尸身安葬于泥砖围筑的墓室内，祭室建在墓室侧旁。古埃及人相信"卡"能够在墓室和祭室之间穿行。

◁ 娱乐用的圆盘
这件圆盘被发现于高官赫玛卡位于萨卡拉的墓中。一些墓会提供此类游戏娱乐工具以供"卡"自我娱乐。

"奉献给'卡'的一千条面包、一千罐啤酒……"

节选自"献祭祷告"

—— 装饰边

△ 死亡之舟
这件前王朝晚期陶制船模中的尸身呈胎儿状姿势,这一姿势是当时简易墓葬中尸体呈现的最常见姿势。

者的尸身,以及提供一个活人可以向"卡"献祭的地方。因此古埃及的墓葬都由两部分构成:一部分是为了确保尸身安全的墓室;一部分是用于生者献祭的祭室,人们可以在此将祭品带给"卡"并供养它。住在坟墓里的"卡"不仅有对食物的物质需求,还有长久娱乐的精神需要,因此那些体量较大的富人墓里常配有不同种类的娱乐物品。

古埃及私人墓葬的建筑风格,虽因地点、墓主身份地位,以及来世思想观念的不同而有所变化,但一墓一祭的两室结构始终是贯穿古埃及历史的基本墓葬形制。而相信"卡"的存在及其对"卡"虔诚供奉的信仰追求,是这一形制背后不灭的主题。

—— 墓主人从供桌上拿东西吃

◁ 萨特卡的供奉石碑
这件墓葬内的装饰石碑(石板)刻画了墓主人用餐的场景,象征着墓葬内的祭品能够供养"卡"。石碑还起到了用带有魔力的图画代替祭品的作用。

2

从古王国时代
到第一中间期

约公元前2686~前2055年

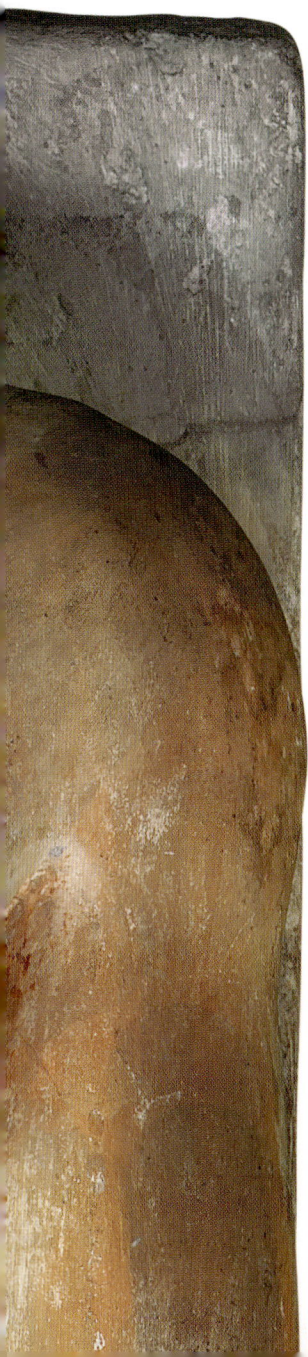

古王国时代

一提到古王国时代（主要是第3王朝至第6王朝），人们总会首先想到金字塔。金字塔同样也是这一时代国王们首要关注的事情。他们之所以如此不留余力、不惜代价地建造金字塔，除了为让自己永垂不朽之外，还有其他原因。金字塔不仅在日益重要的太阳崇拜中发挥了关键作用，而且也是国王可以在来世得到供奉的地方，每个金字塔附属的葬祭庙便是举行祭祀先王仪式之所。

古王国时代的金字塔是古埃及有史以来体量最大的建筑，建造金字塔需要动用大量的资源，无论是在石材、设备，还是劳动力方面都是如此。只有在上、下埃及实现统一和国家的政治经济高度集权的前提下，才有可能建造出这样的建筑。

孟斐斯王陵

第一座金字塔是由第3王朝早期的乔塞尔国王修建，位于古王国时代首都孟斐斯以西的萨卡拉，具有首创意义。在萨卡拉建造的这座金字塔取代了早王朝时代，位于阿拜多斯的王陵成为了一个为国王而建的、规模更大的大型王室墓葬群。尽管萨卡拉是孟斐斯王陵建筑群的中心，但是也有金字塔陆续被建在萨卡拉以南的达舒尔、美杜姆，以及其北的阿布西尔、阿布·罗阿什等地。最著名的金字塔建筑群位于吉萨，其中单体最大的金字塔是第4王朝初的胡夫金字塔。与乔塞尔原创的阶梯金字塔不同，这些后世的金字塔的侧面都是笔直而陡峭的。

贵族墓地和地方墓地

古王国时代，王室成员和朝廷重臣的墓地也集中在国王金字塔附近。这些贵族的墓葬通常是坚固的石质结构，墙壁普遍经过装饰，而且建得越发庞大而精美。与之相比，国王金字塔却在第4王朝之后变得越来越小了。

在孟斐斯周边之外的考古遗迹中，几乎没有留下有关古王国时代的详实文字记载，所幸的是为数不多的地方墓地（首都之外地区的墓地）提供了一些重要信息。这些地方墓地包括建造于埃及南部边界地区（与努比亚相邻）的远征将领墓群。

第一中间期

古王国时代末期，王权的衰微致使国家四分五裂，渴望成为国王的人纷纷尝试攫取权力。国家步入地方割据的100余年，史称"第一中间期"。起初最出名的割据政权位于北方的赫拉克利奥波利斯·马格纳（第9王朝和第10王朝），然而最终在割据势力的竞争中取得胜利的是后来第11王朝的国王，他重新统一了上、下埃及，使得古埃及重归国王一人的统治之下。这位国王来自南方的底比斯，底比斯自此声名鹊起，并在不远的将来发挥了重要作用。

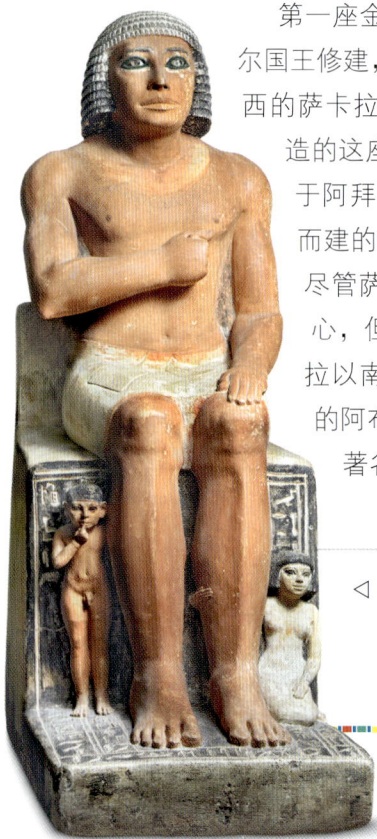

◁ 凯及其子女雕像

约公元前2667年，乔塞尔登基，在萨卡拉修建阶梯金字塔

约公元前2613年，斯尼弗鲁称王，开启第4王朝

约公元前2487年，萨胡拉成为第5王朝国王，在阿布西尔开辟王陵

约公元前2686年，第3王朝开启，古埃及进入古王国时代

约公元前2613年，第3王朝最后一位国王胡尼去世

约公元前2589年，胡夫继位，在吉萨修建大金字塔

地中海

尼罗河三角洲

门德斯

库姆·西森

布巴斯提斯

麦里姆达

下埃及

阿布·罗阿什

吉萨 ❶

赫利奥波利斯

萨卡拉 ❷

孟斐斯

达舒尔

美杜姆

赫拉克利奥波利斯·马格纳

瓦迪加尔夫河谷

苏伊士湾

塞拉比特·哈迪姆

巴哈利亚绿洲

东部沙漠

尼罗河

西部沙漠

法拉法拉绿洲

迈尔

库姆·达拉

红海

艾斯尤特

阿拉伯沙漠

上埃及

阿拜多斯

丹德拉

达赫拉绿洲

科普特斯

底比斯

格贝林

莫阿拉

象岛

库比特哈瓦

（阿斯旺）❸

第一瀑布

古王国时代

古王国时代最著名的遗址都集中于孟斐斯附近。大多数位置更靠南的遗址在年代上属于古王国时代末期，甚至晚至第一中间期。

尼罗河

北

| 0 | 100 千米 |
| 0 | 100 英里 |

布亨

第二瀑布

❶ 吉萨的金字塔群

❷ 出自萨卡拉的珀辟金字塔的金字塔铭文

❸ 位于阿斯旺的库比特哈瓦墓群

约公元前2345年，特悌成为第6王朝首位国王

约公元前2184年，珀辟二世去世，敲响古王国时代丧钟

约公元前2125年，底比斯政权统治古埃及南部

约公元前2375年，乌那斯成为第5王朝最后一位国王，最早的金字塔铭文出现

约公元前2278年，珀辟二世继位

约公元前2160~前2025年，赫拉克利奥波利斯政权统治古埃及北部

约公元前2055年，第11王朝国王孟图霍特普二世重新统一国家，古埃及进入中王国时代

乔塞尔的阶梯金字塔

金字塔的崛起

就历史意义、建筑发明和技术创新而言，最为重要的古埃及建筑是第3王朝国王乔塞尔的阶梯金字塔，建造时间是公元前2667年左右，坐落于萨卡拉。

乔塞尔国王（荷鲁斯名涅帖莱凯特，是国王的一种尊号）的阶梯金字塔在许多方面都具有里程碑意义。这座金字塔建于古埃及首都孟斐斯附近的萨卡拉，不仅在古埃及历史上开金字塔之先河，而且还打破了王室入葬阿拜多斯的传统。墓群中最为壮观的部分是建于距离真正墓穴不远处的泥砖大围墙，这些围墙中具有代表性的是舒内特·泽比布围墙（详见第46~47页）。此前的王陵主建筑形制都是低矮的长方形结构，称为马斯塔巴（源于阿拉伯语，意为"长凳"），而乔塞尔国王的阶梯金字塔开创了一种新的王陵形制，金字塔让王陵建筑自此有了极大的视觉冲击力。这座具有首创性的王陵建筑矗立于孟斐斯以西沙漠的高原边缘，俯瞰整个尼罗河谷。

△ 墙砖
金字塔建筑群的地下空间用绿松石瓷砖装饰着，这一装饰意在仿更早时代覆盖宫墙的芦苇席。

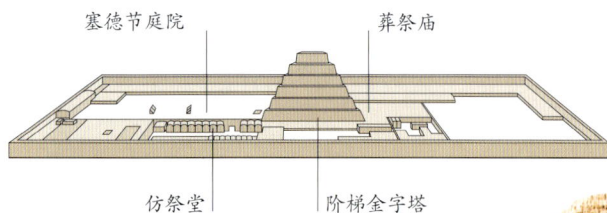

塞德节庭院　　　　葬祭庙

仿祭堂　　　　阶梯金字塔

△ 墓葬群
金字塔本身只是为了帮助国王走向美好来世而设计的一系列王陵建筑中的一个。

贯通天地的金字塔顶

▷ **塞赫勒岛"饥馑碑"**
我们对乔塞尔国王及其统治时期的历史事件知之甚少，不过有一件事让他成了后世公认的贤明国王。在阿斯旺附近的塞赫勒岛上，保留了后世托勒密王朝为其铭记功绩的"饥馑碑"，碑文记载的是乔塞尔（和伊姆霍特普，一位第3王朝的高官）为了将古埃及从历时七年的饥荒中解救出来所做的努力。

这意味着，在数千米以外的孟斐斯，人们都能看到这座立于阿赫特（意为西方地平线）之上的王陵，而且越来越将其视为通往来世的门户。乔塞尔之后，第3至第6王朝的所有王陵皆建于此。

第一座金字塔

乔塞尔王陵是分阶段建造的。最初，乔塞尔王陵似乎遵循了传统的王陵形制，即在围墙内建造一座被称为"马斯塔巴"的长方形泥砖制单层王陵。后来，王陵逐渐发展成远比马斯塔巴宏大的新形制。为了增加王陵高度，在最初一座马斯塔巴之上增建了三座尺寸逐渐缩小的马斯塔巴，形成了一座四级"台阶"式建筑。然后在顶部又加上了两层，形成了六级尖顶的构造，这便是最早的古埃及金字塔。

这座金字塔的庞大规模使乔塞尔青史留名，其阶梯造型可能也蕴含着宗教意义。正如金字塔铭文（详见第70~71页）所述，阶梯造型象征着通往天庭的阶梯，从而将天地联结在了一起。这种阶梯形制在第3王朝末期和第4王朝初期被改造成"真正的"直边金字塔。

阶梯金字塔不仅在建筑学角度上具有创新意义，而且因为使用了石材，还代表了技术上的巨大进步。更早时期的王陵虽也有少些石质的元素，但主要还是以泥砖为建材。乔塞尔金字塔全部由石材建成，是世界上最古老的石质纪念性建筑。

先王崇拜

阶梯金字塔是整个王陵建筑群中最引人注目的部分。墓室位于金字塔的正下方，环绕墓室的地下走廊存放着供国王来世所用的陪葬品。在地面上，一道高大的围墙将金字塔及一系列其他建筑物合围

◁ **阶梯的金字塔**
乔塞尔阶梯金字塔是最易辨认的世界古代文明遗迹之一。乔塞尔国王因其开创的这座王陵建筑，获得了"石材加工发现者"的称号。

在一个矩形的空间中。紧靠金字塔北侧建造的葬祭庙，应该是向已故国王献祭的场所。葬祭庙附近有一间小石室，阿拉伯语称作雕像室，里面供奉一尊真人大小的国王雕像，这一特征在古王国时代的私人马斯塔巴墓中也很常见。

建筑群中其他建筑的用途尚不清楚，但其中一些尺寸和实物一致的石质建筑模型可能代表着古埃及不同地方的神庙。占据着围墙内整个南部区域的，是塞德节庭院，这是一片专门为已故国王提供的空间，以便在国王故去以后，人们还可以他生前一般举行各种仪式，以彰显其作为国王永远的尊崇地位。

伊姆霍特普

伊姆霍特普是乔塞尔统治时期的一位高官，埃及学家普遍认为他是阶梯金字塔的发明者。他虽不是王室成员，却被后世尊为神灵，这是一种罕见的殊荣。古埃及人认为他与掌管抄写活动和知识的托特神密切相关，在后期埃及时代和托勒密时期，他又被奉为医神。这一时期与伊姆霍特普崇拜相关的大量文物（比如这尊小铜像）表明了这种社会崇拜的广泛性。人们普遍相信伊姆霍特普被葬于萨卡拉，尽管专家进行过几次探寻其墓葬位置的尝试，但始终没有找到他的墓。

伊姆霍特普小铜像

石材的应用

古埃及文化的基石

古埃及文化的标志之一，就是那些巨大的纪念性建筑——神庙、陵墓和巨像。如果缺少了优质石材，这一切都无从谈起。

石材是古埃及最重要的自然资源之一，古埃及人把这种重要资源用于建造陵墓、神庙、雕像、石碑、方尖碑和祭坛等传世的纪念性建筑。而他们的住房等日常使用的建筑物，则大都以泥砖作为建材。

产自尼罗河流域沙漠边缘的石灰石，是使用最为广泛的一种建筑石材。因为石灰石这种材料容易取得，所以它对于金字塔这种需要耗费大量石料的工程来说，显得异常重要。不同采石场的石灰石质量千差万别，因此需要选用优质石材时，往往会去特定采石场进行开采。如尼罗河东岸与孟斐斯隔河相对的图拉采石场，这里就为许多金字塔提供了优质的白色外立面石材。

在古埃及南部，当地常见的建筑用石是砂岩，它比石灰石质量更好，但颗粒比石灰石更粗，几乎没有细密纹理。砂岩在新王国时代被广泛用于建造底比斯的神庙，在希腊－罗马时代则被用于建造大型神庙。

硬石材与工匠

石灰石和砂岩的材质都相对较软，因此相当易于开采和加工。对于非常特殊的建筑，则需要使用更坚硬的石材。在埃及同样能够找到此类石材：阿斯旺的花岗岩、西部沙漠的玄武岩、东部沙漠的石英岩，以及阿玛尔纳附近沙漠采石场的石灰华（古埃及雪花石膏）。

这些石材更难采掘和运输，只能由配备专业工具的工匠进行作业。在古埃及历史的大部分时间里，这些石材为王室专用，而开采任务都由御用工匠执行。从阿斯旺开采花岗岩，制成方尖碑，再运输到底比斯，这本就是一项值得颂扬的伟大成就，国王将这一艰巨工程作为献祭诸神的虔诚献礼。

梅勒日志

这份引人注目的纸草文献，是在红海海岸的瓦迪伊尔加尔夫遗址发现的。这是官员梅勒的一本工作日志，他可能曾在瓦迪伊尔加尔夫监督过赴西奈半岛寻找铜矿的远征活动，目的是制造生产工具。日志的核心内容是梅勒承担的一项与王室有关的工程——组织人员将石灰石从图拉采石场渡河转运到吉萨，而这些石灰石很有可能就是胡夫金字塔外部所用的精细石材（详见第66~67页）。

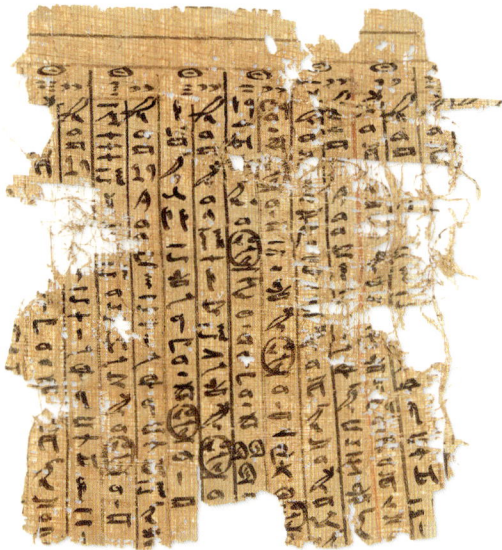

△ 木槌和凿子
埃及石匠使用石制工具从采石场开采石块。然而，他们在雕刻浮雕与各种石像时，却会使用木槌和造价高昂的铜凿。

▷ 砂岩
位于古埃及南部的格贝尔·西尔西拉砂岩采石场，对于新王国时代的建筑物而言有着重要意义。这里的采石场靠近河岸，便于将切割后的石材搬上驳船。

技艺熟练的
雕刻工匠

木柄铜凿

▽ 石雕
古王国时代私人墓葬的墙壁上，经常绘有工匠造
墓的场景。下图展示的场景是雕刻工匠们正在制
作墓主人的石质雕像。古埃及人以雕像替代墓主
人来接供品，因此他们希望雕像能够永存于世，
所以常以石材制成。

第 4 王朝和第 5 王朝

崇拜太阳的国王们

古王国时代最重要的时期是第4王朝和第5王朝。这一时期的王权发展至巅峰，其集中体现便是太阳崇拜的重要性与日俱增，以及王室金字塔的不断修建。

从第 4 王朝起，古埃及历史变得清晰起来，我们能够比较清楚地知晓当时的国王们都是谁，他们在位的先后顺序，以及他们之间的继承关系。通过这几座被朝臣和王室成员的马斯塔巴墓环绕着的金字塔，我们可以了解到更多关于这个时期庞大的王室家族的信息。然而，这些信息往往只是与每位国王建造自己的金字塔相关联，其统治期间的其他历史事件仍是未解之谜。

两个王朝

第 4 王朝的开创者是斯尼弗鲁，胡夫（希腊人称为齐奥普斯）是其继任者。胡夫的两个儿子先后继承王位，先是拉杰德夫，他在阿布·罗阿什的陵墓的最北端修建了金字塔；然后是哈夫拉（希腊人称为齐夫林），他选择在靠近胡夫金字塔的位置建造

了自己的金字塔。哈夫拉之子孟考拉（又称米塞里努斯）的金字塔是吉萨金字塔群的最后一座。孟考拉的继任者舍普塞斯卡夫可能是孟考拉之子，他打破了国王为自己建造金字塔的传统，而是在萨卡拉修建了一座巨型的马斯塔巴墓。

第 5 王朝的首位国王乌塞尔卡夫，可能与第 4 王朝的王室家族有一定亲缘关系。他之所以选择在萨卡拉一处临近乔塞尔金字塔群的地方建造自己的金字塔，可能是希望借助杰出的先王来宣示权力。接下来的两位国王——萨胡拉和尼斐利尔卡拉可能都是乌塞尔卡夫之子，而后面的两位国王——尼斐勒弗拉和纽塞拉都是尼斐利尔卡拉之子。因为这四位国王都葬在阿布西尔，所以可将他们明确编为一组。他们的王名中都含有太阳神"拉"的名字，这表明拉神在当时愈发得到尊崇。拉神崇拜的中心地

△ **尼斐勒弗拉国王**
这尊第 5 王朝国王尼斐勒弗拉的小雕像出自阿布西尔的国王葬祭庙，雕像身后常被刻画为猎鹰形象的荷鲁斯神护佑着尼斐勒弗拉。

女神和国王的双眼已遭盗掘

母狮神塞克美特哺育着纽塞拉

◁ **被塞克美特哺育的纽塞拉**
古王国时代的统治者，经常描绘自己广受众神护佑的形象。这件出自阿布西尔葬祭庙的浮雕碎片，描绘的是第 5 王朝国王纽塞拉与母狮神塞克美特在一起的场景。

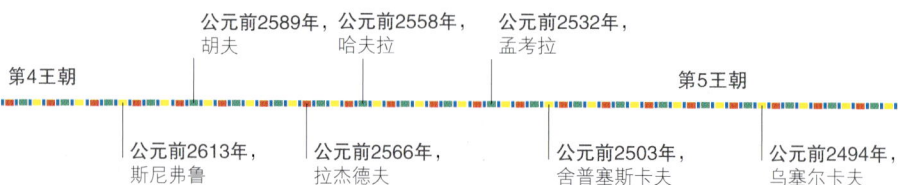

公元前2589年，胡夫	公元前2558年，哈夫拉	公元前2532年，孟考拉	
第4王朝			**第5王朝**
公元前2613年，斯尼弗鲁	公元前2566年，拉杰德夫	公元前2503年，舍普塞斯卡夫	公元前2494年，乌塞尔卡夫

代表王室身份
的尼美斯头巾

▷ **孟考拉与哈托尔**
第 4 王朝国王孟考拉金字塔群中有一系列展
现国王与众神的雕像。这尊雕像中的孟考拉
由其母（或其妻）拥扶而立，这位女性代表
的可能是哈托尔女神。

区是与孟斐斯隔河相望的赫利奥波利斯，第 5 王朝
前六位国王还在此修建了其他几座更小的太阳神庙。
夹在四王中间的舍普塞斯卡拉国王可能也是"阿布
西尔诸王"之一，但至今没有找到有关他的纪念
建筑。

　　第 5 王朝的最后 3 位国王——孟考霍尔、杰德
卡拉和乌那斯之间的血缘关系尚不清楚。其中后两
位国王被埋葬于萨卡拉的金字塔里，乌那斯的金字
塔尤其值得关注，因为它是首座铭刻金字塔铭文的
金字塔（详见第 70~71 页）。

国家影响力日益增长

　　金字塔的成功建造，表明在第 4 王朝和第 5 王
朝时期，古埃及已成长为一个强大的中央集权国家，
它对邻国的影响力逐步加大：国王们频繁派遣探险队
前往西奈半岛和西部沙漠寻找矿产，还在努比亚（尤
其是布亨）建立了贸易中心。中东地区的沿海港口
城市毕布罗斯，此时已成为古埃及获取优质黎巴嫩
木材的中转站，在这里和近东其他城市发现的古埃
及文物，是两地存在长期稳定贸易关系的早期证据。

　　有关这段历史时期的考古发现，主要集中在孟
斐斯周边地区，很少出现在埃及的其他地区。值得
注意的是，高官墓地（特别是萨卡拉的高官墓地）
的变化趋势越来越显著。这一趋势在首都孟斐斯以
及后期的各省都有体现，预示着第 6 王朝的政治走
向发生了关键性的转变。

公元前2487年，　公元前2455年，　　　公元前2445年，　　公元前2414年，
萨胡拉　　　　　舍普塞斯卡拉　　　　纽塞拉　　　　　杰德卡拉

公元前2475年，　　　公元前2448年，　　公元前2421年，　　公元前2375年，
尼斐利尔卡拉　　　　尼斐勒弗拉　　　　孟考霍尔　　　　乌那斯

经典形象的金字塔

标志性建筑的演变

在第3王朝和第4王朝期间，作为王陵的金字塔在以下几个方面迅速发展。首先，最明显的变化是规模的急剧扩大。高60米的乔塞尔阶梯金字塔已经足以令人慨叹，但在仅仅不到100年后建造的胡夫金字塔（详见第66~67页）面前，却是相形见绌，后者的原本高度高达147米（现因风化，顶端剥落了10米）。其次，阶梯金字塔发展为直边金字塔——它成为了金字塔的"经典形象"。古王国时代的金字塔在胡夫统治时期之后规模缩小，因此从乔塞尔到胡夫的一个世纪里是金字塔发展的黄金期，虽然这并不意味着金字塔的建造一帆风顺。

创新与试错

通过美杜姆的金字塔，我们可以看到建造金字塔的历程并不一帆风顺。这座金字塔的建造者众说纷纭，可能是由第4王朝的首位国王斯尼弗鲁所建，也可能是斯尼弗鲁完成了第3王朝最后一位国王胡尼已然开工的项目。不管怎么说，这座金字塔出现了部分坍塌，因而是失败的。这种失败可能要归咎于将阶梯金字塔转变为直边金字塔时，增加了一层厚重的砖石外壳而带来的结构性缺陷；也可能是因为在技术上没能实现修建陵面的工艺要求。金字塔从高而尖到矮而胖的转变，可以从位于达舒尔的弯曲金字塔的形制变化中窥见。

斯尼弗鲁主持修建的金字塔留存于世的数量最多，他在达舒尔建造的第二座金字塔是红金字塔。而他的儿子胡夫则将王陵选址于吉萨，这里陆续修建了世界上最著名的一系列王陵，其中包括胡夫、哈夫拉和孟考拉三大金字塔。

随着金字塔变为直边的形制创新，金字塔的设计出现了一系列其他创新，其中最重要的是以金字塔为统领来对王陵建筑群进行整体布局。原本围绕

△ **阶梯金字塔**
尽管比之后第3王朝、第4王朝的金字塔规模要小，但60米高的乔塞尔的金字塔也足够高大。它比第5王朝和第6王朝的金字塔都高，因而在萨卡拉墓地的各个王陵中鹤立鸡群。

△ **美杜姆金字塔**
这座金字塔位于美杜姆，可能由第3王朝的末代国王胡尼启动工程，由第4王朝的首位国王斯尼弗鲁完成。它最初是作为阶梯金字塔建造的，但随后侧面被添加了更多的石材，改造成直边金字塔，完工时高度为92米。该金字塔结构脆弱，部分已坍塌。

△ **弯曲金字塔**
这座金字塔最初被称为"南方闪亮金字塔"，是斯尼弗鲁主持建造的第二座金字塔。在主持兴建的过程中，斯尼弗鲁出于对坍塌的担心而减小了侧面的坡度，金字塔高105米。

"人类畏惧时间，而时间畏惧金字塔。"

阿拉伯古谚语

阶梯金字塔的矩形围墙被一组标准化的建筑所取代：在金字塔东面建造一座葬祭庙，并由此建一条穿过高原沙漠的长堤道，堤道尽头是"河谷建筑"。虽然这些建筑的确切功能尚待研究，但已知的是它们在国王的葬礼仪式上发挥了重要作用，并确保了献祭活动的持续性。

另一项重要的发展，体现在金字塔内部结构的创新。乔塞尔的金字塔是在地下墓室之上直接建造的实体砖石建筑。而之后的金字塔则有着丰富的内部结构与功能，如胡夫金字塔的内部遍布房间和走廊。

组织管理上的挑战

所有金字塔都由本土石材建造。乔塞尔的金字塔由切割得相对较小的石块建造，石块的大小与早王朝时代纪念性建筑所用的泥砖相似；之后的金字塔则用大石块建造，虽更加坚固，但运输和在施工现场的安装都是难题。只有建立完善的建设和管理系统，才能将来自四面八方的、按季节服役的工人集合到施工现场，并确保庞大工程的正常运转。古埃及人将石材从阿斯旺运到尼罗河下游，并从西奈半岛运来铜矿，制成工具。综上可知，金字塔在很大程度上是古王国时代前期业已成形的国家集权的极致体现。

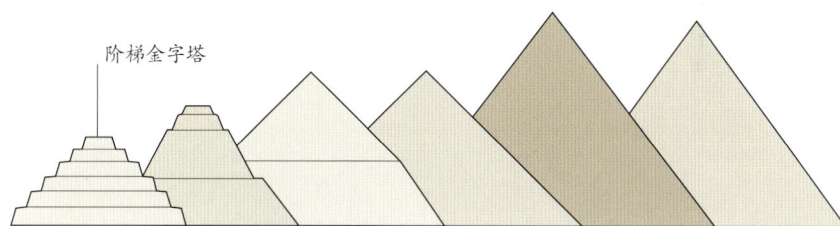

从乔塞尔到哈夫拉的历代金字塔规模对比图

△ 红金字塔
红金字塔是斯尼弗鲁在达舒尔主持修建的第二座金字塔，也是达舒尔体积最大的一座金字塔，高105米。红金字塔由砂岩建成，最初表面覆以白色的图拉石灰石，侧面是类似弯曲金字塔的浅斜坡。

△ 大金字塔
这座金字塔位于吉萨，被誉为"胡夫地平线"，高147米，是史上最高的金字塔。这一工程用时大约20年，在相当长的历史时期里保持着全世界最高的人造建筑的纪录。这座金字塔是古埃及国王将全国资源投入单个王室建设项目的集中体现。

△ 哈夫拉金字塔
这座金字塔位于吉萨，被称为"伟大的哈夫拉"，比其父胡夫的金字塔略小，高144米。所用石材的尺寸随高度提升而逐渐变小，其顶部保留着石灰石外壳。

吉萨金字塔群

法老之山

▷ ◇ ◁

极具辨识度的吉萨金字塔群是古埃及王权的象征和缩影。对于很多人来说，它是古埃及最具标志性、最具神秘感的纪念建筑。

△ **吉萨金字塔群**
吉萨金字塔群竣工于第 4 王朝时期，是埃及迄今建造的无与伦比的纪念建筑群。其规模之大空前绝后，其他古埃及国王兴建的建筑都不能与之比肩。

古王国时代，埃及国王们通常选择在尼罗河西岸的不同地点建造王陵（最主要的形制是金字塔）。这些王陵都离首都孟斐斯不远，多数陵址都能望见河对岸的赫利奥波利斯——太阳神"拉"的崇拜中心。

每位国王都会在以上的限定范围内选择陵址，并结合某些特定因素来决定陵址的具体点位。勘定合适点位的首要因素，是底部基石必须足够坚固，能够承载王陵建筑的巨大重量。国王还必须决定是葬于前任君主旁边，还是选择一个与过去没有任何关联的全新地点。大多数国王都希望与他们的祖先葬在一处，因此，我们可以在阿布西尔、萨卡拉、达舒尔以及最著名的吉萨看到那些重要的金字塔群。

胡夫金字塔

最著名的金字塔群位于吉萨。胡夫金字塔是吉萨金字塔群的开山之作。胡夫没有追随其父斯尼弗鲁葬于达舒尔，而是将陵址选择在位置偏北的吉萨。

▷ **胡夫雕像**
这件发掘于阿拜多斯一座神庙中的象牙小雕像高 7.5 厘米，是唯一一件铭刻胡夫名字的完整雕像。

胡夫太阳船

吉萨金字塔群作为世界上最重要的古迹之一，已经被深度发掘，然而发现于1954年的胡夫太阳船证明，这里还有更多值得探寻之处。这里的几座金字塔附近都有大型船坞，胡夫金字塔旁两个尚未发掘的船坞在发现时依然保存完好，其中一个船坞打开后里面有一艘古船。这艘标准尺寸的古船配有船桨和宽敞的船舱，长44米，是世界上最古老的船只之一，现已修复重建。这艘船的具体用途有待研究，但上面有明显的过水痕迹，因此很可能是在胡夫的葬礼期间用于运载国王的尸身抵达吉萨。也有人推测这艘船是供胡夫来世使用的，或许是用于载着他与太阳神"拉"一同穿越天空。

用于划水和控制方向的船桨

可能用于运送胡夫尸身的船舱

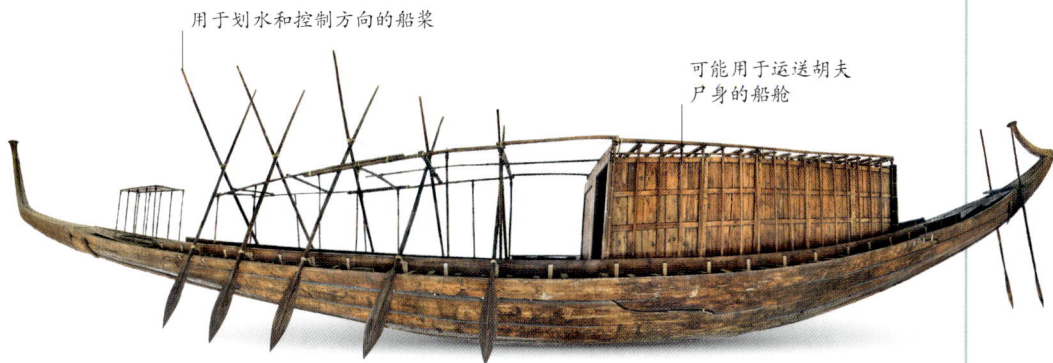

胡夫金字塔最明显的特征在于其规模——它是体量最大的王室金字塔。金字塔只是胡夫的丧葬建筑群的一部分，金字塔旁建有一座小型葬祭庙，这座葬祭庙可与河谷中的另一座建筑通过堤道相连。如今，堤道的保存状况很差，河谷建筑也已尘封于农田之下。胡夫还在金字塔的东西两侧建有大规模的马斯塔巴墓群——这些王亲国戚的墓葬整齐有序，与国王永生相伴。

哈夫拉与孟考拉

胡夫之子哈夫拉选择在靠近胡夫金字塔的地方建造自己的金字塔。虽然他的金字塔较小，但由于地基更高、坡面更陡，所以哈夫拉金字塔看起来更高。相比胡夫金字塔，哈夫拉金字塔在很多方面都更具代表性。哈夫拉金字塔配有一座大型葬祭庙，河谷建筑由巨大的红色花岗岩石材建成，是保存最完好的古王国建筑之一。哈夫拉之子孟考拉的金字塔是吉萨金字塔群中最小的一座，在孟考拉去世时尚未完工，它同样是古王国时代金字塔建筑群中的典范之作。

> "整个金字塔是以最精准的方式，将精细打磨的石材组合而成。"

古希腊历史学家希罗多德评价胡夫金字塔

方位与选址

胡夫金字塔地处沙漠高原的边缘，俯瞰整个河谷，四条底边中的两条与正北方向对齐，其方向的精度令人叹为观止。他的继任者们在建造金字塔时，也充分考虑了与先王金字塔的布局关系。哈夫拉金字塔的选址就考虑到了与胡夫金字塔的关联布局，其堤道位置使其河谷建筑紧邻矗立在大斯芬克斯（狮身人面像）前面的小神庙。

孟考拉在建造金字塔时，考虑到了与先前两座金字塔的位置关系，规划选址意在使三座吉萨金字塔在西南方向上连成一条直线。做出这种规划选址的依据还有待研究，一些作者认为吉萨金字塔群的排列布局是为了反映恒星（尤其是猎户星座）的位置关系，但大部分学者并不支持此种观点。

▽ 吉萨金字塔建筑群平面图

用一张俯视图来理解吉萨金字塔建筑群的方位关系会更容易。胡夫金字塔坐北朝南，哈夫拉金字塔的南沿与位于其东的狮身人面像大致对齐。

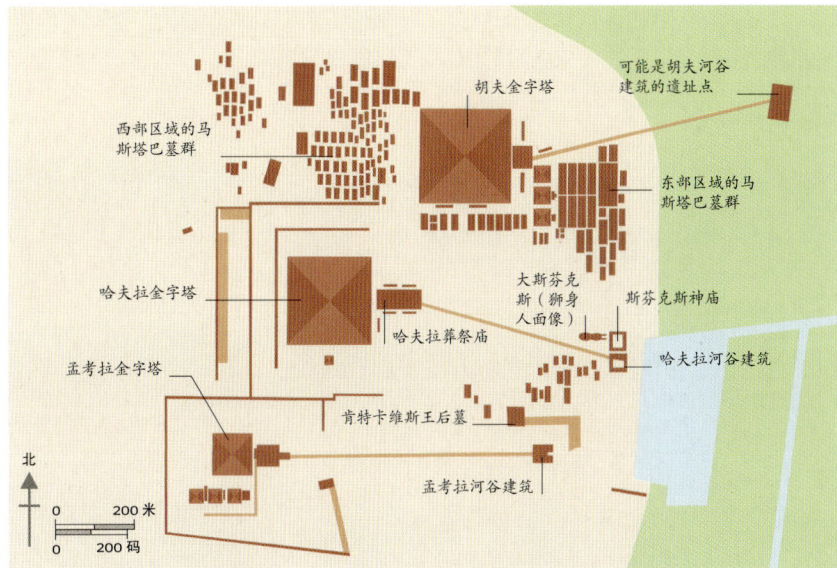

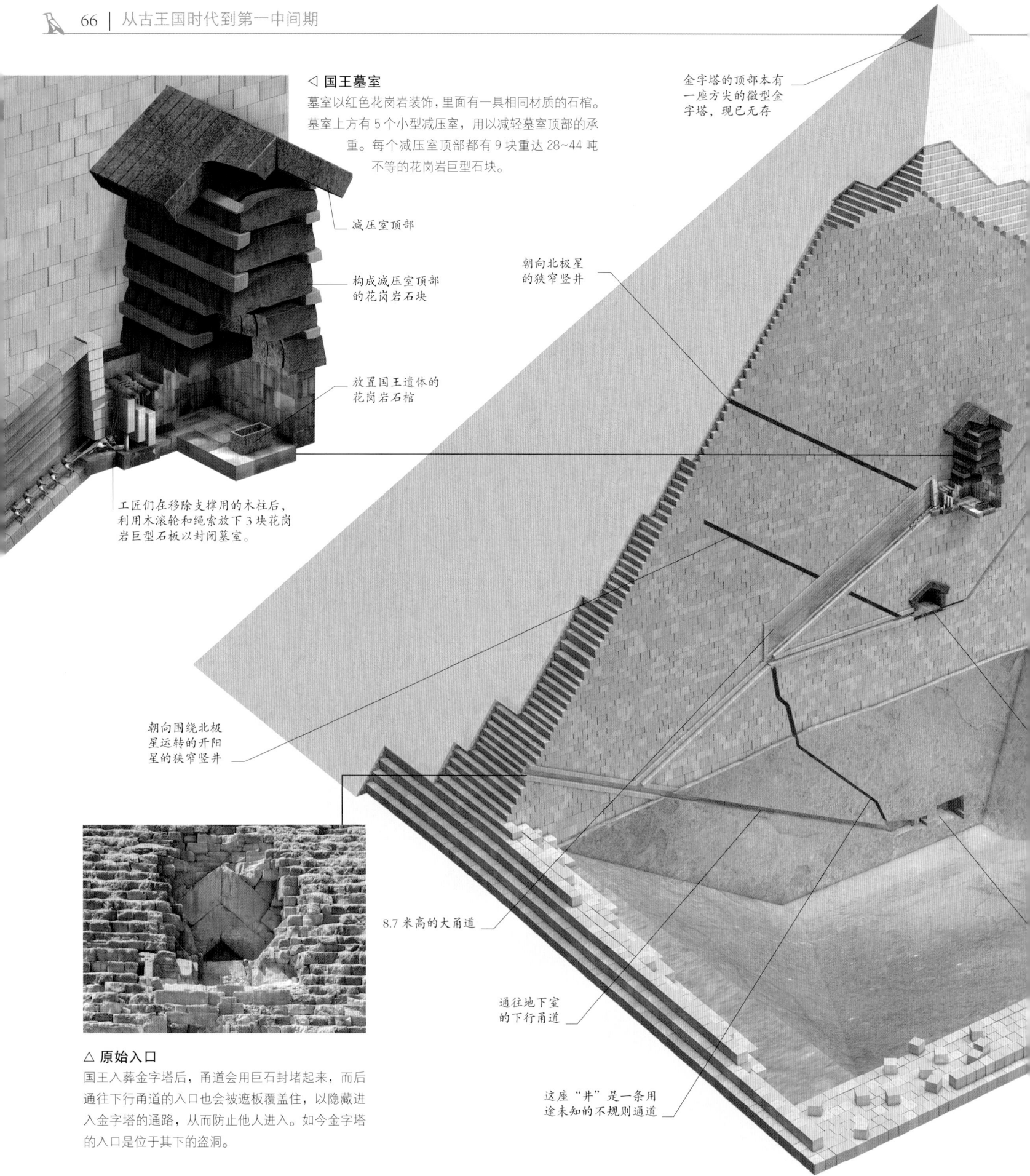

◁ 国王墓室

墓室以红色花岗岩装饰，里面有一具相同材质的石棺。墓室上方有 5 个小型减压室，用以减轻墓室顶部的承重。每个减压室顶部都有 9 块重达 28~44 吨不等的花岗岩巨型石块。

减压室顶部

构成减压室顶部的花岗岩石块

放置国王遗体的花岗岩石棺

工匠们在移除支撑用的木柱后，利用木滚轮和绳索放下 3 块花岗岩巨型石板以封闭墓室。

金字塔的顶部本有一座方尖的微型金字塔，现已无存

朝向北极星的狭窄竖井

朝向围绕北极星运转的开阳星的狭窄竖井

8.7 米高的大甬道

通往地下室的下行甬道

这座"井"是一条用途未知的不规则通道

△ 原始入口

国王入葬金字塔后，甬道会用巨石封堵起来，而后通往下行甬道的入口也会被遮板覆盖住，以隐藏进入金字塔的通路，从而防止他人进入。如今金字塔的入口是位于其下的盗洞。

胡夫金字塔

"胡夫的地平线"

位于吉萨的胡夫金字塔由国王胡夫建造，它不仅是最大的古埃及王室金字塔，同时也是最神秘的金字塔之一。它有着比其他绝大多数金字塔都复杂的内部结构，内部有一系列相互连接的墓室和甬道，其中一条 8.7 米高的大甬道可谓独一无二。尽管一些内部构造（如国王墓室）的功能特征很明显，但其他一些内部空间的功能又让人琢磨不透。要么是现代学者尚未破译这些功能，要么只能解释为是金字塔在建造过程中边施工边修改设计所导致的。

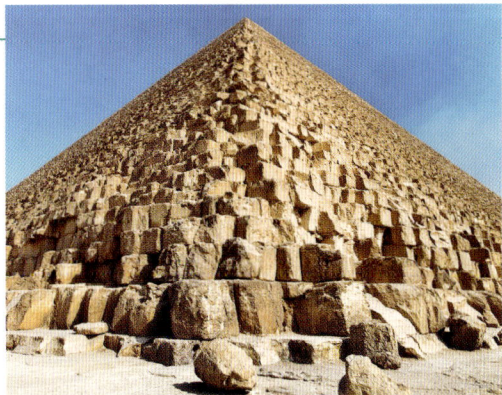

△ 巨石之山
根据对金字塔可见部分的估算，胡夫金字塔由 230 万块石材组成，每块石材重约 2.8 吨。

朝向猎户座的狭窄竖井

朝向天狼星的狭窄竖井

◁ 外立面
金字塔的外立面选用尼罗河对岸图拉采石场出产的最好的白色石灰石制成。这种高品质的石材后来被从金字塔上剥离下来，被古埃及后世的王朝和中世纪的埃及政权重复用作建筑物的建材。

由楔形石灰石块打造出的光滑表面

外立面是图拉采石场出产的精细白色石灰石

◁ 金字塔的遗存
胡夫金字塔的葬具早已被盗空，许多石材也被掠走，但它仍是一座惊人的巨型建筑。它是古代世界七大奇迹中唯一一个基本保存完整的建筑，并始终让游客和学者们为之着迷。

"王后墓室"，可能用以供奉国王的"卡"雕像

不完整的地下室，用途不明

建造金字塔
建造一座大型金字塔的奥秘在于科学的工程组织——在正确的地点，组织数量适当的工匠和使用组成建筑结构的石材。工程的关键是工匠要将石材拖拽到位，拖拽时可能会用到密布的坡道。工程初期，大量石材可以通过在金字塔四个侧面建起的简易直坡道移动到位；随着金字塔越来越高，坡道会变得越来越长，以避免坡道的爬升角度过陡；在达到一定高度后，直坡道则被围绕在金字塔上部的螺旋坡道所取代，最终完成从底到顶的建造过程。

在不断增高的金字塔顶部放置石块

紧靠金字塔侧面建造的直坡道

在当地采石场采得的石灰岩石块，被作为金字塔内部构件

▷ **耳形石碑**
在新王国时代，到访狮身人面像的朝圣者经常会进献石碑。石碑上常刻有一只耳朵，意在寄望神灵听到朝圣者的祈求。

大斯芬克斯

"恐怖之父"

大斯芬克斯，即吉萨的巨型狮身人面像，是可与金字塔相媲美的古埃及代表符号，也是古王国时代王权的象征。在前王朝晚期和早王朝时代的仪式性石质调色板上，最初是以狮子、公牛等动物形象指代国王。后来，古埃及人用人兽合一的神兽图像来体现王室人员的不同凡响。狮身人面的斯芬克斯是一种超自然的神兽，代表着神授予国王的权力。据说"斯芬克斯"一词源于希腊语对古埃及语中"shesep-ankh"（雕像）一词的转写，意思是国王的雕像，意指"栩栩如生的形象"。

神秘的起源

古埃及流传下来许多将国王描绘成狮身人面的雕像，但吉萨的狮身人面像无疑是最著名的。它建在石灰石采石场中一个坚固的石丘上，这个采石场曾为吉萨金字塔群提供了石材。它的位置在哈夫拉金字塔的河谷建筑附近。学者们一致认为，它所塑造的是第4王朝的某位国王——有可能是哈夫拉或其父胡夫。狮身人面像前方建有一座祭拜国王的神庙。

修建如此宏伟的国王雕像的确切原因至今成谜，但作为吉萨金字塔群的重要组成部分，它被后世的王朝和一代代古埃及人所瞩目。在新王国时代，这座狮身人面像还被视为赫鲁埃姆阿克特神的雕像，广受国王和平民的崇拜。

王子之梦

根据第18王朝图特摩斯王子的自述，他狩猎时曾在狮身人面像的阴影下小憩。睡梦中，赫鲁埃姆阿克特神预言，如果他能将覆盖住雕像的大部分沙子清除掉，就会成为国王。图特摩斯王子遵照并完成了神谕，成为了国王图特摩斯四世。图特摩斯四世将刻有此事的石碑（即"记梦碑"）立于地面之上，很可能位于其父阿蒙霍特普二世的雕像之下。在新王国时代，狮身人面像的破损之处陆续得到了修补，同时新增了一些细节，如假胡须。

到了中世纪，狮身人面像的鼻子被破坏掉了。于是，狮身人面像获得了一个新名字："恐怖之父"。

◁ **巨石雕像**
吉萨的狮身人面像长73米、高20米，是迄今所建最大的雕像之一。在1000多年后的阿蒙霍特普三世巨像出现之前，古埃及没有能与之匹敌的雕像。

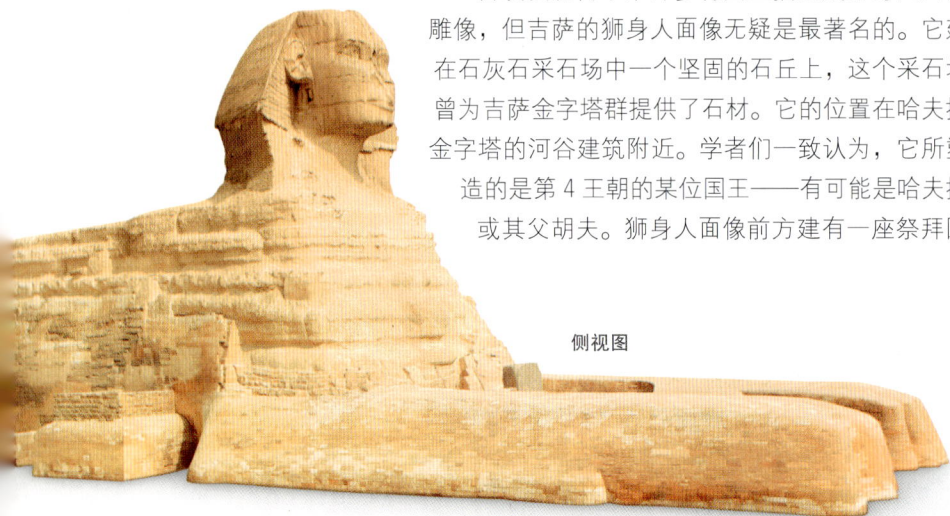

侧视图

在中世纪时被
损坏的鼻子

◁ **大斯芬克斯的面部**
尽管狮身人面像备受尊崇，但后人
并未手下留情。它在 4500 年的历
史中多次受到改造和破坏，其头部
（包括被增加假胡须）和胸部更是
屡遭后人修改。

新王国时代添加假
胡须的位置（后被
移除）

第 18 王朝阿
蒙霍特普二世
雕像的位置

第 18 王朝图
特摩斯四世
的"记梦碑"

金字塔铭文

国王的来世生活手册

尽管古王国前期的国王们下令修建了许多令人印象深刻的大型金字塔，但这一阶段的金字塔上并没有留下有关国王身后之事安排的铭文。而这一切在第5王朝末期发生了改变。

有关第4王朝、第5王朝和第6王朝的国王们对来世有何期待的信息非常少。随着第5王朝末期金字塔铭文的出现，这方面的信息逐渐丰富和清晰起来。这些铭刻在金字塔墓室墙壁上的宗教性文字被称为"金字塔铭文"，它们反映了国王对来世生活方面的思想观念。金字塔铭文最早出现在第5王朝国王乌那斯，以及随后第6王朝国王特悌、珀辟一世、麦然拉和珀辟二世的金字塔中。此外，在珀辟二世的3位王后以及第8王朝国王伊比的金字塔中，也存在金字塔铭文。

咒语和仪式

金字塔铭文是一系列被选好的祈祷文、仪式咒语，以及从广泛的文学作品中提取的有关来世观点的集合。它们多种多样，有时甚至互相矛盾。铭文本身可能是葬礼仪式上的一部分，需要大声诵读出来。全部的金字塔铭文包括超过1000段不同的咒语，如乌那斯的金字塔中有236段咒语。我们只知道这些咒语被仔细地镌刻在国王墓室和墓室前厅的墙壁上，以及通往金字塔入口的走廊里，却无从考证选刻了某段铭文、而不选刻其他铭文的原因。

金字塔铭文涵盖了多个不同的主题。有些提到应该向去世的国王提供祭品，类似于在私人墓葬中向"卡"（灵魂）提供祭品；还有一些是祈愿石棺中的国王尸身免受伤害。在古埃及人的观念中，国王非凡人，因此其来世也与其他人不同。

加入众神之列

铭文中有一组极其重要的咒语，目的是召唤国王从石棺中复活，加入众神之列。铭文将国王的旅程说成是太阳神"拉"的旅程，"拉"穿越杜阿特（即冥界）的黑暗，在白昼的光明中重生。这些咒语把国王与太阳联系在一起，强调国王在光明的来世将与"拉"同行。金字塔本身独特的形制，可能就是对光明来世的反映，正如金字塔铭文所描述的——阳光"变得坚固"，以便国王可以走在上面，一直走到天庭。金字塔的斜面或可

◁ **珀辟一世金字塔**

这一小块墙皮位于珀辟一世金字塔的一处内墙上，墙皮上刻着的象形文字里填充了蓝色颜料，显得十分醒目。这篇铭文的所有者很明显是珀辟一世，因为珀辟这个名字不仅标记于椭圆形的王名圈中，还连续出现了4次。

◁ **乌那斯金字塔**
乌那斯金字塔的内室天花板上雕刻着繁星，立柱上也刻满了铭文。此处是从前厅通向放有王室石棺的墓室的位置。

被视为凝固的阳光。

其他咒语则提到了国王将于来世加入北方天空的"不灭之星"。奥西里斯在咒语中被反复提及，他是古埃及神话中的来世之神，由此可见从古王国时代末期开始，奥西里斯在古埃及众神中占有的极其重要地位。《食人颂》中写道，国王吃掉众神是为了吸收他们的力量而拥有神力。

金字塔铭文也可被视为表达古埃及人对来世观点的一种宗教文本形式。这些宗教文本将在中王国时代演变为棺木铭文（详见下文），继而在新王国时代又发展为供国王和个人使用的有关来世的各种书籍，其中包括"亡灵书"（详见第208~209页）。

棺木铭文

从古王国时代末期开始，非王室成员也开始使用讲述来世的宗教文本。此种铭刻在棺木内壁的文字被称为棺木铭文。金字塔铭文中的许多素材在前往来世的指南中被重复使用，而且为适用于不同的墓主人而进行了改编。众多棺木铭文中最重要的一篇叫作"两路之书"。"两路之书"还附有一幅彩绘的冥界平面图，为的是帮助逝者找到前路。

上图为古阿棺木中所绘"两路之书"，其中附有彩绘的冥界平面图

马斯塔巴

王室重臣的墓葬形制

在古王国时代，需要建造宏大陵墓的不只是国王。王室成员、重臣高官也需要与其身份等级相称的永恒安息之所。他们的墓葬通常采用马斯塔巴的形制。

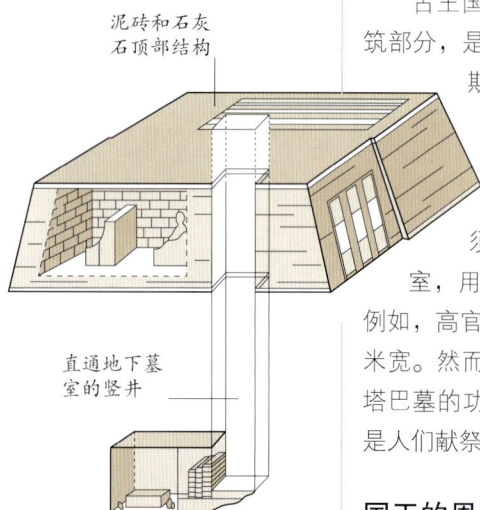

泥砖和石灰石顶部结构

直通地下墓室的竖井

△ **马斯塔巴结构**
马斯塔巴墓在地表的结构演变得越来越大，而且越发复杂。然而，通过竖井进入的墓室却依旧很小，而且大多数情况下不做装饰。

古王国时代的陵墓，确切地说是陵墓的地上建筑部分，是由早王朝时代国王与王室重臣通用的马斯塔巴（矮宽而坚固的泥砖墓）演变而来的。第1王朝和第2王朝最大的朝臣墓群位于萨卡拉，萨卡拉地处沙漠边缘，可以俯瞰整个河谷。这些建筑必须要有庞大的体积，因为其本质上是贮藏室，用于储存逝者来世享用的食物等大量物品。例如，高官赫玛卡的马斯塔巴墓，就有57米长、23米宽。然而，进入古王国时代后，大人物们的马斯塔巴墓的功能发生了改变，它不仅是储物空间，还是人们献祭逝者之"卡"（灵魂）的处所。

国王的恩赐

在第4王朝，马斯塔巴的形制和体量有了新的制度规范，最主要原因是王室重臣墓被建在王室墓群里，成为了王室金字塔建设工程的一部分。例如，胡夫金字塔建筑群周边修着成规模且有序排列的马斯塔巴墓，而其大小及与距离金字塔的远近，反映了墓主人在王廷中的地位。因为这些马斯塔巴墓本身是作为王室工程建造的，所以直接体现了国王对众臣的恩赐。

标准的马斯塔巴墓是一座坚固的长方形建筑，四周是略倾斜的石灰石墙体。墙体内部用碎石填充，通过一条竖井直通地下的小墓室。墓内的祭祀功能区规模不大，只有2个或3个小房间，建在位于马斯塔巴南墙东侧的假门周围（详见第74~75页）。

马斯塔巴的发展

在第5王朝和第6王朝，马斯塔巴的发展特点主要体现在两个方面。首先，整个建筑变得更大且更复杂了。它们不再只是坚固的建筑，越来越多的房间被赋予了特定用途。一些房间用于存放祭品或祭祀仪式中使用的器皿；另一些半密闭的空间则用于存放墓主人的雕像，这在当时已成为基本的范式。在马斯塔巴墓的中心有一扇假门，祭祀仪式就在这

是两兄弟吗？

古王国时代墓葬中雕像和画像的刻板风格，使人很难弄清墓壁上所绘人物在现实生活中是何种关系。一般情况下，雕像和画像上"他的父亲""她的女儿"或"他的姐妹"的传统称谓，也只是提供了不同人物间关系的一个基本概念。

在萨卡拉有一座由赫努姆霍特普和尼安赫克努姆两人共享的马斯塔巴墓，墓壁上出现了两位男子相拥的独特画面。这座合葬墓被称为"两兄弟之墓"，但这幅画作却毫未掩饰两人之间的同性恋关系，这在古埃及实属罕见。遗憾的是，墓壁上的文字没有正面提及两人的关系。

▽ **美列卢卡墓平面图**

在第5王朝和第6王朝，最大的马斯塔巴墓内部有很多房间，它们被用来供奉祭品和储存祭祀仪式用具，并为满足不断增长的绘制日常生活场景的需要提供足够面积的墙壁空间。

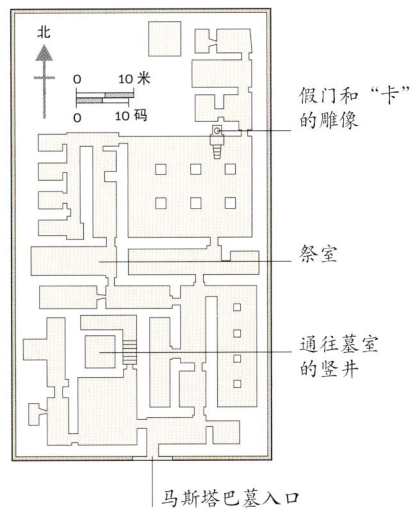

北

0　　10米
0　　10码

假门和"卡"的雕像

祭室

通往墓室的竖井

马斯塔巴墓入口

▽ **石灰石头像**

胡夫和哈夫拉统治时期，曾短暂流行过一种无法解释原因的时尚，即将石灰石头像随葬于墓中。这些头像风格独特，很可能就是墓主人的样貌。

△ **美列卢卡**

图中一尊与真人等高的"卡"的雕像立在假门内，似乎代表了维西尔美列卢卡正在步入祭室。"卡"的脚边那段台阶的顶部便是供奉着祭品的祭坛。

里举行。所有房间的墙壁上都绘制了"卡"在来世的场景——所绘图像不仅有食物供品，还有可以让"卡"永世享受的埃及风光。

　　其次，王室重臣们的马斯塔巴墓不再总是紧邻国王的金字塔了。这表明上层精英群体越发独立，而且经常是自己出资建墓。当然，有国王恩赐（诸如石棺）总是光耀门楣之事，在刻于墓室墙壁的墓志铭中多会提及国王恩赐之事。从此，墓志铭也变得越发冗长和详细。

假门

为逝者灵魂准备的出入口

在古王国时代，墓葬是逝者灵魂（即"卡"）的家园这一思想观念得到发展，这种想法不仅反映在王室重臣的墓葬上，还表现出越来越复杂的趋向。假门或称"假门石碑"隔开了墓室和祭室，是古埃及墓葬的一个关键特征。从功能上看，墓室是保证"卡"的生活不受干扰的部分，祭室则是留给访客献祭的部分。

神奇的入口

大多数假门都由实心条石制成，之所以称之为"假门"，是因为生者无法通过。而在古埃及人的观念里，"卡"却能够穿过实心物体，尤其是设计为日常物品形状的实心物体。

因为假门提供了一个雕刻和绘制褒扬墓主的图画和文字的空间，所以它在制作上变得越来越精美。假门上尽可能详尽地记录着墓主的名字、头衔等资料，这对于识别墓主身份而言非常重要。这些包含逝者生前功德等内容的资料细致入微，为祭拜者向逝者（一般为男性）献祭提供了更多理由。随着时间的推移，人们在自己的墓葬里刻下详细的墓志铭逐渐成为了一种传统。墓主的形象多出现在假门门雕上方的一块大型长方形面板上。墓主形象的标准像，通常是墓主端坐在一张摆放着食物祭品的供桌前的场景，意为向祭拜者展示墓主希望祭拜者在祭室里做的事情——请祭拜者将食物供在假门前，奉

与"卡""食用"。当然，如果祭拜者提供的祭品不足的话，图像中具有魔力的食物也将成为真正食物的替代品，之后能够变为献给"卡"的真正食物，确保"卡"永远不会忍饥挨饿。

假门上同时铭刻着具有魔力的供奉祈祷词。供奉祈祷词包含了"卡"所需的"千条面包、千罐啤酒、肉类和禽类，以及一切好东西"等内容。在理想状态下，到访墓葬的祭拜者大声诵读供奉祈祷词，词中的内容就会生效。仅是将祈祷词用象形文字写在假门上也有相同功效，同样能赋予祈祷词以魔力，确保祈祷词所述之事成真。

虽说假门在古王国时代最为多见，但是它在整个王朝时期都是古埃及墓葬的一个重要特征。在国王的葬祭庙中，假门也是通往来世的门户。

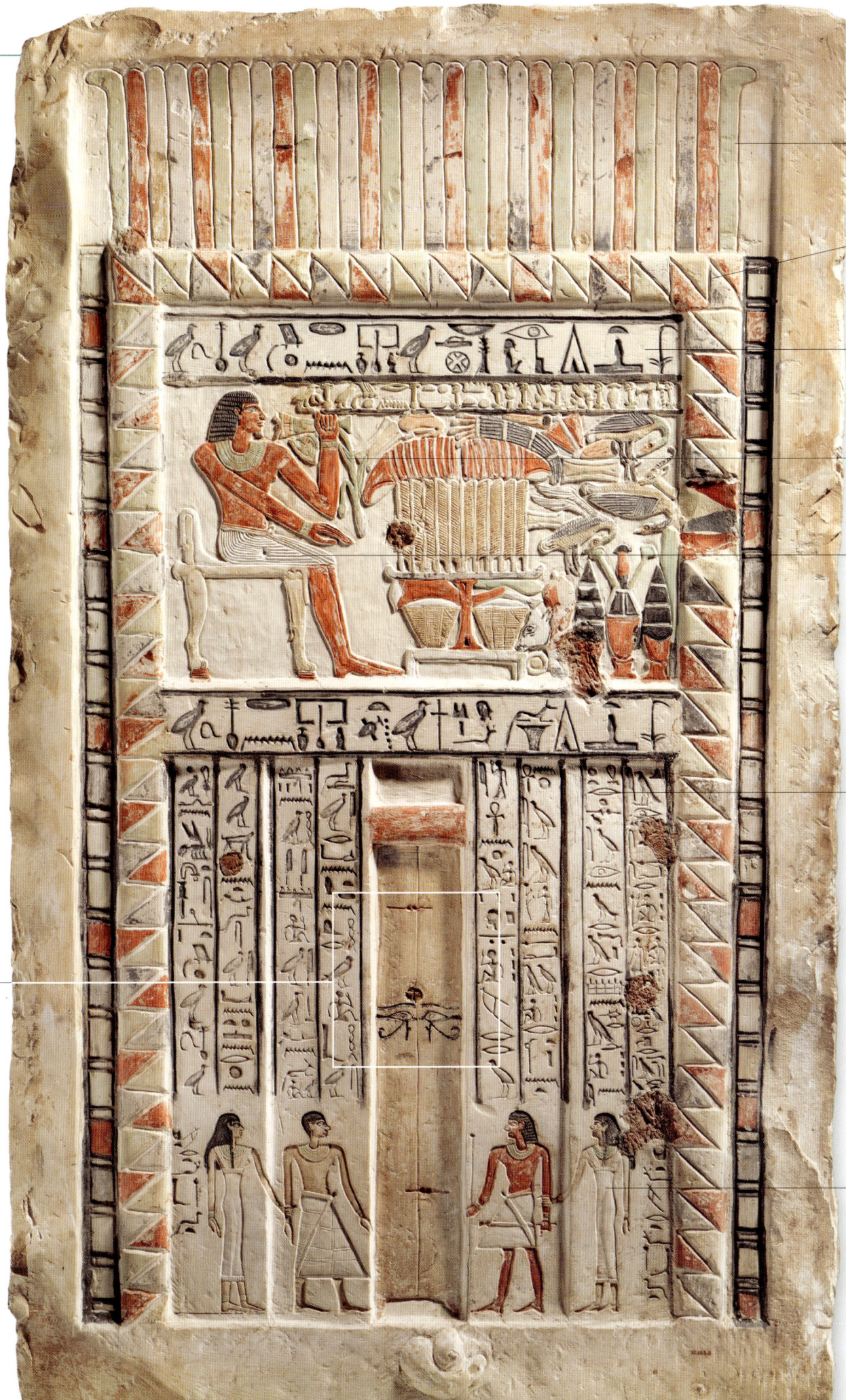

棕榈叶状的檐口

芦苇捆状的边框

祈祷文

莲花

端坐在供桌前
的尼斐利乌

尼斐利乌
的墓志铭

尼斐利乌之妻
薇杰贝特

绘画技艺

艺术与工艺

古埃及人在神庙和墓葬的墙壁上留下了大量的图像。绘制这些图像的艺术家们所使用的绘画技艺具有鲜明的古埃及特征，辨识度非常高。

△ 墓画
艺术家将这幅绘有 "k" 和 "a" 发音的象形文字——篮子和秃鹫的墓画画得惟妙惟肖。

许多古埃及建筑上的浮雕艺术和平面绘画都已经保存了数千年。沙漠中地下墓室的彩绘墙壁保存得尤其完好，一些露天神庙的原始装饰痕迹也保留了下来。它们之所以能够留存至今，在一定程度上得益于古埃及人使用的矿物颜料，这些颜料令他们的画作不仅色彩鲜艳，而且可以长久保持。

尽管有一些矿物颜料的原料（如青金石）来自邻国，但其余的大部分原料都可以在埃及本地找到。因此，艺术家们创作时可以使用各种各样的颜料——用赭石（黏土）提取红色和黄色，用煤烟提炼黑色，用铜的化合物提取绿色，用青金石提取深蓝色。到了新王国时代，艺术家的调色板上有了更多的颜色，包括雌黄（一种与砷有关的矿物）制成的明黄色和钴制成的深蓝色。

人像

古埃及绘画不仅调色独特，而且因其程式化的人物形象而具有极高的辨识度。这种程式化的绘画方法是刻意为之的，因为古埃及人在艺术上很少追求透视和自然主义。对他们来说，画人乃至万物，更为重要的是尽可能地 "完整"。

这种对 "完整" 的追求体现在绘画技艺上，便是将人体分解成不同部分，每个部分都以最易于辨识的形式加以绘制，然后再组合到一起。头部几乎都是侧视图，双眼却呈正视效果；手臂与躯干视角不同，以使其清晰可辨；立姿人物的腿则要逐一画出。一般胸部是正像，腰部是侧像。这种人像画法被古埃及人深度认同，因而在3000多年里几乎没有变化。

比例规则

古埃及人试着通过建立一套控制人体部位相对比例的规则，来增强画作的秩序感与规律性。这套比例规则确保了国王肖像画，无论其尺寸大小，都能保持视觉上的一致性。职业画家和雕塑家必须遵循这套比例规则，这限制了他们的想象与创作空间。如今，他们可能被视为画匠、雕匠，而不是艺术家。尽管他们都是在死板的准则指导下开展创作，但是他们仍然可以通过作品的细节，或是对传统题材的创造性演绎来展现出他们的绘画技术。

▽ 调色板和画刷
颜料保存在小陶罐中，或者保存在画家和书吏使用的调色板的凹槽里。下图的这件调色板上写有第18王朝阿蒙霍特普三世的名字，名字外框有王名圈。粗刷是用成捆的芦苇制成的，细尖头刷和笔则由单根芦苇制成。

用于放置一小块饼状颜料的空格

用一捆芦苇和灯芯草制成的画刷

▽ 设计草图
古埃及画匠通过使用正方形网格实现整体画面的"正确"比例。坐像从发际线到脚面的高度通常有 14 方格高。从这张第 18 王朝图特摩斯三世画像的设计草图，可以看出通过网格进行绘图的过程。

轮廓线用黑色颜料绘制

正方形网格线用红色颜料绘制

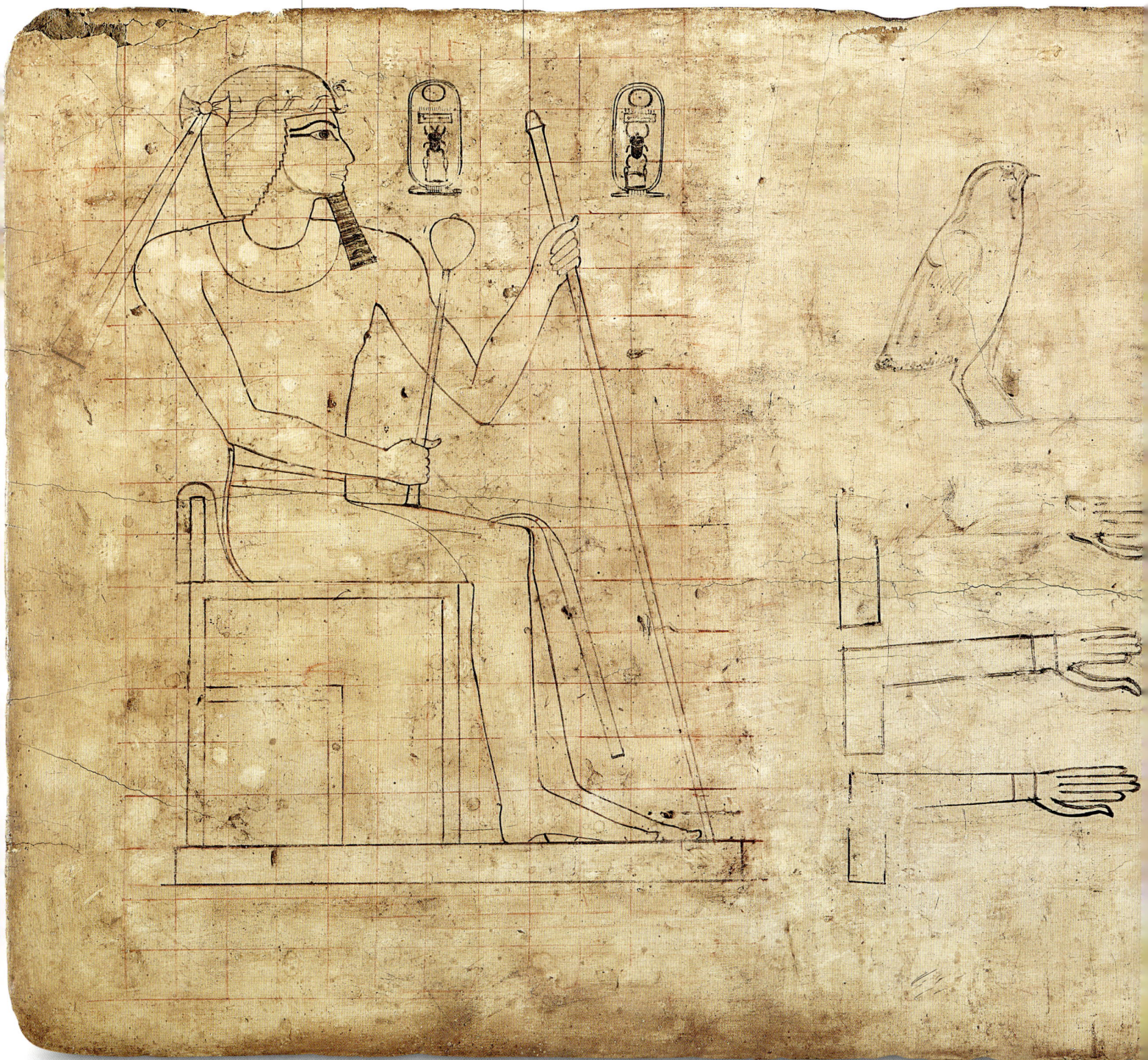

美杜姆群鹅图

这两只鹅出自女墓主阿泰特的祭室北墙上的壁画。这座第4王朝前期的墓葬位于美杜姆，毗邻第4王朝首位国王斯尼弗鲁的金字塔。阿泰特是时任维西尔的尼斐尔玛阿特之妻。整个壁画展示了沼泽附近的鹅。如同各时期的众多达官贵人墓葬一样，艺术家在描绘自然景观时都十分注重细节，以便墓主人能够永世欣赏。尽管这两只红胸鹅画风大胆，栩栩如生，但仍恪守着布局上的艺术准则。

古王国时代的风尚

永世的优雅

从古王国时代墓葬中发现的上流社会人物形象，可以让我们深入了解古埃及人的衣着和装扮。但需要注意的是，这些形象都是高度理想化的，因为在古埃及人的观念中，在来世保持最佳仪态十分重要。

古埃及墓葬中的图画和雕像的作用，是展示墓主及其家人希望能永世长存的美好形象，而不是他们在现实生活中的实际样貌。尽管大多数墓主去世时外表都已衰老，但他们都希望拥有一个理想的身体——年轻、苗条、健康。尽管雕像或壁画上确实出现过身材更为丰腴的老人形象，但这并非是对现实主义肖像画法的尝试，而是为了表达他们崇高的社会地位。

墓葬中人物的肤色也有迹可循。社会地位高的男性通常都有红棕色的皮肤，这或许是为了表明富有的古埃及人会积极投身于户外生活。女性则流行将面色画得苍白，这可能是为了表明她们不需要像农民一样在田间劳作。

古埃及穿着带给人的印象

古埃及男女通常穿的都是用白色细麻布做的衣服。麻布由古埃及最主要的织物亚麻制成。羊毛不太常成为衣料，棉布直到公元前 1 世纪才被进口到古埃及，而丝绸则是公元 5 世纪才进口到古埃及的。在古王国时代，珠宝通常只供女性佩戴，直到新王国时代才有男性佩戴珠宝。最流行的珠宝样式是宽

◁ 珠饰礼服
在一些墓葬中出土了这种以珠为饰的礼服。目前尚不清楚如此不同寻常的礼服是在现实生活中穿着的，还是只用作随葬品在来世使用。

大而多彩的项链或领饰。男女都会用香水，当时的铭文中称香水为"甜油"。

拉霍特普和诺弗列特

拉霍特普王子及其妻子诺弗列特的雕像（见第 81 页）展示了古王国时代典型的精英夫妻形象。拉霍特普穿着短裙，露出他肌肉发达的躯干和双腿；不过现实生活中，他不太可能穿得如此暴露。诺弗列特的服装也许更贴近生活——身穿长及脚踝且紧身的宽背带连衣裙，肩上披着披肩。

夫妇二人的发型在当时很流行。拉霍特普留着短发，而诺弗列特则留着厚重的齐颈短发，头发由一条印花宽发带固定。拉霍特普留着第 4 王朝早期流行的小胡子，不过这一时尚流行很短，在其他时期古埃及的男性精英很少留胡子。

▽ 诺弗列蒂亚贝特公主
尽管古埃及的精英阶层通常穿着白色亚麻服装，但也有例外，下图中诺弗列蒂亚贝特公主身穿单肩豹皮长裙的形象就是颇具个性的一例。

> "愿两座宝库带给他衣物，两间房间带给他油。"

古王国时代的献祭祷文

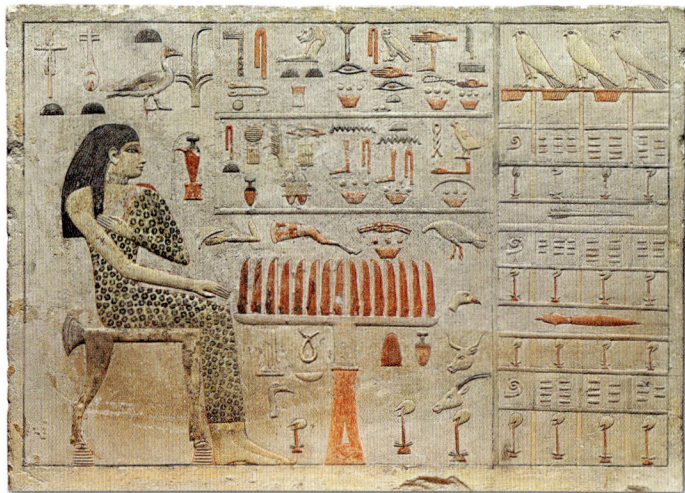

以象形文字注明"国王之子"拉霍特普

以象形文字注明"王室至亲"诺弗列特

印花发带

宽大而多彩的领饰

白色亚麻宽背带连衣裙和亚麻披肩

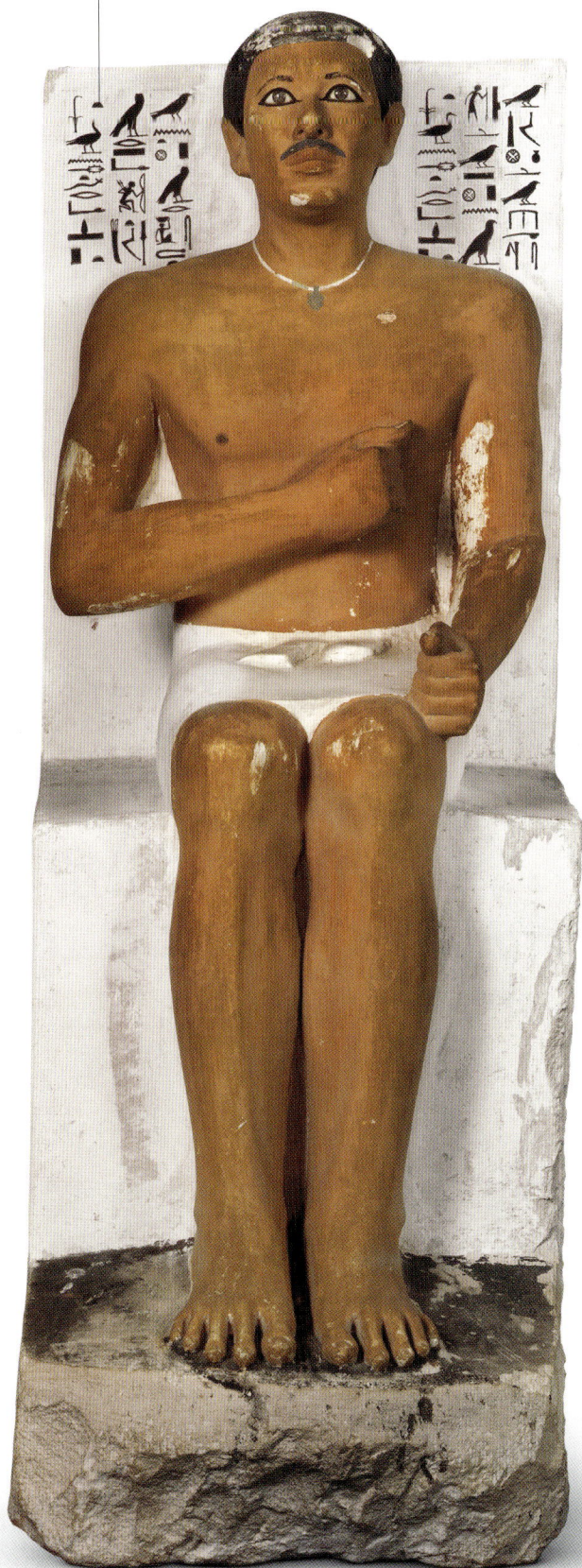

◁ **永恒的伴侣**

这件保存完好的石灰石雕像塑造的是第4王朝初期的王室成员——拉霍特普和诺弗列特夫妇。身为国王斯尼弗鲁的嫡亲,他们被双双埋葬在位于美杜姆的金字塔附近。他们的形象最能代表古王国时代精英阶层的风尚。

国王的葬祭庙

向金字塔的主人献祭

尽管金字塔建筑群中的葬祭庙不如金字塔本身壮观，但它们的意义同样重大。
古埃及人认为，国王去世后将在为他而建的葬祭庙里享有美好的来世。

数千米外就能望见的金字塔只是金字塔建筑群中的一部分。金字塔建筑群共同构成了一个完整而合适的空间，人们在这里能够举行国王的葬礼、安顿国王的遗体，并在葬礼结束后继续向国王献祭。

在国王的葬礼中，送葬队伍在走近金字塔建筑群时，首先来到的是位于运河一侧的河谷建筑。国王的遗体在此处下船登陆，然后沿着一条平时被遮盖起来的堤道前往葬祭庙。葬祭庙通常建在金字塔的东侧，其形制比私人墓葬中的祭室更为复杂。小型的附属金字塔是整个金字塔建筑群的最后一部分，其用途尚待研究。

金字塔铭文（详见第70~71页）描述了国王在墓葬中的来世生活，除了铭文中所述内容外，他还有其他的需求。国王拥有多个"卡"，而献祭每个"卡"的方式不同，因而葬祭庙成了向国王的这些不同精神形态献祭的场所。

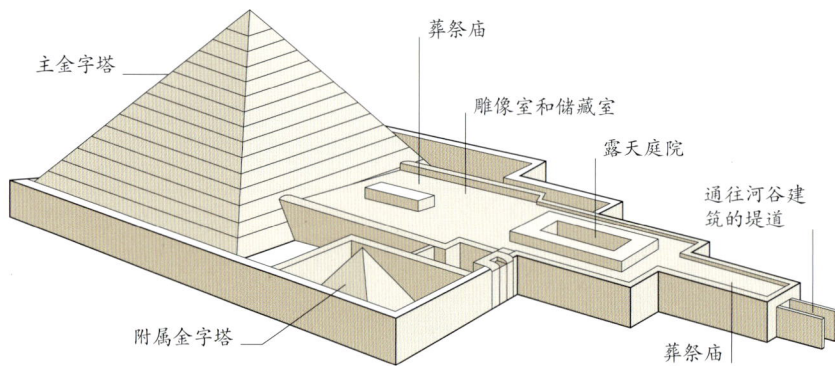

主金字塔　葬祭庙　雕像室和储藏室　露天庭院　通往河谷建筑的堤道　附属金字塔　葬祭庙

为永生做准备

与普通人不同，国王不靠他的家人、朋友或路人在死后为其提供食物、饮料，或为他祈祷，而是用自己的财富为他的"卡"可能长期需要的一切物资做经济上的准备。全国各地的王室财产都用于向"属于"死去国王的金字塔供奉资金，并为葬祭庙供奉食物。长眠于金字塔下的先王，不仅以这些财富为"卡"提供所需，还以其中一部分支付现实中王陵管理机构和神庙工作人员的报酬，这些祭司和官员负责收集、转运食品等物资，并组织供奉和致祭活动。在古王国时代，每一座王室金字塔都有一套单独存在并需要大量工作人员保障运转的管理体系，其中祭司的岗位很重要，不仅负责主持葬祭庙内的日常祭祀，还负责保管所有礼器和设施。

△ 萨胡拉王陵复原图

尽管比起更早期的一些金字塔，第5王朝国王萨胡拉的金字塔并不出名，但萨胡拉金字塔群却是了解王陵结构的一个极佳案例。我们可以由此了解金字塔建筑群的各个组成部分是如何共同构成一座完整的王陵的。

△ 萨胡拉的葬祭庙

这座位于阿布西尔、毗邻萨胡拉金字塔的葬祭庙尽管几乎全部被毁了，但所幸保留了当年的建筑特征。花岗岩柱和玄武岩地板表达了建造者希望建筑物永世长存的愿望。

> "当神灵接受了献祭，乌那斯也会得到供奉给他的面包。"
>
> 第5王朝国王乌那斯金字塔的献祭祷文

屠夫用一把燧石刀斩断一只大羚羊的前腿　　　　　　　　　　　　　　　　　　　　　　屠夫带走一块切好的肉

△ 萨胡拉浮雕画
献祭给国王萨胡拉的肉类包括牛肉和鹿肉。这幅萨胡拉葬祭庙中的浮雕画，描绘的是屠夫正在金字塔建筑群内宰牲，并将这些肉作为祭品供奉给国王"卡"的场景。

为永存而建

为了使金字塔建筑群永存于世，建造者努力使其能经受住时间的考验。对葬祭庙的建造尤其小心谨慎，使用的是可以承受世世代代的祭司和礼拜者脚步的耐用建材。地面通常由坚硬的黑色玄武岩构成，其颜色可能是在模仿尼罗河谷肥沃的黑土地；葬祭庙的其他部分则用红色花岗岩建造，特别是支撑庙顶的立柱。

胡夫金字塔只有一座简单的葬祭庙，但从后来的哈夫拉国王开始，葬祭庙变得复杂起来。在哈夫拉国王以后的古王国时代，葬祭庙通常有 5 个独立的房间，分别代表国王在不同方面的需求，每一间都会供奉一尊国王雕像，分别代表国王接受献祭。

阿布西尔出土的纸草

在位于阿布西尔的第 5 王朝国王尼斐利尔卡拉的金字塔中发现了三组纸草，这些文献提供了神职人员在古王国时代葬祭庙展开活动的详细记录。这些文献不仅记载了葬祭庙中负责日常祭祀活动和特别节日活动的祭司人员，还列出了祭祀和庆典时所用的礼仪器具，以及庙工作人员接收的各种食物和其他物资，尤其是那些从金字塔附近的王室领地送来的物品。

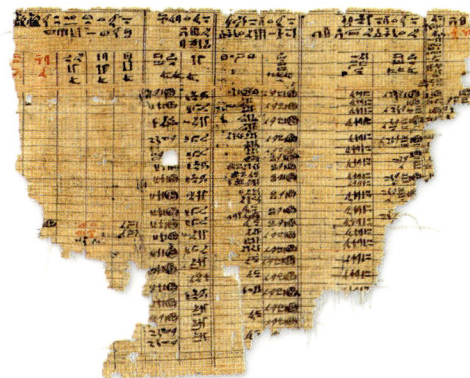

音乐与舞蹈

葬礼和庆典

音乐与舞蹈，始终是各时期古埃及的墓葬壁画中最生动的主题之一。虽然有时音乐与宗教有关，舞蹈与葬礼等重要仪式有关，但音乐与舞蹈更多地还是被当作一种娱乐的形式。

音乐

歌唱是古埃及最常见的音乐表演形式。虽然有女性被称为歌手，但她们其实是神庙宗教仪式中为某位男神或女神唱颂歌的女祭司。虽然没人亲耳听过古埃及音乐，但在墓葬中曾发现用象形文字书写的、由竖琴师弹唱的歌词。毫不意外，在古埃及的历史背景下，这些歌曲的共同主题都是感慨生命之短暂。

墓葬壁画中常有各种各样的乐器，墓葬中也出土了一些乐器实物。古埃及人使用的多为打击乐器、弦乐器和管乐器。打击乐最简单的形式是拍手，还有一种通常由骨头或象牙制成的简单乐器，称为响板。直到中王国时代，墓画中才出现了鼓。古埃及历史上最常见的弦乐器是竖琴，至于通常由女性演奏的里拉琴与鲁特琴，都是在新王国时代才开始出现的。管乐器多由中空的芦苇制成，有许多种类。尽管在图坦哈蒙墓中发现了用银和铜制成的号，但大多数军号都是用芦苇制成的。

△ 摇叉铃的女性

叉铃是一种通常由青铜制成的摇奏乐器，经常和哈托尔女神形象相结合。叉铃在古埃及语中称为"sesheshet"，意为其发出的声响。叉铃与宗教仪式有关，被认为适合上流社会的女性演奏。

△ 鲁特琴演奏者和年轻舞者

在新王国时代，越来越多的壁画描绘了职业乐手和舞者在节日期间为客人表演的场景。图中是一位女性鲁特琴演奏者和一位年轻女性舞者，后者跟随在前者身后，她可能是这个乐舞团的学徒。

△ 竖琴师为殷赫尔考演奏

这幅出自位于代尔·麦地那的殷赫尔考墓的壁画，描绘的是一位竖琴师为墓主殷赫尔考及其家人演奏的场景。竖琴师往往被刻画为男性盲人，他们跪在地上弹奏竖琴为歌曲伴奏。

> "追随你的……幸福，在人世间遵从
> 你的旨意行事。"

中王国时代的竖琴手之歌

舞蹈

私人墓葬的壁画表明，舞蹈也产生于两种迥异的背景下。一方面，与音乐一样，舞蹈经常是宗教仪式的基本组成部分，尤其是在葬礼上，往往由同一性别的舞者组成的舞蹈团体进行表演。舞蹈与当地传统密切相关，已知最著名的舞蹈团体是新王国时代常在底比斯地区参加葬礼的 "mww 舞蹈团"。

另一方面，人们也为娱乐而跳舞。这一点早有物证，比如在古王国时代第 6 王朝高官哈尔胡夫墓中发现的 "跳神之舞的侏儒"（详见第 86~87 页），这是墓主哈尔胡夫从努比亚带回献给珀辟二世国王的礼物。到了新王国时代，这种娱乐性的舞蹈，似乎成了一群各种各样的乐手和穿着暴露的女性舞者在上流社会宴会上的表演。

上流社会的古埃及人似乎并不是为了消遣娱乐而跳舞，但这个结论是从上层人士的墓葬壁画上的描述得出的。对于源于乡间生活的非正式舞蹈，特别是在丰收或分娩等欢庆之时的舞蹈，则可能没有留下任何历史记录。

△ 肩竖琴
这种装有独特固定琴弦和大音箱的弓形竖琴经常出现在墓画中，是现实生活中很具有代表性的一种竖琴。

△ 新王国时代的乐器
有关新王国时代乐手的墓画显示，当时乐器的种类不断增多。上图中的女性正在吹奏一支由两根芦苇制成的双管乐器。右侧还可以看到一种被称为 "细七弦里拉琴" 的弦乐器。

△ 安特福克墓画中的舞者
这幅遵寻古埃及画法的画，出自底比斯的一座中王国时代私人墓葬，描绘的是一群女舞者和女祭司。这是新王国时代以前的典型舞者形象，这些形象通常与宗教和葬礼等仪式联系在一起。

△ 宴会舞者
这幅出自新王国时代一位富有的官员尼巴蒙的墓葬的壁画，描绘的是宴会舞女舞蹈的场景。墓葬中绘制的场景，往往表现的是墓主对来世生活的一种理想化想象。

远征南方

古王国时代埃及人在努比亚的活动

象岛是古埃及的南部边境小镇,坐落于尼罗河第一瀑布脚下的一座岛屿上。这里是古埃及人前往邻国努比亚开展贸易与探险活动的起点。

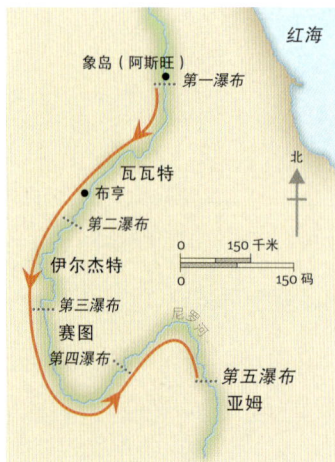

△ **哈尔胡夫之旅**

没人知道哈尔胡夫具体到访过哪些地方,但无疑这些地方距离象岛所在的古埃及南部边境很远。这幅地图展示的是哈尔胡夫可能到访过的一些地方。

古王国时代,象岛在战略位置上是与邻国努比亚的分界点,在经济地位上是沿尼罗河货运的中转站。象岛由形成尼罗河第一瀑布的花岗岩构成,在整个王朝时期,一直是古埃及的南部边界。鉴于其特殊的战略地位,象岛成了古埃及少有的历史悠久的定居点,其历史从早王朝时代一直延续至希腊－罗马时代。如今,这里是埃及南部城市阿斯旺的一部分。

墓志铭

当政治和经济力量集中在北方的孟斐斯及其周边地区时,象岛成了由担任要职的高官重臣出掌的重要基地,因此其地位一度非比寻常。象岛不仅是必须严密守备的边境前哨,而且也是远征贸易的出发点,自此沿着尼罗河南下,可以进入努比亚及更远的地方。象岛古称"阿布","阿布"与古埃及语中的"大象"一词有关,可能意指努比亚和古埃及之间的象牙贸易。

对于这些高官重臣们的活动,我们可以从刻在他们石质墓墙上的墓志铭中了解到不少。这些墓葬位于尼罗河西岸一处能够俯瞰象岛的地方,现被称为库贝特哈瓦。这些墓志铭的主题,是记载王室对墓主英雄事迹(尤其是发生在努比亚的事迹)的赞誉。墓志铭中相关事迹的记录,提供了关于古王国时代(尤其是古王国时代后期)古埃及与努比亚之间关系的详尽描述。

哈尔胡夫

在众多墓志铭中,第 6 王朝高官哈尔胡夫的墓志铭史料价值最高。铭文显示,哈尔胡夫拥有许多头衔,其中一些头衔表明他曾为国王麦然拉和珀辟二世监理古埃及的南方事务。他还曾率领探险队 4 次远征努比亚,到达瓦瓦特、赛图和伊尔杰特等地。如今,我们很难指出这些地点的准确位置,对于哈尔胡夫深入到了下努比亚或上努比亚多远的位置,学界也众说纷纭。然而可以确定的是,墓志铭中记载的 4 次经历反映了当时不容乐观的边境形势:哈尔胡夫第一次远征时,瓦瓦特、赛图和伊尔杰特分

▽ **库比特哈瓦**

库比特哈瓦的古王国时代和中王国时代的墓葬高高矗立于岩崖之上,俯瞰着尼罗河上的象岛。长长的堤道从尼罗河岸一直延伸至墓葬的区域。

台地上梯次分布着古王国时代和中王国时代的墓葬

▷ 哈尔胡夫的头衔
在哈尔胡夫的墓志铭中,哈尔胡夫拥有众多头衔:诺姆长、专职随从、讲经祭司、内侍、佘肯看守人、涅赫布州长、掌印大臣、商队首领、负责上埃及所有事务的王室顾问,还有他最珍视的称谓——领主哈尔胡夫。

△ 侏儒像玩具
象牙和跳舞的侏儒,是从努比亚传入埃及的两种最受欢迎的物品。这件象牙制的侏儒像将两者合于一身。

属不同的努比亚政权,但当他最后一次远征时,这三地已归于一个政权。努比亚的统一意味着古埃及南部边境潜伏着危机。

哈尔胡夫的墓志铭还记载了一封珀辟二世寄给他的回信,年轻的国王在信中表达了对哈尔胡夫所敬献的礼物的喜爱。这个礼物是哈尔胡夫从努比亚带回埃及的,是一个"来自地平线居民之地的,跳'神之舞'的侏儒像"。

萨布尼和珀辟纳赫特的墓志铭

萨布尼在与其父梅库的合葬墓里强调了探险之凶险。萨布尼的墓志铭描述了他率领配备百头毛驴的团队奔赴努比亚,以带回他父亲梅库遗体的过程。萨布尼将父亲安葬于库比特哈瓦,随即北上孟斐斯觐见。国王称赞了他的英勇行为,也肯定了他从努比亚带回来的物品。

安葬于象岛的最著名墓主是珀辟纳赫特,亦称赫凯布。他倍受尊崇,在后来的中王国时代甚至被奉为当地的圣人,人们在象岛为他修建了神龛。珀辟纳赫特将努比亚人视为埃及的威胁,致力于清除努比亚人。他的墓志铭写道,国王"派我去摧毁瓦瓦特和伊尔杰特的土地。我的战绩令我主大悦,我杀死了那里的大量敌人"。

古王国时代的崩溃中断了古埃及对努比亚的控制。直到中王国时代,古埃及和努比亚之间才形成了一种新的关系。

> "我带回的300头驴子,背上驮满了熏香、乌木、豹皮和象牙……"
>
> 哈尔胡夫的墓志铭

古王国时代的终结

金字塔时代的衰落

古王国时代因何终结，是古埃及历史的谜题之一。关于古埃及中央王权在第6王朝末期崩溃的原因，有许多不同的推测与解释。

古王国时代的衰亡很可能不是单一原因造成的，恐怕要归因于第5王朝和第6王朝的社会变迁中多种因素综合作用的结果。许多学者坚持认为，金字塔规模的大小是衡量古王国时代王权实力强弱的方式之一，金字塔越大意味着国家越富有。而更为重要的是，金字塔越大，也意味着国王的中央权力对国家资源的控制力越大。

金字塔与王权

从金字塔越大、王权就越强这一观点出发，第4王朝早期的国王似乎应该是古王国时代王权最强的国王。然而，虽然第5王朝和第6王朝的金字塔明显比第4王朝的要小，但并未显示出持续衰落的趋势。平均而言，第6王朝的金字塔并不比第5王朝的小，其规模大小（特悌、珀辟一世、麦然拉和珀辟二世的金字塔都规划为52.5米高）表明的是一致性，而非衰落的趋势。此外，当时的国王们也把更多的注意力放在了金字塔建筑群的其他部分，而不仅仅是金字塔本身（详见第82~83页）。

◁ **安赫内斯梅耶和珀辟二世**

这尊雪花石膏雕像塑造的是安赫内斯梅耶王后（珀辟一世之妻）怀抱其子珀辟二世的样子，珀辟二世在6岁时成为了古埃及国王。

◁ **特悌的叉铃**

叉铃是宗教仪式中使用的摇响器。这件以雪花石膏特制的叉铃上刻有写着特悌"深受丹德拉夫人，即哈托尔女神爱戴"（哈托尔女神是丹德拉的地方神，被誉为丹德拉夫人）的铭文。

地方割据

第6王朝的国王们不仅向首都的神庙捐赠资金，还向包括布巴斯提斯、阿拜多斯、丹德拉和象岛在内的很多地方神庙捐赠了大量资金。这里的地方官员发家于此并长期经营本地势力，其势力越来越大，削弱了中央集权。珀辟一世娶了主政阿拜多斯的官员库威的两个女儿（分别是麦然拉和珀辟二世的母亲），姐妹俩都名叫安赫内斯梅耶。

地方官员权力日盛造成的地方割据，是导致古王国时代终结和第一中间期紧随古王国时代出现的一个因素。然而，地方割据也可能是王权本身衰落导致的结果，而非原因。地方"执政者"的介入，填补了中央软弱带来的地方权力真空。

第6王朝的最后执政者珀辟

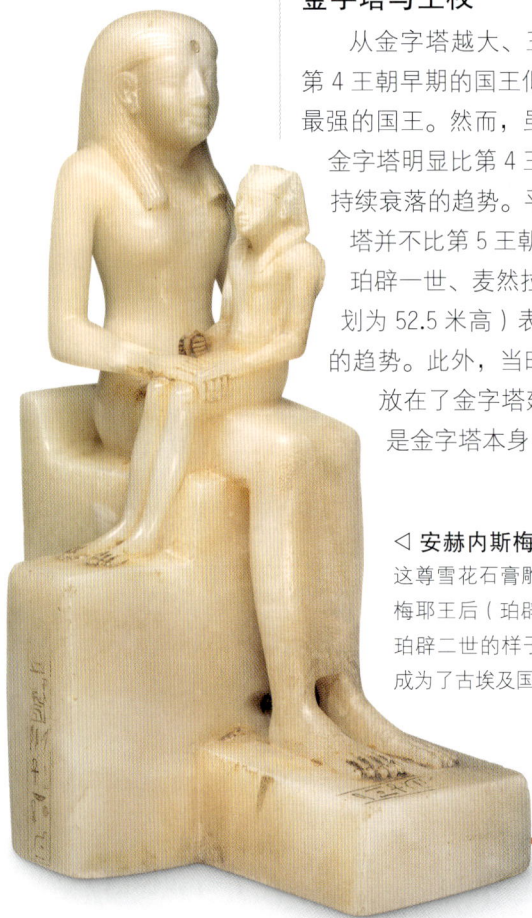

第6王朝

公元前2345年，
特悌

公元前2323年，
珀辟一世

公元前2321年，
麦然拉

公元前2278年，
珀辟二世

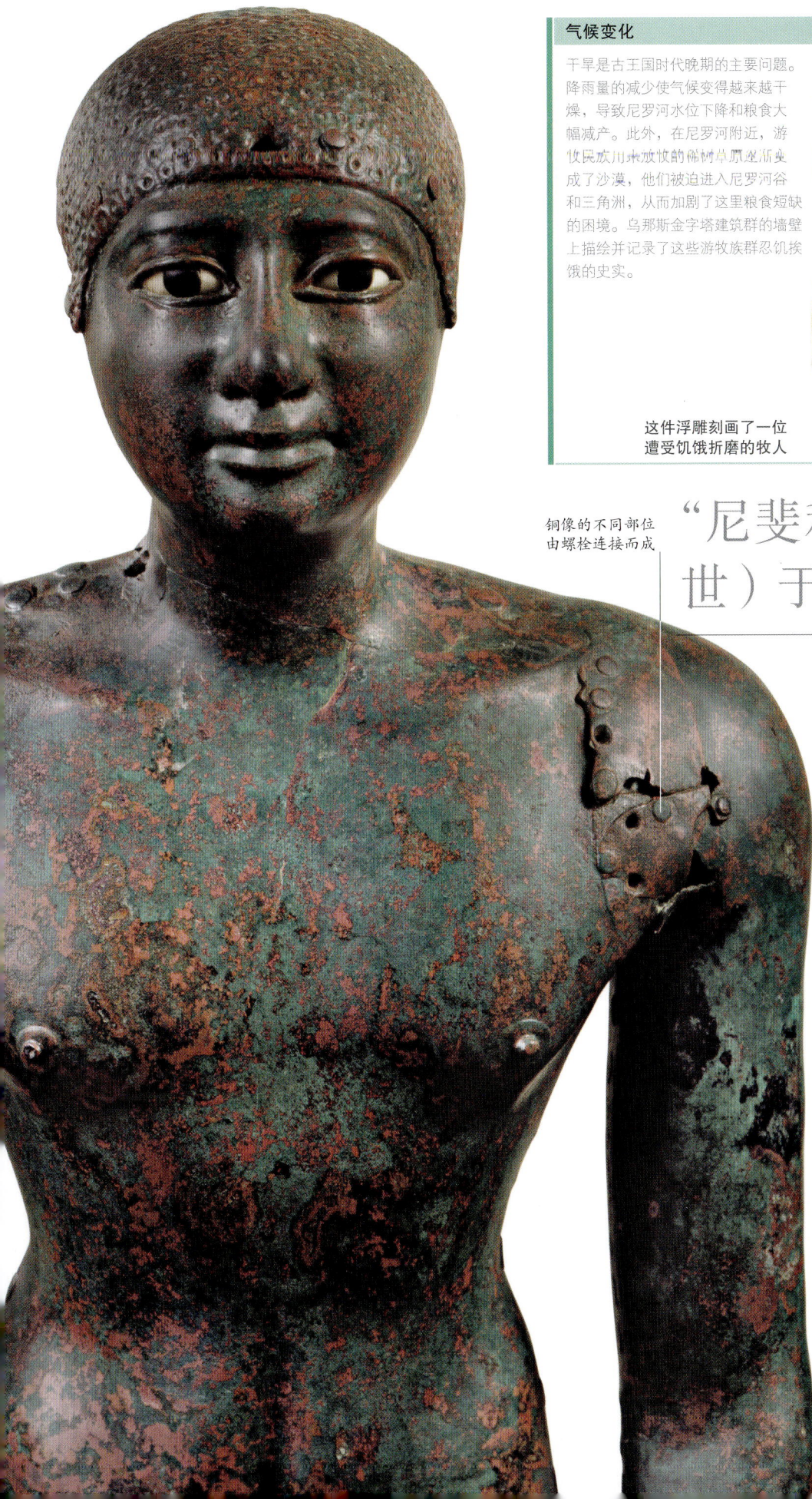

气候变化

干旱是古王国时代晚期的主要问题。降雨量的减少使气候变得越来越干燥，导致尼罗河水位下降和粮食大幅减产。此外，在尼罗河附近，游牧民族川流不息的稀树草原逐渐变成了沙漠，他们被迫进入尼罗河谷和三角洲，从而加剧了这里粮食短缺的困境。乌那斯金字塔建筑群的墙壁上描绘并记录了这些游牧族群忍饥挨饿的史实。

这件浮雕刻画了一位遭受饥饿折磨的牧人

铜像的不同部位由螺栓连接而成

"尼斐利尔卡拉（珀辟二世）于兹永生。"

最后一座古王国时代金字塔上的铭文

二世的在位时间很长。当他被安葬在金字塔中时，他的儿子们和其他后嗣均已去世，因此无法确定继任国王的人选，这直接导致了政权不稳。珀辟二世之后可能出现了一位后被称为尼托克丽斯的短命女性统治者，成为第6王朝动荡飘摇中的末世女王。

动荡时期

公元前4世纪至前3世纪的古埃及历史学家马涅托将第7王朝描述为"70天内的70位国王"，这是对这段动荡时期的另一种表述。第8王朝似乎由以孟斐斯为首都的国王统治，国王实际管辖的只有首都和三角洲的部分地区，除此之外权力微乎其微。

◁ **王室铜像**

在第6王朝，铜仍需从西奈半岛进口。古埃及的金属雕像多被熔化以重复利用。因此，这件珀辟一世或其子麦然拉统治时期的铜像能够留存至今，十分难得。

第一中间期

混乱的年代

古王国时代末期的王权衰落引发了一场社会危机。在经历了从早王朝时代到古王国时代的800多年王朝统治之后，古埃及这个曾经拥有中央集权的强大国家，面临着史无前例的地方割据状态。

后世的人们把第一中间期视为一个巨大的灾难时期。由于失去了统一的政令，原有的社会秩序被颠覆，社会陷入一片混乱。富有的人变得贫穷甚至无家可归，外国人大量涌入古埃及，他们带来的牲畜在古埃及的土地上啃食植物，历朝王陵也被洗劫一空。

然而需要注意的是，判定第一中间期为乱世的大部分文献来自后世，尤其是后世的教科书，这些教科书的目的之一是让学生们接受古埃及没有国王就等同于没有秩序和稳定的观点。而现实的情况要复杂得多。这一时期的随葬品表明，对于远离首都孟斐斯的大多数人而言，他们的富裕程度仍旧与古王国时代一样。

地方执政者之墓

古王国时代末期中央王权的衰落，意味着各地方可以实行自治了。事实上，中央权力向地方自治的过渡似乎始于第6王朝，当时中央对各诺姆（省）的控制权转移到了地方执政者手中，地方执政者的权力世袭罔替，几乎不受王室干预。王权衰落带来的最为显著的表征之一，是各省出现了高等级的地方执政者墓地。这些墓葬都建在地方执政者生前居住过的各诺姆首府附近。但由

◁ 杰米石碑
在地方执政者、"军队统领和雇佣兵总监"杰米的墓志铭中，他声称自己在对上埃及和下努比亚的战役中取得胜利。

于多数首府城镇建在尼罗河平原上，如今这些墓葬几乎都已因为洪水而绝迹。而在中埃及和上埃及，那些为地方执政者建造的大型、精致且豪华的墓葬，则因为开凿于可以俯瞰尼罗河谷的悬崖岩壁之上至今引人注目。

这种建造地方执政者墓葬的现象一直持续到中王国时代，表明地方政权的独立性并没有随着第一中间期的结束而彻底瓦解。执政者的墓地中也出现了石碑，古王国时代墓志铭的传统也保留了下来。地方执政者在石碑上历数自己为政一方的所有功绩，比如给忍饥挨饿的人粮食、给衣不蔽体的人衣物。而在以前，这些功绩都被记在国王的名下。

第9王朝和第10王朝

地方执政者总是试图将影响力扩大到统辖地域

◁ 纳赫提雕像
在第一中间期，艾斯尤特与赫拉克利奥波利斯两个地方政权结盟。艾斯尤特的执政者在墓葬中随葬了大量精美的手工艺品，比如这尊"印章监工"纳赫提的雕像。

"人们将拿起武器战斗，大地将深陷动荡。"

聂非尔提的预言

努比亚弓箭手和古埃
及人友好地相互问候

△ **弓箭手石碑**

在埃及南部地区的石碑上开
始出现士兵形象的现象表
明，第一中间期的社会具有
军事化的倾向。包括弓箭手
在内的许多努比亚雇佣兵被
埃及的南方军阀征召入伍，
牺牲后随葬丰厚。

之外，并为了攫取埃及更多的领土而相互争斗。最早在这场权力斗争中获胜的，是赫拉克利奥波利斯·马格纳的诺姆长家族。

赫拉克利奥波利斯·马格纳位于孟斐斯之南，属战略要地。这里的执政者似乎已经控制了尼罗河流域的大部分地区，甚至还包括三角洲地区，并开始以国王自居。尽管赫拉克利奥波利斯·马格纳的执政者未能统一整个古埃及地区，但其影响力已经强大到足够在王表中留名，这里的地方执政家族形成了后来马涅托王表上的第9王朝和第10王朝。其他强大的地方执政家族或与他们结盟，或成为他们的附庸，其中他们最重要的盟友是地处尼罗河大转弯处战略要地艾斯尤特的执政者。这种强强联手意味着赫拉克利奥波利斯政权能够顺利抵挡来自埃及南部的任何敌对势力。

◁ **屠宰现场**

第一中间期的地方墓葬，经常以和古王国时代马斯塔巴相同的风格进行装饰。位于格贝林的伊提的墓葬中的壁画以一种偏写实的风格再现了古王国时代常见的主题——屠宰现场。

▷ **安克提斐浮雕**

这幅刻有安克提斐形象的浮雕位于其墓葬的祭室入口处。虽然他被其他史料刻画为古王国时代一位传统的古埃及上层人士，但这却与其墓志铭中所记述的特殊角色形成了反差。这张脸遭到了破坏，始作俑者可能是曾被安克提斐战胜的、图谋报复的底比斯人。

长棍

短权杖是传统的权力象征

传统的古王国时代短裙

安克提斐和安太夫家族

南方的军阀

当赫拉克利奥波利斯及其盟友控制着古埃及北部之时，著名地方执政者莫阿拉的安克提斐，正与他的敌人底比斯人争夺古埃及南方的领导权。

古埃及南部的安克提斐墓是一座独特的建筑。在第一中间期，各省执政者多在岩石上凿墓，但安克提斐的墓却分为多个部分，建于一处看起来像天然金字塔一样的山坡上。

安克提斐并不是国王，只是一位诺姆长，但他是古王国政权解体后参与权力争夺的几个最具影响力的地方执政者之一。安克提斐以上埃及第三诺姆，赫法特镇为统治中心，逐渐将其势力向南扩展，直至第一和第二诺姆。他还雄心勃勃地向北推进，致使他同底比斯和科普泰特两个诺姆的执政者发生冲突。

争权夺利的军阀

以往刻在墓志铭上的内容，都是对墓主所受国王恩惠的详细叙述，但由于古埃及南部地区当时没有国王，人们就转而记录个人成就。安克提斐则更进一步在其祭室的柱子上，写满了描述他如何受荷鲁斯神召唤来执掌天下的铭文。

尽管安克提斐并未称王，但为了彰显自己的高贵，他声称自己养活了众多饥民，治下无一人缺粮。他提到社会上曾出现饥民食子的现象，这种说法或许言过其实，但在第一中间期早期，古埃及部分地区的粮食运输确实存在问题，并引发了饥荒。

底比斯的崛起

安克提斐墓中的文字并未表示他曾在战斗中失利，但与此同时，他也从未提及在对底比斯及其盟友科普泰特的战斗中取得最终胜利，甚至没有任何证据表明，他所建立的地方政权在他死后得以存续。近年来的考古发掘表明，他的墓在他下葬后不久即被洗劫一空，可能是获胜的底比斯人急于亵渎这位死敌的坟墓。

底比斯的执政者最终控制了古埃及南部，随后开始与赫拉克利奥波利斯的执政者争夺统一的王权。底比斯的领导者——安太夫（或称孟图霍特普）的世袭家族最终获胜，开创了第11王朝。

△ **安太夫二世之碑**
这座位于底比斯的瓦汉克·安太夫二世之碑上刻有两首赞美诗——一首献给拉神，一首献给哈托尔女神。安太夫的名字被写在王名圈里，以昭示他的国王身份。

◁ **安克提斐的故事**
安克提斐墓的祭室柱子上刻有安克提斐的长篇墓志铭。该文献是第一中间期有关古埃及南部地区历史信息的关键来源。

公元前2160~前2025年，赫拉克利奥波利斯的国王们，包括凯悌一世至三世及最后一任国王美里卡拉

公元前2125~前2112年，安太夫一世

公元前2063~前2055年，安太夫三世

公元前2004~前1992年，孟图霍特普三世

公元前2125年之前，孟图霍特普一世

公元前2112~前2063年，安太夫二世

公元前2055~前2004年，孟图霍特普二世

公元前1992~前1985年，孟图霍特普四世

孟图霍特普二世

古埃及的再次统一

底比斯政权对赫拉克利奥波利斯政权的军事胜利，为古埃及实现政治上的统一铺平了道路。古埃及再次归于一位国王的统治之下，而实现统一的国王是尼布赫佩特拉·孟图霍特普二世。

有证据表明，虽然底比斯政权在战胜安克提斐后控制了古埃及南部的多个诺姆，但赫拉克利奥波利斯政权依然与之持续抗衡（详见第 92~93 页）。此后多代执政者统治期间，特别是安太夫一世至三世统治时期，底比斯和赫拉克利奥波利斯两大阵营，为了争夺从阿拜多斯到艾斯尤特的中间地带的控制权，爆发了一系列军事冲突。虽然冲突的细节尚不清楚，但可以确知的是底比斯和赫拉克利奥波利斯的执政者都认为自己是整个古埃及的合法国王，并自封了国王头衔。

天选之人

底比斯第 11 王朝最重要的王室成员，是尼布赫佩特拉·孟图霍特普二世。在其 50 年执政期的最初 14 年里，他统辖着从其父安太夫三世手中继承而来的古埃及南方领土。他在位的剩余时间，都在与赫拉克利奥波利斯政权断断续续的争战中度过。这场旷日持久的战争有两大重要事件：其一是底比斯军队攻陷并占领艾斯尤特（底比斯的敌人最强大的盟友）；其二是赫拉克利奥波利斯政权的最后一位国王美里卡拉去世。

建在底比斯孟图霍特普二世王陵附近的勇士墓群是这场冲突的明证。这片集体墓地里埋葬的 60 名士兵，是在与赫拉克利奥波利斯人的战斗中阵亡的。他们被葬在国王近旁，以示纪念并褒扬其忠诚。

古埃及重获统一

孟图霍特普二世取得最终胜利后，对古埃及各地的诺姆长们进行了重新安排。反对过他的诺姆长，如艾斯尤特的诺姆长被削夺权力；而那些支持他或至少保持中立的诺姆长，则可以保留世袭职位。因此，贝尼·哈桑和赫尔莫波利斯·马格纳等一些中埃及城市的地方政权能够稳定地从第一中间期一直延续到中王国时代。

孟图霍特普二世为了强调他在统一之后对整个国家的领导权，发起了一项雄心勃勃的建筑计划，其中包括新建多座神庙。虽然其中的大部分建筑，为了给更大的建筑腾出空间而在后世被拆除，但这些建筑物的历史遗迹表明，他在象岛、丹德拉、阿拜多斯等上埃及的几个主要地点均建造了神庙。

底比斯的崛起

古埃及完成统一后，孟图霍特普二世继续以底比斯为统治中心。他将中央政府设在底比斯，致力于将底比斯建成一座令人折服的新首都，而对恢复孟斐斯周边地区的王宫和陵园兴致寥然。

阿蒙是底比斯北部的卡纳克一带所崇拜的神，也是底比斯当地的守护神。在孟图霍特普一世，和安太夫一世至三世的统治时期，在王室的支持下阿蒙成了重要的国家信仰，卡纳克因此成为

△ **王室特别服饰**
这件来自代尔·巴哈里的浮雕展示了孟图霍特普二世身着王室特别服饰的形象。孟图霍特普二世头戴代表上埃及的白色王冠、下巴贴着假胡子，额头上装饰着乌赖乌斯（被看作圣灵和王室的象征的眼镜蛇）。

▷ **王室雕像**
这尊真人大小的国王雕像出自孟图霍特普二世的神庙式王陵。国王头戴代表下埃及的红色王冠，身穿白色的塞德节长袍，与奥西里斯联系在一起。

▷ **宏伟的设计**
孟图霍特普二世的神庙式王陵位于代尔·巴哈里，代表了在历经一个世纪的政治危机后，王室纪念建筑的回归。它既是一种彻底的创新，同时也体现了对传统的尊重。

"尊敬贵族，供养你的人民，巩固你的国界。"

《对美里卡拉的教谕》

圣地。此外，底比斯还是第 11 王朝统治者们王陵的所在地，这些由众多宏伟建筑组成的王陵集中建在尼罗河西岸，与东岸的卡纳克神庙隔河相望。

孟图霍特普二世与他的安太夫家族祖先一样，被葬于底比斯。他是整个古埃及的国王，其王陵须彰显他作为统一国家之主的重要性。为此建筑师们在靠近底比斯山的代尔·巴哈里沙漠湾为他设计了

△ 海外扩张
在推进国家统一的同时，孟图霍特普二世开始向南部和东部扩展疆域。这件他王陵中的浮雕似乎展示的是痛杀亚细亚敌人的场面。

一座独特的神庙式王陵。王陵的选址和装饰都强调了和阿蒙的关系，反映了孟图霍特普二世视底比斯为根基的统治思想。在主建筑顶部增加金字塔状的结构，可能是为了向更早期的王室传统致敬。

孟图霍特普二世的统治长达半个世纪，但他的两位继任者都很短命。孟图霍特普四世去世后，王位被交给新的家族。新上位的第 12 王朝，则致力于开拓国家的疆域。

▷ 神庙式王陵
这幅复原图的绘制依据，是孟图霍特普二世的神庙式王陵所留的建筑遗迹。

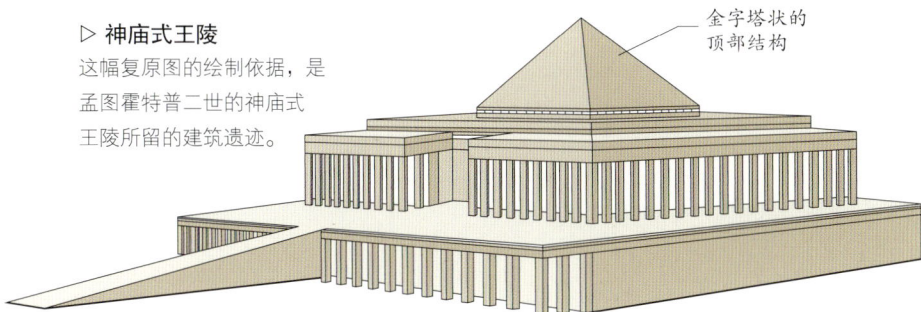

金字塔状的顶部结构

3

从中王国时代
到第二中间期

约公元前2055~前1550年

中王国时代和第二中间期

孟图霍特普二世的底比斯大军打败北方的赫拉克利奥波利斯政权，重新统一上、下埃及，这意味着第一中间期的结束和中王国时代的开始。中王国时代是古埃及历史上一个崭新的时代，与古王国时代既有相似又有不同。最显著的相似之处，是国王拥有的权力范围，以及宣示王权的形式；而不同之处，一方面是各省仍然拥有第一中间期时代那样强大的政治权力，另一方面则是中王国时代的国王们对埃及国土之外的世界愈发感兴趣了。

底比斯在全国的首要地位

第11王朝崛起于底比斯，所以在重新统一之后，国王在发家之地修建了大量纪念性建筑。这些建筑中最多的是祭祀阿蒙的神庙，全国最大的阿蒙神庙坐落于底比斯附近的卡纳克；当然，底比斯的新神庙中，也包括祭祀孟图等其他神的神庙。在底比斯建庙的活动一直延续到第12王朝和第13王朝。

金字塔和诺姆长墓群

金字塔是古王国时代王权的集中体现。中王国时代的国王们希望效仿这一传统，历任统治者都耗费人力物力修筑属于自己的金字塔。虽然中王国时代最大的金字塔能在尺寸上与第5王朝和第6王朝的金字塔相媲美，但在规模和复杂程度上却无法企及第4王朝最大金字塔的规制。中王国时代的金字塔多建在相较古王国时代的金字塔更南的位置，如靠近新首都伊提－塔威的利什特，以及法尤姆河口附近的卡洪、哈瓦拉。

中王国时代的王陵和古王国时代的另一不同之处在于，人们极少在金字塔周边为朝廷重臣建大规模墓地。非王室成员的诺姆长的墓葬，往往被建在他们管辖的各省首府附近。最好的诺姆长墓群开凿于俯瞰尼罗河谷的悬崖峭壁之上。这些岩窟墓位于贝尼·哈桑、贝尔沙和艾斯尤特等地，在这些地方，诺姆长在国家政治生活中的作用，远比古王国时代更为重要。

努比亚和希克索斯

中王国时代，古埃及人开始四处征伐，建立军事帝国。他们大规模修筑要塞和堡垒，发动一系列军事入侵，将下努比亚置于自己的直接控制之下。这给他们带来了两个好处：一方面贸易之路得以向南延伸，另一方面在一定程度上也消除了努比亚人可能对南部边界造成的任何威胁。然而，到了中王国时代末期，不必再担忧南方的古埃及开始面临来自东方的威胁——来自迦南的希克索斯人。希克索斯人不仅在第12王朝末期于三角洲东部建立自己的王朝，还将统治范围扩展到古埃及中部。这使得居于南方的底比斯再次孤军奋战，而这一次他们面对的是威胁到古埃及自身存亡的敌人。

◁ 侍女像

公元前1985年，
阿蒙尼姆赫特一世成为第12王朝首位国王

公元前1870年，
辛努塞尔特三世继位，在努比亚修建堡垒

公元前2055年，
孟图霍特普二世在底比斯登基，统一埃及

公元前2004年，
孟图霍特普二世去世

公元前1877年，
辛努塞尔特二世于卡洪建基称王

公元前1831年，
阿蒙尼姆赫特三世继位，兴建两座金字塔

地中海

尼罗河三角洲

布西里斯
太尔·艾德-达巴

下埃及
布巴斯提斯

赫利奥波利斯

达舒尔 ❶
孟斐斯

法尤姆
利什特

麦迪奈特·玛阿迪
哈瓦拉
赫拉克利奥波利斯·马格纳
卡洪

苏伊士湾

东部沙漠

塞拉比特·哈迪姆 ❸

巴哈利亚绿洲

贝尼·哈桑 ❷

赫尔莫波利斯·马格纳
贝尔沙
迈尔

红海

西部沙漠

法拉法拉绿洲

艾斯尤特

里夫

卡奥艾尔·凯比尔

尼罗河

阿拉伯沙漠

上埃及

阿拜多斯

达赫拉绿洲

底比斯
梅达穆德
托德

哈尔加绿洲

象岛 库比特哈瓦(阿斯旺)

第一瀑布

中王国时代

中王国时代的关键遗址集中于四大区域:法尤姆河口附近的王室金字塔;古埃及中部的诺姆长墓群;古埃及南部的阿拜多斯和底比斯。

北

0 ——— 100 千米
0 ——— 100 英里

布亨

塞姆纳

第二瀑布

❶ 位于达舒尔的阿蒙尼姆赫特三世金字塔

❷ 位于贝尼·哈桑的诺姆长墓群

❸ 位于塞拉比特·哈迪姆的石碑庙

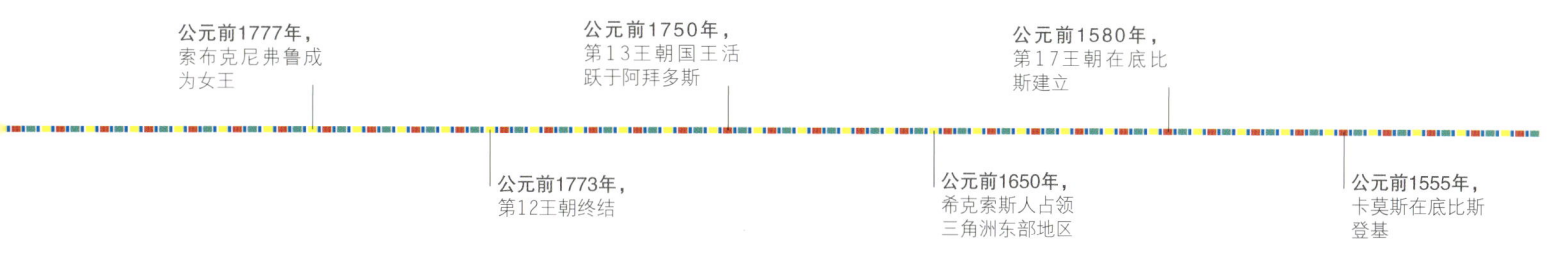

公元前1777年,
索布克尼弗鲁成为女王

公元前1750年,
第13王朝国王活跃于阿拜多斯

公元前1580年,
第17王朝在底比斯建立

公元前1773年,
第12王朝终结

公元前1650年,
希克索斯人占领三角洲东部地区

公元前1555年,
卡莫斯在底比斯登基

第 12 王朝的国王们

古埃及的古典时代

中王国时代的跨度从第 11 王朝后半期延续到第 13 王朝初，之后古埃及的历史进入了第二中间期。中王国时代的关键时期是第 12 王朝统治的 2 个世纪。第 12 王朝继承第 11 王朝的原因和方式尚待研究，或因第 11 王朝的最后一位国王孟图霍特普四世没有明确的继承人，而身为底比斯高官的阿蒙尼姆赫特一世乘虚夺权。可以确认的是，这确实是一个动荡时期。有证据表明，阿蒙尼姆赫特一世后来在宫廷政变中被暗杀而亡，但是他还是将王位安全地传给其子辛努塞尔特一世。此后，第 12 王朝成为古埃及历史上最成功的王室家族之一，不仅稳坐江山多代，而且使古埃及在诸多方面进入繁盛时期。

稳固的王朝

第 12 王朝王权稳固的一个原因是国王的统治期长，除了辛努塞尔特二世以外，每位国王均统治了 30 年以上。此外，共治制度也或多或少地保障了王位的父子相承。在共治制度下，国王让明定的继承人参与共治，提前在国王身边辅政。这意味着在先王去世之时，他的继任者已经了解政事，从而确保权力的平稳交接。

新都

阿蒙尼姆赫特一世既没有继续定都底比斯，也没有选择传统的旧都孟斐斯为首都，而是在靠近尼

△ 阿蒙尼姆赫特一世
公元前 1985 ~ 前 1956 年在位
他是第 12 王朝首位国王，可能正是第 11 王朝的维西尔阿蒙尼姆赫特。他将伊提 - 塔威定为新都，并复兴了金字塔这一建筑艺术形式。

△ 辛努塞尔特一世
公元前 1956 ~ 前 1911 年在位
他效仿其父阿蒙尼姆赫特一世，在利什特兴建了一座金字塔。他是一位在底比斯等多地大兴土木的建设者，也是一位为了打造古埃及帝国而向南方推进、征服努比亚的战士。

△ 辛努塞尔特三世
公元前 1870 ~ 前 1831 年在位
他可能是第 12 王朝权力最盛的国王，在位近 40 年。他建造了一批古埃及最伟大的纪念性建筑，并在埃及建立起一个军事帝国（详见第 110~111 页）。

"来自南方的正义者阿梅尼（阿蒙尼姆赫特一世名字的缩写）必成霸业。"

聂非尔提预言

罗河谷和三角洲交界的新地点建设了新都阿蒙尼姆赫特，新都一般被称为伊提－塔威，意为"阿蒙尼姆赫特——两地的夺取者"。新都的确切位置现已无考，我们知道的是它可能靠近利什特。利什特是埋葬阿蒙尼姆赫特一世和辛努塞尔特一世的地方，第12王朝恢复了国王在北方入葬的习俗。

新都不是像孟斐斯、底比斯那样的大城市，而是一个主要出于政治意图建立起来的城市。它相对较小，可能只有被防御工事保护着的王宫和衙署。第12王朝的国王们致力于在新都对邻国（特别是努比亚）实施侵略政策，为新王国时代的大规模军事活动奠定了基础。第12王朝的国王们在大兴土木方面，比古王国时代有过之而无不及，而地方上的官员们也继续在各省为自己兴建高等级墓葬。

第12王朝不仅是一个政治转型期，同时也是一个文化变革期。一些古王国时代的传统得以复兴，如金字塔的建造、文学的蓬勃发展。在此之前，文字主要用于记账、记档和撰写墓葬铭文，而此时的文字开始用于撰写《辛努海的故事》一类富有想象力的小说。

△ 阿蒙尼姆赫特三世
公元前1831～前1786年在位
他承袭了其父辛努塞尔特三世的政策，并在祖父辛努塞尔特二世的基础上进一步开发了法尤姆绿洲，同时派遣探险队赴西奈半岛发掘矿藏。

△ 阿蒙尼姆赫特四世
公元前1786～前1777年在位
他在位仅9年，曾派遣探险队前往西奈半岛、上埃及和蓬特地区探寻矿藏和宝石。他去世后将王位传给了索布克尼弗鲁，索布克尼弗鲁可能是他的姊妹（一说是异母姊妹）。

△ 索布克尼弗鲁女王
公元前1777～前1773年在位
她的短暂统治终结了第12王朝，此后古埃及再次陷入动荡。古埃及王朝极少由女性统治，这种情况通常只出现在国王去世时没有男性继承人的前提下。

王室建筑工程

金字塔的回归

△ **黑金字塔**
这是中王国时代建造的低造价金字塔，由第12王朝国王阿蒙尼姆赫特三世建于达舒尔。当金字塔的石质外层脱落后，暴露出了内部结构所使用的泥砖。

在中王国时代，古埃及国王在建筑方面的抱负，主要集中在两大方面——恢复建设金字塔形制的王陵，以及在全国各地新建和修复神庙。

为了效仿古王国时代的先王，第12王朝的国王们也依金字塔的形制来兴建本朝的王陵，但是这种复古仅体现在外表上，这些中王国时代的金字塔与之前的金字塔在多个方面都有所不同。中王国时代的金字塔为了降低建造成本，其内部结构不再使用石材，而代之以泥砖或碎石填充。这或许可以解释，为什么大多数中王国时代金字塔的保存状况不佳。

第12王朝的首批金字塔位于新都伊提－塔威附近的利什特，为阿蒙尼姆赫特一世和辛努塞尔特一世两位国王而建。这两位国王以第6王朝金字塔群（如珀辟二世金字塔）为样板，经简化处理后建造了本朝的首批金字塔。此后的一些金字塔建在了孟斐斯周边，特别是在达舒尔。在达舒尔，阿蒙尼

姆赫特二世、辛努塞尔特三世和阿蒙尼姆赫特三世所建的金字塔，位于斯尼夫鲁所建的两座古王国时代金字塔（详见第62~63页）的周围。在达舒尔附近的马兹古纳，有两座已成废墟的金字塔，它们可能由阿蒙尼姆赫特四世和索布克尼弗鲁建造。辛努塞尔特二世青睐法尤姆河口的附近地区，因此将自己的金字塔建于卡洪。此外，阿蒙尼姆赫特三世还在哈瓦拉建造了自己的第二座金字塔。

各省的神庙

中王国时代的国王们发现埃及各地遍布用泥砖建成的神庙，于是在泥砖建筑的基础上添加了石质建材。这一方面是为了修复第一中间期发生的损毁，

另一方面是为了在那些完全由当地人用当地材料建造而成的建筑物上，打上王室的烙印。国王们慷慨地向一些省的祭拜场所捐赠石材，供其建造石灰岩大门、方尖碑，以至整座神庙。国王通过这种对各省的恩赐，既表明了各地方神都得到了他本人的由衷崇敬，更巩固和彰显了神灵与国王本人之间存在的个人关联。

在法尤姆等一些地区，保存完好的中王国时代神庙一直留存至今，但绝大多数都被完全摧毁或部分摧毁了。例如，在底比斯北部的梅达穆德，辛努塞尔特一世建造的一座神庙（其本身叠压在古王国时代建筑之上）在新王国时代和希腊－罗马时代被改建成了别的神庙。

同理，在中埃及的赫尔莫波利斯·马格纳，随处可见新王国时代以来的神庙，而阿蒙尼姆赫特二世当年建造的宏伟神庙仅遗存一座纪念性大门。

赫利奥波利斯和底比斯

中王国时代的国王们非常重视在传统意义上的王朝中心修建神庙，比如在古王国时代主要神庙聚集地之一的赫利奥波利斯。辛努塞尔特一世为拉神的同伴阿图姆在这里建造了一座恢宏的神庙，如今这座重要建筑只留下了一座花岗岩方尖碑。

中王国时代在建筑方面最受关注的地区是底比斯。在底比斯，当阿蒙成为中王国时代国王们的庇护神时，阿蒙这位古王国时代鲜为人知的小神，其

神域随之扩大。

对于新王国时代的国王们而言，阿蒙同样重要。然而，很多建于中王国时代的建筑物，却在新王国时代第18王朝的大规模建庙行动中被损毁殆尽。这方面最典型的案例就是辛努塞尔特一世的白色小祭堂，它是为庆祝国王在位30周年而建的节日建筑群的一部分。这座祭堂在第18王朝阿蒙霍特普三世执政时被拆毁，拆毁后得到的石材被拿来填充一座新建的塔门。所幸近现代的考古学家找到了白色小祭堂的遗存，并复原了完整的建筑构造（详见下图）。

辛努塞尔特二世金字塔建筑群

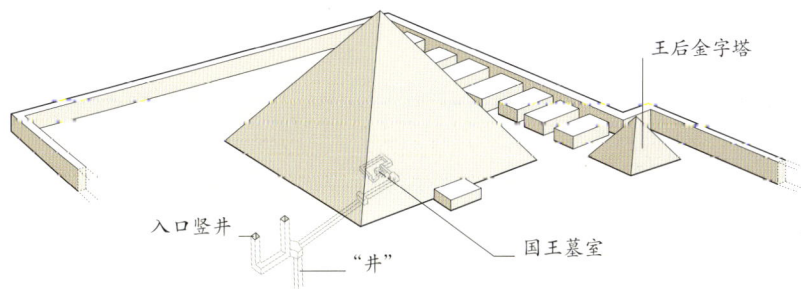

除了少数例外，第12王朝国王们的金字塔，无论是在规模还是建材质量上，都无法与古王国时代的金字塔同日而语。然而，出于对墓室安全的担心，辛努塞尔特二世和阿蒙尼姆赫特三世的金字塔内部结构都异常复杂。辛努塞尔特二世位于卡洪的金字塔令寻找入口的盗墓贼们无从下手，因为入口不是在金字塔的某个侧面，而是在金字塔以南的一个竖井。从竖井分岔可以进入一组由走廊和墓室构成的复杂的地下空间（包括一口底部从未被触及的"井"），这里最终通向安葬着国王的墓室。

▽ **白色小祭堂**
位于卡纳克的白色小祭堂是辛努塞尔特一世时期的罕见遗存，从中可以窥见这一历史时期为阿蒙建造的一系列宏大建筑。

辛努塞尔特一世拥抱阿蒙

地方墓葬

为地方官员建造的墓葬

地方官员们所拥有的大型墓葬，是现存中王国时代最令人印象深刻的建筑，这些装饰精美的墓葬都修建在尼罗河谷的悬崖上。

中王国时代有4种基本的墓葬类型。最奢华的是以金字塔为标志的王陵，以及王室墓地。最简陋的是占古埃及绝大多数人口的农民坟墓，简单的墓穴里只有数量很少的随葬品。除了上述两种天壤之别的墓葬类型外，还有两种墓葬类型属于地方墓地。

诺姆长之墓

在第一中间期，埃及的各个地方行政区域享有高度的自治权，这种情况在权力高度集中的古王国时代从未有过。中王国时代初期国家的再次统一，并未彻底结束这一局面（详见第94~95页）。诺姆长（执政者）和其他高级官员继续自筹资金，为自己兴建精致复杂的大墓。地方官员在一定程度上保持了相对于国王的独立性。虽然地方的自治权受到限制，但也已足够使诺姆长延续第一中间期的传统，修建几座重要的地方墓地。

宏伟的建筑

保存最完好的地方官员墓葬位于尼罗河平原上方的沙漠边缘，依山凿崖而建。在贝尼·哈桑、贝尔沙、迈尔、艾斯尤特和里夫等一些地方，地方执政者在当地开凿出排列有序的家族岩窟墓，这些墓累世相依，鳞次栉比，俯瞰着尼罗河谷，从远处仰视即可看见。虽然这些墓通常修在巨大的洞穴内，但很多配以装饰华丽的柱式墓门，雕梁画栋有如墓主生前拥有的广厦门庭。

为逝者歌功颂德

与古王国时代的马斯塔巴墓一样，这些墓葬中最大的空间是祭室。墓室则相当朴素——通常只是一个位于竖井底部、刚好能容纳一口棺木的空间。竖井要么开在祭室内，要么开在祭室前的院子里。

这些墓葬的墙上，满是用来保障墓主来世生活的文字和图画。图画的尺寸规格与古王国时代晚期的多室马斯塔巴

△ 贝尼·哈桑墓群
在贝尼·哈桑，悬崖上的诺姆长墓群建有着宏伟精致的入口。这些入口被设计成墓主生前寓所柱廊的造型。

"他用它作为自己的纪念碑……用它装饰他的城市，并使自己名垂千古。"

位于贝尼·哈桑的诺姆长赫努姆霍特普二世墓

精雕细琢的手部

◁ 涅姆蒂霍特普雕像
这尊精美的石英石雕像出自艾斯尤特地区，刻画的是一位名叫涅姆蒂霍特普的地方高官。他身披着斗篷的身体造型轮廓简洁，但头部造型十分精细，是中王国时代私人雕像的典范。

非常相似。图画描绘的主要是日常生活场景，尤其是人们为墓主制备食物和其他物品的场景；另一些则是墓主及其家人在乡间游猎、划船或捕鸟的场景。

然而，这些中王国时代地方官员墓葬的建设还有其他目的，即通过记录墓主生前的杰出成就，来颂扬他的丰功伟绩。一方面，这在某种程度上是为了赢得国王的认可；另一方面，墓墙上记录的某些超出地方官员权力范围的功绩，在一定程度上显示出了地方统治者具有的独立性。

中间阶层墓地

第 4 种类型的墓葬属于类似于今日"中产阶级"的人，尽管这个词并不适用于古埃及社会。这些人包括士兵、医生和小官吏，他们可以负担得起比平民坟墓更好的墓地，但又不像诺姆长那样有能力开凿高等级的岩窟墓。这类墓葬最好的范例位于贝尼·哈桑，英国考古学家 J. 加斯顿从 1902 年到

1904 年在诺姆长墓穴下的岩石斜坡上挖掘出 888 座这种类型的竖井墓。

这类中间阶层的墓葬，在本质上与地方官员墓地的竖井式墓道是相同的。修建这种墓地需要垂直地凿入深达 2 ~ 4 米的岩石中，然后在竖井底部雕凿出一个或多个小墓室，作为容纳棺材的空间。墓室里通常摆放着少量来世生活所需的随葬品，比如仆人的木制模型，这些随葬品一般会围绕着棺木。

尽管这些墓葬远比位于其上方悬崖边的诺姆长墓简朴，但它们却标志着古埃及社会的重要进步。在此之前，只有上层的达官显贵才能够斥巨资修建和打造属于自己的墓葬。

△ **赫努姆霍特普二世之墓**

这幅墓画出自诺姆长赫努姆霍特普二世位于贝尼·哈桑的墓墙，描绘的是墓主及其家人享受地方权贵的生活，尽情地狩猎、捕鱼、捕鸟的场景。这让人联想起古王国时代马斯塔巴墓中的墓画。

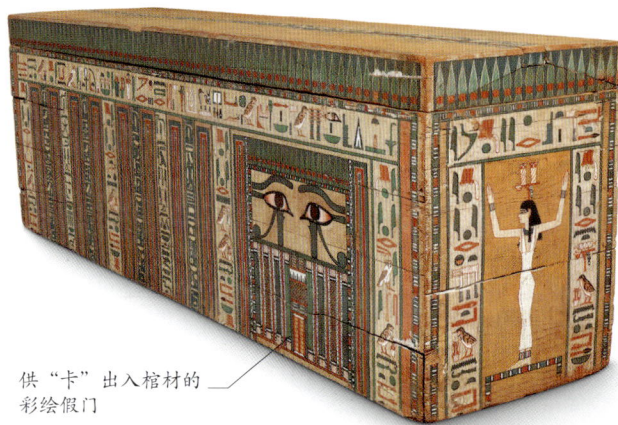

守护女神

正如众多中王国时代晚期的棺木一样，赫努姆纳赫特的棺木两端都绘有守护女神。这是为了强调与奥西里斯的关联，因为守护女神也曾护佑过奥西里斯。

垂直装饰带的作用是使各方神灵（尤其是那些与奥西里斯有关的神）为墓主提供保护

供"卡"出入棺材的彩绘假门

让"卡"能够看到棺外的巨目

确保"卡"受到永世
供奉的标准图形

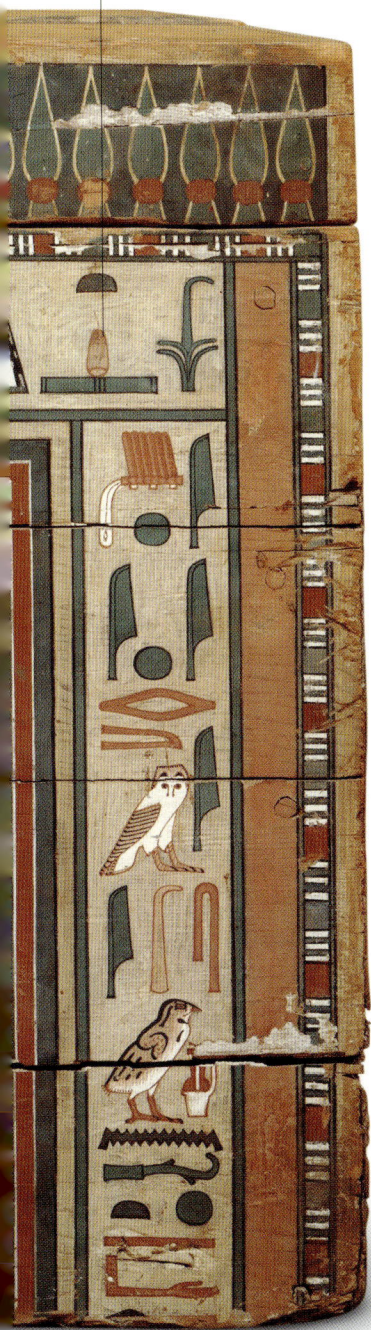

赫努姆纳赫特之棺

"生命之箱"

第一中间期带来的影响之一，表现在古埃及人来世观上的变化。最初，古埃及人的来世观只局限在王室内部，经历了第一中间期，这种来世观成为了更广泛人群的共同信仰。人们相信必须永恒地满足一座陵墓中"卡"或灵魂的吃住需求。然而，如今人们普遍相信，一个人有多种精神形态，而每种精神形态在身体亡故后都有自己的特定需求，这些需求包含了在陵墓之外的来世生活的各种方面。国王们在金字塔铭文（详见第70~71页）中表达了自己的期望，这些期望包含了与太阳、星星和奥里西斯有关的来世生活。王室以外的古埃及人，则秉持着与奥西里斯共度来世的朴素心愿，关心如何在死后进入奥西里斯的王国并被接纳。

符咒和图像

与奥西里斯一样能够在来世永生的唯一方法，是拥有带你前往来世所需的铭文、符咒和具有魔力的图像，而主要用来展现它们的地方是长方体木制

◁ **赫努姆纳赫特之棺**
赫努姆纳赫特之棺所属墓葬的确切位置已不可考，但其华丽的装饰风格表明其来自中埃及的某个省的墓地。

棺材（即盒式棺）表面。这类棺木对古埃及的"中产阶级"很有吸引力，它们大量出土于埃及各地的中王国时代墓地。对中产阶级来说，他们负担不起装饰华丽的大型陵墓的费用，而盒式棺实际上就成了一座微型的陵墓。盒式棺内部有逝者来世可能所需的一切物品清单和图像，底板上通常绘有取自"两路之书"的冥界地图，用于标明灵魂通往来世的路线。

盒式棺不仅服务于逝者本人实现前任来世的心愿，也供奉着逝者的"卡"。因此，棺木外部的铭文、祷文和符咒兼具这两方面的内容。这种棺木的装饰方法在古埃及的不同地方具有差异，在一些地方，棺木的内外两面都覆盖着铭文和图画。

与奥西里斯的结合

"盒子"里的尸身通常被密封在一个紧密贴合的内棺里，内棺看起来像一具头部外露的木乃伊。这代表着奥西里斯的身体，强调逝者与神灵之间的密切联系。盒式棺内的内棺被翻转方向，以使尸身的面部与盒式棺外面所画的眼睛对齐，从而表明逝者的"卡"能够看到棺外的世界。

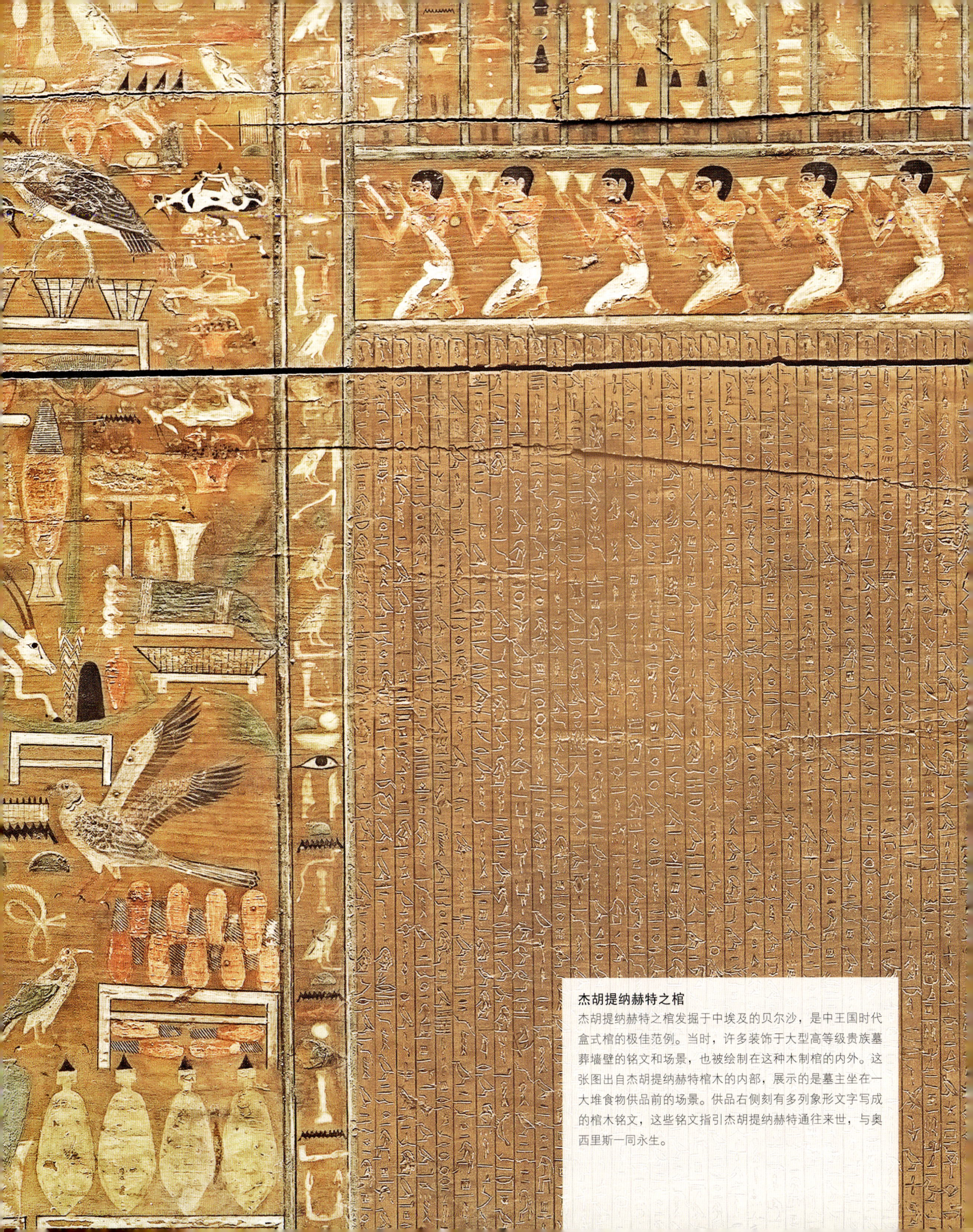

杰胡提纳赫特之棺

杰胡提纳赫特之棺发掘于中埃及的贝尔沙,是中王国时代盒式棺的极佳范例。当时,许多装饰于大型高等级贵族墓葬墙壁的铭文和场景,也被绘制在这种木制棺的内外。这张图出自杰胡提纳赫特棺木的内部,展示的是墓主坐在一大堆食物供品前的场景。供品右侧刻有多列象形文字写成的棺木铭文,这些铭文指引杰胡提纳赫特通往来世,与奥西里斯一同永生。

辛努塞尔特三世

第12王朝的最伟大的国王

辛努塞尔特三世是中王国时代权力最盛的国王。他不仅是古埃及君主制的巩固者，也是艺术、宗教和政治领域的重要革新者。

在辛努塞尔特三世的统治之下，古埃及的国家实力及国王的权力均显著增强。他在位期间，诺姆一级的行政权力更加受限，并且通过改革将行政权力向更下一级的城镇长官转移。诺姆长（地方执政者）的地区影响力受到削弱，这加强了王室的权威。辛努塞尔特三世充分利用这一中央集权的优势，强化曾祖父辛努塞尔特一世对努比亚的战略打击，在尼罗河第二瀑布及其周围修建了一系列堡垒，将下努比亚彻底置于古埃及的实际控制之下，并在更远的南方建造了一道抵御努比亚人的屏障。他的威权已然深入当地社会，以至于到了新王国时代，定居努比亚的古埃及人将他视作保护神来加以崇拜。

刻在岩石上的不朽功绩

辛努塞尔特三世在全国各地大兴土木。在哈玛玛特干河谷发现的一段铭文，提到他派探险队远征并驻扎在当地开山采石，为建造位于赫拉克利奥波利斯的赫里舍夫神庙（现已无存）提供玄武岩石料的内容。然而，他特别关注的地方却是阿拜多斯。阿拜多斯在中王国时代已成为重要的朝圣地，因为

这里被视为奥西里斯的埋葬地。在辛努塞尔特三世治下的第19年，他派出一位名叫伊赫诺弗雷特的官员前往阿拜多斯实施翻建修缮工程，并创设了奥西里斯节。此外，尽管辛努塞尔特三世在达舒尔为自己建造了一处金字塔群，但似乎只有他的家人被安葬在这里；他自己则是归葬阿拜多斯一处他之前发掘过的巨大地下墓穴中。可能是因为这个原因，这个地方在朝圣者中变得越来越出名，光是在他统治时期内，朝圣者们就在这里留下了数以百计的石碑和雕像。

和先王们一样，辛努塞尔特三世有时将自己描述成超人，但他的许多雕像脸上都挂满忧虑。至于这种表情的寓意说法不一，但这可能不是为了写实，而是为了传达某种信息。国王也许想表明自己也是凡人，善于倾听人民的关切。这可能也解释了他的雕像上巨大的耳朵这一特征想要表达的寓意。

△ **界碑**
这是辛努塞尔特三世在第二瀑布边缘地带树立的两座界碑之一。他以此宣示古埃及的至高无上，并要求后世国王守好边界，以对抗南方的努比亚人。

凶猛健硕的狮身

▷ **辛努塞尔特三世的狮身人面像**
正如众多古埃及国王一样，辛努塞尔特三世用艺术塑造自己的超人形象。狮身人面是一种混种生物，经常被用来象征中王国时代国王们的超凡力量和脱俗本质。

▷ **忧虑的面容**
这件辛努塞尔特三世的雕像带有皱纹的面庞、沉重的眼睑、下垂的嘴角和显眼的大耳，塑造出最具个性的古埃及国王形象。无人知晓他为何用这种方式塑造自己的形象。

公元前1870年，辛努塞尔特三世在其父辛努塞尔特二世去世后继位

公元前1862年，辛努塞尔特三世在与努比亚的边境上树立首座界碑

公元前1856年，辛努塞尔特三世派遣探险队远征哈玛玛特干河谷

公元前1854年，辛努塞尔特三世在与努比亚的边境上树立第二座界碑

公元前1851年，辛努塞尔特三世派遣伊赫诺弗雷特实施阿拜多斯圣地修缮工程

公元前1840年，辛努塞尔特三世举办在位30周年庆典

公元前1831年，辛努塞尔特三世去世，其子阿蒙尼姆赫特三世继位

眼镜蛇是王
权的象征

城镇与房屋

古埃及的居民区住宅

在中王国时代的城镇和村庄的考古发掘与研究中，当时国家为工人及其家庭规划建设城镇和村庄的方式得到了生动的剖析。

△ **房屋和花园**

这件出自中王国时代美凯特拉墓的精致木质大模型，展示了一座殷实之家的住宅局部——住宅里有一片用来休闲的开放式庭院，其中还有一座被树木环绕的中央水池。

虽然有关古埃及各历史时期民众居住情况的详细信息十分稀缺，但是中王国时代城镇和村庄的考古发现还是比古王国时代的要多。尽管没有所谓"普通的"城镇或村庄留存至今，但政府为特殊用途所建的某些定居点仍有遗存。墓葬中出土的写实风格的住宅及工业建筑模型，更为我们提供了房屋与住宅方面的直接信息。

城镇规划

古埃及政府可以在很短的时间内建造村庄、城镇甚至城市。中王国时代的政府的这种控制能力的最好例证，是在努比亚兴建的城镇要塞（详见第132~133页）。古埃及兴起过一些为施工人员提供居住地的重大工程。比如，位于法尤姆北部的卡斯尔·萨哈就是为采石工人建的居住点。由于采石工人多由按季节雇佣的年轻人组成，所以他们的住所看起来就像营房一样，寝室被划分为按工作团队编列的简单宿舍单元。卡斯尔·萨哈这样的城镇与古

王国时代金字塔建设者们居住的城镇类似，只是规模更小而已。

还有一种早在古王国时代便已兴起的定居点类型，那就是为祭司所建的城镇。这些城镇建在王室、精英的陵墓附近，由众多为逝者定期献祭的祭司们居住。与卡斯尔·萨哈不同的是，祭司城镇全年都在使用，但似乎祭司们也是轮流工作和居住，每年分批在那里临时居住一定天数。

卡洪

作为祭司城镇的卡洪，与卡斯尔·萨哈类似，但情况更为复杂。辛努塞尔特二世建这座小镇的目的，在于给那些在法尤姆绿洲附近的金字塔建筑群进行日常献祭的祭司们提供住宿。卡洪离附近的城镇较远，所以它的功能可能是为祭司及他们的家人提供永久住所，因此需要更为复杂的基础设施。

卡洪的规模和房屋数量表明，其人口有数

卡洪分布示意图

卡洪是中王国时代中央政府规划的典型城镇。这张绘有已发掘部分的地图，表明了此类定居点的一个共同特征——房屋按照严格的网格系统布局，城镇的外沿由一圈围墙予以界定。地图还表明，卡洪被划分为两部分，在两部分之间有一道巨大的分隔墙。右侧是富裕的上层人士居住区，从镇入口沿主街排列着一系列大型"豪宅"。然而，卡洪的大多数人口可能都是农工，居住在左侧一排一排的连栋式房屋里。这是一座经历几代居民修筑而兴起的小镇，他们在此成家立业，养家糊口。

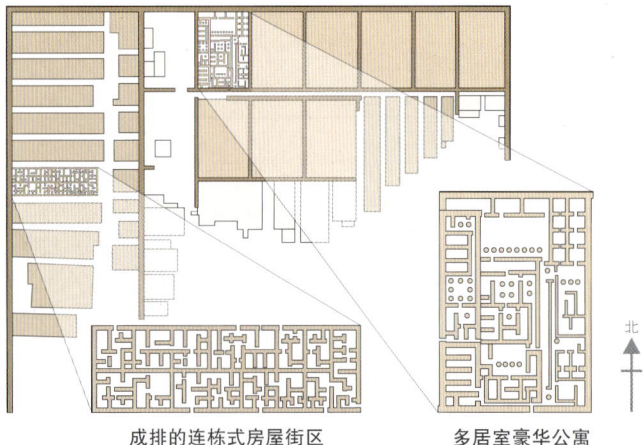

北

成排的连栋式房屋街区　　　多居室豪华公寓

千人（5000人以上），远超仅为国王提供祭祀服务所需的人数。有鉴于此，辛努塞尔特二世建造卡洪时可能还有第2个考量，即让卡洪充当法尤姆这片在第12王朝时发展的富饶多产的地区的新农业中心。卡洪被划分为穷人区和富人区两大居住区，绝大多数人口居住在众多的小房子里，而上层人士居住在巨大的豪华公寓里，整个城镇的食物生产和储存也集中在富人居住区。

▷ **灵魂之屋**

这样的黏土模型被称为灵魂之屋，是穷人们参照一些中王国时代墓地里奢侈的祭室来为自己的墓地打造的。这件模型似乎是以一座相当大的住宅为蓝本制作的。

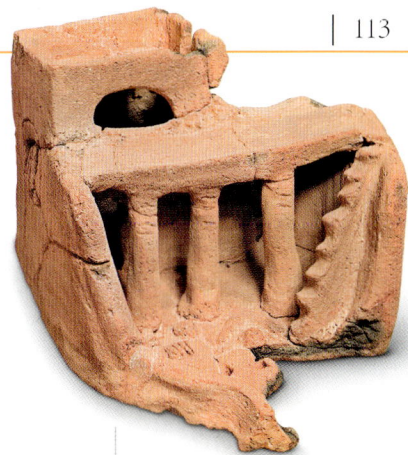

工人们把一桶桶粮食倒进筒仓

◁ **粮仓模型**

不论是作为独立建筑，还是作为豪宅的一部分，储存粮食（尤其是用于制作面包和啤酒的谷物）的仓库，都是城镇的重要组成部分。古埃及人在坟墓里放置粮仓模型，以确保逝者永远有余粮。

书吏记录接收和分发的谷物数量

这件模型上不同的颜色有不同的含义。木门用棕色，石灰石门槛用白色

体育运动与游戏

古埃及人的日常娱乐

考古发现表明，历史上各个时期的古埃及人对体育运动（除摔跤外）都不太感兴趣。然而，他们却非常喜欢棋盘游戏。

古埃及的城市与古希腊、古罗马的城市相比，最大的区别之一是缺少可以组织体育运动的场所。有很多古埃及国王描述他们在驾驭战车、射箭和狩猎方面技艺高超，但这些体现的只是对于一名战士来说至关重要的技能。几乎没有证据表明古埃及人喜欢参与任何形式的团体运动或体育竞赛，这表明他们通常只在非常有限的范围内进行体育运动。

户外运动

罕见的户外运动场景，大多被发现于私人的墓葬中。在位于贝尼·哈桑的一些中王国时代诺姆长的墓中，发现了体育运动的图画，这些图画很像原始形态的曲棍球。更加引人注意的是，其中几座诺姆长的墓中发现了大量的摔跤场景的图画。比如，凯悌墓中的墙壁（见第115页）上绘制了122对摔跤手，可能是选手们在一对一地练习各种抱摔动作。

室内运动

古埃及人似乎更喜欢体力消耗较少的休闲娱乐活动，如极为流行的棋类游戏。从遗留下来的棋盘实物中，已经确定了几种不同类型的棋盘游戏，但由于没有找到有关游戏规则的副本，所以重建每种游戏的确切玩法，很大程度上只能凭借猜测。

这些游戏中最著名的是"塞奈特"，这种游戏在一个有30个方格的棋盘上进行，看上去有一点像西洋棋，由两个棋手通过在棋盘上移动棋子来完成比赛。在另一个名为"迈罕"（右下）的游戏中，棋盘看起来就像一条盘绕的蛇，玩家可能是将他们的球形小棋子从一个棋盘格移到另一个棋盘格，最后从棋盘的外缘移到中心。与塞奈特不同，迈罕的棋盘格数量不固定，从30个到300个不等。

视觉上最吸引人的古埃及棋类游戏，也许是"猎犬与豺狼"。这款游戏的棋子是插在木制棋盘的58个孔中的那些高脚大头的木棍，棍头分别被雕成猎犬或豺狼的样子。虽然游戏的本名和规则已不得而知，但终点可能是棋盘顶端的"Shen"（意为保护）符号。两方玩家各有5枚棋子，玩法是将各自的棋子移动到终点。

△ 塞奈特棋盘
棋具和棋子通常由贵重的或装饰性的材料制成。例如，上图这个棋盘由蓝色费昂斯制成。棋子可以存放在棋盘下的抽屉里。

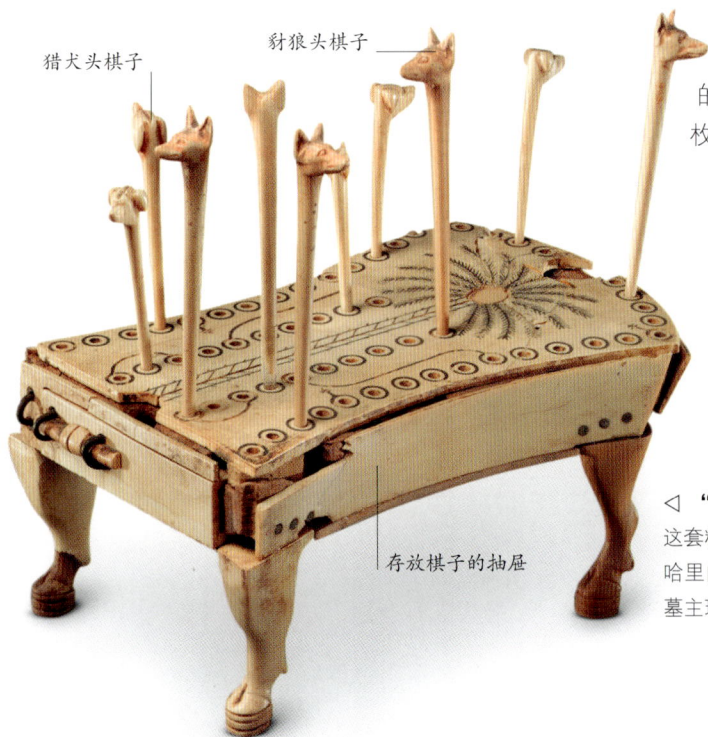

猎犬头棋子　　豺狼头棋子

存放棋子的抽屉

◁ "猎犬与豺狼"
这套精美的象牙制"猎犬与豺狼"棋具，出自位于代尔·巴哈里的一座中王国时代私人墓葬。这表明，游戏棋盘是墓主珍贵的私产，也是微型艺术品。

中心眼睛的位置可能是游戏终点

△ 迈罕
这种圆形石制迈罕棋盘出自第1王朝的一座坟墓。迈罕曾在古埃及长期盛行，但到了第一中间期就不再流行了。

△ 摔跤的场景

在贝尼·哈桑的凯悌墓中，有最详细的摔跤动作图。画上的人物动作可被"解读"为摔跤的一招一式，很像现代的连环画。

一个摔跤手挣脱了对手

一个摔跤手把对手举离地面

膳食与健康

古埃及人的日常饮食

得益于埃及温热的气候和尼罗河每年泛滥形成的沃土，古埃及人可以获得各种各样的食品与饮品，包括面包、啤酒、家禽、野味和蔬菜沙拉，可谓应有尽有。

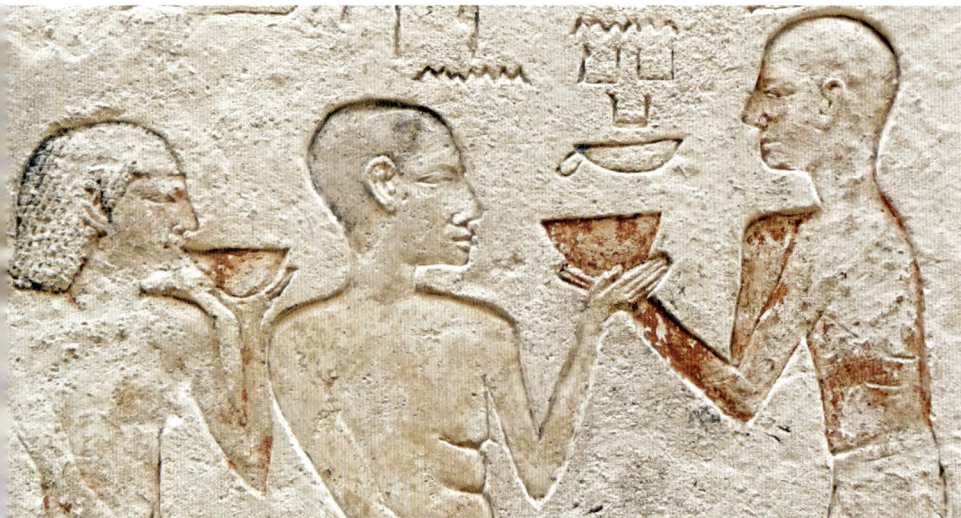

◁ 举杯共饮

这件中王国时代的浮雕反映了庆祝活动中的社交宴饮场景，刻画的是共同举杯饮酒的一群男子。他们用的是当时典型的半球形酒杯。

而且日常消费量普遍很高。

肉类食品

最令人垂涎的食物是像牛肉这样的肉类食品，它们可以提供动物蛋白，价格也更为昂贵。而这类动物的养殖需要专门的草场进行放牧，通常由饲养大型畜群的机构集中管理。绵羊和山羊比牛更为常见，但古埃及人可能更在意的是羊奶而非羊肉。对

古埃及人留下了大量表明他们对饮食的喜爱的史料。墓画、模型、供品清单、动物骨骼和储存容器等，都有反映饮食的内容。即便如此，这些也只是部分地还原了他们日常饮食的类型。

对于每个古埃及人来说，无论贫富，面包都是他们几乎每顿都要吃的主食。面包一般由埃及盛产的二粒小麦制作，有时也由大麦制成。国家公职人员的工资也经常由面包或谷物充当。不仅专职的面包师能够制作面包，普通百姓也可在家中制作面包。

啤酒的基本原料与面包相同，大型的专业化酿酒和私酿同时存在，而且随处可见。大多数古埃及啤酒的酒精度数可能相当低，

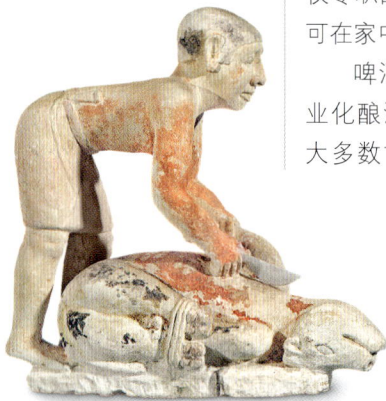

◁ 宰牲

贵族墓葬中通常装饰有宰牲的场景，或是有正在工作的屠夫的模型陪葬。这些所要表达的是确保墓主人能够永远吃到最好的肉。

筛选面粉

"如果你吃了三块面包、喝了两壶啤酒后肚子还饿，那就克制一下吧！"

古埃及智慧文学

酿酒

尼罗河三角洲的气候很适宜种植葡萄，因此那里也成了生产葡萄酒的中心。葡萄酒在当时是一种奢侈品，酿酒的场景常被刻画在富人的墓葬里。酿好后的酒被装在一种叫作双耳酒罐的大广口瓶里，酒罐上通常标记着关于酿造的详细信息，包括葡萄酒的产地、装瓶年份，以及对其质量的评价（从"好"到"非常非常好"不等）。

出自底比斯的酿酒壁画

于鸭和鹅也是一样，鸭和鹅的蛋、肉都很值钱，但鸭蛋和鹅蛋从未在陵墓的供品清单中占据主要地位。出于同样的原因，古埃及人也养鸡，只不过鸡是到了中王国时代后期才被引入古埃及的。

对阿玛尔纳工匠村等遗址的考古发掘表明，虽然人们饲养和食用猪，但很少在文献和文物中提及猪肉。同样，尽管希腊学者声称古埃及人对吃鱼有禁忌，但大量证据表明，人们会捕捞产自尼罗河的鱼和海鱼，要么直接食用，要么剖开、去掉内脏后再晒干食用。

狩猎是补充肉食的另一种方式，在古埃及历史早期尤其多见，因为那时尼罗河流域周边都是大草原而不是沙漠。人们捕食不同种类的羚羊，有些羚羊在圈养条件下被成功地驯化、繁殖和饲养。

蔬菜和水果

古埃及最常见的蔬菜是洋葱。大蒜、韭菜和用来做沙拉的蔬菜很多见，尤其是莴苣和黄瓜的供应也很充足。绝大多数古埃及人的肉食来源不固定，故而蛋白质多获取自扁豆、豌豆、蚕豆和鹰嘴豆等豆类食品。与现代埃及人相比，他们可食用的水果种类十分有限，最受欢迎的是枣和无花果。

烹饪方法

古埃及人的烹饪方法包括炙烤、烘烤和烧烤。没有证据表明他们使用酱汁等调味品，或是将不同类型的食物混合在一起，制成复杂的菜肴。他们食用的食物烹饪简单，且原汁原味。

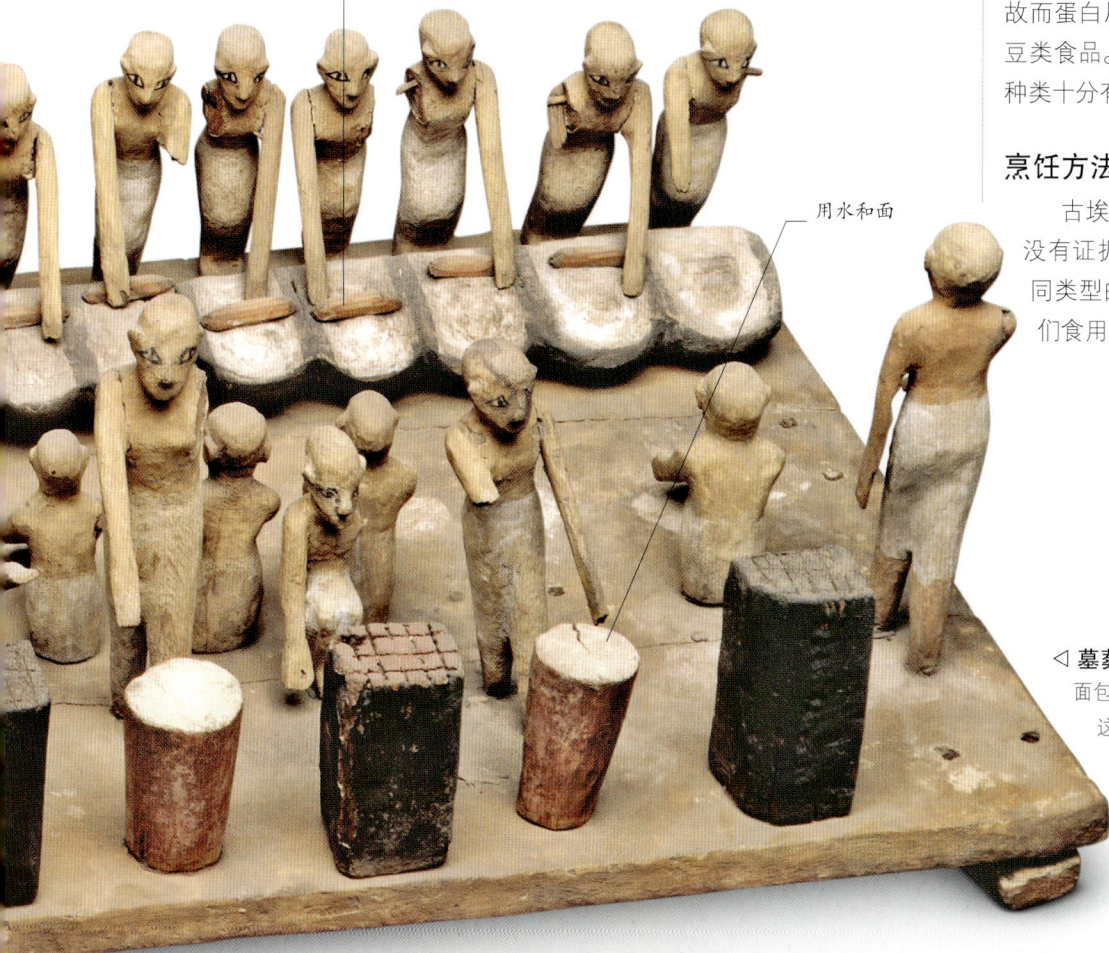

用石磨给谷物脱粒

用水和面

◁ **墓葬中的面包坊模型**
面包是古埃及人最重要的主食，因此需求量非常大。这件模型还原了一群面包师制作面包的场景。这种随葬品的作用是为墓主的来世制作面包。

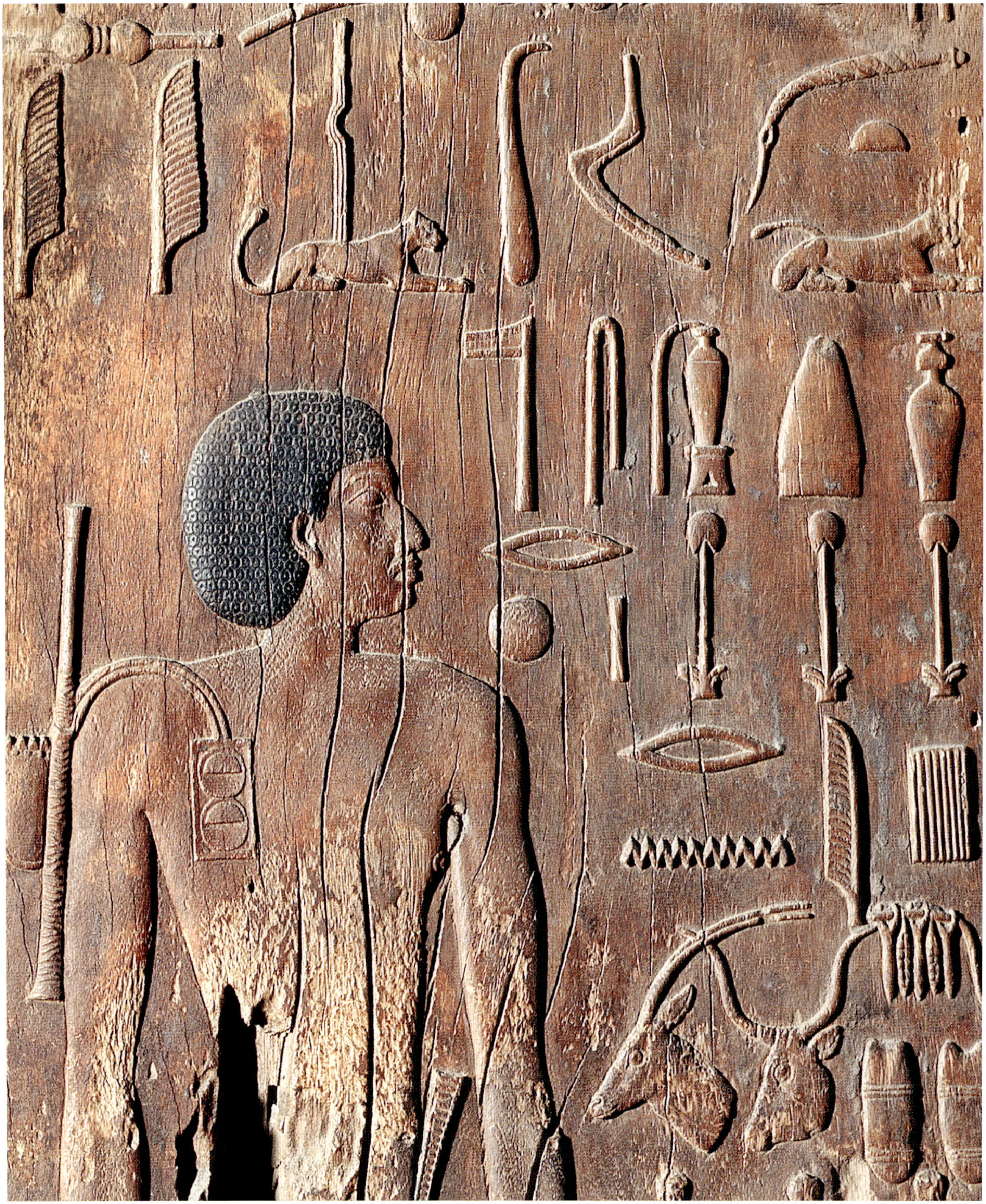

医学与医药

古埃及人的疾病与医疗

古埃及医生因其高超的医术在古代的地中海世界备受尊崇。包括一些早期的医学文献在内的众多资料表明，古埃及人对处理有关健康和疾病的问题非常感兴趣。

专业医生在古埃及历史上很早就出现了，医生的类型包括资深的全科医生以及眼科医生、牙医等专科医生。

因为医疗培训主要在神庙中进行，所以医生和祭司的职责有一定的交叉重叠。尽管大多数医生都是男性，但也有少数女医生。事实上，从非官方的情况来看，古埃及的地方上可能有更多女医生参与分娩等领域，而这些领域在传统上是巫术与医学的融合（详见第120~121页）。到了中王国时代后期，防腐师也被纳入医生序列。古埃及人可能是在制作木乃伊的过程中，通过尸体了解到身体内部的机理。当然，历史学家可能高估了这一点的重要性。

如今，对古埃及人尸体开展的研究，为当代人搞清楚古埃及人患有的部分病症（特别是寄生虫感染和口腔疾病）提供了极有吸引力的深刻见解。这项研究甚至发现一些木乃伊装有假肢脚趾，这表明古埃及人试图补齐残缺的肢体。

医学教科书

古埃及人当时最先进的医学知识散见于一些流传下来的纸草文献。这些知识最早见诸于中王国时代的《卡洪纸草》，涵盖了从兽医到妇科等各个方面

◁ **谋生的工具**
赫西·拉是第3王朝的一位高官，他在萨卡拉拥有一处墓葬。墓中有一组刻有他形象及其众多头衔的木板，其中一个头衔是"伟大的牙医"。

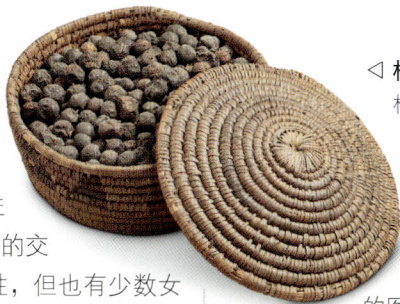

◁ **杜松子**
杜松子是古埃及医学文献中经常提及治疗疾病的药用植物，但文献中提到的药材，至今已被识别出来的只有很少一部分。

的医学建议。

妇科疾病大多被归类于与子宫有关的"分离和游走"的问题。新王国时代早期的《埃德温·史密斯外科纸草》是一部治疗外伤的医学临床指南。这本书提供了一个症状列表来辅助医生诊断，并针对不同情况给出"治疗""不治疗"或"其他应对方式"的医疗建议。最常见的建议是让患者在床上休养，而不是采取任何形式的侵入性治疗。这本书还建议医生用蜂蜜和铜的混合物治疗外伤，强调蜂蜜和铜的混合物具有良好的抗菌效果。

△ **人形容器**
容器的外观可能表明了容器具有的魔力和医疗功能。这件精致的瓶子在外观上很像一位跪姿女性，可能曾用于盛装给孩子喝的牛奶。

《埃伯斯纸草》

这份文献可以追溯到新王国时代早期，在医学史上有着重要贡献。因为这份纸草提到了液体在体内的循环，并认识到心脏所起的核心作用。文献中讲到，古埃及人认为心脏在像泵一样向全身输送血液和水分的同时，还会输送一种叫作韦赫杜的腐败物质。过量的韦赫杜可能会催生充满脓液的疖子，会带来疾病并最终导致死亡。虽然文献中的记录看起来还很原始，但反映了古埃及人探索疾病本质的早期尝试。

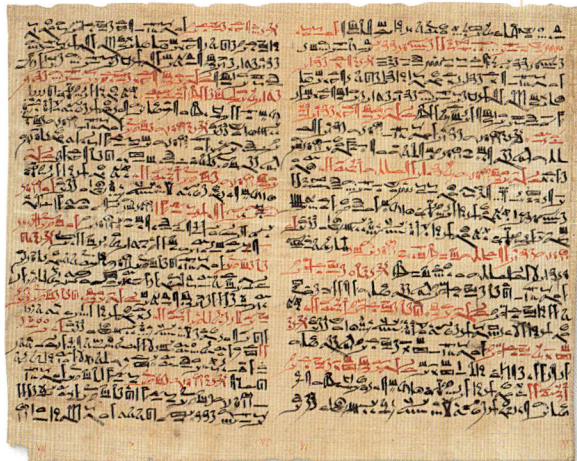

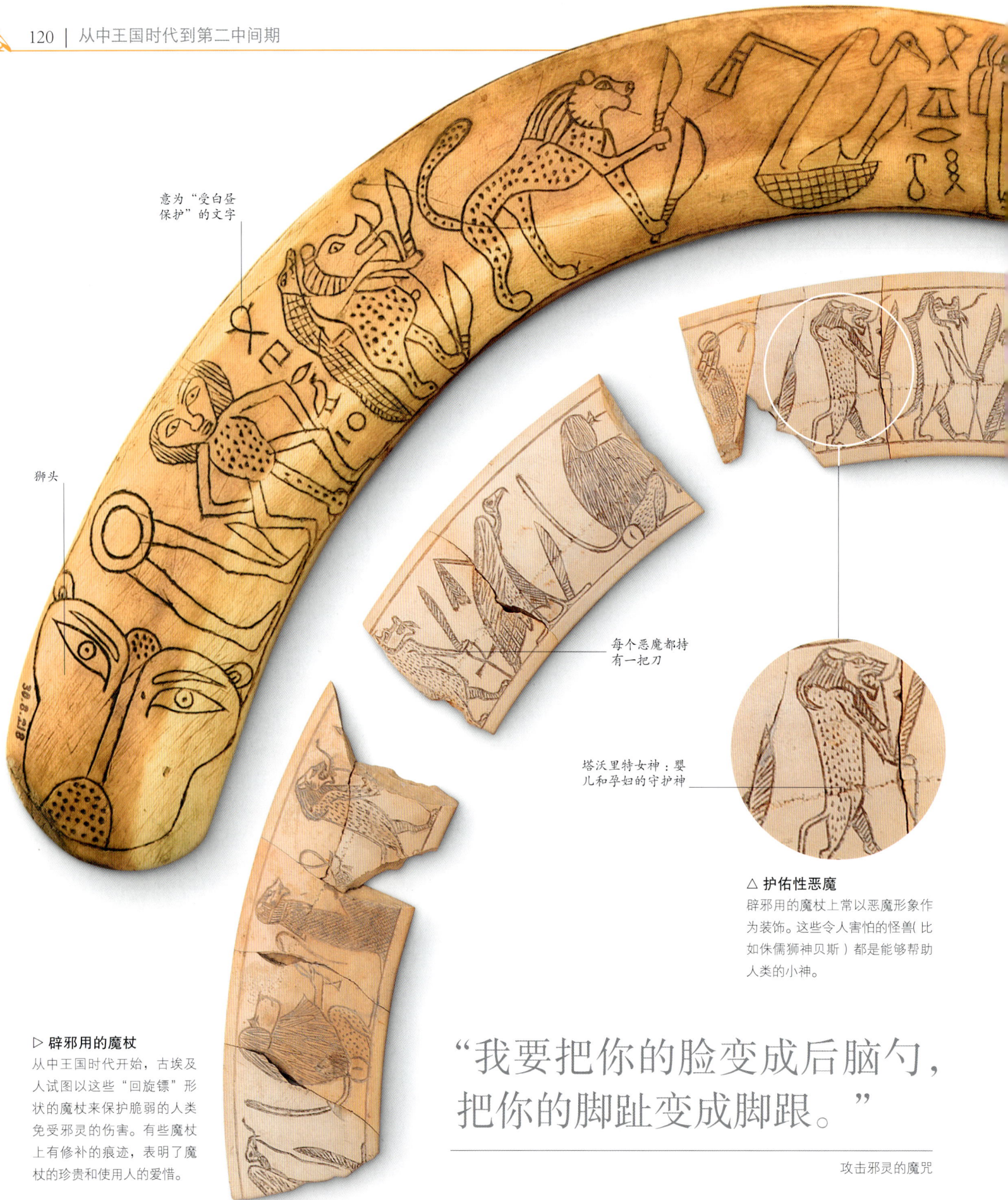

意为"受白昼保护"的文字

狮头

每个恶魔都持有一把刀

塔沃里特女神：婴儿和孕妇的守护神

△ **护佑性恶魔**
辟邪用的魔杖上常以恶魔形象作为装饰。这些令人害怕的怪兽（比如侏儒狮神贝斯）都是能够帮助人类的小神。

▷ **辟邪用的魔杖**
从中王国时代开始，古埃及人试图以这些"回旋镖"形状的魔杖来保护脆弱的人类免受邪灵的伤害。有些魔杖上有修补的痕迹，表明了魔杖的珍贵和使用人的爱惜。

"我要把你的脸变成后脑勺，把你的脚趾变成脚跟。"

攻击邪灵的魔咒

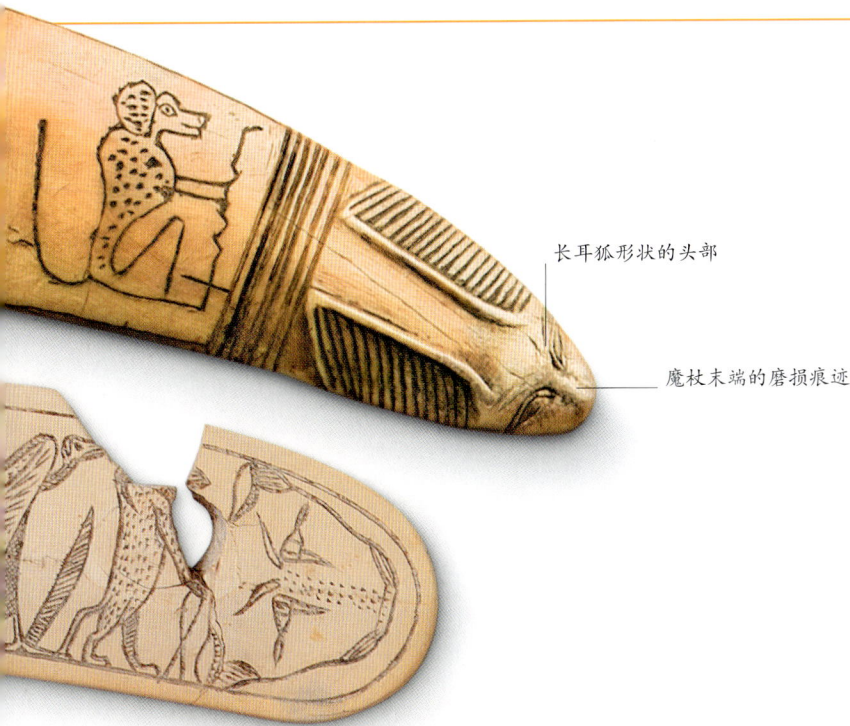

长耳狐形状的头部

魔杖末端的磨损痕迹

魔杖

对超自然世界的控制

得益于神庙墙壁、纸草和石碑上遗存至今的众多文字和图像，有关古埃及官方宗教的历史信息十分丰富。然而，我们对普通古埃及人的宗教习俗还是知之甚少，他们的宗教习俗似乎是宗教、巫术、迷信和民间医学的结合体。

祭司和巫师

古埃及级别最高的巫师是讲经祭司，他们在神庙仪式上诵读仪式文书。在古埃及的神话传说里，这些人经常被描绘成能够创造奇迹的人物。比如治疗女神塞克美特与瘟疫和传染病有关，她的祭司们因有治疗病人的能力而极受尊崇。

新王国时代的一段出自代尔·麦地那的文字讲到，有当地人扮演"聪明女人"或"蝎子巫师"来为村民驱赶邪灵，保护人们免受侵害。这些邪灵会给人们的生活带来各种麻烦，比如疾病、猝死、厄运、被有毒生物攻击等，使得人们备受折磨。

一组引人注目的中王国时代文物，让我们对这种巫术的使用方法有了深入了解。在底比斯的拉美西姆附近，考古学家发现了所谓的"巫师之墓"。墓室中有一个堪称宝库的木箱，箱内藏有不同时间段用于巫术的手工艺品和各类文物，其中包括刻有魔法咒语的纸草，一件戴着狮子面具、手持两条蛇的木制女性人物小雕像，以及一根有着青铜蛇头的魔杖。

巫师之墓的箱子里还有一组扁平的、用河马的獠牙制成的"回旋镖"形状的魔杖。魔杖上装饰着护佑性恶魔的图案，这些恶魔很多都持着刀，可能是为了驱赶那些有意伤人的邪灵。虽然无法确知这些魔杖的使用方法，但可以肯定的是它们是用来辟邪的。其中一根上面绘有一群护佑性恶魔的魔杖背面刻有铭文："我们来到此处，是为了保护孩子敏霍特普的健康。"

▽ 蛇杖
这根出自巫师之墓的青铜蛇杖可能代表着女神"韦赖特－赫考"（意为"伟大的魔法"）。它让人联想到《出埃及记》中古埃及巫师手中可以变成蛇的魔杖。

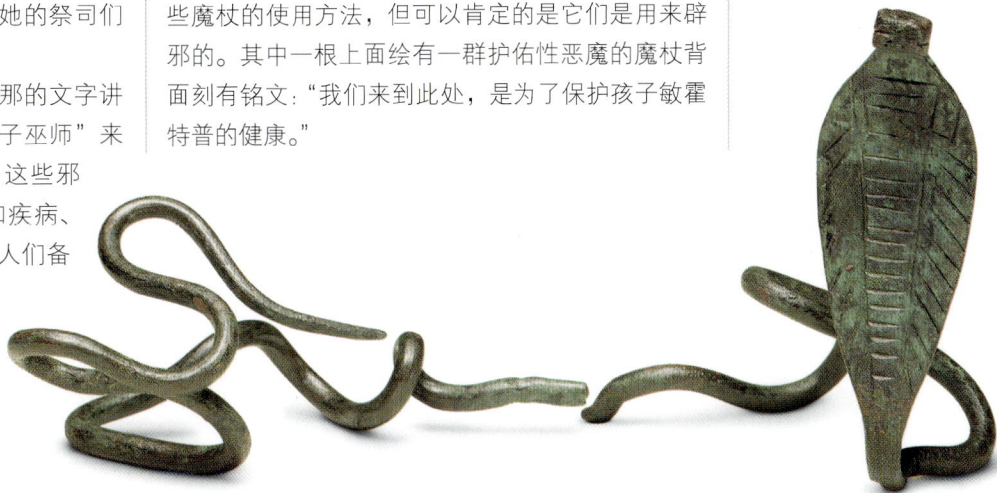

远征国外

新的国境线

在中王国时代，古埃及人越来越关注从尼罗河流域和三角洲以外获取他们所需的资源。他们向国外的采石场和矿山派出远征军，与强大的邻国进行贸易，同时以军事力量压制较弱的邻国。

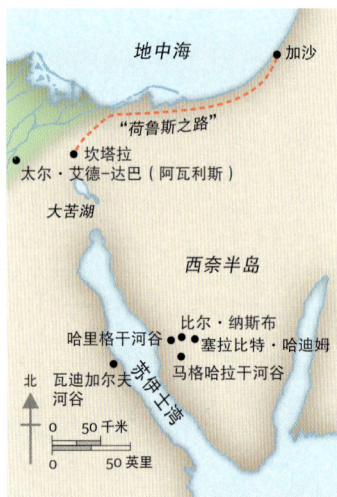

△ 西奈半岛地图

这张西奈半岛的地图展示了中王国时代古埃及人的远征足迹。古埃及人在开采西南部的矿产资源时以西奈半岛的北部作为通往黎凡特及更远地区的通道。

古埃及从建立王朝之初，就在觊觎邻国。有证据表明，从第1王朝起古埃及就有镇压努比亚人和与"东方人"作战的行动。到了古王国时代，古埃及的经济活动远超其领土范围：古埃及与努比亚进行贸易、从黎巴嫩购买木材，并派遣考察探险队到西部沙漠开采矿石。古埃及人还在东部沙漠开采金矿，到西奈半岛开发铜矿，以此稳固了贵金属和重要金属的来源。与此同时，有证据表明，古埃及人还对西奈半岛和巴勒斯坦南部这些他们感兴趣的地区采取军事行动。当地绝大多数属于游牧族群，通常被学者们称为"亚细亚人"，古埃及人称之为"阿穆"或"雷特努"。

进入中王国时代，古埃及对邻国的军事行动与日俱增，征服下努比亚（详见第130~131页）就是典型的例子。当然，他们的目光远不止于此，还瞄准了其他地区。

矿山和采石场

中王国时代的历朝历代，都在加紧推进宏大的采矿和采石项目。法尤姆北部的卡斯尔·萨哈曾被用来开采玄武岩，而东部沙漠中的哈玛玛特干河谷则成为重要的黄金生产中心。西奈半岛南部铜矿的产量也在这一时期达到了顶峰，大量铜矿被装船运回古埃及及国内。古埃及人用来制作珠宝等装饰物的绿松石也开采于西奈半岛。

为了保障采矿和采石工作，古埃及对西奈半岛采取的方针是军事占领。最初，古埃及只在特定时间向西奈半岛派出考察队，并为工人建立临时营地，工人们完成工作后在指定时间返回。然而，在塞拉比特·哈迪姆遗址有一座为"绿松石夫人"哈托尔女神而建的神庙，这座神庙表明当时的古埃及人对西奈半岛的占领不再是临时的，而是长久的。

黎凡特

随着对努比亚的不断扩张和对西奈半岛的成功开发，古埃及国王对黎凡特（在今中东地区）产生了更大的兴趣。他们继续维持与高品质木材产地——黎巴嫩港口城市毕布罗斯的长期合作关系，而多份资料表明，古埃及人对毕布罗斯也有政治野心。虽然《辛努海的故事》是虚构的，但其中大多

▷ 半宝石

这件西塔托里乌努特公主的胸饰集合了不同产地的宝石，包括产自东部沙漠的石榴石和玛瑙、产自东部沙漠或努比亚的黄金、产自西奈半岛的绿松石，以及产自阿富汗的深蓝色青金石。

数背景细节表明，古埃及人对黎凡特的政治和经济状况了如指掌（详见第134~135页）。库索贝克石碑也表明，古埃及第12王朝期间对黎凡特南部发动了多次军事行动。

有关这些军事行动最有趣的证据或许是一大块花岗岩，这块花岗岩在第19王朝国王拉美西斯二世于孟斐斯发起的建筑工程中，被用作雕像的基座。这块花岗岩上刻满的铭文表明，它在被用作建造基座之前，原本是第12王朝某个建筑的一部分。这段铭文现在被称为《阿蒙尼姆赫特二世年代记》，记录了阿蒙尼姆赫特二世在位期间发生的一系列事件。

在有关"库什访客"和"西奈半岛绿松石"的铭文中，提及了远征考察队前往异国他乡及返回埃及的相关内容。虽然如今尚不清楚远征考察目的地的具体位置，但有推测认为目的地可能位于黎凡特，并且远征考察队的成员可能由发动过袭击的古埃及士兵组成。一些学者认为，发生袭击的地方北至叙利亚，甚至可能北达塞浦路斯。远征的主要目的是带回外国物产，但这些远征活动同时也在新王国时代初期，成为古埃及开展更为野心勃勃的帝国主义行动的前奏。

多元文化影响

并非所有在采矿探险队服役的人都是古埃及人。在古埃及境内扎根的亚细亚人会被招募为前往西奈半岛的向导。采矿队也包括西奈半岛的当地人，他们也可能出于自愿，也可能是被迫的。这件发现于塞拉比特·哈迪姆遗址的小型狮身人面像十分引人注目，它彰显了采矿等探险行动所具有的多元文化性质。这件狮身人面像上刻有两句简短的铭文，一句用古埃及象形文书写，另一句用原始西奈文（这种书写系统后来演变为最早的字母文字）书写。

古埃及象形文

原始西奈文

出自塞拉比特·哈迪姆的砂岩狮身人面像

△ 塞拉比特·哈迪姆

中王国时代的多位国王以及后来的新王国时代国王，都曾在西奈半岛南部的塞拉比特·哈迪姆兴建神庙。神庙因同时遗存国王和远征队首领所立的石碑而备受关注。

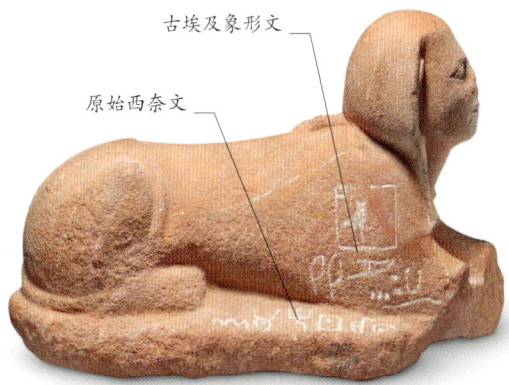

珠宝首饰

个人饰品

在希腊－罗马时代以前，古埃及人没有钻石、红宝石、蓝宝石和祖母绿等珍贵宝石，但他们可以获得金、银，以及绿松石、青金石、紫水晶、玛瑙、石榴石等半宝石。物美价廉的彩色费昂斯，是珠宝首饰的常见选择。

◁ 中王国时代的脚链
由玛瑙等半宝石制成的爪形饰品常被当作护身符。这种镶嵌有金爪吊坠的紫水晶串珠脚链，是当时的典型饰物。

紫水晶串珠

金爪

◁ 宽领饰
大多数宽领饰都不采用贵重的原材料，而是用便宜的费昂斯珠制成。这件中王国时代的宽领饰出自位于底比斯的私人墓葬。

玛瑙制成的太阳圆盘

△ 圣甲虫饰品
这件与众不同的饰品塑造了一只飞翔的圣甲虫。饰品上带有可以解读为辛努塞尔特二世名字的元素，说明这件饰品可能是为他定制的。

第15王朝国王希安的王名圈

▷ 圣甲虫形戒指
形似圣甲虫的图章常被用作珠宝的装饰部分。这件金戒指就镶嵌有以圣甲虫为底的图章。

◁ 黄金宽领饰
王室的宽领饰更为精致，上面装饰着黄金和半宝石串珠。这件鹰头宽领饰与其他随葬珠宝一起出土于利什特，属于第12王朝一位名叫塞涅布提斯的女性。

泪滴形金珠

金头猎鹰

▽ 金扣环
以复杂的双结扣为形状的扣环，在中王国时代的上流社会十分流行。这件别致的扣环与下图的宽领饰同属塞涅布提斯所有。

双结扣

▷ **配有瞪羚头的带状头饰**
这项非比寻常的带状头饰由黄金、玛瑙和彩色玻璃制成，发现于第 18 王朝国王图特摩斯三世的 3 位外籍王妃墓中。

黄金瞪羚头

玛瑙和玻璃组成的花瓣

△ **尼斐尔泰悌之戒**
这枚金戒指上雕有尼斐尔泰悌的名字，但确切的主人不详。据说这是在阿玛尔纳发现的一批珠宝中的一件。

△ **乌加特之眼戒指**
大多数古埃及人都佩戴廉价的费昂斯彩陶首饰。这枚带有乌加特之眼的蓝色费昂斯戒指也可用作护身符。

▷ **活口的袖口状手镯**
宽大的袖口状手镯在新王国时代的上层女性中很受欢迎。这件用黄金和彩色嵌板制成的手镯装有活口，佩戴时可调节松紧大小。

耳钉上起固定作用的耳堵

△ **蝴蝶手镯**
在古埃及，白银比黄金更少见，因此银制饰物十分罕见。这对镶有半宝石的银手镯，属于第 4 王朝国王胡夫的母亲海泰斐丽丝。

镶嵌在手镯上的蝴蝶

▽ **梅纳特项链**
由于古埃及人佩戴的一些项链太沉重，需要一个称作梅纳特的配重物来保持平衡。梅纳特通常和项链本身一样具有装饰性。

中等大小的费昂斯珠

△ **棱纹环形耳环**
这种棱纹设计的金耳环在新王国时代很流行。这对耳环属于第 18 王朝国王图特摩斯三世的一位王妃。

作为配重物的梅纳特

小型的费昂斯彩珠组成的多股线串珠

△ **装饰性耳塞**
新王国时代的玻璃得到了更广泛的使用。这对引人注目的耳塞由蓝色和绿色的玻璃制成。

神话中的奥西里斯

古埃及之王，亡者之王

◇

对古埃及人而言，最重要的神莫过于冥王奥西里斯。构成奥西里斯神话的一系列相互关联的故事，讲述了奥西里斯究竟是如何成为古埃及最重要的神的。

◆

古埃及人并没有一个核心的宗教文本来解释人与神之间的关系。古埃及的宗教中有一系列以众神为主角的神话，这些故事解释了世界的存在方式，以及每一个人该如何在其中行事。

最引人注目的是，这些神话中的神也会经常犯下恶行。神虽有人类的美德，也有人类的恶习。从整体上看，这些神话没有形成一个连贯的叙事，往往相互矛盾，有时同一事件还有不同版本。而最重要的神话都与奥西里斯有关。

创造世界

奥西里斯的故事始于一个创造世界的传说。起初，一座远古时期的岛屿从混沌的大海中升起，阿图姆出现在岛上。阿图姆独自创造了一对兄妹神——舒和泰芙努特，兄妹结

◁ 塞特石碑

尽管这块石碑左侧刻画的塞特，在奥西里斯神话中总是一副咄咄逼人的形象，但他也并未被塑造成十恶不赦的神。塞特也被视为一个强大的神，与其他神一样受到崇拜。

"向永恒之主、众神之王奥西里斯致敬。"

选自奥西里斯赞美诗

合后生下了下一代兄妹神——盖布和努特。盖布和努特再结合生下的 4 个孩子，分别是奥西里斯和塞特兄弟，以及伊西斯和奈芙蒂斯姐妹。在故事的下半段，奥西里斯与伊西斯结合，塞特与奈芙蒂斯结合。

奥西里斯是古埃及的神王，他的声望引起了塞特的嫉妒。于是塞特用计将奥西里斯困在一个制作得很复杂的箱子里，然后把箱子扔进了尼罗河。伊西斯本来找到了奥西里斯的尸身，但塞特再次将尸体肢解并将尸体抛散到古埃及各地。在奈芙蒂斯的帮助下，伊西斯逐一找回了丈夫的尸块，并通过巫术组合起来。奥西里斯恢复了身体，并使伊西斯怀孕。随后，奥西里斯离开埃及，成为了死神。伊西斯和奥西里斯的儿子荷鲁斯，后来成为古埃及神话中的合法国王。然而，塞特也认为自己是王位的合法继承人。在随后荷鲁斯和塞特的斗争中，伊西斯

一直保护着荷鲁斯，直到荷鲁斯长大成人，足以与叔父抗衡。最终荷鲁斯打败了塞特，稳固了王位。

这个神话告诉了古埃及人很多事情——世界是如何创造的，众神是如何产生的，以及王权对古埃及的重要性。它还讲明了王室继承权应该如何从父亲传给儿子，以及贤妻良母的重要性。然而，对大多数古埃及人来说，这个故事中最重要的事，是它向人们承诺了在奥西里斯统治的王国能够获得来世。奥西里斯是一位死去的神，但他更是亡者之神。

奥西里斯的王国

古埃及人关于来世的信仰，源于对奥西里斯和现世国王之间密切关联的普遍认同。一位国王去世后，他就会与奥西里斯产生关系（成为奥西里斯），而他的继任者则继承"在世的荷鲁斯的王位"。在世的国王被视为荷鲁斯的化身，因此他本质上是神圣的；但国王也是人，于是便在众神和人类之间形成了联系。神话让普通的古埃及人深信，自己也有机会在奥西里斯的芦苇之境度过来世，于是他们为此而在现世就积极准备。由于这一原因，在中王国时代的棺木（详见第 106~107 页）上和现在被称为"亡灵书"的文献（详见第 208~209 页）中，都可以找到对奥西里斯的信仰。

很多古埃及的丧葬文化都源于这种对来世的信仰。古埃及人用伊西斯和奈芙蒂斯的形象装饰尸棺，因为他们认为保护了奥西里斯尸身的姐妹俩也能够保护普通人的尸身。对来世的坚信也促进了人们去制作夏勃梯雕像（详见第 262~263 页）。这些雕像是逝者的助手，与逝者一同入葬后，将会在冥界为逝者工作。

▷ **女神奈芙蒂斯**
在中王国时代以及之后时期的陵墓中，经常可以发现伊西斯和奈芙蒂斯的木制雕像和其他与他们有关的文物。其作用是保护墓主的尸身，就如同神话中的伊西斯和奈芙蒂斯曾一起保护了奥西里斯的尸身。

▽ **奥西里斯和伊西斯**
这尊后期埃及时代的雕像塑造了保护着丈夫奥西里斯的伊西斯女神。伊西斯站在奥西里斯身后，尺寸比奥西里斯更大。

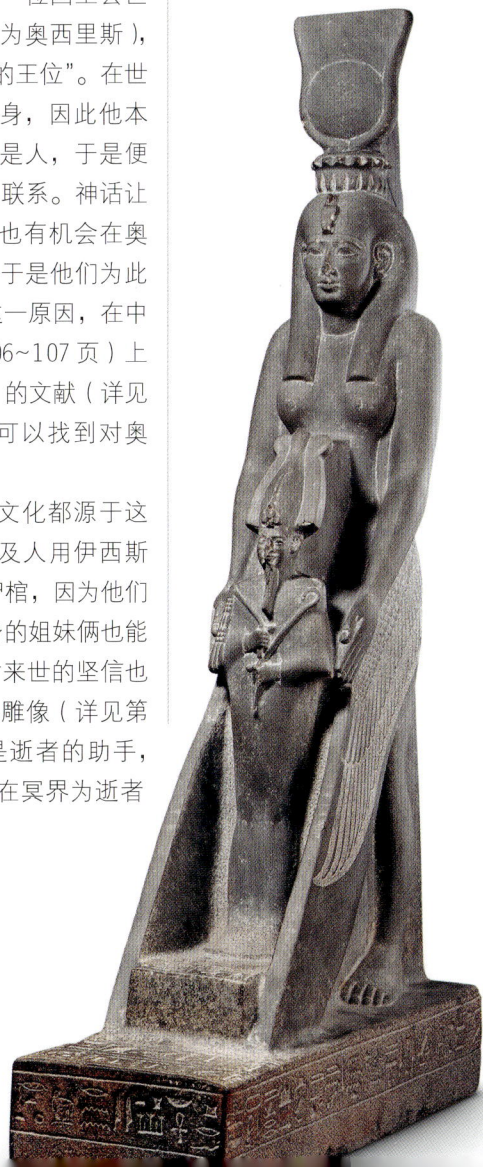

阿拜多斯

埋葬奥西里斯的圣地

到了中王国时代，阿拜多斯被视为埋葬冥王奥西里斯的地方。从那时起，这里就成了国王和平民共同的重要朝圣地。

奥西里斯是整个埃及的亡者之神，随着他在古埃及人心中的重要性与日俱增，他对中王国时代的阿拜多斯产生了巨大影响。有关奥西里斯的神话（详见第 126~127 页）描述了他的死亡、被肢解和埋葬的过程，而人们认为阿拜多斯是奥西里斯的埋葬之地。人们认为奥西里斯确切的埋葬地点是位于乌姆·卡伯墓地的第 1 王朝国王哲尔的王陵。也许，到了中王国时代，关于早期王室入葬阿拜多斯的记忆已然模糊，但古埃及人将其与众神统治埃及的神话时代结合在了一起，给阿拜多斯这一地点增添了独特的神秘色彩。

奥西里斯节

奥西里斯崇拜的中心，是位于阿拜多斯的奥西里斯神庙。在神庙和乌姆·卡伯墓地（中王国时代通常称此地为"佩克"）之间，一条山谷将两处较低的高原（现分别被称为北部墓地和中部墓地）分隔开来。北部墓地是早王朝时代国王们建造的带有围墙的大型陵墓，舒内特·泽比布围墙是这些大型陵墓的其中之一，它在中王国时代仍被保存了下来（详见第 46~47 页）。

在神庙和乌姆·卡伯墓地之间的谷底，有一条长达 2 千米的节日游行路线。在奥西里斯节的庆典期间，人们将沿着这条路线游行，而这个庆典在性

阿梅尼森布举起双臂祈祷

◁ **塞哈托尔雕像**
这尊发现于玛哈特祭堂内的雕像，刻画的是一名叫作塞哈托尔的官员。塞哈托尔身披斗篷，以朝圣者的虔诚之姿蹲在地上。

质上类似于欧洲中世纪的受难剧，庆典背后的隐含之意，是将身故的奥西里斯从他的神庙运到墓地，让奥西里斯在墓地度过一整夜。然后，他得以复活并被请回自己的神庙。

关于庆典活动的大部分信息，来自一位名叫伊赫诺弗雷特的官员在阿拜多斯留下的一块石碑。辛努塞尔特三世在阿拜多斯为自己建造过一座陵墓，他派遣伊赫诺弗雷特前往阿拜多斯修复神庙和用于运载奥西里斯的圣船，并重新组织奥西里斯庆典上的神圣戏剧。

许多古埃及人希望在庆典期间来阿拜多斯朝圣，并见证奥西里斯奇迹般的重生，从而在来世得到神的恩惠。当然，他们更想永远留在阿拜多斯，所以他们像伊赫诺弗雷特一样在阿拜多斯竖立了石碑，并在石碑上面列上自己和家人的名字。为了确保这些石碑（有时还有雕像）能在游行过程中被奥西里斯看到，他们将石碑放置在游行路线上可以远眺到的小祭堂中。这些泥砖结构的小祭堂，被称为玛哈特祭堂，其中最大、最奢华的一座完整收藏了同一家族几代人的所有石碑和雕像。

▽ **奥西里斯之床**
哲尔的陵墓后来得到了增建，如增加了这件被称作奥西里斯之床的中王国时代石雕。奥西里斯被安葬在哲尔墓中的说法更加令人信服。

用锅煮肉

烘烤

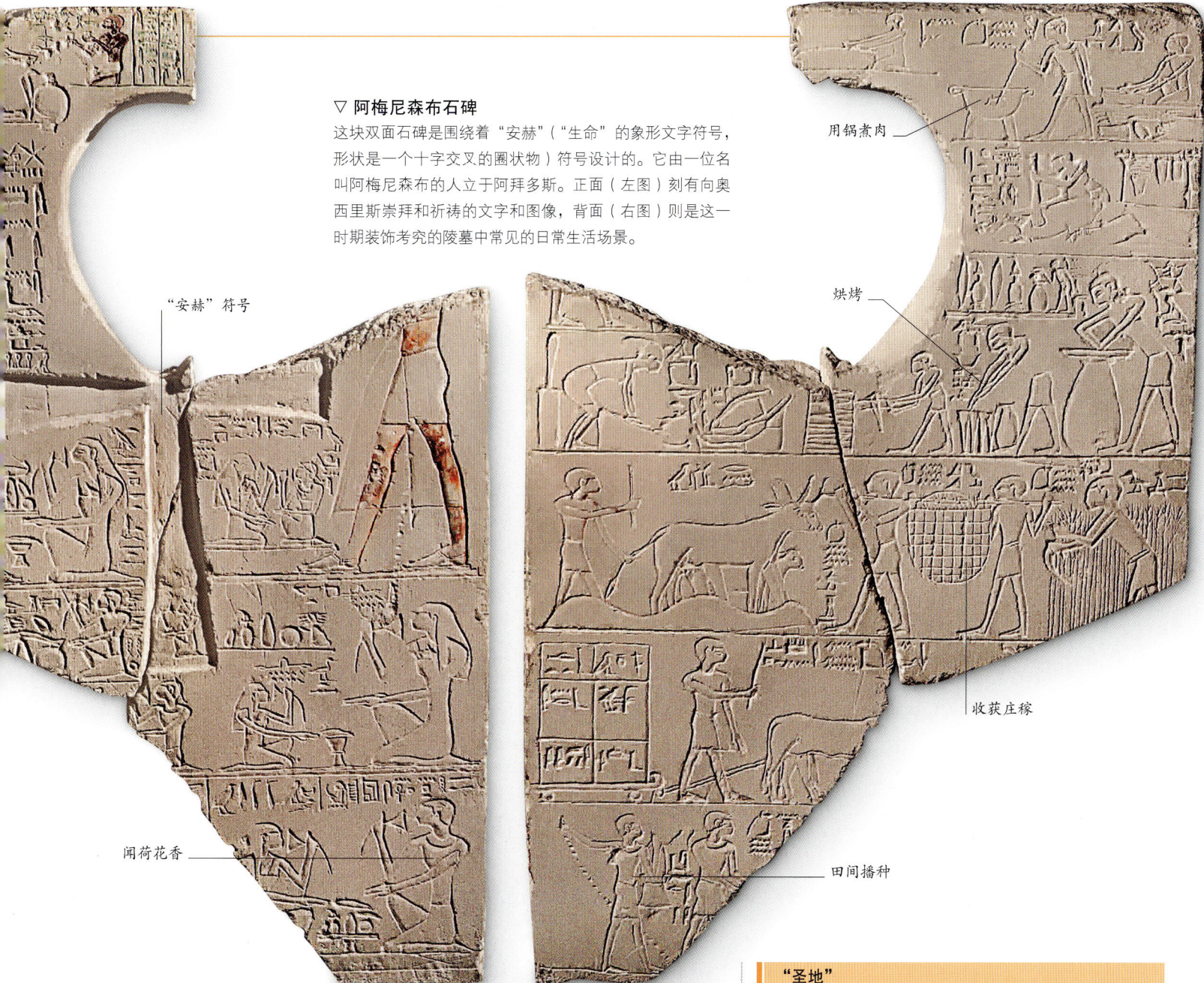

▽ 阿梅尼森布石碑

这块双面石碑是围绕着"安赫"（"生命"的象形文字符号，形状是一个十字交叉的圈状物）符号设计的。它由一位名叫阿梅尼森布的人立于阿拜多斯。正面（左图）刻有向奥西里斯崇拜和祈祷的文字和图像，背面（右图）则是这一时期装饰考究的陵墓中常见的日常生活场景。

"安赫"符号

收获庄稼

闻荷花香

田间播种

北部墓地的斜坡被认为是修建玛哈特祭堂的理想之所，被称作"大神台"。盗墓贼和考古学家在"大神台"发现了数千块石碑，石碑上的铭文为研究中王国时代普通家庭的家谱和宗教习俗提供了最重要的证据。

"圣地"

阿拜多斯墓地之所以是古埃及最重要的墓地之一，是因为在阿拜多斯北部的乌姆·卡伯有奥西里斯之墓。在中王国时代，阿拜多斯墓地的北部主要是奥西里斯的"大神台"，大神台建有上百座陵墓和泥砖构造的玛哈特祭堂。到了新王国时代，拉美西斯二世修建的所谓"大门店"（上图）靠近奥西里斯主神庙，并可以直达"大神台"。

"我在'大神台'上建造了玛哈特祭堂，以便我每天都能见到神灵。"

来自中王国时代阿拜多斯的石碑上的宣言

古埃及与努比亚

古埃及帝国的首次建立

古埃及最重要的邻国，是矿产资源极其丰富的努比亚。在中王国时代，古埃及转变战略方向，征服了下努比亚，由此构建起帝国版图，并通过修建堡垒来保卫新领土。

△ 努比亚地图
这张地图大致描绘了下努比亚的领土范围。中王国时代，古埃及人依靠一系列修筑在尼罗河第二瀑布附近的边境堡垒来维持对下努比亚的控制。

古埃及与努比亚的关系由两个主要因素决定：机遇与威胁。努比亚不仅拥有包括黄金在内的丰富自然资源，还控制着古埃及延伸到更南边的贸易路线，是古埃及获取财富的重要来源。古埃及的国王们早就认识到，如果任其发展，努比亚将会成为与古埃及一样强大的王国。所以从早王朝时代开始，古埃及就试图通过包括武力震慑在内的一切可能手段，控制努比亚或动摇其统治秩序。

古王国时代，古埃及对努比亚的控制相对成功，不仅在努比亚西部沙漠开发了采石场，还在尼罗河第二瀑布附近的布亨建立了一个贸易中心。到了中王国时代，古埃及试图以军事征服来占领努比亚的领土，从而首次建立了古埃及帝国。

征服努比亚

古埃及的第 11 王朝国王孟图霍特普二世的最大成就，就是打败了北部的赫拉克利奥波利斯政权，实现了古埃及的再度统一。此外，他也针对南方邻国开展了一系列军事行动，后来他将这项重要国策交给继任者来继续执行。这一国策的目的是削弱努比亚的实力。努比亚人在第一中间期曾侵犯了古埃及传统的南部边界，然而这种对努比亚开展的大规模反击很快扩大化，军

事行动涉及的范围甚至远超古王国时代国王们在权力巅峰时的野心。

第 12 王朝国王阿蒙尼姆赫特一世宣称，在自己在位的第 29 年征服了下努比亚（瓦瓦特）。他的儿子辛努塞尔特一世在该地区建造堡垒，把布亨建成了中王国时代在努比亚的最大要塞城镇。辛努塞尔特三世在统治时期内修建了更多的堡垒，特别是在第二瀑布的天然边界周围修建的堡垒尤其多。这些堡垒被建在可以俯瞰尼罗河的山岩上，如塞姆纳和库玛；或建在尼罗河中的岛屿上，如乌罗那尔提。布亨和米尔吉萨都是防守严密的贸易站点。得益于这些堡垒要塞以及贸易站点，下努比亚被牢牢地掌握在了古埃及人手中。古埃及人不仅能够保卫新的

残留的黑漆

▷ 古埃及士兵
这件古埃及士兵模型发现于第 11 王朝诺姆长梅赛提的墓中，旁边则是努比亚弓箭手的模型。中王国时代的古埃及军队由本国士兵和努比亚雇佣军组成。

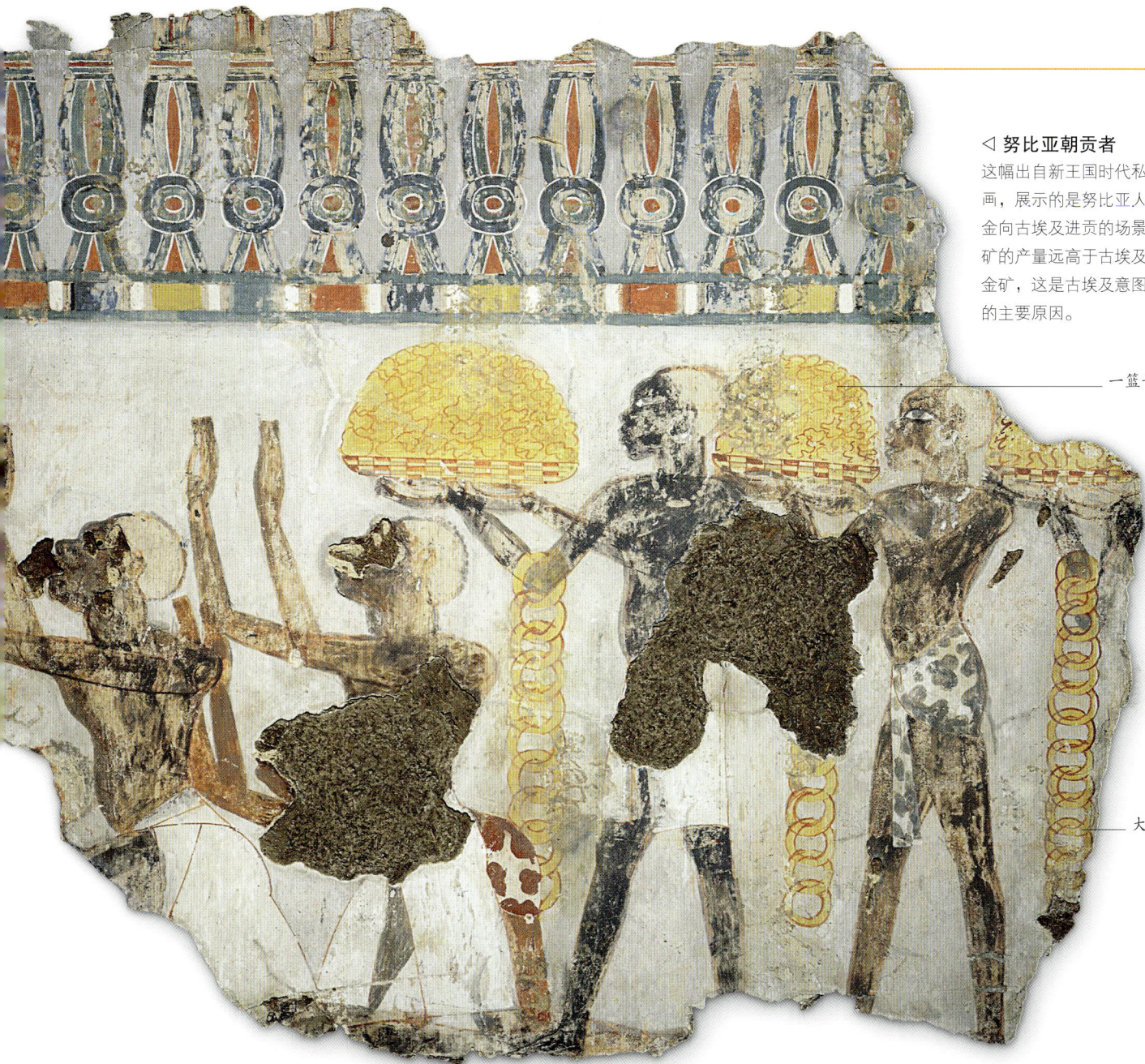

南部边界，还抵挡住了来自更南方的上努比亚人的攻击。

塞姆纳堡垒和库什地区

塞姆纳堡垒在古埃及的边境防御体系中发挥了战略作用。辛努塞尔特三世竖立的一组石碑宣称，塞姆纳堡垒将起到检查站的作用，用于阻止来自南部的努比亚人以经济移民的方式进入被古埃及控制的领土，除非他们是在严密控制下到米尔吉萨进行贸易的人。

由塞姆纳发往位于底比斯的政府机构的各种公文，也保存了有关塞姆纳的一些历史信息。这些写在纸草上的"塞姆纳快报"记录了古埃及巡逻队在塞姆纳周围展开的搜查工作，他们的搜查对象是不受欢迎的努比亚人和生活在沙漠中的麦德查人。

尽管下努比亚此时已被古埃及牢牢掌控，但在第二瀑布以南、古埃及人称之为库什的大片地区仍保持着独立。在中王国时代，尤其是在第二中间期，库什地区的克尔玛、赛等关键城市产生了扩张。尽管有关这一时期库什的文献资料没有遗存，但我们知道克尔玛、赛等城市为建立政府管理机构奠定了基础，库什可能已经发展为一个王国。它已经强大到了古埃及在任何情况下都无法击败的地步。在之后的第二中间期，库什等地进而对古埃及南部构成了威胁。

▽ 面包代币

位于努比亚的各个堡垒执行向士兵分发口粮的制度，比如想买面包就要用下图这种代币去购买。

布亨要塞

努比亚地区防御体系的核心

位于布亨的要塞城镇，是古埃及军事建筑中最令人兴叹的壮举之一。布亨曾是古王国时代的一个小型贸易站，但在中王国时代发展成了尼罗河第二瀑布周边的一个复杂建筑群，由许多设防的定居点和小型要塞组成，地位十分重要。布亨建在河岸边，有外城和内城。虽然布亨的建筑设计目标是抵御努比亚人发动的任何攻击，但这座要塞本身似乎没有经历过重大军事行动。在第二中间期时布亨一度被遗弃，到了新王国时代才重新被启用。

▽ **布亨要塞复原图**
有关布亨要塞的大部分资料源于1957年至1964年间在当地进行的大规模考古发掘。这项工作是为了在布亨要塞被纳赛尔湖淹没之前，抢救性地挖掘和记录尽可能多的遗址信息。

布亨镇，建在外城之内和内城之外

通往壁垒的楼梯　通往二层的楼梯

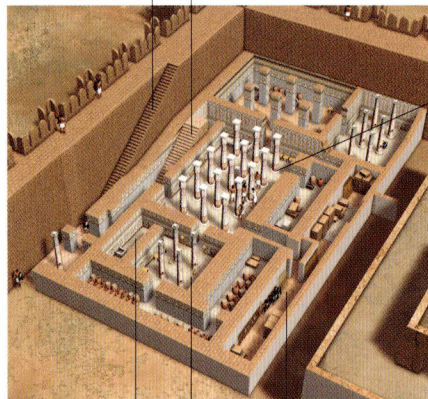

柱厅

◁ **要塞的指挥中心**
位于内城西北角的这座巨大而独特的建筑可能是要塞指挥部和要塞指挥官的住所。通过楼梯可以轻松直达内城四周的壁垒。

要塞指挥官的卧室　客厅　储备库（可能用于储备武器）

跨越壕沟的大桥直通外城西门

泥制堡垒

布亨要塞坚固厚实的墙壁是用未经烧制的泥砖砌成的，这种砖容易获得且建造速度快。据估算，布亨堡垒的建造使用了超过460万块砖。遗憾的是，阿斯旺大坝建成后纳赛尔湖淹没了布亨堡垒，布亨堡垒的城墙又变回了泥浆。

布亨要塞废墟

一座横跨壕沟的吊桥

两座巨大城楼延长了进入入口的通道，从而便于守军防守

外城城墙最薄弱的部分——入口，受到庞大的外城西门的防护

跨越内城壕沟的通道

◁ **内城西门**
布亨要塞最复杂的防御工事位于内城西门。内城西门由一条通道和位于通道两侧的两座高耸的城楼组成。要经过通道，至少穿过四道门以及一座横跨壕沟的吊桥。

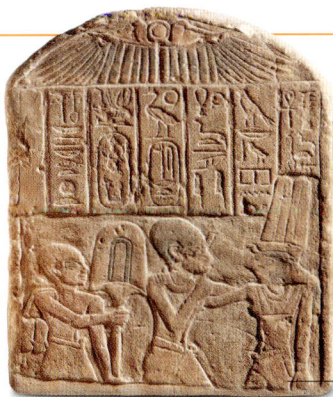

◁ 荷鲁斯石碑

这块石碑出自布亨要塞的主神庙，庙里供奉着三位神灵，其中一位是"布亨之主"荷鲁斯。后来，在主神庙的基础上建造了一座新王国时代神庙。

荷鲁斯护佑辛努塞尔特一世

新王国时代所建神庙

壁垒上有顶的步行道保护着堡垒内的士兵

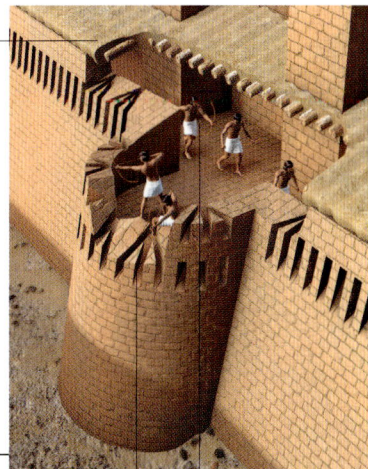

▷ 城堡的城墙和堡垒

作为要塞防御工事的一部分，内城城墙的外围修建了一组较矮的壁垒。带顶的步行通道连接起一系列突出的堡垒，每一座堡垒中的弓箭手都能够以 180° 的射界向外射击。

口岸码头

箭孔使弓箭手可以在射击的同时躲避敌人的攻击

士兵们可以在相连的堡垒间迅速移动，以精准打击敌人

布亨的交通往来多数依靠河运

超过 10 米高、5 米厚的内城城墙

7.3 米宽、3.1 米深的内城壕沟

6 米宽、3 米深的外城壕沟

外城墙受到墙上突出的大型马面的保护

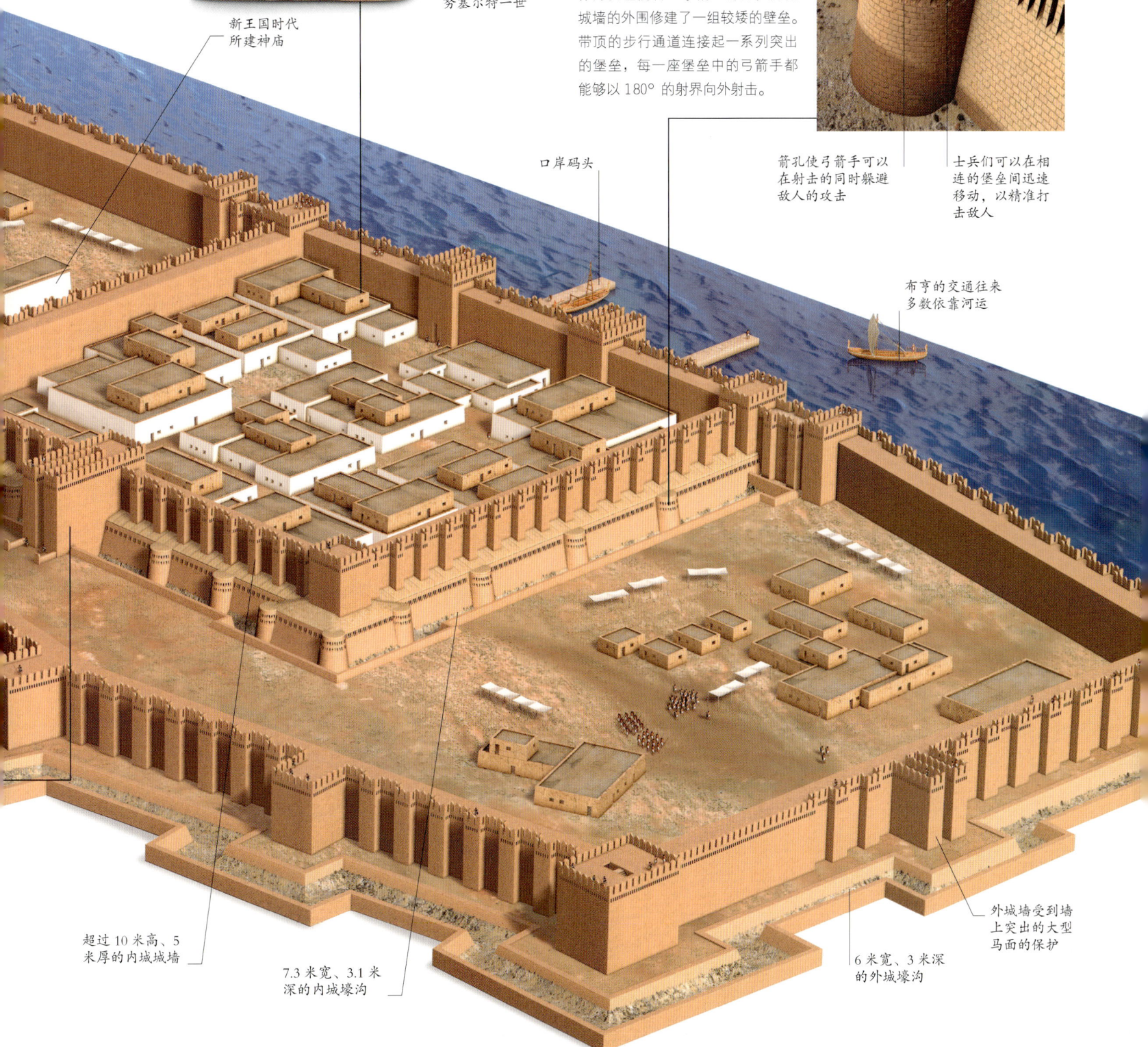

讲故事

古埃及文学之妙

古埃及文学是一座内容丰富的宝库，里面有各种富有想象力的故事，故事主题包括神和人、会说话的动物、魔幻现实主义、长途旅行以及真理最终战胜谬误等。

古埃及文明是最早创作小说的人类文明之一。小说里的故事有些读起来像童话，有些读起来像描述神明功绩的宗教铭文，还有一些则反映了普通古埃及人的日常经历。然而，我们很难对古埃及文学进行整体评价，因为为数不多留存至今的故事，通常是年轻的书吏在练习抄录时记录并保存下来的。而古埃及的故事，通常会被大声讲出来，通过口传心授的方式传于后世。

讲故事可能是古埃及人之间一种雅俗共赏的娱乐形式。故事悲喜相交，蕴含着道德要素。古埃及人讲故事的传统，似乎是在中王国时代建立起来，并在随后得以发展的。

旅行者的故事

古埃及故事的常见主题之一是旅行。最受欢迎且被传抄最广的是《辛努海的故事》。故事讲述了一个从古埃及逃离的朝臣，在黎巴嫩部落中开创新生活的过程。在经历了多次冒险之后，为确保自己有一个体面的葬礼，辛努海返回了故乡。这个故事的寓意似乎是人应该落叶归根。故事内容的描述，与古埃及中王国和新王国时代高层官员墓志铭的格式相同，加之故事中背景细节具有的历史准确性，使得学者们怀疑辛努海或许真实存在。

另一个传统故事是写于新王国时代末期的《温阿蒙历险记》。故事讲述了一位名叫温阿蒙的官员乘

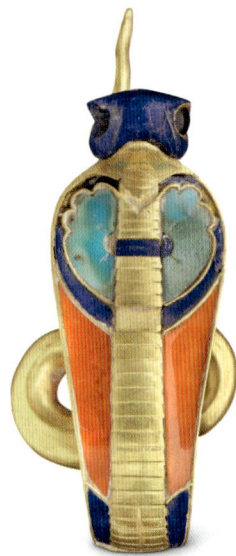

△ 圣蛇乌赖乌斯

立起身体的眼镜蛇是国王和王后佩戴的王室标志。《水手遇难记》中蛇的角色，反映了古埃及人对蛇的模糊态度——他们视蛇为一种亦正亦邪的生物。

妇人与鳄鱼

这幅插图描绘了一位在一条鳄鱼旁边饮水的妇人。在古埃及文学中，鳄鱼可能预示着惩罚和报应。有一个故事曾讲到，一位祭司用蜡做成了一条鳄鱼，让鳄鱼吃掉他不忠的妻子的情人。

船前往黎巴嫩的经历。他此行是为卡纳克的阿蒙神庙建设工程寻找木材。有人认为故事对贸易任务的某些描述是真实的，因为温阿蒙在行程中遇到的人和各种麻烦，反映了当时古埃及在东地中海地区地位的下降。

《水手遇难记》以一种奇幻的风格，讲述了一位水手漂流到一座荒岛上的故事。岛上住着一条会说话的巨蛇，巨蛇给水手讲述了它的家人被一颗流星杀死后，自己变得孤苦伶仃的悲伤故事。与巨蛇不同的是，水手最终回到了家，并与家人团聚。

寓言故事

古埃及故事的另一个重要主题，是人和神的恶行。在《人类的毁灭》中，拉神对人类的叛逆感到愤怒，于是将自己的女儿哈托尔变成了凶残的塞克美特女神，并派她杀死所有人类。当拉神意识到自己的错误时，为了阻止哈托尔－塞克美特的屠杀行动，便将大量啤酒与红色染料混合在一起，然后将这种液体浇在大地上。哈托尔－塞克美特误信自己在喝人类的血，于是因醉意停止了屠杀。

在许多故事中，国王也表现出了人性的弱点。在《不可思议的故事集》中，国王斯尼弗鲁为自己

发明设计了一种娱乐活动——由仅穿着渔网的美丽少女划船横渡湖面。其中一位少女的绿松石鱼形吊坠不慎掉入湖中，这破坏了国王的兴致。幸运的是，著名巫师贾杰曼赫在现场解了围，他通过巫术将湖面翻转过来，取回了吊坠。

这些故事中人物的行为，可能在古埃及听众中引发了激烈的争论。许多故事都无疑有着强烈的道德感。那些做错事的人通常会在故事结尾受到惩罚，特别是做了不被古埃及社会认可之事的人。同样，善行会得到回报，机敏被视为一种美德。

有一个在古埃及深入人心的故事，叫"能言善辩的农夫"，故事描述的情节似乎已经根植于大部分古埃及人的日常生活。在这个故事中，一个纯朴农夫带着一头驮着货物的驴子旅行。当他四处旅行时，他被卑鄙的官僚们恶意制造的问题所困扰，他试图简单地通过说服对方的方式来解决这些问题。与其他许多的古埃及故事不同，这个故事能引发听众的共鸣，这很可能是因为听众在现实生活中，经常与地方上那些难缠的官员发生类似的冲突。

△ 鱼形吊坠
《国王斯尼夫鲁和吊坠》这一故事中作为核心线索的那件首饰，可能是从上图这种鱼形吊坠中获得的灵感。

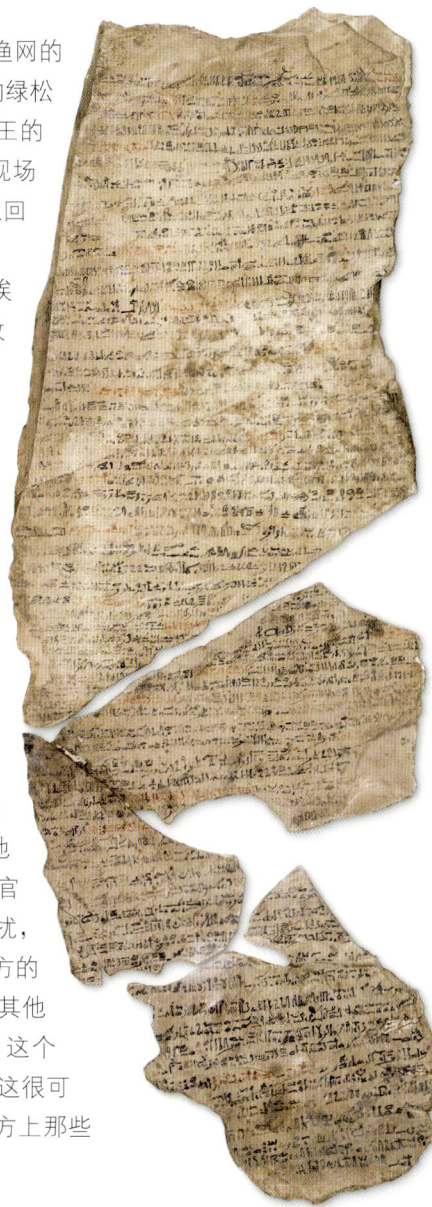

△《辛努海的故事》陶片
根据现存的众多抄本判断，《辛努海的故事》在古埃及非常受欢迎。现存的版本既有抄录在纸草上的，也有如图所示保存于石灰石陶片上的。

书吏

古埃及能读书写字的人很少，识字率大概只有5%左右。识字使人（主要是男性）有机会从事只有最高社会阶层才能从事的职业——政府官员、祭司和最高级别的军人。读写能力历来是古埃及权力精英阶层的标志，在新王国时代则更加重要，因为各省有才能、有文化的书吏可以跨越社会阶层，成为国家重臣。尽管古埃及设有包括神庙学校在内的多种培养书吏的场所，但对于受过教育的古埃及人来说，人生最重要的起点是生在有文化的原生家庭，尤其是有一位具有读写能力的父亲。

出自赫列姆赫布墓的书吏形象

动荡岁月

第二中间期

在中王国时代末期，古埃及人受到来自北方亚细亚人和南方努比亚人的双向威胁。随后古埃及进入混乱时期，该时期被称为第二中间期，只有南方的底比斯政权竭力抵抗着来自外部的攻击。

第13王朝与第12王朝迥然不同。第12王朝的国王人数少，但他们有亲属关系，而且在位时间相对长；而第13王朝在其123年的统治时间里却有多达50位国王，大多数国王的统治时间很短。这些国王不大可能全部来自同一家族，当时可能存在着一种君王推选的制度，由多个重要家族轮流出任国王。

这样带来的结果是第13王朝国势衰微。尽管阿蒙尼和肯杰尔两位国王分别试图在达舒尔和南萨卡拉两处维持着修建金字塔的传统，尼斐尔霍特普一世也一度活跃于阿拜多斯这片重要的朝圣目的地。但是，第13王朝本质上依然是一个王权崩溃的时期，古埃及处于外国统治者的控制之下。

希克索斯人

第12王朝和第13王朝期间，大量亚细亚人来到古埃及境内。这些人中有些属于半游牧民族，有

◁ 国王荷尔木雕像
这尊第13王朝国王荷尔的雕像是为去世后国王的"卡"而设计的。"卡"的象形文字是高举的双臂，此处看起来像附着在国王的头顶上。

些是古埃及士兵在袭击别国时从外国抓到的奴隶。亚细亚人充分了解当地的情况，这对于古埃及人来说很有价值，所以这些人在古埃及前往西奈半岛和黎凡特（在今中东地区）进行采矿探险和军事行动中，充当了向导和侦察员。这些定居的新人口在三角洲东部形成了一个庞大的亚细亚人社区，后来这个社区被称为阿瓦利斯。随着第13王朝中央王权的衰落，作为外部势力的迦南人控制了黎凡特南部的大部分地区，他们逐渐接管了阿瓦利斯。到第13王朝终结时，这些迦南人宣称他们自己的国王是三角洲东部的统治者，并怀有控制整个古埃及的野心。最强盛时，迦南人控制了包括整个三角洲和尼罗河谷，以及底比斯以南的大片古埃及领土。

△ 对孟图的崇拜
第17王朝国王索贝克姆萨夫二世，在底比斯北部的梅达穆德大规模地修复了底比斯战神孟图的神庙。这幅神庙中的浮雕刻画了正在拜孟图的国王，而国王身旁的是阿蒙。

贝尼·哈桑墓画中的亚细亚人

在三角洲东部的太尔·艾德·达巴（阿瓦利斯）遗址，考古发掘为中王国时代晚期亚细亚人曾在埃及定居生活这一事实提供了有力的证据。当然，来自东方的移民到埃及生活不是一个突发现象，亚细亚人移民埃及的行动贯穿整个中王国时代，是一个逐渐由少到多的过程。右图来自位于贝尼·哈桑的赫努姆霍特普二世的墓葬，图上描绘的场景记录了这一过程。这幅画描绘了一伙来自亚细亚的穿着艳丽的阿姆人，领路的是一位名叫阿布沙的男子。其中一头驴身上驮着的加工金属的工具，表明他们可能是一群四处奔波的修补匠。

一个生活在古埃及的亚细亚家庭

这些迦南国王后来被统称为希克索斯人，"希克索斯"这个词来自古埃及语，意思是"外国土地的统治者"，而这些希克索斯人造就了第15王朝（关于第14王朝的信息极其有限）。与古埃及本土人口相比，希克索斯人的人口可能很少，但他们仍然在古埃及维持了大约一个世纪的统治。希克索斯人以古埃及国王自居，并延续之前古埃及国王的做法，将自己的名字镌刻在纪念碑铭文里的王名圈中，或许这是为了让他们治下的古埃及人相信，他们的国家没有发生太大的变化。萨里梯斯、希安和阿波庇是第15王朝最有名的几位统治者。

库什的崛起

第13王朝的国王们未能遵守第12王朝国王辛努塞尔特三世的训词。辛努塞尔特三世在位于塞姆纳的石碑上宣示了古埃及与努比亚的边界，并警示后人，埃及应该永远维持住与努比亚的边界线。与之相反的是，他们逐渐失去了对下努比亚的控制，更无力面对库什人的入侵。库什人此时已凭借自身实力发展成为一股强大的势力，不断扩大规模的克尔玛（古努比亚最大的考古遗址之一）就证明了这一点。在此基础上，库什人控制了曾由古埃及人掌控的努比亚地区要塞，并宣布自己拥有该地区。古

埃及面临的危机已显而易见，由于库什人想要继续扩张领土，古埃及南部已经面临非常大的危险。

第 16 王朝和第 17 王朝

希克索斯人对古埃及北部的统治导致了第13王朝的终结，随后他们建立了第15王朝。与此同时，第13王朝的真正继承者——第16王朝，以底比斯为中心统治了古埃及南部，这一王朝在六、七十年的时间里先后经历了14位国王。紧随其后的第17王朝由身世不明的拉霍特普国王开创，这一新的底比斯王朝与第16王朝一样，国王更迭也很频繁，不一样的是第17王朝的各位国王明显拥有一个共同的使命：驱逐古埃及土地上的外国统治者，并将国家重新统一在自己的领导下。这一使命在第17王朝终结、新王国时代到来时终于完成了。

> "阿波庇王子在阿瓦利斯，全国都向他致敬。"

第15王朝国王阿波庇与第17王朝国王塞肯内拉之争

△ 希安的圣甲虫形戒指
建立第15王朝的希克索斯国王通过发行小型圣甲虫图章和护身符的方式，来宣示他们在整个埃及大地上的正统性。他们仿效历代古埃及先王，将自己名字的象形文字放在王名圈中，并刻在这些物品之上。

◁ **鸵鸟扇**
这把原本由鸵鸟羽毛装饰的
镀金大扇，是图坦哈蒙墓出
土的众多珍贵王室文物中的
一件，上面的图案是国王乘
着战车猎捕鸵鸟。

4

新王国时代前期

约公元前1550~前1295年

新王国时代前期

古埃及的第 17 王朝和第 18 王朝本是一个由底比斯贵族创立的王朝，有着连贯的传承关系，第 18 王朝的首位国王阿赫摩斯原属第 17 王朝。由于公元前 1550 年，国王阿赫摩斯将希克索斯人从阿瓦利斯（太尔·艾德·达巴）驱逐出去，收复了三角洲东部，结束了第二中间期的政治分裂，实现了国家的再度统一，所以后世将其视为新王国时代前期——第 18 王朝的创始人。第 18 王朝是古埃及历史上一个崭新的开端。

古埃及帝国

阿赫摩斯一世的军事功绩为继任者树立了榜样。继任的国王相继征服了努比亚和黎凡特，将这些领土置于古埃及的直接控制之下。在努比亚，古埃及军队沿尼罗河一路向上游挺进，直到全歼敌人，彻底征服这片土地。古埃及人攫取的这片新领土盛产黄金，给古埃及带来了巨大财富。在黎凡特，古埃及军队征服了北达叙利亚的土地，使他们直面米坦尼王国以及后来的赫梯，从而引发了国家间的冲突。古埃及与米坦尼王国、赫梯之间不断变化的实力对比，主导了新王国时代各个时期的外交关系。

纪念性建筑

第 18 王朝的国王们热衷于颂扬自己包括军事胜利在内的各种成就，以及效仿早期国王建设大型建筑。然而，新王国时代的统治者也有他们自己的想法，特别是关于王陵的形制——他们放弃了金字塔，取而代之的是在帝王谷的岩崖上凿建陵墓，并以巨型神庙的形式修建壮观的纪念建筑。这些神庙有的是对已有神庙的扩建，特别是位于卡纳克的阿蒙－拉建筑群，但很多国王也为自己新建神庙，即葬祭庙。这些纪念性建筑的工程，受到了国王们渴望接近阿蒙－拉（当今古埃及众神之中的主神）这一愿望的驱动，这些工程的集中地底比斯因此成为了最重要的古埃及文明遗址。地位高的古埃及人继续被安葬于装饰华丽的墓葬中，这些墓葬位于底比斯，以及古埃及行政首都孟斐斯附近的萨卡拉。

变革的时代

由于为国王们修筑的纪念性建筑包含了对其成就的广泛总结，所以后人对新王国时代国王的了解，和这一时期国王希望被后世铭记的程度，远超于之前的君主。例如，图特摩斯三世的形象是一位伟大的军事将领；阿蒙霍特普三世的形象是一位统治着古埃及这一超级大国的国王；哈特舍普苏特被描绘为一位成功的女王；埃赫那吞被描绘为一位统治风格独特的宗教改革家。

当然，考古学家也发现了更多类型的物证，这些物证揭示了新王国时代令人瞩目的诸多相关信息，包括阿玛尔纳遗址（古埃及最著名的城市之一）、外交信函、新式随葬品，以及描绘精英阶层奢华生活的绘画和手工艺品。最震撼世人的，是发现于帝王谷的壮观的图坦哈蒙墓。

◁ 图坦哈蒙墓出土的金像

公元前1492年，图特摩斯一世成为首位葬于帝王谷的国王

公元前1458年，图特摩斯三世赢得美吉多战役的胜利，成为唯一的地跨亚非两洲的帝国之君

公元前1550年，阿赫摩斯一世击败希克索斯人，重新统一古埃及

公元前1504年，图特摩斯一世继位，陆续征服从叙利亚到苏丹的领土

公元前1473年，最成功的女王哈特舍普苏特登基

① 叙利亚人进贡马匹

② 位于阿玛尔纳的官邸

③ 位于底比斯的哈特舍普苏特葬祭庙

地图标注

罗德岛
克里特岛
塞浦路斯
地中海
① 阿勒颇
迦基米施
乌加里特
卡叠什
毕布罗斯
美吉多
耶路撒冷
加沙
尼罗河三角洲
太尔·艾德-达巴
下埃及
孟斐斯
苏伊士湾
塞拉比特·哈迪姆
锡瓦绿洲
巴哈利亚绿洲
东部沙漠
法拉法拉绿洲
西部沙漠
阿玛尔纳 ②
尼罗河
阿拉伯沙漠
上埃及
底比斯 ③
达赫拉绿洲
哈尔加绿洲
红海
阿斯旺
第一瀑布
阿尼巴
布亨
塞姆纳
第二瀑布
西阿马拉
索列布/塞定戈
塞瑟比
第三瀑布
克尔玛
尼罗河
库尔古斯
格贝尔·巴卡尔
第四瀑布
第五瀑布

新王国时代前期

这一时期，古埃及与非洲东北部、亚洲西南部和地中海东部地区拥有广泛的国际贸易往来。

北
0   200 千米
0   200 英里

驱逐希克索斯人

古埃及重获统一

只有击败希克索斯统治者，并夺取希克索斯人建立的首都阿瓦利斯，古埃及才能重获国家统一，将埃及置于一位埃及国王的统治之下 。这场战争影响了新王国时代古埃及人的世界观。

△ 卡莫斯匕首

在与希克索斯人的战斗中，这种形状独特的匕首深受古埃及高级将领的珍视。这把匕首是在第17王朝国王卡莫斯的木乃伊身上发现的。

在第二中间期，底比斯政权自称代表古埃及王室，后被称为第17王朝。他们持续不断地与希克索斯人和库什人作战，面对试图瓜分埃及的外国势力，底比斯政权是唯一能够有效抵抗外国势力的政权。第17王朝最后一位国王卡莫斯所立的石碑上清晰地描述了当时古埃及的状况。在描述对抗希克索斯人的战争时，卡莫斯指出他自己"与亚细亚人和努比亚人（即希克索斯人和库什人）坐在一起三分天下。每个人参与划分土地，占有埃及的一部分，各主一方"。这场军事斗争旷日持久、艰苦卓绝、时断时续，影响了数代人。

伊巴纳之子阿赫摩斯

此处的阿赫摩斯不是国王阿赫摩斯一世，而是与国王同名的一位职业军人。虽然一般来说在私人的墓葬中描绘战争的场景并不是合适的做法，但阿赫摩斯的墓葬铭文中，却毫不掩饰地称颂这位士兵从军的生涯。阿赫摩斯之墓位于卡布镇，墓葬整面墙上的绘画和铭文反映了他毕生战斗的荣耀，大量内容讲述了他和希克索斯人、努比亚人、埃及叛军等前后几任敌对势力作战。他的成功为他带来了王室的恩赏和战利品。这不仅使他的家庭变得富有，而且使他能够拥有一座巨大的私人墓葬，他戎马一生的成就通过墓葬墙壁上的记录得以名垂千古。

▷ 阿赫摩斯一世战斧

这把仪式用的金斧是阿霍特普王后墓的诸多随葬品中，最引人注目的一件文物。这是王后庆祝她的儿子阿赫摩斯一世胜利的纪念物。

狮身人面形象的阿赫摩斯一世

关于这一点，最具说服力且最为可怕的证据之一，是卡莫斯前任国王塞肯内拉·泰奥二世的尸骨。他的头骨上有很多洞，看起来像是希克索斯人用战斧砍的。卡莫斯本人也没能活着看到对希克索斯人的最终胜利。卡莫斯石碑描述了底比斯政权采用的对敌策略之一，即通过夺取对西部沙漠绿洲的控制权，阻断希克索斯人与库什人的联系，从而使他们无法有效协同起来，夹击位于两者中间的底比斯。

军人阿赫摩斯

有关底比斯政权最终战胜希克索斯人和努比亚人的重要证据并非来自王室纪

"在围困阿瓦利斯的战役中，我在国王陛下面前徒步作战。"

阿赫摩斯于希克索斯王国首都阿瓦利斯

念建筑，而是源自阿赫摩斯私人墓葬的墓志铭。阿赫摩斯是伊巴纳之子，生活在底比斯南部的卡布镇，是一位生活在军争激烈时期的职业军人。伊巴纳曾在第 17 王朝国王塞肯内拉·泰奥二世手下服役，阿赫摩斯追随他父亲的脚步，先后在第 18 王朝阿赫摩斯一世、阿蒙霍特普一世和图特摩斯一世 3 位国王麾下效力。在战争中，阿赫摩斯变得富裕起来，他退役后最终回到卡布镇，他的孙子在这里为他建造了大墓，其中的墓志铭记述了他的一步步晋升的过程，和几代国王赐予他恩荣的过程。

阿赫摩斯先是当了一名水手，在尼罗河上一艘名为"野牛号"的战船上服役。墓志铭也提到他曾徒步作战，特别是"在国王驾着战车四处征战时"追随国王左右。这表明底比斯军队为了战胜立足久稳且强大的敌人，使用了新型军事装备（第二中间期战车才首次在古埃及使用）以及水陆联合作战的战法。

古埃及重获统一

底比斯政权设法将希克索斯人从他们控制的中埃及地区向北驱赶。之后成功包围并夺取了希克索斯人的首都阿瓦利斯，将古埃及从外国占领中解放出来。

成功驱逐希克索斯人产生了以下几个重要影响：获胜的底比斯政权真正统一了古埃及，由此开创了一个崭新的王朝——第 18 王朝，这个王朝持续了250 多年。从王朝建立之初，统治者就没有止步于将外国人驱逐出埃及，而是希望继续扩大战果，通过持续的军事行动，建立一个能够控制广阔领土的帝国。

"天空之主"荷鲁斯的翅膀

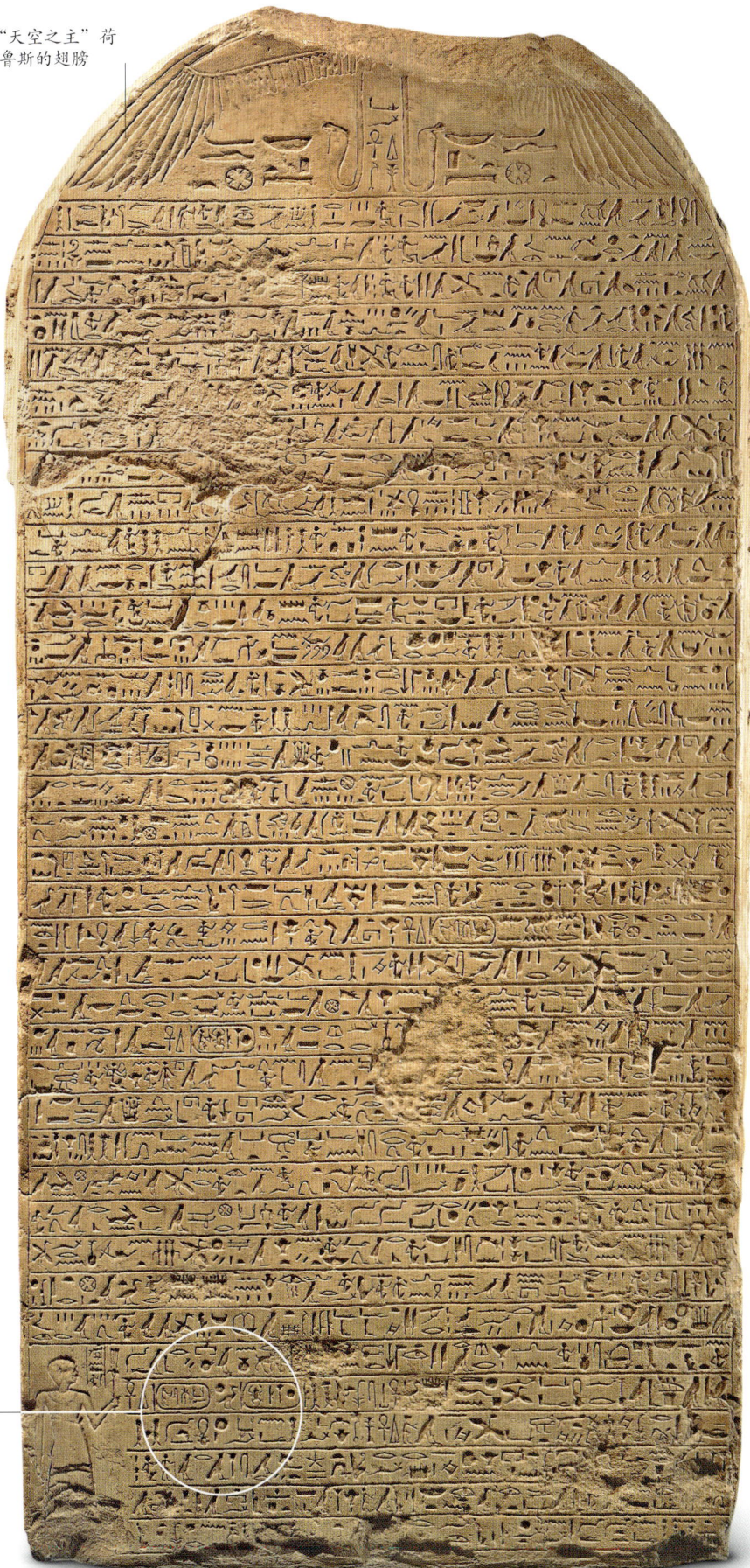

▷ **卡莫斯石碑**
这是第 17 王朝最后一位国王卡莫斯在卡纳克竖立的两块石碑之一，碑文描述了卡莫斯在短暂的执政期间对希克索斯人作战的细节。

在这个王名圈中，国王自称"勇者卡莫斯"

武器与战争

古埃及的军事装备

在第二中间期以前，古埃及军队的军事装备相对简易。装备的更新源于实践的需要，与希克索斯人、米坦尼人和赫梯人这些危险之敌的正面交锋，促使军队开始使用战车，以及更为先进而锋利的剑、斧等装备。

水晶石制的匕首柄

带青铜饰钉的木柄

▽ 匕首的金鞘
古埃及的武器，尤其是王室御用武器，多采用昂贵的材质加以装饰。这件图坦哈蒙御用铁匕首就有一件雕琢精美的刀鞘。

▷ 青铜匕首
这种带有独特手柄的匕首，是第二中间期和新王国时代前期的典型兵器。这件匕首应是高级军官的佩刀。

刀身中央部分加厚的青铜刀片

△ 仪式的盾牌
同很多军事国家一样，古埃及人制造的有些军用器物不用于战场，只用于阅兵和展示。这面仪式用的盾牌将图坦哈蒙刻画为正在蹂躏努比亚敌人的狮身人面形象。

◁ 箭头
古埃及军队在战场上主要依靠弓箭杀伤敌军。箭杆通常由芦苇制成，箭头大多由燧石、骨、木制成，少数由金属制成。

◁ 图坦哈蒙御用铁制匕首
尽管刀柄十分精致夺目，但在古埃及人看来，更为罕见的是由铁制成的刀片，因为当时铁比黄金更为稀有。

△ 尤亚的战车
新王国时代的精锐战车兵团驾乘这种由两匹马牵引的轻快战车作战。这架战车十分少见，它属于军官尤亚，而尤亚是王后泰伊（第18王朝阿蒙霍特普三世的王后）的父亲。

连接战车和战马的单辕

▽ 克赫帕什镰形刀
克赫帕什镰形刀是一种在近东地区广泛使用的武器。这种兵器在新王国时代受到古埃及国王的青睐。

由一整块青铜制成的刀身和刀柄

绘制着牛皮图案的盾牌

▽ 金蝇护身符

古埃及人会被授予一些珠宝作为军功章，称为"勇者之金"。这类珠宝可能包括这些金蝇护身符。

▷ 单体弓

弓箭手是古埃及军队的重要组成部分。大多数弓，尤其是供步兵弓箭手（非战车弓箭手）使用的弓，都是这种由一整块木头制成的单体弓。

苍蝇的象征意义尚不清晰，可能与战争有关

◁ 矛与盾的模型

这组模型展示了中王国时代的典型武器——矛与盾，其中巨大的圆顶盾牌用牛皮制成。

牛皮制矛筒

用绑带固定斧柄上的斧头

固定斧柄的插槽

△ "鸭嘴"战斧

这件战斧因其外形而得名。这种希克索斯战斧起源于今叙利亚、巴勒斯坦地区，比古埃及的战斧杀伤力更大。

双人战车：一人驾驶，一人作战

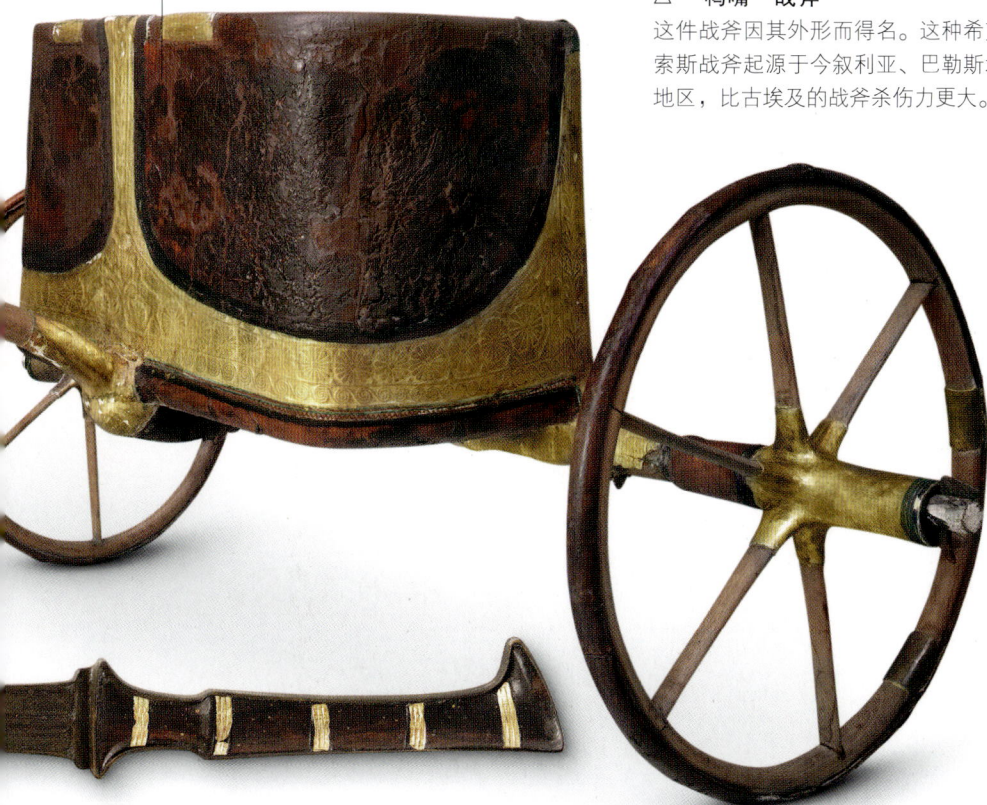

▷ 中王国时代战斧

这件战斧是在新王国时代之前，古埃及武器装备工艺相对简单的一个实例。这种战斧的斧柄上有很长的刃，但无法用很大的力量挥舞。

◁ 新王国时代的战斧

这种战斧是对早期战斧的一大改进，其形状、重量和弯曲的刃使它成为战场上的利器，可以被有力地挥舞，有效发挥自身的力量。

战火中的王族

第17王朝和第18王朝的国王和王后

在第17王朝末期和第18王朝初期，古埃及由同一个王室家族统治。这个王族不仅产生了重新统一古埃及的勇士国王，还造就了古埃及历史上最杰出的女性。

第17王朝末期和第18王朝初期，女性成为王族实现重新统一以及进行国家治理的重要资本之一。王室女性的形象在这一时期的纪念建筑上占据显著位置，这种倾向反映了她们的地位与影响。在此之前，古埃及的王室女性一直身处幕后，但现在她们所做的不仅是支持自己的丈夫和儿子，还成了站在他们身边的重要政治人物。她们认真扮演女神伊西斯的角色，支持着自己的奥西里斯、荷鲁斯，特别是在国家战火频仍、连国王也时刻面临凶险的时刻，她们维系着政权和王室的延续。

乱世中的王位继承

塞肯内拉·泰奥一世的妻子泰提舍丽王后，被后世公认为这个王室家族的伟大女族长。她不仅是下任国王塞肯内拉·泰奥二世及

◁ 泰提舍丽石碑

国王阿赫摩斯一世在阿拜多斯为泰提舍丽专门建造了一处葬祭庙建筑群。这块石碑竖立在这处葬祭庙建筑群中，记录了阿赫摩斯一世向"他母亲的母亲，他父亲的母亲"——泰提舍丽的献祭。

其王后阿霍特普的生身之母，可能还是卡莫斯国王的母亲。

塞肯内拉·泰奥二世与王后阿霍特普、两位王妃（阿霍特普的姐妹）共育有10或11个孩子，但他的突然战死一度导致继承危机。因为尽管塞肯内拉·泰奥二世有很多儿子，但是当时身为王位第一顺位继承人的阿赫摩斯一世年纪尚幼，无法担当乱世之君的重任。从现有的历史信息来看，王位似乎是传给了卡莫斯，而卡莫斯可能是阿赫摩斯一世的叔叔。直到3年后卡莫斯去世，王位才传给了阿赫摩斯一世。阿赫摩斯一世遵循家族传统，娶了自己的一个姐妹，阿赫摩斯-尼斐尔泰丽为妻。

强势的女性

阿赫摩斯一世尤为敬重家族中的女性成员。他在阿拜多斯为他的祖母（也是外祖母）泰提舍丽修建了一座陵墓，并在这处陵墓中的一块石碑上提到，这是他在底比斯之外为这位女强人修建的另一处陵墓。在阿赫摩斯一世在位的第18年，他在卡纳克竖立了一块石碑，颂扬他的母亲阿霍特普是掌握底比斯大军、驱逐叛军和平定上埃及的人。阿霍特普在这一过程中所做的事情，对于一个王后来说是非常之时的不凡之举，不仅展现了她坚强的天性，也表明了王室女性在对抗希克索斯人时发挥的重要作用（详见第142~143页）。

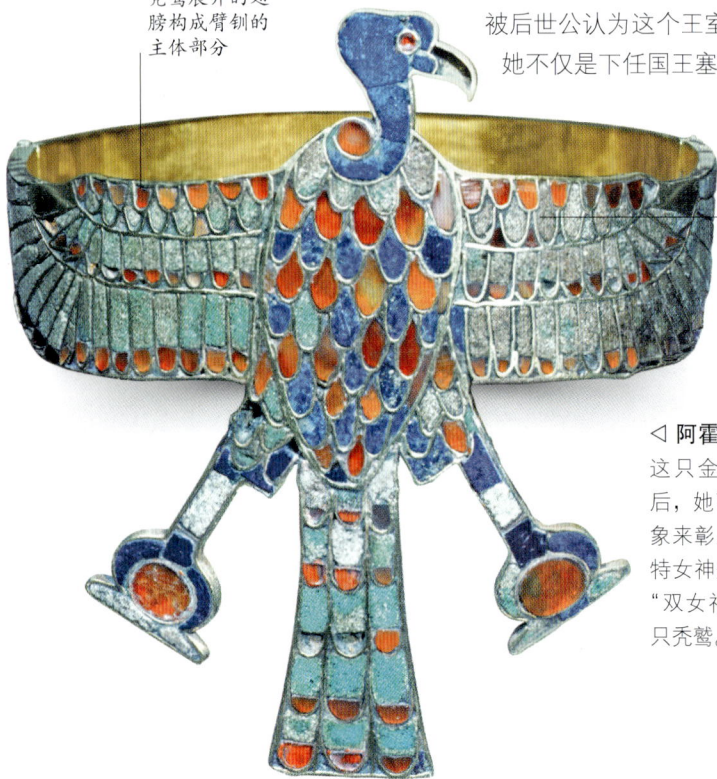

秃鹫展开的翅膀构成臂钏的主体部分

黄金上面镶嵌着青金石、绿松石和玛瑙

◁ 阿霍特普臂钏

这只金臂钏属于阿霍特普王后，她引用奈赫贝特女神的形象来彰显自己的权威。奈赫贝特女神是象征着上、下埃及的"双女神"之一，被刻画为一只秃鹫。

阿赫摩斯一世和阿赫摩斯－尼斐尔泰丽共有 7 个孩子，其中包括后来继位的阿蒙霍特普一世，及其英年早逝的妻子梅里塔门。在阿蒙霍特普一世的纪念建筑上，阿蒙霍特普一世经常与他的母亲并肩出现，虽然当时他的母亲仍是朝堂之上令人敬畏的人物。阿蒙霍特普一世没有再婚，而且他去世时没有继承人，王位传给了一位名叫图特摩斯的军事首领，这位后来被称为图特摩斯一世的国王身世有待研究。

图特摩斯一世可能是阿蒙霍特普一世信任的朝臣之一，可能还是塞肯内拉·泰奥二世的孙辈亲属之一。不论出身如何，图特摩斯一世通过与阿蒙霍特普一世的另一位姐妹，穆特诺弗雷特的婚姻，获得了第 18 王朝王室家族成员的身份。

王后和女神：阿赫摩斯－尼斐尔泰丽

阿赫摩斯－尼斐尔泰丽王后的形象，在拉美西斯时期的许多艺术作品中频繁出现。她被奉为底比斯的地方神，同儿子阿蒙霍特普一世一道被视作底比斯墓地的保护神，广受崇拜。这可能是因为底比斯在新王国时代早期成为了王室墓地的选址。在代尔·麦地那，人们对女神阿赫摩斯－尼斐尔泰丽的崇拜最为明显，崇拜程度几乎超过其他任何地方，她的形象经常出现在民间崇拜的石碑上，同时出现在底比斯私人墓画里，如下图中基内布之墓的壁画。基内布是一位生活在第 20 王朝国王拉美西斯八世时期的祭司，这说明人们对女神阿赫摩斯－尼斐尔泰丽的崇拜在其身后至少延续了 4 个世纪。

王名圈中阿赫摩斯－尼斐尔泰丽的名字

伟大的王后佩戴的秃鹫头饰

绘有阿赫摩斯－尼斐尔泰丽的墓画

◁ **阿霍特普王后金棺**
1858 年，奥古斯特·马里埃特在底比斯的德拉·阿布·纳加公墓发现了第 17 王朝阿霍特普王后的墓，墓中随葬了包括这副金棺在内的大量物品。

△ **拉莫斯和梅里普塔**

在第18王朝晚期负责养马的官员拉莫斯的墓葬里,有一部浮雕作品的杰作。浮雕真实再现了这一时期精英男女的装扮——梳着精致的发型、戴着精美的珠宝,以及画着浓重的眼部妆容。

梅里普塔手持莲花

当时男女佩戴宽大的串珠领饰

发型和化妆品

保持青春靓丽

墓室墙壁上的男女形象，以及墓内随葬的一系列美容产品和配饰，都表明梳妆打扮对古埃及男女来说非常重要。

古埃及的精英阶层不仅通常被描绘为青春靓丽、身体健康的形象，以他们为主题的塑像和绘画也着重表现了古埃及各个时期最引领风尚的发型。在古埃及炎热的气候条件下，大多数男性都将自己的头发剪得很短，因此他们在雕像和绘画中展现的发型很多可能是假发。对于头发短但又希望拥有精致时尚、厚重浓密的发型的人来说，假发也许是调和两者矛盾的最佳方案。

发型的变迁

通过古埃及的艺术作品，我们得以一窥古埃及的发型在不同历史时期的变化。在古王国时代，女性倾向于留齐肩或更长的头发，在此基础上流行的修饰方法是将假发梳成3部分：一部分垂在女性的背后，另外两部分垂在肩头两侧。到了中王国时代，女性流行浓密的卷发；而在新王国时代，又长又直的假发更受欢迎。后期埃及时代的墓葬中发现的假发通常尺寸非常大，它们会将除了面部的整个头部完全遮盖住，并一直垂到肩膀。

在第18王朝晚期和拉美西斯时期，上层社会的男女喜欢留长发。男性的波浪卷发垂过肩膀，女性的头发则更长。但这只是一种主流趋势，不同时期的发型都有相当大的创新和变化。

梳洗和化妆用品

古埃及人使用的香水，不是现代意义上与酒精混合的精油，而是混合了莲花、指甲花等芬芳花香的一系列油脂。他们也会使用乳香和没药充当香水（产自索马里、埃塞俄比亚、阿拉伯半岛南部等地的芳香液状树脂）。

古埃及的男女都化妆，最为常见的是眼妆，古埃及人认为眼妆对眼睛有好处。眼影是最流行的一类化妆品，通常由方铅矿（铅）或孔雀石（铜）制成。古埃及墓葬中大量出土的装有眼影的小罐，以及墓画中醒目的深色勾勒轮廓的双眼，都证明了这一点。

有关古埃及其他种类化妆品的文献、文物证据较少，但至少在一些文献中，可以看到涂着口红的女性形象。

△ 铜镜
古埃及的镜子通常是经过简单抛光而成的铜制（偶尔也有银制）金属圆盘，可以很好地反射出人像。镜子的把手通常是女性或女神的形象。

◁ 泰伊王后的眼影粉管
眼周使用的深色眼影，被保存在各种容器中。带有粉刷的长管十分流行，如这件刻有第18王朝王后泰伊之名的装饰精美的粉管。

◁ 豪华梳子
墓葬中经常发现发饰和造型工具。许多梳子都装饰有取自自然界的图案，比如这把梳子上饰有一只熟睡的瞪羚。

帝国缔造者

尼罗河和幼发拉底河上的勇士国王

在新王国时代前期，古埃及征服了黎凡特和努比亚的大片土地。这在很大程度上折射出古埃及在第二中间期被外国占领一事给统治者们带来的不安全感。

阿赫摩斯一世在登基后对希克索斯人的驱逐，以及将古埃及重新统一，标志着第18王朝和新王国时代的到来，开启了古埃及历史新阶段。新王国时代产生了许多的创新，比如在帝王谷开辟新的王室墓地。而其他的一些改变，则对埃及自身及其邻国产生了更广泛的影响。

勇士国王

自那尔迈以来，强大的军事实力一直被视为王权的关键属性。消灭外敌、平定内乱，是"玛阿特"（古埃及有关秩序、真理和正义的概念，与一位女神的名字相同）或宇宙秩序的一个重要方面，国王需要为了众神、他自己以及古埃及的安全而通过军事手段维持这种秩序、真理与正义。

然而，在古王国时代军事活动的规模似乎并不大。虽然艺术作品中经常展现国王进攻敌军的场景，但事实却大相径庭。那时的古埃及既没有常备军，

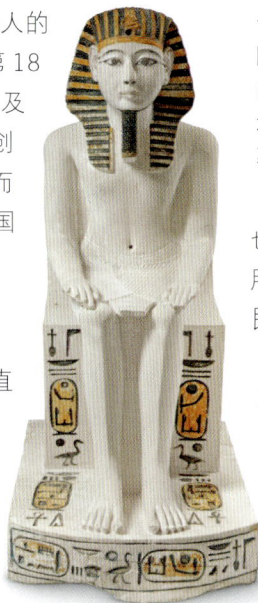

◁ 阿蒙霍特普一世雕像

阿蒙霍特普一世成功地继承了阿赫摩斯一世的帝国缔造计划。这尊雕像发现于代尔·麦地那王室墓地，阿蒙霍特普一世是建造此处墓地的工人们的庇护神。

也没有职业军官这一阶层。当偶尔需要动用军队或执行讨伐行动时，军人都是从平民中临时征召的。

这种情况在中王国时代发生了变化。对努比亚的征服和戍守、维护南部边境的堡垒的需求使古埃及出现职业军人成为必然，于是出现了像士兵库索贝克（详见第123页）这样的人。但相较于古埃及的人口总数，职业军人所占比例很小，而且社会上层的人不太可能追求军旅生涯。

相比之下，新王国时代的古埃及更加追求强大的武力。新王国时代前期抵御强劲外敌，以及大规模征讨四方的需求，使得古埃及有必要组建一支成规模的正规军队。大量古埃及人被强制要求服兵役，职业军官的地位上升到与祭司和官吏同等的水平。

在这个全新的军事化国家中，国王自身扮演着主导的角色，不仅仍在艺术作品中保持着攻击敌军的姿态，而且还使用了战车等最新的军事装备。象征王室的标志，除了红、白王冠以外，还加入了以军用头盔为原型的"蓝色王冠"。

帝国之基

对阿赫摩斯一世及其继任者来说，攻克阿瓦利斯虽然很重要，但并不意味着对希克索斯人战争的结束。阿瓦利斯被攻克后，阿赫摩斯一世立即组织了对沙鲁亨长达3年的围攻。沙鲁亨位于巴勒斯坦

克尔玛城

克尔玛城是库什王国最重要的中心城市，曾经被定为第二中间期一些强大地方政权的首都。库什人没有文字，因此无人知晓那些地方政权统治者的名字。克尔玛遗迹中的仪式性建筑所具有的高大泥砖结构，现被称为"西德福法"，其用途尚不可知。在此处遗址还发现了一个高等级墓地，墓地中建有特大土墩墓，墓主的仆人以人殉的方式与墓主一起葬在其中。

地区南部，远超古埃及的传统边界。很显然，阿赫摩斯一世是要对这一区域所有的迦南人实施打击，而不仅限于那些曾侵占古埃及领土的迦南人。

古埃及在新王国时代建立庞大帝国的原因尚不清楚，可能是基于国家安全的基本国策。因此古埃及军队不仅要打垮盘踞于境内的希克索斯人，还要让所有迦南人承受灭顶之灾，以防其死灰复燃；而

一旦征服迦南人，继而就要占领其领土，对努比亚亦是如此。阿赫摩斯一世、阿蒙霍特普一世和图特摩斯一世在位期间，库什王国就一直是古埃及的心头大患，消灭库什王国是古埃及的头等战略目标。然而，直到哈特舍普苏特女王和图特摩斯三世统治时期，上、下努比亚才被古埃及牢牢掌控。

为国王的雕像遮阳

向国王的雕像敬香

◁ **图特摩斯一世雕像崇拜**
图特摩斯一世对古埃及疆域的拓展远超任何一位国王。他的征服之地以两块界碑作为标志，一块在幼发拉底河畔的迦基米施（今土耳其和叙利亚边境）的幼发拉底河畔，另一块则位于距此2000千米以外的上努比亚（今苏丹）库尔古斯。

载着国王雕像的滑橇

哈特舍普苏特

成为国王的王后

哈特舍普苏特不仅是古埃及历史上罕见的女王，而且是历代最杰出的君主之一。她在统治期内巩固了古埃及的王权，并建造了很多重要的纪念性建筑。

大约在公元前 1492 年，图特摩斯一世去世。他的继任者本应是他与穆特诺弗雷特王后的儿子——阿蒙摩斯或瓦杰摩斯，但他们都在父亲去世之前就已辞世。于是古埃及的王位被传给了他们的弟弟，即后来的图特摩斯二世。遵照王朝先例，图特摩斯二世迎娶了同父异母的姐姐哈特舍普苏特。在纪念建筑上，哈特舍普苏特以与王后身份相配的姿势站在图特摩斯二世身后。图特摩斯二世和哈特舍普苏特这对夫妇生育了一个女儿，名叫尼斐鲁拉。图特摩斯二世和一位王妃还生育了一个儿子，名叫图特摩斯，即后来的图特摩斯三世。图特摩斯二世的在位年数尚无定论，但时间似乎很短，所以他的功绩甚微。

继任

图特摩斯二世过世后，王位传给了他的男性继承人——图特摩斯三世。新国王似乎还太年轻，无法独掌朝纲，因此他的姑母（也是继母）哈特舍普苏特成为摄政者，代其统治国家直到他长大后可以亲政。这件事在当时再正常不过，他们的家族已经出现过几位这种支持自己丈夫和儿子的强大女性。不同寻常的是，图特摩斯三世在位的第 7 年，哈特

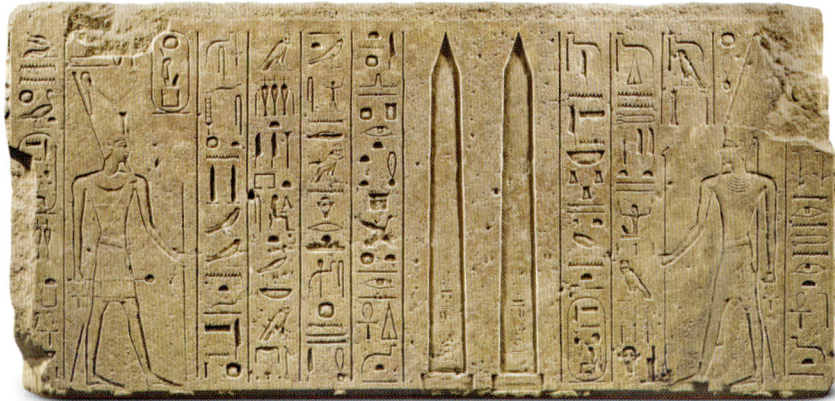

△ **男性形象和狮身人面形象的哈特舍普苏特**
这两尊雕像分别以强壮的男性国王形象和孔武有力的斯芬克斯形象塑造了哈特舍普苏特。哈特舍普苏特下令制作这类雕像，是为了使自己的形象符合王室传统，并表明自己是当之无愧的国王。

舍普苏特开始自称国王，并自封王名为"玛阿特卡拉"，将其写在王名圈中。

在古埃及，女性称王的先例下场并不太好，尤其是第 12 王朝末期的索布克尼弗鲁女王，在位时间就很短。哈特舍普苏特则与之不同，她扮演了一种完全符合男性君主传统的国王角色。因此，在王室的纪念建筑中，她越来越多地被描绘成一个传统的、身体健康的男性国王形象。

来自"父亲"的正统性

哈特舍普苏特为了强调她作为国王的正统性，不断强化她作为图特摩斯一世女儿的身份，同时强调阿蒙－拉神也是自己的父亲。图特摩斯一世曾是

▽ **献给阿蒙－拉神的方尖碑**
这块刻石出自位于卡纳克的红色小祭堂，刻石上的哈特舍普苏特（左侧）把竖立在卡纳克的两座巨型花岗岩方尖碑献给阿蒙－拉神（右侧）。

一位强大的国王，哈特舍普苏特利用他的权威来巩固自己的王位。在她位于代尔·巴哈里的葬祭庙的壁画中，她被图特摩斯一世以王位继承人的身份带到宫廷，出席登基典礼，而图特摩斯二世在这一过程中的角色完全没有提及。壁画中的其他场景则描绘了她称为"父亲"的阿蒙－拉神，这位神灵不仅是她作为国王名义上的父亲（古埃及国王自诩为众神之"子"），也是她现实生活中的父亲。这两位父亲共同出现在代尔·巴哈里壁画描绘的"神圣诞生"场景中，阿蒙－拉神出现在图特摩斯一世的身边，令图特摩斯一世的王后阿赫摩斯怀上了哈特舍普苏特。这一绝妙的神话，为哈特舍普苏特称王提供了既神圣又符合王朝法统的正统性。

哈特舍普苏特在卡纳克的工程

哈特舍普苏特对阿蒙－拉神的忠诚还表现在其他方面。哈特舍普苏特很重视继续推进她的父亲在卡纳克兴建的工程，并开展了两个重大项目：一个是在卡纳克采石、运输和建造一系列巨型花岗岩方尖碑，这些方尖碑的铭文阐明了建造方尖碑的目的是纪念阿蒙－拉神；另一个是在卡纳克的中心用红色石英岩和黑色玄武岩建造一座现被称为红色小祭堂的神殿，这座神殿中供奉有阿蒙－拉的神像。

这些纪念建筑意在宣扬哈特舍普苏特与阿蒙－拉神的密切关系。她自己雕像上的以下这段铭文阐明了这一点："父亲给予我的，是生命、稳定，以及与拉神一样永恒的荷鲁斯王位。"

额头上戴的乌赖乌斯（代表王室的圣蛇）已损

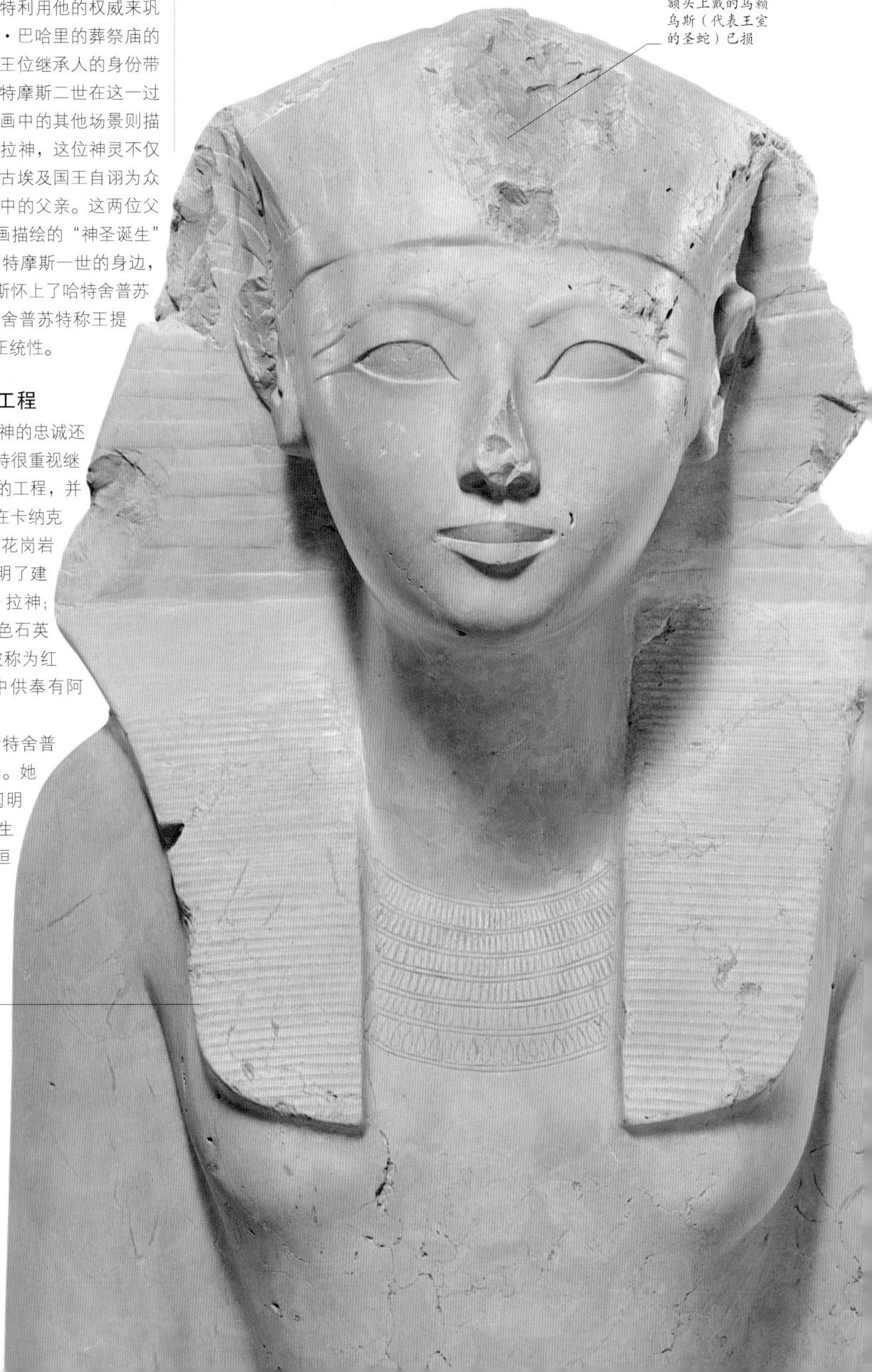

条纹图案的尼姆斯头巾

▷ 女王
这尊雕像出自位于代尔·巴哈里的哈特舍普苏特葬祭庙，是表明她国王身份的多个雕像之一，但独特之处是雕像具有女性的特征。哈特舍普苏特的女王身份，通过她戴的条纹图案的尼姆斯头巾和宝座上的王室头衔加以体现。

童年

古埃及的儿童与家庭

关于古埃及儿童的一切信息，都源自成人创作的文学和艺术作品。虽然很难一概而论，但这些作品足以表明，古埃及人十分珍爱自己的孩子。

古埃及的宗教教义和格言谚语中经常强调家庭在社会中的重要性。作为学校课本的《安尼教谕》，建议男生"趁年轻娶妻，让她给你生个儿子；她应该在你年轻时为你生育"。

虽然孩子在古埃及的农业社会中，无疑被视为一种社会经济资产（劳动力），但大量证据表明，这丝毫不影响家庭内部建立起深厚的情感纽带。这在一定程度上可能是因为古埃及人意识到孩子（特别是新生儿）十分脆弱，他们太容易生病和死亡。《安尼教谕》讲道："当死神来临时，他会把母亲怀抱里的婴儿带走，就像对待年迈的人一样。"因此，绝大多数护佑魔法保护的对象是孕妇和婴儿（见第120~121页）。

长大与成才

大多数古埃及人的儿子都继续从事着父辈的职业，无论他们的父亲是农民还是国王。同样，女孩们也被期望追随母亲的脚步，长大后承担家务。

为数不多的能上学的孩子，是精英阶层、有文化的官员和书吏的儿子。在学校里，他们以富有想象力的故事、行政文书或《安尼教谕》等智慧（宗教）文学为范本，学习如何阅读与写作。这些范本不仅帮助他们提升写作能力，还教导他们如何

▽ 塞奈布的孩子
这尊雕像之所以出名，一方面是因为它所刻画的塞奈布是古王国时代一位地位很高的侏儒；另一方面是因为它塑造了塞奈布的妻儿。妻子与他相依，两个年幼的孩子则站在他腿下，这种场景可能成了传统家庭雕像的常规样式。

◁ 争吵的女孩
这幅绘制于新王国时代的墓壁小插画展现了孩子间的嬉闹。大人们的农忙收割与两个女孩间的争吵相映成趣。

做人。如果一个男孩在学校里成绩优异，他就会成为父母为之骄傲的优秀青年，对于父亲来说尤其如此。根据《普塔霍特普教谕》，父亲应该用心养育自己杰出而正直的儿子，要"为他做每一件对他好的事，因为他是延续你一切的亲生儿子，不要停止对他的爱"。

艺术作品中的家庭

古埃及人创作的艺术作品经常展现出对儿童的特殊关注。艺术作品中的孩子通常赤身裸体，有时留着独特的年轻人发型——"侧发辫"，也许还会把手指含在嘴里。家庭是雕像和墓壁画常见的创作题材，此类题材的艺术作品会标明每个家庭成员的身份，常常营造一种其乐融融的家庭氛围。

▷ 喂食杯
这件独特的喂食杯由蓝色费昂斯制成，杯上装饰着守护神的图案。这些喂食杯上刻画的守护神，意在护佑使用杯子的儿童的健康。

▽ 殷赫尔考和他的家人

在工匠殷赫尔考位于代尔·麦地那的墓室壁画中，他被长幼几代的家人环绕着。他看起来特别喜欢他膝下的 3 个孙子孙女。

典型的儿童专属发型

文字注明这个女孩是殷赫尔考的孙女

哈特舍普苏特神庙

一座基于历史和神话传说建造的纪念建筑

位于代尔·巴哈里的哈特舍普苏特葬祭庙，是这位女王留给后世的主要建筑。神庙中有关女王的铭文与浮雕融合了历史与神话传说，既彰显了女王的成就，更反复强调了她与众神，特别是与阿蒙-拉神的关系。

在位 15 年间，哈特舍普苏特取得了令人瞩目的成就，而其中最了不起的一项，莫过于作为一位女性君主能够掌权如此之久。与之前的索布克尼弗鲁和之后的特沃丝拉等女性君主不同，哈特舍普苏特不是末代国王，而是第 18 王朝的中兴之主。她担心图特摩斯三世这位"合法"的国王随着年龄增长，总有一天会取代她而独揽大权。这件事曾长期困扰她。她的短期解决方案是利用古埃及可以允许年长与年轻的统治者共同治理国家的政治传统，在她自己的纪念建筑（特别是在卡纳克的纪念建筑）中将自己描绘为与继子一同执政的共治君王。

她深知，没有朝廷重臣的忠实支持，就无法实现真正意义上的朝纲独断。在支持女王的重臣中，最突出的是塞奈穆特，他的头衔虽只是"阿蒙神仓廪的监督者"，但却是朝廷上下举足轻重的关键人物。他的雕像被塑造成哈特舍普苏特女王的忠实仆人，还被描绘为尼斐鲁拉公主的老师，这使得他受到的荣宠被进一步加强。他很可能也作为工程监督参与了在代尔·巴哈里建造哈特舍普苏特神庙的工程。这座宏伟的神庙被称为"至圣之所"，是哈特舍普苏特统治时期最重要的建筑。

位于代尔·巴哈里的神庙

哈特舍普苏特神庙的选址虽然非同寻常，但绝非独一无二，这座神庙依临第 11 王朝孟图霍特普二世的陵寝而建，一定有其特殊的深意。高大的"至圣之所"修建在底比斯山脚下的一级级高台上，是古埃及国王建造的最美的建筑之一。这座建筑包括一座供奉她父亲图特摩斯一世的小祭堂，以及将哈特舍普苏特与两位神，即奥西里斯和拉神联系起来的小祭堂。在她去世后，人们将在这里祭拜她，并通过这座神庙来证明她王权永恒的合法性。

位于最高层的中央神殿是这座神庙最重要的部分，其核心功能是安放驳船，这艘驳船在"美丽河谷节"期间将从卡纳克出发，载着阿蒙－拉神的雕像一路抵达位于尼罗河西岸的神庙。神庙高台的墙壁上描绘的是哈特舍普苏特女王人生中的高光时刻，包括她神圣的诞生、方尖碑运抵卡纳克，以及对蓬特地区的探索。

蓬特之地

没有人知道蓬特的确切位置，我们只知道此地位于古埃及的南方，且必须通过海路才能到达。蓬特可能位于今日的厄立特里亚、索马里，甚至阿拉伯西南部。蓬特因其盛产熏香而著名，而香料在古埃及宗教仪式中至关重要。

之前的古埃及的国王也曾派遣探险队前往蓬特，

△ 塞奈穆特和尼斐鲁拉公主

塞奈穆特拥有大量用昂贵石材制成的雕像。石材可能是哈特舍普苏特赐予他的礼物，使他可以借此展示自己与女王和女王女儿的亲密关系。

来自蓬特的沉香树

哈特舍普苏特在代尔·巴哈里的神庙的墙壁上，通过一系列生动的浮雕描述她探险和远征蓬特的过程。墙壁和浮雕上描绘的罕见动物和植物、长相古怪的当地人及架空的房子都展现出蓬特的奇特之处。这些绘画和雕刻作品中最重要的是沉香树，它们被精心装裹、放在篮中，等待船载以归。

但是蓬特的探险对哈特舍普苏特来说更为重要。因为哈特舍普苏特的探险队带回古埃及的香料，以及出产香料的树木是专供宗教仪式使用的。女王特别将其用在祭祀阿蒙－拉神的仪式上，这成了她与神圣"父亲"关系密切的又一力证。

死亡、下葬与遗产

哈特舍普苏特被葬于帝王谷，一条长长的、毫无装饰的弯曲走廊通向她的墓室。她显然有意要下葬在图特摩斯一世旁的成对石棺里，并已事先做了准备。然而，图特摩斯三世似乎对这位长期阻挠他执掌王权的女人怀恨在心，他将图特摩斯一世的遗体从王陵中移出，另葬他处；将哈特舍普苏特的雕像和她神庙墙壁上有关她的画像毁损。这些破坏行为通常被认为出自图特摩斯三世统治后期的命令，目的是试图磨灭哈特舍普苏特的功业与影响。

△ 代尔·巴哈里

哈特舍普苏特葬祭庙位于底比斯的西岸，矗立在一级级优雅的高台之上。葬祭庙内部的空间则凿建于底比斯山中。

> "我已遵照他的吩咐，为他在底比斯的花园打造了一个蓬特。"

哈特舍普苏特为阿蒙－拉神种植沉香树的描述

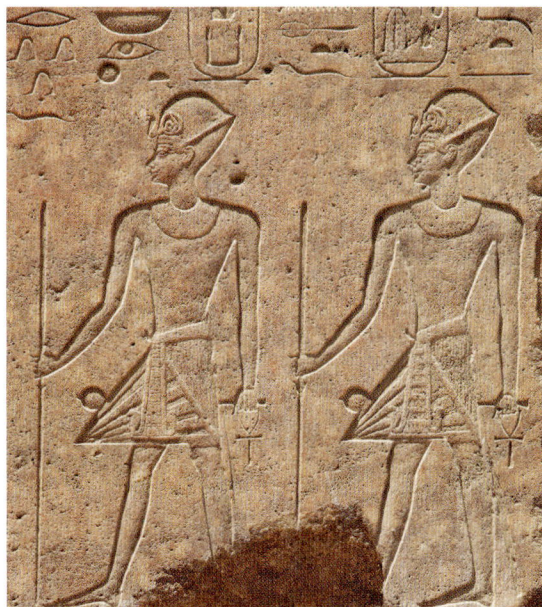

◁ 哈特舍普苏特和图特摩斯三世

尽管哈特舍普苏特和图特摩斯三世一个是年长的女性，一个是年轻的男性，但在卡纳克红色小祭堂的外部浮雕上，他们的肖像被刻画成相同的样貌，仅以注释的王名区分。

底比斯

新王国时代的不朽之都

底比斯古城遗址是世界上最丰富多彩的考古遗址之一。这里是一座历史建筑的宝库，包括王室神庙、装饰华丽的墓葬，甚至还有普通工匠的住所。

底比斯在新王国时代展现出的繁荣，以及日后的不朽地位，源自两个关键因素。首先是地理因素。大多数古埃及城市或建在尼罗河以西（如孟斐斯），或建在尼罗河以东（如阿玛尔纳），底比斯却一城横跨两岸，而且在尼罗河两岸都有重要的纪念建筑。一般认为东岸是"生者之地"，西岸是"逝者之地"。这种说法虽然有一定道理，但还是过于笼统。有一个反例便是阿蒙霍特普三世的宫殿建筑群位于西岸的马尔卡塔。

其次是历史因素。古王国时代的底比斯，在某种程度上是古埃及南部的闭塞落后之地。但在第一中间期，底比斯的政治势力开始崭露头角，最终推动了古埃及在中王国时代实现统一。第二中间期后期，又是底比斯执政者重新统一了古埃及，开创了新王国时代。这两大成就都给底比斯带来了巨大的声望，加之这里是中王国、新王国两个时代的国王的发家之地，来自底比斯的国王们热衷于通过建造纪念建筑的方式，使自己的故乡底比斯实现大的发

展。底比斯最著名的地区是卡纳克，这里是阿蒙神的故里。随着底比斯的变迁，阿蒙神也从底比斯的地方神，跃升为古埃及的国家神。

尼罗河东岸部分的底比斯

底比斯的大部分人口居住在东岸。曾经矗立在那里的房屋大多已不复存在，但围绕它们建造的宏大纪念建筑遗存至今。其中规模最大的是位于城市北端的卡纳克建筑群。卡纳克建筑群包括一座巨型的阿蒙（后来的阿蒙－拉）神庙，还有穆特（穆特女神是阿蒙神的妻子）神庙和孟图神庙。这些神庙共同组成了世界上最大的宗教建筑群之一。

由于阿蒙－拉神不仅是底比斯的守护神，也是古埃及帝国的守护神，于是国家向卡纳克的神庙建设工程投入了大量资源。在卡纳克建筑工程方面，国王们希望实现可与先王比肩、甚至超越先王的成就。在新王国时代的扩建过程中，拆除了不少中王国时代的旧建筑，但很显然中王国时代和新王国时

▷ **底比斯主要考古遗址分布图**
底比斯主要考古遗址的分布情况显示了尼罗河东、西两岸古迹类型的差异。西岸以陵墓和葬祭庙为主。

◁ **卢克索神庙方尖碑**
国王们投入大量人力物力在底比斯建造纪念建筑。这座巨型方尖碑矗立在卢克索神庙前。

帝王谷
第18王朝国王哈特舍普苏特的葬祭庙
第19王朝国王塞提一世的葬祭庙
第19王朝国王美楞普塔的葬祭庙
代尔·麦地那
第19王朝国王拉美西斯二世的葬祭庙
王后谷
第18王朝国王阿蒙霍特普三世的葬祭庙
门农巨像
第20王朝国王拉美西斯三世的葬祭庙和王宫
第18王朝国王阿蒙霍特普三世的王宫
孟图神庙
阿蒙神庙
穆特神庙
卢克索神庙
北
0 1千米
1英里

△ 卢克索风光

底比斯的所有神庙都遭受了不同程度的破坏，但这里规模巨大的历史建筑遗存激发了许多艺术家的创作灵感。这幅卢克索风光的绘制者是19世纪英国艺术家大卫·罗伯茨。

代的大多数统治者都发起过卡纳克建筑群的建造工程。城市的南面矗立着卢克索神庙，它坐南朝北，是卡纳克建筑群的附属建筑。在一年一度的奥佩特节期间，所有底比斯的居民都能看到，阿蒙－拉、穆特和孔苏的雕像被人们列队从卡纳克抬到卢克索神庙。

尼罗河西岸

尼罗河西岸的大部分地方，集中建造的是陵墓建筑。这些陵墓建筑包括很多王陵，其中比较具有代表性的是帝王谷的王陵区，新王国时代的大多数国王都安葬于此。代尔·麦地那村位于帝王谷附近，这里居住着负责装饰王陵的工匠们（详见第230~233页）。

每位国王除了会修建一座王陵，还会修建一座可使自己永享后人祭拜的葬祭庙。这些葬祭庙也与卡纳克有着重要的联系。在"美丽河谷节"期间，阿蒙－拉、穆特和孔苏组成的圣家族雕像会被带离卡纳克，横渡尼罗河，通过巡视不同葬祭庙的方式，来强调国王们和众神的关系。

然而，尼罗河西岸并非国王独享。在底比斯的那些较低的山坡上，国王允许高官们在王室葬祭庙的后面和周围选址造墓。这里数百座装饰华丽的墓葬，满足了非王室成员去世后安葬于底比斯的心愿，以使他们可以与底比斯的最终"所有者"，即阿蒙－拉神共享来世。

▷ 阿蒙霍特普三世的太阳庭院

每位国王的个人偏好都影响着底比斯的建筑风格。阿蒙霍特普三世对太阳崇拜非常感兴趣，所以他在卢克索神庙建造了这座开放式的太阳庭院。

纸莎草花蕾形状的柱顶

帝王谷

伟大之地

帝王谷应该是世界上最著名的大型墓区了，埋葬在这里的新王国时代的国王们成就了历史上最强盛的古埃及。这里的王陵装饰华丽，曾经充满了各种宝藏。

在很多方面，新王国时代的国王们打造的纪念建筑和之前中王国时代国王所建的很类似，只不过他们建得更大更好。

中王国时代和新王国时代的王室均从底比斯起家，并在之后实现了古埃及的统一。这些来自底比斯的国王继续建设古埃及帝国，不仅将底比斯视为王朝的发源地，而且将之视为保护神"阿蒙"的故乡。因此，卡纳克的阿蒙神庙在新王国时代的扩建，本质上是对中王国时代统治者开展的工程的继承与延续，但规模要比之前大得多。新王国时代与中王国时代在建

造王陵方面存在两大重要差异。第一，如果说中王国时代第 12 王朝的国王们遵从了古王国时代在北方建金字塔的传统，那么新王国时代的国王们似乎更愿落叶归根。新王国时代第 18 王朝至 20 王朝的国王们几乎全部选择

△ 山谷景观

新王国时代结束时，帝王谷已经建满了王陵。如今，由于无法确知每座王陵的主人，所以人们以 KV（帝王谷的英文首字母简写）加上编号的形式来标注每一座王陵。如 KV62 代表迄今在帝王谷最晚发现的一座王陵——图坦哈蒙墓。

◁ 守护神

在古埃及人的观念里，国王在死后通往来世的危险旅途中，需要守护神的保护。比如上图这件发现于图特摩斯三世墓的木制守护神模型就表达了这一观念。

"绘制轮廓，用凿雕琢，填充颜色，直至完成。"

出自第20王朝拉美西斯四世王陵平面图

安葬于底比斯靠近阿蒙神的地方。第二，新王国时代的建于底比斯的王陵不再是宏伟的建筑，而是有意将墓穴隐蔽起来。出现这种差异的其中一个可能的原因，是更早期的王陵已经遭到闯入和劫掠。因为无论是古王国时代金字塔的厚重石砌结构，还是中王国时代晚期金字塔内部的巧妙设计，都没能使金字塔免于盗掠之劫，没能实现对国王尸身和随葬品的保护。

隐蔽的王陵

帝王谷是王陵的新选址，因穿越底比斯山而难以进入。这里的陵墓挖掘于山谷的隐秘之处，一旦封土就很难发现。第18王朝图特摩斯一世王陵的建筑师伊涅尼的墓志铭证实了这一秘密。他的墓志铭写道："他独自监督了王陵的开掘，无人听见，无人看见。"

然而，陵墓的位置不可能完全保密。大量工人参与了建造工程，他们居住在代尔·麦地那村，将自己的劳作之地称为"伟大之地"或"山谷"。

王陵的装饰

帝王谷的王陵在某些方面与王室金字塔类似，建有最终通向国王墓室的多条走廊和房间。帝王谷的王陵属于岩窟墓，内墙上满是丰富多彩的图画，还有与古王国时代金字塔铭文相似的文本（详见第70~71页）。与古王国时代金字塔的铭文相比，新王国时代的文本可以构成更为连贯的故事线，完整地讲述已故的国王在与奥西里斯和拉神重聚前必须经历的整个旅程。

在新王国时代，帝王谷的王陵建筑规模越变越大。有些矛盾的是，帝王谷最小的几个陵墓属于实力强大的第18王朝国王，最大的陵墓反而属于实力衰弱的第20王朝统治者。这是因为帝王谷的开创者们更看重王陵的保密性，而保密性在新王国时代晚期已不是那么重要，国王们希望的是墓壁和天花板能够为他们所需的大量宗教文本提供足够大的空间，而大型而复杂的入口还成了拉美西斯时期王陵的特征。

王陵平面图

这幅绘制在纸草上的拉美西斯四世王陵平面图，现收藏于意大利都灵博物馆，是已知保存最完好的帝王谷王陵平面图，它很可能是王陵完工时绘制的。带斑点的红色带状区域代表建造王陵时开凿的山谷岩石，白色矩形（底部中间位置）表示国王的石棺。古埃及人称墓室为"黄金屋"，这与图坦哈蒙墓（详见第192~193页）中发现的一样，位于四间金殿之内。图注还注明了王陵不同位置的尺寸。

拉美西斯四世王陵平面图

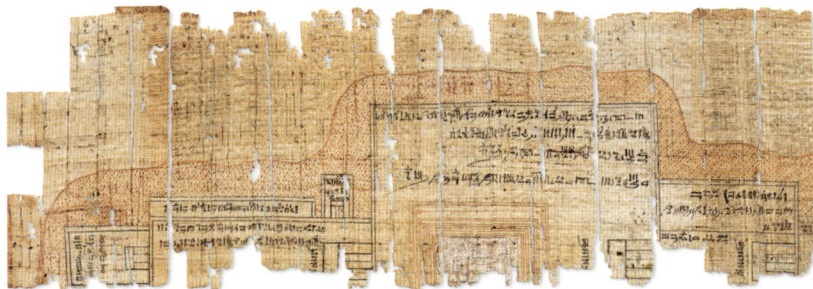

◁ **帝王谷第11号内部**
拉美西斯三世墓（KV11）是新王国时代典型的大型新式陵墓。柱厅的柱石上刻有铭文，并用彩色描绘了拉美西斯三世向以奥西里斯为代表的来世众神献祭的场景。

拉美西斯四世墓

到了第 20 王朝，古埃及国王们早已淡忘甚至放弃了在帝王谷营造秘密王陵的最初想法，国王们转而专注于在帝王谷建造引人注目的大型陵墓。对于拉美西斯四世等新王国时代后期的国王来说，给人留下深刻印象的纪念建筑恐怕只有他们的陵墓了。图为葬有拉美西斯四世的墓室。丰富的图案与文字饰满墓室的每一个角落，以确保国王转世的整个旅程能够成功。然而，与帝王谷多数陵墓的结局一样，拉美西斯四世的石棺遭强盗砸碎并洗劫。

巩固帝国

图特摩斯三世和阿蒙霍特普二世

◆

图特摩斯三世和阿蒙霍特普二世的统治时期，是古埃及帝国发展至为关键的时期。通过战争和外交手段，这两位国王镇压了迦南人，震慑了米坦尼人，并将努比亚全境置于帝国的统治之下。

◆

尽管第18王朝最早的几位国王在军事上取得了巨大成就，但黎凡特地区仍是古埃及的眼中钉。黎凡特南部（今中东地区）的诸多迦南城市非但没被征服，反而在继续给古埃及制造麻烦。第二中间期的大规模人口流动，也导致幼发拉底河和拜利赫河之间的地区出现了新势力，也就是米坦尼王国。

米坦尼王国

在其相对较短的历史中，米坦尼王国一直面临着与邻国的诸多冲突，包括应对古埃及第18王朝最初几位国王的军事野心。图特摩斯一世在叙利亚的征战，以及他在幼发拉底河畔古埃及和米坦尼王国边界上竖立起的界碑，被米坦尼人视为明显的挑衅和威胁。作为回应，米坦尼人鼓励受制于古埃及的迦南人奋起反抗，而这正是迦南人所希望的。

在哈特舍普苏特统治后期，米坦尼王国的附庸国卡叠什和图尼普扩大了其控制范围，向西推进到毕布罗斯，并向南发展。哈特舍普苏特去世后，卡叠什的统治者审时度势，在美吉多（即哈米吉多顿）召集了一支关系稳固的迦南联军。图特摩斯三世果断地先发制人，领导一支埃及军队进攻迦南联军。他在美吉多的城墙外取得了大捷，不仅攻克并占领了该城，还俘虏了城中的迦南首领。

△ 古埃及帝国
到图特摩斯三世统治末期，古埃及不仅征服了邻国的大片领土，还强化了帝国的安全，并为帝国获得了宝贵的财富。

▷ 勇士之王：图特摩斯三世
有关图特摩斯三世军事成就的最明显证据，是他刻在卡纳克神庙墙壁上的记录。图中的他正在战役中歼灭敌军。

古埃及与米坦尼王国之间的战与和

为了巩固美吉多大捷的战果，图特摩斯三世在随后几年开展了一系列战役，最终攻入了米坦尼王国的领土。然而，米坦尼人撤到自己领土的腹地，迫使图特摩斯三世的大军因补给不济而撤退。事实上，古埃及和米坦尼王国的武装力量从未在战斗中直面对方。反而是米坦尼人持续在古埃及人占领的黎凡特地区煽动叛乱，导致图特摩斯三世的继任者阿蒙霍特普二世被迫不时地在黎凡特地区展开报复性军事行动。

古埃及和米坦尼王国之间的僵局在阿蒙霍特普二世的统治期内得到了解决，双方签订了和平条约。因为当时米坦尼王国正面临着来自西部邻国——赫梯的更紧迫威胁，与古埃及迅速实现和平对其有利。同样，古埃及人也非常愿意与米坦尼王国划清边界，通过达成协议的方式巩固帝国疆域。古埃及人因而可以在不受米坦尼人干扰的前提下，按照自身意愿

进行发展。

征服努比亚

在哈特舍普苏特和图特摩斯三世统治时期，努比亚终被古埃及征服。克尔玛被占领，上努比亚（远至第四瀑布）变成了古埃及的一个省，图特摩斯三世在他祖父位于库尔古斯的界碑旁又竖了一块界碑。同时，努比亚被占领的领土清单被镌刻在卡纳克神庙的墙壁上，作为古埃及彻底征服努比亚的记录。图特摩斯三世在位的第 31 年，瓦瓦特（下努比亚）和库什（上努比亚）都来向古埃及进贡。此时，基于在上、下埃及建成的帝国行政体系，图特摩斯三世开始仿照这一体系，对上、下努比亚实施管理。努比亚这颗古埃及帝国王冠上的宝石，交由一位官方头衔为"库什的国王之子"的官员全权负责。随着努比亚正式归入埃及版图，古埃及在南部边界已无敌手，终于可以心无旁骛地将全部注意力集中于黎凡特的军事行动了。

△ **歼灭敌人**
歼灭敌人是王室艺术作品的热门主题。这件栩栩如生的浮雕发现于拉美西斯四世建造的一座神庙中，是一件被拿来重复利用的作品。描绘的是阿蒙霍特普二世在战斗中屠戮亚细亚的士兵。

▷ **象牙护腕**
尽管图特摩斯四世的统治时期总体上是和平的，但他仍将自己塑造成强大的武士形象。这件发现于阿玛尔纳的象牙护腕刻画了国王灭敌的经典之姿。

底比斯的墓群

通往来世的大门

新王国时代建造的私人墓葬，相比起古王国时代和中王国时代，既有一些共同点，也有自己的独有特征。

在古王国时代，规模最大、装饰最好的私人墓葬属于朝堂重臣，其地点集中于首都孟斐斯附近的萨卡拉墓地。到了中王国时代，这样的高等级墓葬也存在于各个省。因为地方执政者在一定程度上独立于国王，所以他们有能力为自己建造大型陵墓，典型的例子就是中埃及的诺姆长们开凿的岩窟墓。

萨卡拉和底比斯

在新王国时代，萨卡拉再度成为孟斐斯常驻官员的重要墓地，但这一时期保存最完好的私人墓葬与王陵一样，都修筑在底比斯。这些底比斯的私人墓葬安葬的是官吏、祭司和军官等高级别的政府官员，他们经常以家庭或职业为单位组成墓群。大多数墓葬保留了传统的两室形制，即有一个祭室和一个与之相邻的墓室，但在底比斯和其他地方也发现

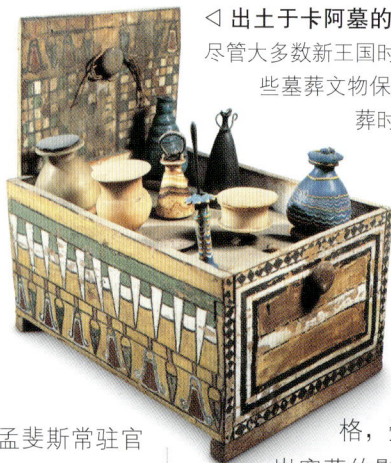

◁ **出土于卡阿墓的化妆盒**
尽管大多数新王国时代的墓葬古时已遭劫掠，但仍有一些墓葬文物保留至今。这些随葬品表明，人们下葬时放入了墓主珍视的日常所有物。

了基于这种传统、但稍有变化的地方变种墓葬。

T 形墓

第 18 王朝最早的墓葬风格，受到一小部分中王国时代底比斯岩窟墓的影响。这些凿入底比斯山的墓葬都有开阔的柱廊入口。柱廊入口属于祭室的一部分，在这些显眼的建筑构件后面，有一条很深的走廊直通岩窟内部，所以从上面看，墓葬就像一个倒置的字母 "T"。新王国时代的建筑师们沿用了这种中王国时代的设计思路，并在一些原有墓葬的基础上改造出新型的墓葬。墓葬设计上的一个关键变化是，柱廊之间的空间被封闭，留下了一条通向两个狭窄房间的门道。这两个房间，一个叫 "宽厅"，位于刚

△ **出自尼巴蒙墓的墓画**
底比斯墓群中的一些画作显然是出自画技高超的艺术家之手。绘制尼巴蒙墓画中这群鹅的画家拥有对构图的准确把握。

柱廊入口

尽管新王国时代的私人墓葬是为欢迎来访者而设计的，但这些墓葬同时也是墓主超越死亡、通往来世生活的门户。这卷引人注目的亡灵书出自奈布·凯德之墓，绘制了向下通向墓室的竖井（画面左侧）。人头鸟象征着逝者灵魂的形态之一——"巴"。"巴"住在墓中，但白天可以离井。沿着竖井向下可达墓室，墓室里有装有木乃伊的棺木和各种随葬品。墓室上方，奈布·凯德现身于来世明媚的阳光里。

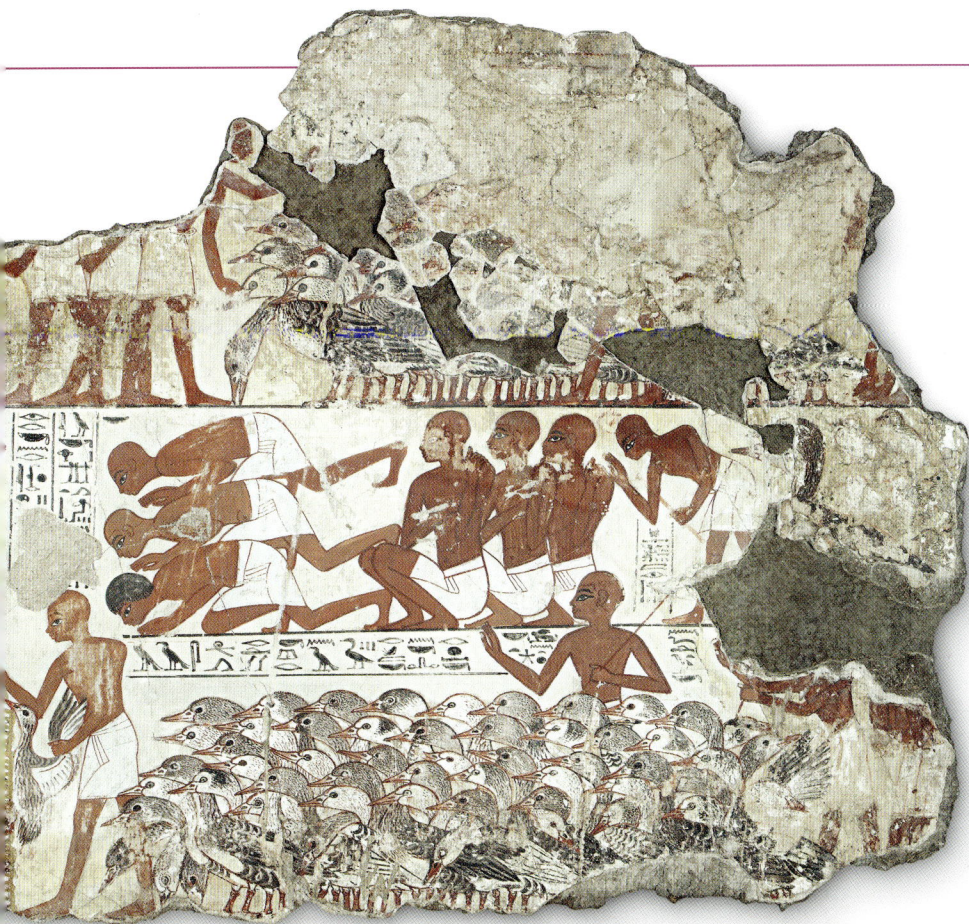

进入入口的位置；另一个叫"长厅"，内设神龛。由于底比斯的岩石质地很差，这些墓葬的内壁在绘图前通常都要涂上灰泥打底，以便画匠能在光滑平整的墙面上绘图。

墓葬装饰

墓葬的装饰方式与传统的底比斯祭室相似。宽厅的墙壁上装饰的画面取材自逝者的生平。遵照古王国时代和中王国时代的传统，画面内容强调的是墓主的职业生涯。底比斯墓群中最大的一批墓（如维西尔莱克米尔的墓）里，描绘了墓主在各方面参与过的活动，最大限度地展示了其个人职业生涯的全貌。宽厅和长厅的功能有别，宽厅用以颂扬墓主一生的成就，长厅则专注于死亡和来世。长厅的墓

画描绘的场景，首先集中描绘入殓过程，其次表现逝者受到诸神、特别是奥西里斯的欢迎。

墓室本身通常不加以装饰，相当简朴。墓室一般位于长厅下方，通过在墓中或墓前的庭院挖掘的竖井即可到达，仅能容纳墓主的棺木和葬具。

底比斯的拉美西斯时期墓

在超过500年的新王国时代里，底比斯墓葬的基本设计在不断演进。在演进过程中，T形墓逐渐被摒弃，取而代之的是更为方正、有时呈圆柱状的形制。到拉美西斯时期，墓葬的内部装饰也发生了变化。有关墓主日常生活的场景减少了，画面上尽是个人献身于众神的形象，以及墓主对于来世加入众神行列的祈愿。

▽ **尼罗河西岸的底比斯景观**
底比斯以西的群山之中，密布着历经500多年建造的蜂巢状墓穴，其中最显眼的是那些具有典型柱廊的墓。

私人雕像

木、石制成的人物像

在新王国时代，古埃及人制作了各种各样描绘王室成员以外的普通人的雕像。这些雕像大多是用于充当它们所描绘主人的化身，要么在墓里代表主人接受祭品，要么在神庙代表自己向众神献祭。

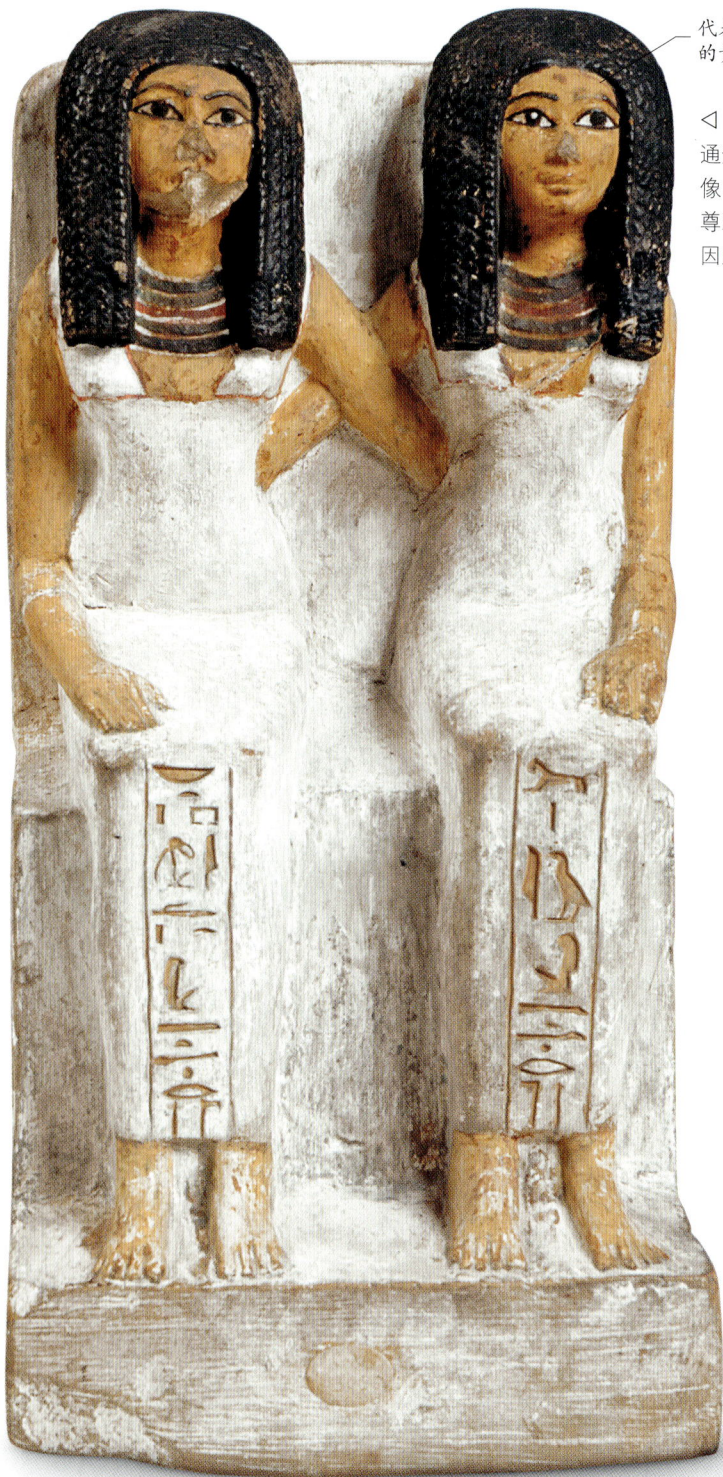

代表精英女性的黄色肌肤

象形文字铭文

▷ **克勒特的方雕**
方雕是一种流行的雕像形式。由身穿披风的人体形态简化出的多个平面，非常适合镌刻与雕刻对象有关的铭文。

◁ **伊德特和鲁尤**
通过群体雕像上的铭文，往往可以确定雕像中个体与个体之间的人物关系。然而这尊双女性合像没有关于人物关系的铭文，因此两位女性之间的关系仍是个谜。

新王国时代后期流行的厚重假发

项链

△ **尤尼和拉尼努特**
这尊夫妻合像出自艾斯尤特地区。夫妇二人拥有拉美西斯时期最时尚的服装、发型和珠宝。

△ **内布森和尼布特-塔**
这尊雕像上的铭文表明了两者的夫妻关系。丈夫内布森是王室财库的书吏，妻子尼布特-塔是伊西斯神庙的音乐家。

书吏的调色板

手中的笔

▷ **书吏阿蒙霍特普**
这尊精美的雕像刻画的是著名的书吏阿蒙霍特普。他坐在地上准备开始书写，一张纸草摊在他的膝间。

◁ 米奈哈布与供奉给托特神的狒狒
托特神广受包括高官在内的书吏阶层崇拜。在这尊雕像中，一位名叫米奈哈布的书吏向神灵供奉了一只狒狒。

—— 狒狒是托特神的圣物

内殿神龛

▷ 尤尼和奥西里斯
这尊带有神龛的人物雕像属于来自艾斯尤特地区的尤尼，发现于尤尼父亲的墓葬祭室中。神龛里的人物形象是奥西里斯。

第 18 王朝阿赫摩斯 -
尼斐尔泰丽王后的形象

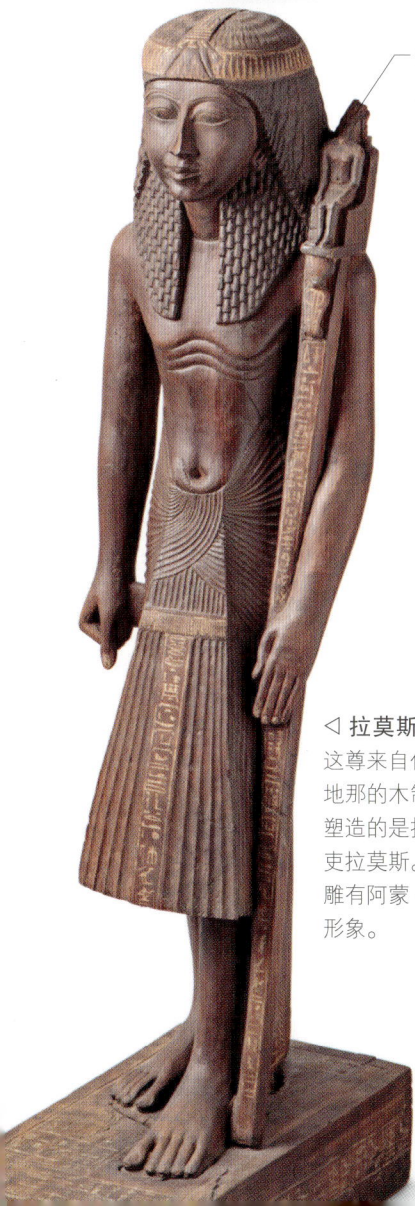

▷ 献给神的公羊头
这尊彩绘雕像出自代尔·麦地那，一位名叫彭默纳布的男子塑造了这一雕像，他以公羊头的模型向阿蒙 - 拉神献祭。

居于杖头的
阿蒙 - 拉神
坐像

贝斯神的
护身符

金箔腰带

◁ 拉莫斯
这尊来自代尔·麦地那的木制雕像，塑造的是持杖的书吏拉莫斯。杖头处雕有阿蒙 - 拉神的形象。

△ 哈比
这尊与众不同的雕像表现的是一位名叫哈比的男子，他蹲跪在地上（或是垫子上），一条腿盘于身下。

▷ 胡韦贝内夫
这尊发现于一名妇女棺木中的木制小雕像是一对儿童雕像的其中一个，表现的是一位名为胡韦贝内夫的儿童。

▷ 持罐女仆
这尊木制的女仆小雕像饰有象牙和金箔，既是艺术品，也是实用品。女仆所持的大罐子是存放化妆品的容器。

新王国风尚

穿以动人

新王国时代上层社会的男性和女性，都希望自己在艺术作品中的形象时尚又奢华。对他们而言，自己的外表是财富和地位的首要标志。

考古学家在新王国时代上层人士的随葬品中发现的衣服实物少得可怜，这可能因为太多陵墓已被洗劫。然而，这一时期幸存下来的陵墓绘画和私人雕像，很好地还原了第18王朝至第20王朝古埃及人注重衣着考究的程度，以及上层人士理想中的穿着。

尖头凉鞋

对奢华的热衷

总的来说，与此前的王国时代相比，新王国时代在服装上最显著的变化是带有更强烈的奢华感。第18王朝初期的服饰风格还相对内敛，但到了第18王朝末期以及后来的拉美西斯时期，服饰变得十分繁复而浮夸。无论男女都不再穿着曾在古王国和中王国时代流行的简单的紧身连衣裙，而是穿着又长又宽松的服装，其装饰效果主要来自他们生产制作的打褶亚麻布。

拉美西斯时期，上流社会男子的典型装束包括宽短袖上衣、褶裥紧密的长裙，以及如同穿在裙子外像围裙一样的宽松带褶的衣物。

女性则通过穿着宽松而褶裥紧密的长裙来彰显自己的品位和身份。颜色似乎并不重要，因为男女都喜欢穿着耀眼的白色亚麻布服装。白色亚麻布不易保持光鲜亮丽，因而是财富的象征。相比以前，人们的头发更长、发型更复杂，佩戴的珠宝首饰（尤其是男女都身穿五彩缤纷的宽领饰）则更精致和华丽。

△ **尼斐尔泰丽王后的凉鞋**
古埃及各阶层的人都经常穿着由棕榈叶等材料编织而成的凉鞋。这双凉鞋出土于第19王朝国王拉美西斯二世的伟大王后——尼斐尔泰丽的墓。

宴会着装

尼巴蒙是一位富有的官员，他墓中壁画上的宴饮图（右图）所刻画的宾客形象，可以代表第18王朝晚期上层社会的男女在特殊场合的穿着。女人们几乎都穿着一模一样的褶皱亚麻长裙，披着长而卷曲的假发，戴着彩色宽领饰和夸张的金耳环；男人们穿着类似风格的服装，只不过没有大耳环，发型也没有那么夸张。尽管参加宴会的宾客都穿着最华丽的服装，但值得注意的是，侍女们几乎全裸。然而，侍女们的发型和佩戴的珠宝与她们服务的女性宾客也非常相似。

宴会服装中最有趣的部分是每位客人头上戴着的圆锥形物品。关于这种物品究竟是什么尚无定论，可能是在宴会上遇热融化而散发香味的芳香蜡。

▽ **埃赫那吞和尼斐尔泰悌雕像**
艺术作品中的王室家族成员经常身穿与他们身份相符的特定服装，非王室成员是不能穿这种服装的。然而下图中的尼斐尔泰悌王后，却身着似乎是当时流行款的百褶连衣裙。

一名女仆正在给一对男女宾客斟酒

这名女仆为客人拿来一条花发带和一碗做头顶蜡锥的蜡

每位来宾都手持芬芳的鲜花

彩珠串制的宽领饰

△ 出自尼巴蒙墓的宴饮图

上图这类绘有墓主和亲朋相聚场景的壁画，是了解新王国时代古埃及人穿着打扮有关信息的最好来源。然而，壁画中的人物形象是理想化的，因为墓主人希望以此种形象在来世永生。

责任重大的维西尔

古埃及的首相

尽管王朝时期的古埃及国王是名义上的国家元首，但在许多时候，国家的实际首脑是被称为"提亚提"或"维西尔"的官员。关于古王国时代的维西尔我们所知甚少，只知道他们一般都是国王的亲属。而中王国时代晚期的维西尔多为人所知，很大程度上是因为在国王更替频繁的年代，他们是政府中的稳定力量。虽然理论上，维西尔应由国王从众多效忠于他的官员之中选任，但这个职位经常按照惯例由父子相袭。

最能证明维西尔所承担职责的证据，来自新王国时代，尤其是第18王朝。这一时期，维西尔的职责非常重大，以至于要设立两位维西尔，分别负责下埃及和上埃及的事务。在新王国时代早期维西尔的权力达到顶峰，又在随后的拉美西斯时期有所衰落，因为此时其他官员同样获得了显赫地位，尤其是在底比斯工作的，侍奉阿蒙神的高级祭司。

维西尔莱克米尔

莱克米尔是维西尔中最著名的一位，他效力于第18王朝国王图特摩斯三世和阿蒙霍特普二世。莱克米尔墓是底比斯最大的私人墓葬之一，墓墙上刻有大量文字。这种文字在其他维西尔的墓葬中也可以找到。文字包括两个主要部分，即维西尔的任命和维西尔的职责，讲述了莱克米尔是如何被图特摩

△ 审判
这幅画展现了莱克米尔端坐于法庭之上行使审判权。他手持权杖，穿着新王国时代维西尔的典型服装——露背长袍。他受国王之命公正地审判所有人。

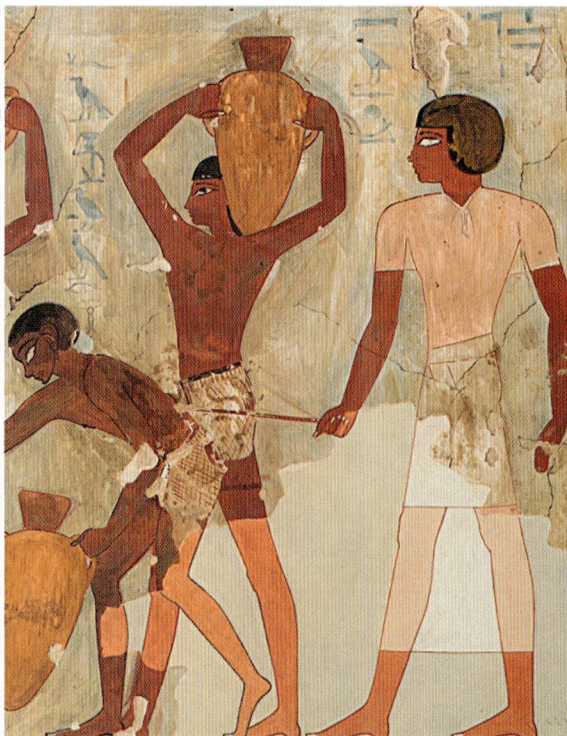

△ 征税
古埃及的税收以农产品的形式支付。在这一场景中，莱克米尔的下属（图中最右侧）正在组织运输一批可能装着葡萄酒或油的罐子。这名官吏正在斥责一名精疲力竭的搬运工，他刚因工作劳累而休息了一会儿。

△ 归仓
经过仔细核验后，用来抵税的货物被存入大型仓库。然后，它们被作为工资分配给官员，而盈余的部分可以用来交换其他物品。

"确保一切都依法行事，并且……正确行事。"

记录图特摩斯三世任命莱克米尔为维西尔的文字

斯二世选任为维西尔的，以及他作为维西尔的具体职责。

文字中有关维西尔承担职责的部分明确表明，莱克米尔的首要职责是确保代表国王伸张正义。因此，他首先是一名法官，负责解决争端并在案件的庭审中做出判决。此外，他也负责管理主要的国家机构，需要确保税收，并将其他收入投入王室的重大项目，然后监督其实施。他还有责任代表国王出现在各种场合，比如接见朝贡的外国使节并代表国王接受朝贡。

除了有关任命和职责的文字内容，莱克米尔的墓墙上还装饰着无数莱克米尔本人履行职责的图像

和铭文。这些文字、图像和铭文都直观地提供了关于第18王朝早期维西尔的可信资料。毋庸讳言，莱克米尔正是以这些文字、图像和铭文告知拜访他墓葬的人，他以出色的成绩履行了维西尔的职责，并且受到了国王的赞誉。

▷ 尤伊雕像

尤伊是第二中间期的一位维西尔。这尊独特的木雕出土于他建在底比斯的墓中，雕像中的他身着当时专属于高官的长袍。

△ 纳贡

莱克米尔墓画中的很大一部分是外国人带着异国贡品到古埃及进贡的场景。此处，在游行队伍中，一位努比亚朝贡者带来一只长颈鹿，长颈鹿的脖子上攀着一只猴子。

△ 督工

维西尔的其中一项工作是监督重大工程项目。在上图的场景中，一群工人将熔化的金属从一口坩埚倒入一个大模具中，来铸造一对巨大的青铜门。在图的右侧，一位勤杂工正在向炉中添加木炭。

△ 造像

维西尔的另一项职责是监督雕像的制作，尤其是放于神庙内的王室雕像。在上图中，工匠们爬上脚手架，正在对一尊石制的国王坐像进行打磨和最后的细节处理。

阿蒙霍特普三世

盛世之主

阿蒙霍特普三世统治时期，是古埃及历史上的一个巅峰。这是一个和平与繁荣的时期。在这个时期，工匠们创造出了古埃及最伟大的艺术作品。

阿蒙霍特普三世于第18王朝中期登上王位，他是古埃及历史上在位时间较长的一位国王。先王们已在军事和外交上奠定了盛世的基础，因此他不仅继承了一个富饶而广阔的帝国，而且与古埃及最危险的敌人米坦尼王国维持了一段时期的和平。

阿蒙霍特普三世于在位的38年里继续励精图治，创造了黄金时代。从阿玛尔纳书信（详见第180~181页）的内容当中，清晰可见古埃及与米坦尼王国的关系变得更为紧密，阿蒙霍特普三世和米坦尼国王图什拉塔之间保持着密切的私人关系。阿蒙霍特普三世还通过在努比亚修建神庙，巩固和强化了对这里的统治。古埃及人试图在努比亚建立起神圣王权，于是阿蒙霍特普三世在索列布和塞定戈建造神庙，使自己和王后泰伊在当地被当作神来崇拜。

古埃及的黄金时代

阿蒙霍特普三世的统治时期，之所以常被称为古埃及的黄金时代，一方面是因为他领导下的帝国坐拥财富、和平和政治稳定，另一方面是因为这一时期古埃及手艺人创造出的艺术品工艺精湛。这些艺术品包括各种以

△ 卢克索神庙

卢克索神庙被称为"南方神殿"，建造目的是为了在国王之"卡"重生的奥佩特节期间，为阿蒙－拉神及其家人提供一处休息之所。

彩石制成的王室雕塑和私人雕塑、供在陵墓和神庙中的那些品质一流的浮雕和绘画，以及由费昂斯、玻璃、贵金属、半宝石制成的精美小工艺品和珠宝饰物。

阿蒙霍特普三世的统治时期，也是建筑的黄金时代，他下令在古埃及各地修建神庙。尽管他建造的许多神庙后来遭到损毁或受到后世国王的改造，

◁ 门农巨像

这是阿蒙霍特普三世葬祭庙入口两侧的一对雕像之一。门农巨像的得名，源于后人认为这座雕像刻画的人物是在特洛伊与希腊人作战的埃塞俄比亚国王。

塞克美特雕像

位于库姆·赫坦的阿蒙霍特普三世神庙留存下的遗迹非常少，但在该遗址发现了许多雕像，其中数量最多的是真人大小的塞克美特女神雕像。这些塑像中的女神或坐或站，每尊都刻有单独的身份，"如火一般的塞克美特""伊玛特夫人塞克美特"等。据说这些雕像最初有730尊，它们可能被用以召唤塞克美特来护佑古埃及免受传染病与流行病的肆虐。

刻画塞克美特的雕像

> "一个将计划付诸实施，创造了大量纪念建筑和奇迹的人。"

阿蒙霍特普三世自诩

由金属圆盘组成的蓝色王冠

但遗留下来的线索足以说明，阿蒙霍特普三世时期建筑工程的规模之巨。例如，他在孟斐斯为普塔神建造的神庙，其宏大程度可与卡纳克的阿蒙－拉神庙比肩。

他还在赫尔莫波利斯·马格纳竖立了一系列以狒狒形象示人的托特神巨型雕像，这些雕像以石英岩制成，每尊高度都超过4米。当然，他建筑计划的集中实施地还是底比斯。他不仅在卡纳克扩建了阿蒙－拉神庙及其妻子穆特女神的神庙，还为了打造一个在奥佩特节期间迎接和侍奉阿蒙－拉神及其家人的合适场所，而大幅扩建了卢克索神庙。

太阳崇拜

阿蒙霍特普三世为保障自己的来世建造了一座巨大的地下陵墓，但是没有建在帝王谷，而是建在了附近的西部河谷。他还在底比斯西岸的库姆·赫坦建造了一座规模宏大的葬祭庙，但已所存无几。

库姆·赫坦神庙和卢克索神庙有一个引人注目的共同之处，就是都建造了大空间的开放庭院。这表达了阿蒙霍特普三世在神学方面一个特别关注的问题——太阳的神圣意义。阿蒙霍特普三世的儿子阿蒙霍特普四世统治期间，越发关注和崇拜神圣的太阳和阳光，阿蒙霍特普四世甚至将自己改名为埃赫那吞（详见第178~179页）。

▷ **阿蒙霍特普三世**
阿蒙霍特普三世时期的雕像非常独特。神和人的脸通常都是程式化的——杏仁状的眼睛和抿住的双唇。在这尊刻画阿蒙霍特普三世的雕像中，国王头戴军用头盔形状的蓝色王冠。

头戴"哈托尔冠"
的泰伊王后

原先位于王
冠上的垂饰

镶入式工艺
的眼睛使头
部栩栩如生

▷ **泰伊半身像**
这尊木制的泰伊
半身像在某个时
期被修改，添加
了金、银和玻璃装
饰，最初的银色袋
状假发被遮住了。修
改后的雕像主要突出的
是由高耸的两支羽毛、太
阳圆盘和牛角组成的"哈
托尔冠"，目的是强调泰
伊的神性。

王后泰伊

阿蒙霍特普三世的伟大王后

新王国时代首屈一指的国王之妻并非第18王朝早期的某位王后，也不是美貌的尼斐尔泰悌，而是阿蒙霍特普三世的伟大妻子——泰伊。

虽然泰伊并非出身王室，但她却成为古埃及历史上最著名的王后之一。她的父母出身阿赫米姆镇，父亲是战车指挥官尤亚，母亲叫图尤。

王后、母亲、女神

阿蒙霍特普三世登基后的第二年，泰伊已不仅是他的妻子，更是主持后宫的王后。她生有 4 个女儿和至少两个儿子。她的长子图特摩斯先于父亲阿蒙霍特普三世去世，于是她的另一个儿子阿蒙霍特普四世成为王储。尽管泰伊出身卑微，但是阿蒙霍特普三世通过制作一系列用于庆祝两人结合的圣甲虫纪念章，来宣告泰伊的重要地位。纪念章上写道："王妻泰伊，愿她长寿。她的父亲名叫尤亚，她的母亲名叫图尤。她是一位实力强大的国王的妻子。"引人注目的是，无论是在圣甲虫纪念章中，还是在其他地方，泰伊的名字都被写在王名圈中。她在王室建筑中的地位也前所未有地突出，不仅被刻在

▷ **圣甲虫纪念图章**
阿蒙霍特普三世通过分发圣甲虫纪念章来宣布对他而言很重要的事件。这些事件包括他与王后泰伊结婚，以及"欢乐湖"的建成。

国王身旁，甚至被描绘成一位神灵。在努比亚的塞定戈，一座为她建造的神庙将她奉为母牛神哈托尔的化身。她还被描绘成斯芬克斯，或是塔沃里特女神的化身。

阿蒙霍特普三世去世后，泰伊继续活跃于政治舞台。米坦尼国王图什拉塔将她视为显赫人物，甚至直接给她写信，抱怨自己和她儿子的关系发生恶化。发现于美迪奈特·古洛布的一块与泰伊相关的石碑表明，泰伊在丈夫去世后到访过美迪奈特·古洛布。古洛布是法尤姆地区的一座重要的宫殿，供诸多王妃及其随行人员居住。泰伊似乎也去过阿玛尔纳。她的后宫主管胡亚的墓位于阿玛尔纳，在胡亚墓的壁画里，描绘有埃赫那吞陪同她一起出现在阿玛尔纳的场景。

阿蒙霍特普三世墓里有一间为安葬泰伊而准备的套间。在阿玛尔纳的埃赫那吞的墓中，也为她制备了石棺。神秘的帝王谷第 55 号墓（KV55）中，也发现了她的葬具。但泰伊尸身的下落目前仍存争议。

图坦哈蒙墓里有一副内装一缕泰伊头发的棺木模型，可能代表爱戴祖母的图坦哈蒙对泰伊的深深怀念。图坦哈蒙可能在底比斯为她安排了葬礼。

△ **费昂斯泰伊像**
泰伊的形象常被与诸女神联系在一起。这尊雕像上的铭文称其为秃鹫女神奈赫贝特。她的秃鹫头饰有 3 个乌赖乌斯（即眼镜蛇形的装饰物），表明她既是王室之母，也是神灵之母。

公元前1390年，阿蒙霍特普三世登基

公元前1388年，纪念王室婚姻的圣甲虫纪念章发布

公元前1379年，阿蒙霍特普三世在阿赫米姆为泰伊营建"欢乐湖"

公元前1352年，阿蒙霍特普三世去世，阿蒙霍特普四世继位

公元前1342年，泰伊可能前往阿玛尔纳巡视

公元前1340年，泰伊可能过世

埃赫那吞

反叛传统的国王

埃赫那吞是诸位古埃及国王中，对国家的文化影响最为深远的一位国王。直到他去世三千多年后，他仍是世间的谈资和争论的对象。

埃赫那吞原本并不是古埃及国王的人选。他的哥哥图特摩斯本是阿蒙霍特普三世的继承人，但图特摩斯在阿蒙霍特普三世之前就去世了，于是埃赫那吞被推上了与父王共治的继承人位置。阿蒙霍特普三世去世后，阿蒙霍特普四世正式登基，独揽大权，后改名埃赫那吞。

太阳崇拜与阿吞神

阿蒙霍特普三世热衷太阳崇拜，阿蒙霍特普四世较其父亲有过之而无不及，他相信自己与代表太阳的阿吞有着特殊的渊源。阿吞是太阳神的一种形式，以日轮的形式现身，其光芒照耀并护佑着国王与王室。

在古埃及，偏爱某位神灵的行为并不罕见，但阿蒙霍特普四世对传统的反叛，在于他排斥众神，而在国家层面独尊阿吞。在他统治之初就试图通过在卡纳克为阿吞神建造神庙，来说服底比斯人改崇阿吞。但阿蒙－拉神在底比斯的宗教认同中根深蒂固，所以阿蒙霍特普四世不得不另寻他处来强化他"独尊阿吞"的思想。

他在继位后做了几件非同寻常的事情。首先，

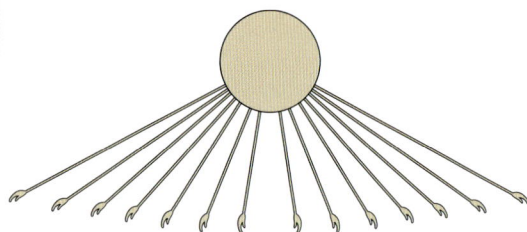

阿吞神

埃赫那吞拒绝崇拜古埃及人崇拜的众神。他唯一信奉的阿吞神来自传统的太阳神，但与拉神之类的神不同，阿吞不具备人类特征。阿吞被描绘成一个日轮般的形象，其照耀下来的阳光像手臂一样伸向大地。每条光线都是一只手臂，它们不断地为王室播撒代表生命的"安赫"。这幅简单的图像勾画出以赋予生命的阳光为本质的阿吞神。

他将自己的名字从阿蒙霍特普（意为"使阿蒙心满意足者"）改为埃赫那吞（意为"对阿吞有用者"）。其次，他打破古埃及以孟斐斯、底比斯为都的传统，在中埃及另择新址，营造新城作为国家首都，并将朝廷迁往新首都。这座新都被他命名为埃赫塔吞（意为"阿吞的地平线"），现被称为阿玛尔纳。他在新建都城的同时，在城市东西部的悬崖上分立界碑，规定建造新都的三大目的是兴建阿吞神庙、建设供王室成员居住的宫殿、开辟新的王陵，以及为随他迁至阿玛尔纳的宫廷大臣们提供墓地。虽然界碑上未曾提及，但阿玛尔纳也有供营建非王室成员居住的城市别墅和平民住房，这些都成了后世在阿玛尔纳开展的诸多考古工作的重点。

国王的形象

埃赫那吞发起的有关阿吞神的改革都是革命性的，除此之外，他还改变了古埃及精英文化中的另一个基本方面——国王及其亲属在艺术中的表现方

▽ **塔拉塔特石块**

阿玛尔纳之所以能够迅速兴建，得益于建造城市的主要建材是被称为塔拉塔特的小块石灰岩。这些石块比传统上用来建造神庙的大石块更易运输和使用。这块塔拉塔特石块上刻有埃赫那吞以一只鸭子献祭的场景。

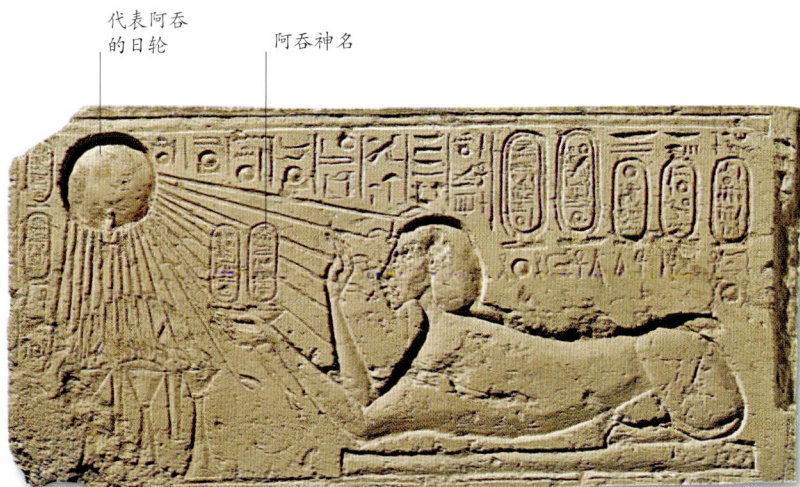

代表阿吞
的日轮　　阿吞神名

△ 狮身人面形象的埃赫那吞

并非所有埃赫那吞统治时期的艺术都是革命性的，国王有时依然以传统的表现形式塑造自己超人的形象。上图中，狮身人面形象的埃赫那吞，正在向阿吞神献上一对印有阿吞神名的王名圈。

式。在卡纳克发现的一系列巨型雕像表明，他在统治之初就已着手于此。与惯常被刻画为体格强健形象的先王们不同，埃赫那吞一般被描绘成拥有窄胸宽臀、细长四肢的瘦削身材。他的头部还被塑造成奇怪的细长形状，有着突出的下巴和丰满的嘴唇。

很多评论提出过有关埃赫那吞的艺术风格发生这种戏剧性变化的原因。有些人声称，这描绘的是国王被疾病折磨的真相。其他人则坚持认为，这是为了在艺术上表现"阿吞主义"神学——埃赫那吞想把自己描绘成一个雌雄同体的形象，以纪念本质上非男非女的阿吞神。无论如何解释，这种极端的阿玛尔纳艺术风格不仅用于国王的肖像，也用在了其他王室成员的造像上。

埃赫那吞约于公元前1336年（在位第17年）去世，被葬于他在埃赫塔吞为自己准备的王陵中，但他可能没在那里安息太久。随着埃赫那吞的去世，整个朝廷甚至他的家人都不再对这场由他发起的改革感兴趣。

▷ 埃赫那吞巨像

从这尊埃赫那吞的雕像可以看出他的新形象。雕像保留了王冠、连枷和权杖等传统帝王象征物，但他的样貌看起来非男非女，像是雌雄同体。

拉长脸部的假胡子

阿玛尔纳书信

公元前14世纪的外交和贸易

有时，考古发现甚至非法盗掘所获的文物会完全改变我们对过去的认知。阿玛尔纳书信就是这样的一个例证。这些信札让我们可以阅读到古代国王在往来书信中写下的真实话语。

△ 克里特人携物而来

新王国时代的几个私人墓葬中绘有外国人进贡的场景。但克里特岛从不属于古埃及帝国，因此这群来自克里特岛的客人可能是前来从事某种贸易的。

1886年或1887年，对阿玛尔纳遗址的非法盗掘出土了数百块刻满奇怪图案的厚泥板。这些落入古董商、博物馆和私人手中的泥板，最终被确认为是用古代中东地区楔形文字书写的信件。如今人们将已知的382片此类泥板，统称为"阿玛尔纳书信"。

书写与归档

阿玛尔纳书信发现于负责国王信函存档工作的"法老信件存放地"。这里存放了自阿蒙霍特普三世在位第30年，到图坦哈蒙在位第一年期间的信件，最早的信件可能是被古埃及外事官员带至阿玛尔纳的"加急"信件。

双方往来的书信采用的应当是当时通用的外交语言——巴比伦语，这些楔形文字被刻在泥板上。当泥板抵达古埃及时，它们被翻译成古埃及文并誊写在纸草上。然后，当国王回信时，再将古埃及文进行翻译，刻上泥板。几乎所有的阿玛尔纳泥板都是古埃及国王的收信，但其中许多都提及了之前国王发出的回复信函的内容，人们因此得以复原从古埃及发出的信件内容。

新都阿玛尔纳被废后，这些泥板被丢弃在了阿玛尔纳，而古埃及文的纸草抄本可能被朝廷带往了孟斐斯或底比斯。这些书信分为两类："兄弟国"国王或是"附庸国"国王的来信或去函。

"兄弟国"和"附庸国"

公元前14世纪，近东地区和东地中海的大国们比较稳固和确定。这些大国的统治者互相认可对方的势力范围，在外交上相互尊重，并在通信中互称"兄弟"。

古埃及在这些大国关系中居于特殊的地位，因为它不像米坦尼王国和赫梯那样受到邻国的威胁。出于这个原因，各国都想与古埃及国王交好，而"兄弟国"书信的核心，都是为了确保与古埃及保持友好关系并维持外交现状。例如，米坦尼国王图什拉塔在一封信中表达了对阿蒙霍特普四世似乎不如其父阿蒙霍特普三世那样重视维护两国特殊关系的担忧。

▽ "兄弟国"和"附庸国"

由"兄弟国"和"附庸国"组成的通信范围表明，古埃及的势力范围西起今日土耳其境内的爱琴海岸，东至波斯湾。古希腊在迈锡尼时代仍然保持独立。

"愿兄弟多多送我黄金。"

米坦尼国王图什拉塔致阿蒙霍特普三世信

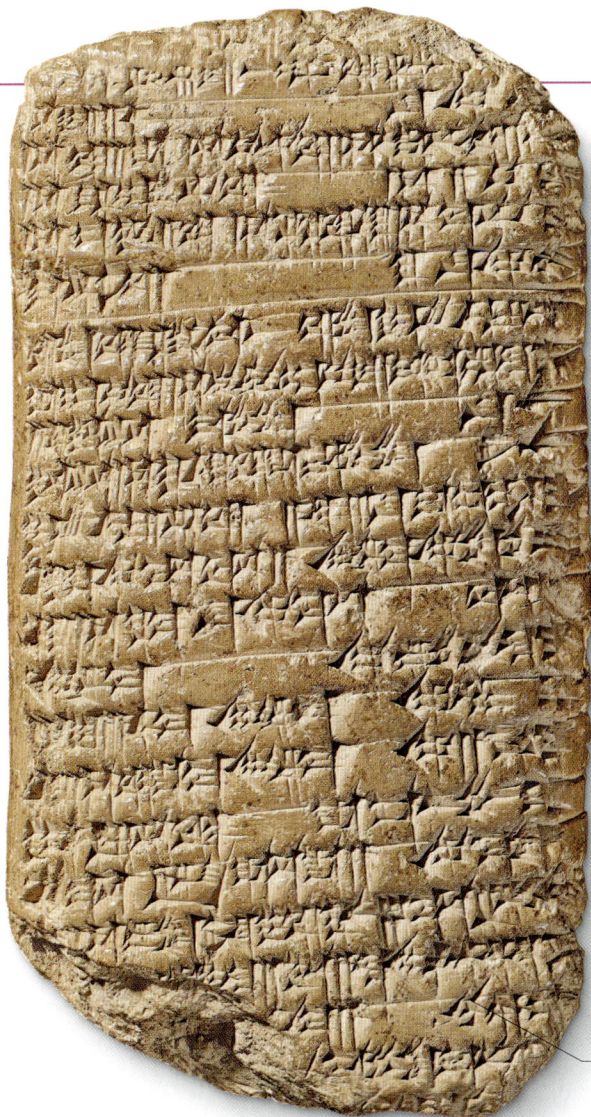

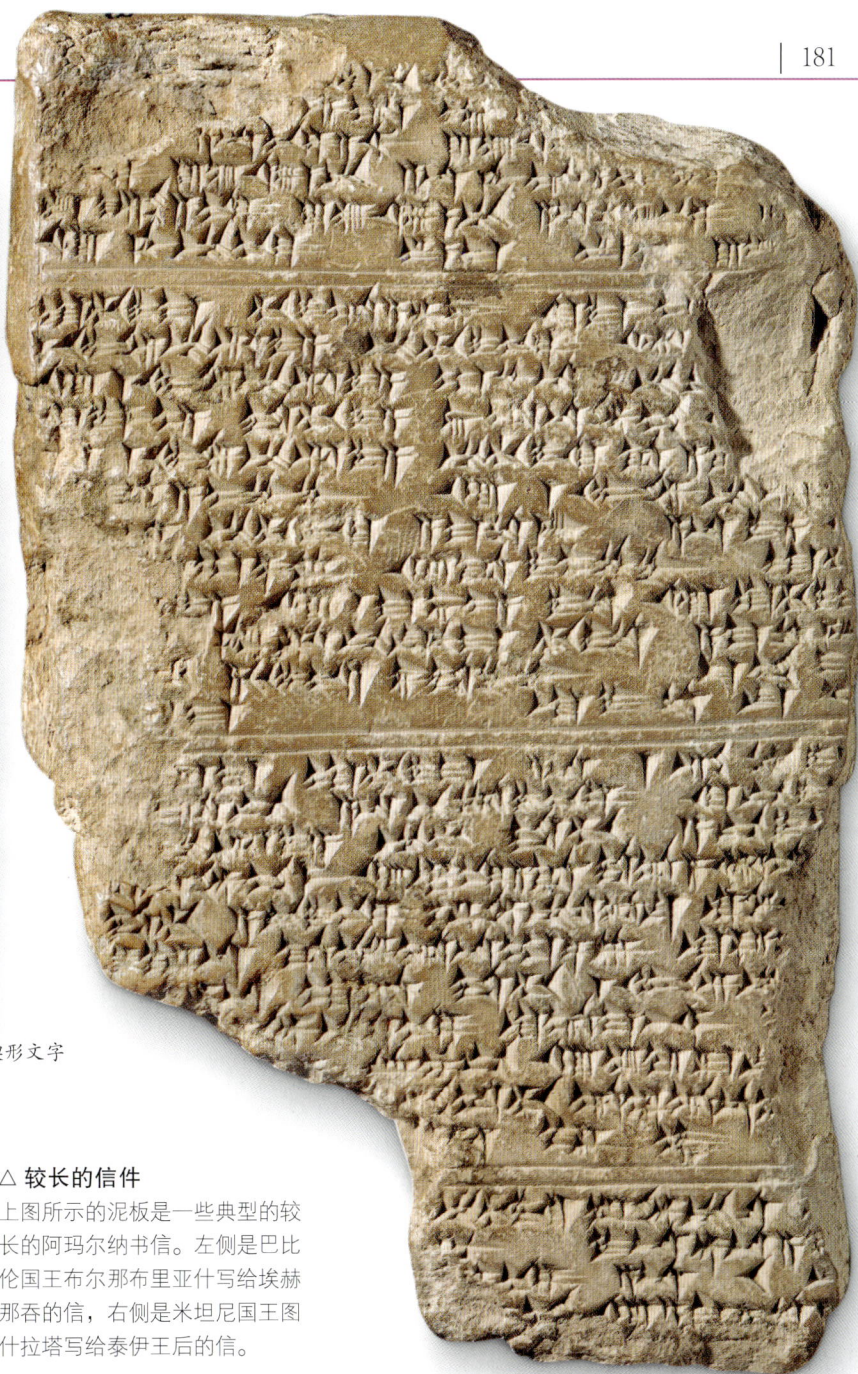

楔形文字

"兄弟国"书信中充满了对彼此尊重的保证，有时也提到随信附赠的礼物。这些通常是一位国王送给另一位国王的私人礼物，也有一些信件透露了两国间的大规模贸易，其中最著名的是关于塞浦路斯岛上的王国阿拉希亚向古埃及大规模运铜的记录。

"附庸国"书信的字里行间也充满了保证的话语，正如由黎凡特各城市的执政者们发出的书信。黎凡特各城市位于古埃及控制下的黎凡特帝国的3个省（迦南、阿布和阿穆鲁）的范围内，附庸于古埃及的执政者们不得不在言行上表达自己对古埃及国王的忠诚。他们自觉地将自己和所在城市置于古埃及帝国的支配之下，例如为途经此地的古埃及军队提供住所；他们也愿意提供古埃及国王所需的资源，例如玻璃等生产技术复杂的材料。

△ 较长的信件

上图所示的泥板是一些典型的较长的阿玛尔纳书信。左侧是巴比伦国王布尔那布里亚什写给埃赫那吞的信，右侧是米坦尼国王图什拉塔写给泰伊王后的信。

乌卢布伦沉船

大约在公元前1300年沉没于土耳其南部海岸乌卢布伦附近的商船，为这一时期国际贸易的存在提供了最好的物证，并且证明了海运对地中海沿岸大型货物运输的重要性。通过这艘商船的复制品，我们可以直观感受青铜时代晚期的商船样貌。目前尚不清楚这艘船的出发地和目的地，但它载有当时东地中海沿线的各种货物，其中在重量和价值上最重要的货物是354锭（9吨）粗铜。

乌卢布伦海岸附近的沉船

阿玛尔纳

太阳王的宫廷

◇

埃赫那吞对太阳神阿吞的忠诚使他营建了这座新都城。在那里，他可以在一个与其他神完全无关的地方独尊阿吞神。

◇

埃赫那吞认为，底比斯在宗教层面不适合作为首都，因为底比斯崇拜阿蒙－拉神的色彩太过浓重。他最初试图通过在卡纳克建造新的崇拜阿吞神的神庙来改变这种局面，但收效甚微。于是他想建立一个全新的、专属于阿吞神的城市，就像底比斯对阿蒙－拉神而言那样。

据说新都的选址遵照的是阿吞神自己的旨意，地址大致位于北部的孟斐斯和南部的底比斯之间。这座城市建在尼罗河东岸悬崖附近的一大片港湾地带，埃赫那吞选址于此的主要原因，是这里从未开发过任何重大建筑工程，是与任何其他神灵都没有过关联的地方。埃赫那吞将他的新都命名为埃赫塔吞，意为"阿吞的地平线"。如今这座城市更为人所

知的名字是阿玛尔纳。

阿玛尔纳神庙

埃赫那吞在阿玛尔纳周围的峭壁上刻凿了一系列界碑，界碑上的铭文清晰地阐明了他建设新都的意图。他表示建设新都的首要目的是为阿吞神建造合适的祭拜场所，所指的两处场所分别是位于城市中心的大阿吞神庙和小阿吞神庙。大阿吞神庙由几座相连的建筑组成，主要包括：被称为"发现阿吞之地"的显圣坛，它不但有一个传统的塔门入口，还有一个开放的庭院，院内有 700 多个供人们向阿吞神献祭的石祭坛；建于毗邻显圣坛区域的砖砌祭坛，其数量远多于石祭坛；矗立在显圣坛后面的圣

△ 权杖头

在阿玛尔纳时期，工匠们用珍贵的材料制作出特别精美的物品。这只精致的金权杖头底部镌刻着梅克塔吞公主的名字。

◁ 北宫

北宫是阿玛尔纳经历过最广泛考古发掘的建筑之一。在此发现的铭文充分证明，这里是埃赫那吞的长女梅丽塔吞公主的寓所。

坛，很可能是专供国王及其直系亲属使用的。小阿吞神庙的用途尚不清楚，有可能是埃赫那吞的葬祭庙。再往南，有为住在阿玛尔纳的王后们建造的稍小的库姆·纳纳神庙和梅鲁－阿吞神庙。

宫殿和陵墓

王室成员在阿玛尔纳的主要居住地似乎是北滨河宫，穿越中心城的王室大道向北最远可达这座宫殿。王室成员可以乘坐马车，沿着王室大道经北宫直达中心城，最后抵达主要用来举行重大仪式和表演的大宫殿。跨过大道的一座桥将大宫殿与中心城里的国王寝宫连接起来，而这座寝宫作为古埃及国王的住所规模相对较小。

埃赫那吞显然计划建造一个类似于底比斯帝王谷的王陵。他将自己的陵墓安排在了阿玛尔纳东边的沙漠谷地深处。与底比斯各类墓葬的形制和选址类似，上层人士被安葬在岩窟墓当中，他们的高等级墓葬位于俯瞰城市的悬崖上，而较低阶层人员则被安葬在城市和悬崖之间的沙漠里。

阿玛尔纳的居民

埃赫那吞界碑上的文字，几乎没有提供有关居民住房、生产作坊和官员办公场所等在阿玛尔纳占大多数的建筑的信息。然而，考古学家们已经发掘出了所有不同的社会阶层曾在广阔的居民区中共同生活的遗迹，这些遗迹大多位于主城区以及北郊和南郊区域（详见第 184~185 页）。

△ 阿玛尔纳平面图

阿玛尔纳位于尼罗河东岸，呈大致与尼罗河平行的南北纵深格局。城市遗址包括东边的沙漠港湾和悬崖。

▽ 宫殿地面

在阿玛尔纳的各个宫殿，很多内部装饰元素的灵感都源于大自然的场景。沿河生长的动植物很受欢迎，工匠使用鲜艳的颜料将它们绘制在石膏地面上。

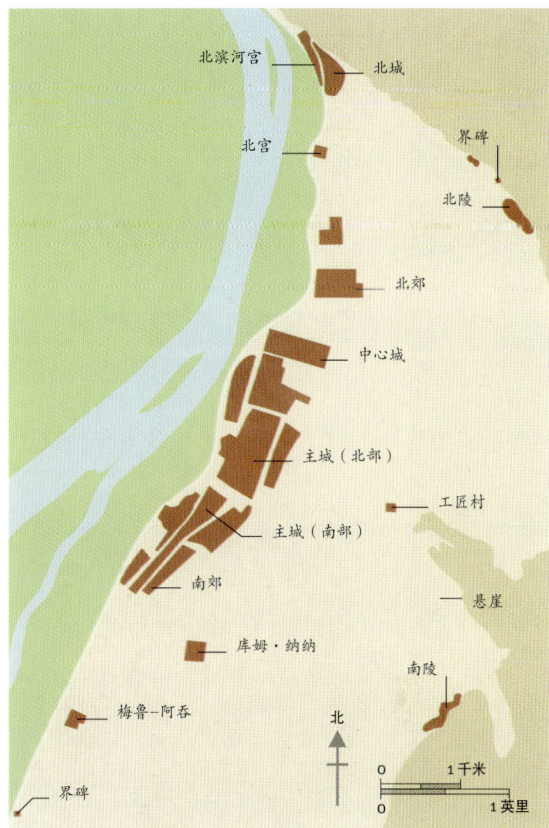

"我要在这里为我的父亲阿吞神建造埃赫塔吞。"

埃赫那吞宣布新都建设计划

拉内弗的家

典型的新王国时代别墅

在阿玛尔纳最重大的考古发现之一，是阿玛尔纳居民区的遗址，这在古埃及的考古发现中是极为难得的，其他地方极少发现这类有关住宅的遗存。上层社会的人口居住的那些结构复杂的大型房屋，通常被称为"阿玛尔纳别墅"，它们有着重大的意义，因为它们提供了有关古埃及上流社会的人们用于家居（有时也用于工作）的建筑的结构信息。阿玛尔纳别墅的最好范例之一（虽然并非最大的）是战车军官拉内弗的一栋别墅，这栋别墅位于阿玛尔纳主城的南部。

▽ 盥洗室

阿玛尔纳别墅配有设备齐全且舒适的盥洗室。仆人可能在盥洗室内给沐浴者倒水，并从坐便椅下取出接便的容器。

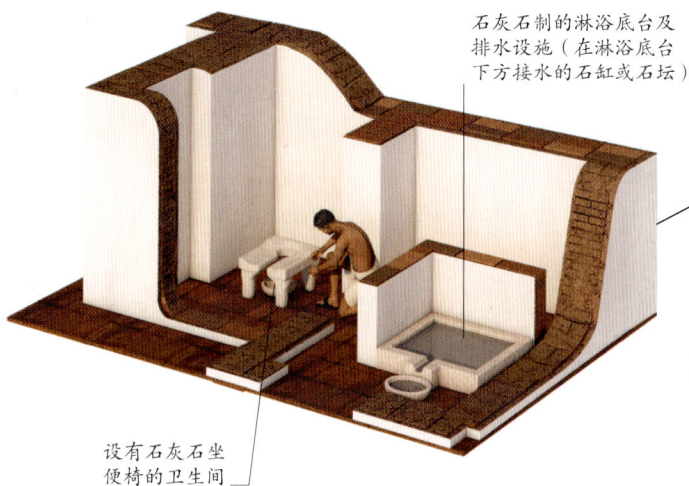

石灰石制的淋浴底台及排水设施（在淋浴底台下方接水的石缸或石坛）

设有石灰石坐便椅的卫生间

通常置于高台上的床榻

木梁的屋顶，上面铺着席子和灰泥

通向一层的带顶门厅

用石膏泥粉刷的外墙

整块石灰石制成的窗楣

二层的几个房间

两扇门，门楣上书写着主人的姓名和头衔

拉内弗别墅及其周围的附属设施

尽管阿玛尔纳别墅在细节上不尽相同，但它们在布局上有共通之处，比如都有中央大厅和附属房间，大多数别墅在主宅外设有户外场地、小祭堂等附属设施。拉内弗别墅的附属设施包括谷仓、一口井和推测是用来准备食物的房间。这些都是生产面包和啤酒等日常生活所需品的关键设施。

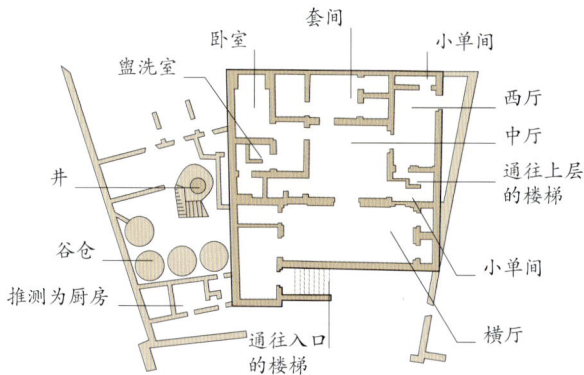

卧室　盥洗室　套间　小单间

井

谷仓

推测为厨房

通往入口的楼梯

西厅

中厅

通往上层的楼梯

小单间

横厅

拉内弗综合建筑群平面图

△ 阿玛尔纳别墅遗址

阿玛尔纳是古埃及唯一一座遗留有新王国时代大型别墅的城市，这里保存条件足够好，因而能让我们得以认清其布局的细节。文献资料显示，在底比斯和孟斐斯等古埃及其他城市，也曾有这样的属于精英官吏及其家人的宅邸，但这些建筑物没能遗留下来。

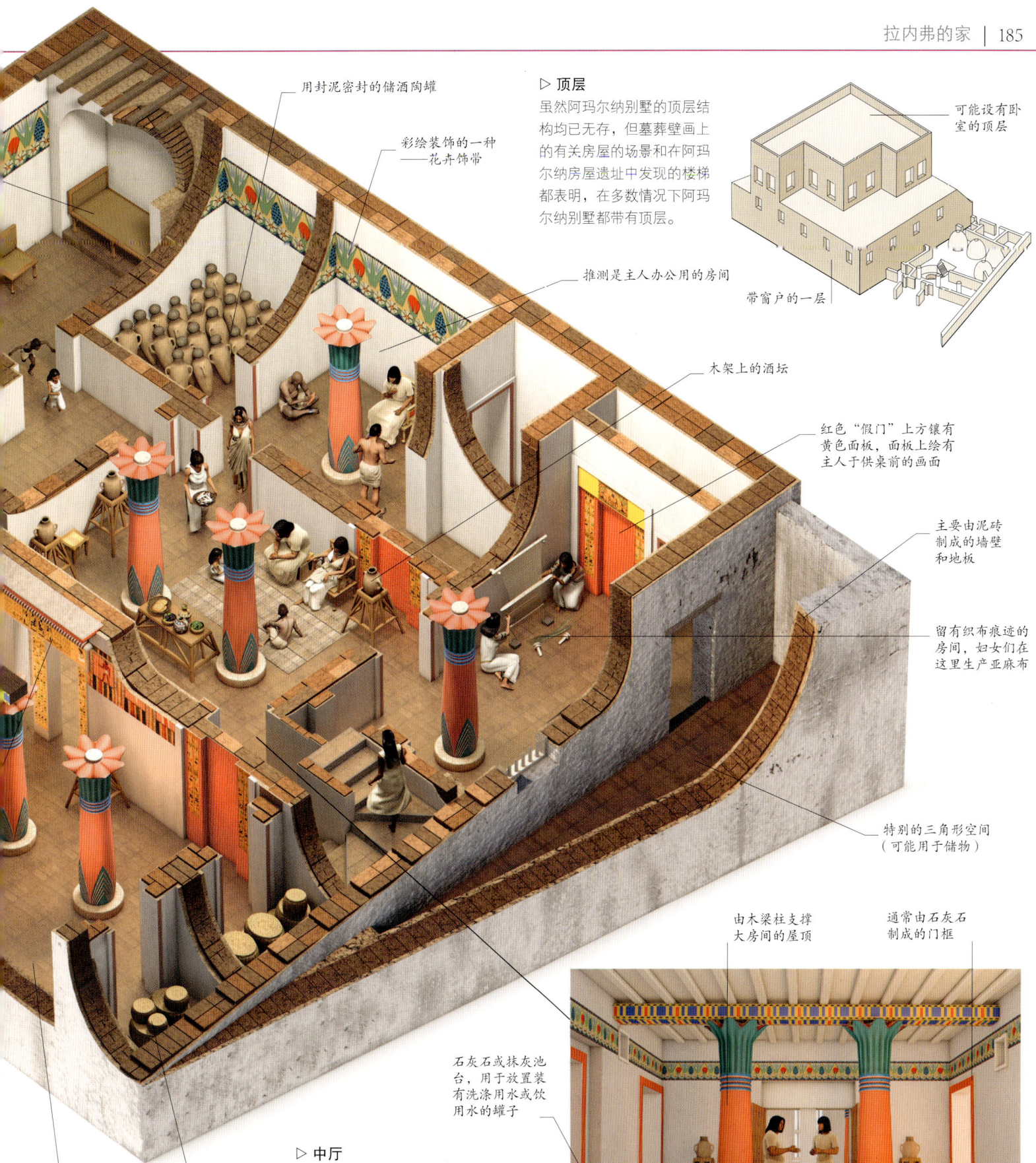

用封泥密封的储酒陶罐

彩绘装饰的一种——花卉饰带

▷ 顶层

虽然阿玛尔纳别墅的顶层结构均已无存，但墓葬壁画上的有关房屋的场景和在阿玛尔纳房屋遗址中发现的楼梯都表明，在多数情况下阿玛尔纳别墅都带有顶层。

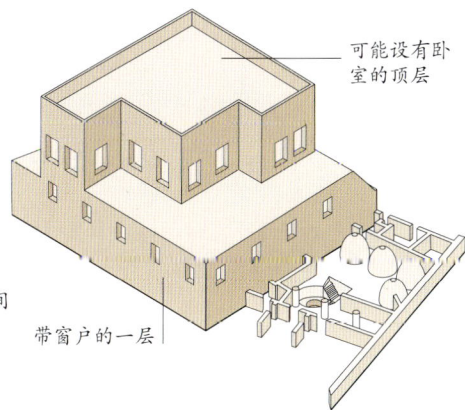

可能设有卧室的顶层

带窗户的一层

推测是主人办公用的房间

木架上的酒坛

红色"假门"上方镶有黄色面板，面板上绘有主人于供桌前的画面

主要由泥砖制成的墙壁和地板

留有织布痕迹的房间，妇女们在这里生产亚麻布

特别的三角形空间（可能用于储物）

由木梁柱支撑大房间的屋顶

通常由石灰石制成的门框

石灰石或抹灰池台，用于放置装有洗涤用水或饮用水的罐子

横厅，一个梁柱结构的超大房间

储存在篮子里的食物和干货

▷ 中厅

中厅通常是阿玛尔纳别墅中最大的房间，是整个建筑结构的中心和社交中心。中厅可能具备多种功能，包括共度家庭时光、接待宾客和举行商务会议。

独特的王冠表
明这尊未刻印
姓名的半身像
刻画的人物是
尼斐尔泰悌

眼部镶嵌
的物体已
经遗失

在石灰岩芯上
用软石膏塑形

▷ **尼斐尔泰悌半身像**
现藏于柏林的尼斐尔泰悌半身像是一
件真人大小的雕像，刻画的是头戴独
特高冠的王后形象。这尊雕像发现于
阿玛尔纳的一间工作室内，工作室的
主人是名叫图特摩斯的皇家雕塑师。
学者们尚在争论，这尊雕像的创作目
的是打造一尊写实的王室雕像，还
是打造一尊用于崇拜的雕像。

尼斐尔泰悌

"美人驾到"

埃赫那吞是阿玛尔纳时期推进主要宗教和艺术变革的主导人物，而在变革过程中，他拥有一位不可或缺的支持者——伟大的王后尼斐尔泰悌。

如今，尼斐尔泰悌是最具辨识度的古埃及历史人物之一，她因被收藏于柏林的半身像而闻名于世。令人惊讶的是，人们对她的真正了解十分有限。关于她的出身、历史地位和最终逝世都缺乏史料，这反而增加了她作为古埃及历史上最神秘、最美丽王后的魅力。

尼斐尔泰悌的名字意为"美人驾到"，曾有人据此猜测她不是古埃及人，而可能是作为和亲新娘被送到古埃及的米坦尼公主。然而，大多数学者认为她是古埃及人，而且有一个叫穆特诺杰姆特的妹妹。尼斐尔泰悌可能与泰伊王后一样，同样来自名门阿赫米姆家族，她的父亲可能是泰伊王后的兄弟阿伊。

尼斐尔泰悌最为人所知的身份，是埃赫那吞的"伟大王后"和6个女儿的母亲。她似乎在阿玛尔纳时期对神学的发展（详见第178~179页）起到了关键作用。例如，在艺术作品中，她是除国王之外为数不多的能让阿吞神伸出"生命之手"的人。的确，阿玛尔纳时期的艺术作品清晰表明，尼斐尔泰悌的重要性仅稍次于国王本人。又如，王室家族在宗教场景中被描绘为神圣的"三位一体"形象，即不再像往常那样是父神、母神和国王，而是神灵（阿吞）、国王（埃赫那吞）和王后（尼斐尔泰悌）。为了反映尼斐尔泰悌在埃赫那吞改革中起到的重要作用，有的艺术作品甚至为她刻画了与埃赫那吞同样的独特面貌特征。

自埃赫那吞在位第12年（当时阿玛尔纳可能正遭受瘟疫）起，尼斐尔泰悌就从所有历史文献中消失了。这引发了很多猜测，人们认为她可能过世、被流放，甚至可能化身为了埃赫那吞的继任者斯门卡拉。然而，最近在阿玛尔纳附近发现的采石场铭文表明，她在埃赫那吞在位第16年时仍在世。按原计划，她本应安葬于阿玛尔纳的王陵中，但她最后的安息之所尚未得到考证。

△ 阿玛尔纳公主
阿玛尔纳时期独特的艺术风格也延伸到了公主的形象上。她们拥有与父亲类似的面部特征，头部也被刻意地拉长了。

◁ 阿玛尔纳王室家族
这件石碑展示了国王、王后和他们的三个女儿在阿吞的光芒下休息。国王希望社会上地位较高的人效仿王室家族来一同崇拜阿吞神。

约公元前1354年，阿蒙霍特普三世去世，阿蒙霍特普四世继位

公元前1349年，埃赫那吞和尼斐尔泰悌迁都阿玛尔纳

公元前1349年，阿蒙霍特普四世更名为埃赫那吞

公元前1342年，尼斐尔泰悌从阿玛尔纳一切历史文献中消失

公元前1341年，长公主梅丽塔吞成为她父亲的重要王妃

公元前1338年，尼斐尔泰悌仍在世

公元前1336年，埃赫那吞去世，斯门卡拉继位

△ 地砖
宫殿的装饰格调往往要突出国王作为外敌征服者的角色。上图这些釉面地砖刻画了各色外敌的形象，以此作为地砖，带有将敌人踩在脚下的意思。

王宫

国王的居所

人们很容易想当然地认为，古埃及王宫一定像18、19世纪时欧洲王宫一样规模宏大、引人注目。其实古埃及王宫并非如此，相对来说还是比较朴素。

尽管古埃及的王陵和大多数神庙是由能够获取到的最坚固耐用的建材（通常为石材）建造而成的，但王宫却不是。同普通古埃及人的住房一样，王宫的建材通常为泥砖，只有少量的石材和木材，很少使用持久性的建材。这意味着国王居住的王宫同普通住宅一样难以久存，极少留存至今。国王来世所居的王陵，和神明能够享祭的神庙是以持久存续为目标建造而成的，以便于国王和众神可以永享来世和永受膜拜。但是国王在有生之年，却可能很少久居一地。

麦迪奈特·哈布宫

这座宫殿是第20王朝国王拉美西斯三世葬祭庙建筑群的一部分，可能是拉美西斯三世在世时所建。若是如此，拉美西斯三世可能既将此宫当作在底比斯的寝居之所，也当作是举行重要仪式的场所。

用于举行仪式的宫殿

另一种类型的宫殿或许可以称作"礼仪用宫殿"。"礼仪用宫殿"是在正式场合下举行公共或半公共仪式的地方。这些宫殿有时会装有一扇高窗，窗框上精心装裱着代表王权的图像，国王可以通过这扇窗俯视忠实臣民并奖赏他们。这种窗被称为"亮相之窗"，经常出现在以这种方式得到奖赏的官员的墓画中。一座小型宫殿的遗迹中也出土了"亮相之窗"。这座宫殿附属于位于麦迪奈特·哈布的拉美西斯三世葬祭庙，与神庙的大庭院毗邻而建，是一个可以让一大群人聚集在国王面前的好地方。

△ "亮相之窗"

这幅墓壁浮雕描绘了一扇"亮相之窗"。这是国王奖赏忠臣的理想之处。

用于临时或永久居住的宫殿

一些涉及宫殿管理的行政文件中，包含了有关古埃及宫廷生活的最有意思的信息。这些文件将国王在埃及四处巡幸时，自己及其随从人员短期逗留的地方统称为"法老停泊之地"。在整个古埃及历史中，国王总是在四处巡幸，到全国各地视察，因此他需要在全国各处设立行宫。行宫必须在国王到来之前用很短的时间快速建成，因此并不是永久性的。国王经常乘船沿尼罗河航行，所以这些行宫可能建在靠近河流的地方。这就解释了为什么这些行宫被称为"停泊之地"，也解释了为什么它们都没能幸存。

一种更具持久性的居所被称作"哈里姆宫殿"，是为众多王室女性及其年幼子女提供的长期寝宫。其中最著名的是位于法尤姆的美迪奈特·古洛布宫城。

用于理政的宫殿

考古遗址也表明，不是所有的宫殿都是主要用于住歇的。比如，发掘于孟斐斯的美伦普塔宫本质上是一个庞大而复杂的谒见厅。根据神庙的建筑结构，美伦普塔宫的布局意味着谒见者须穿过一连串的庭院和大厅，才能到达国王用于断事的王座厅。这一系列大厅还附带了少量私人公寓，但这些公寓几乎都只有一间小卧室和一间小盥洗室，这表明国王在全国四处巡幸时，无须为一套房间的小事而费心。

位于阿玛尔纳的北宫

在埃及很少发现供古埃及王室长期居住的永久性宫殿，但阿玛尔纳这个地方却保留了一组王宫的遗迹。在这里，几座既用作住所又用于公共仪式的宫殿得以幸存。其中的一座被称为北宫，似乎是一位王室女性的寓所，这位女性可能是长公主梅丽塔吞。北宫是一个自成一体的独立建筑群，外有自己的围墙；内部则结合了豪华住宅的特点，比如建有一个大型中央水池；同时宫殿内还建有牛棚、仆人居住区等更多功能性附属建筑。

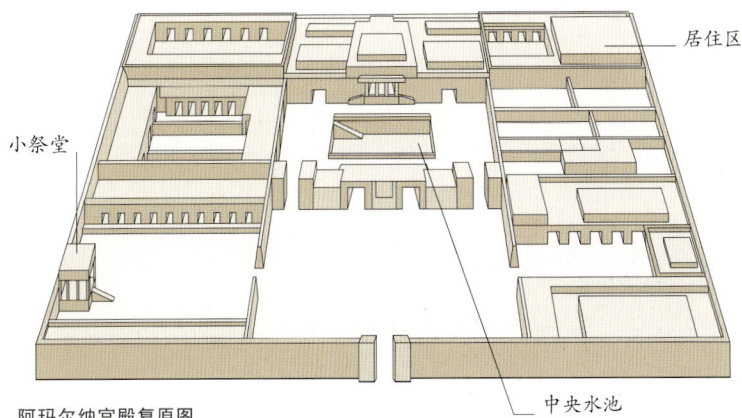

居住区 · 小祭堂 · 中央水池

阿玛尔纳宫殿复原图

图坦哈蒙

与阿玛尔纳的决裂和新的开始

图坦哈蒙虽然寿命不长，但依旧影响了历史的走向。正是在其治下，新都阿玛尔纳及其所代表的一切都被戏剧性地抛弃了。图坦哈蒙的王陵于1922年被发现，这一发现令他愈发名扬天下。

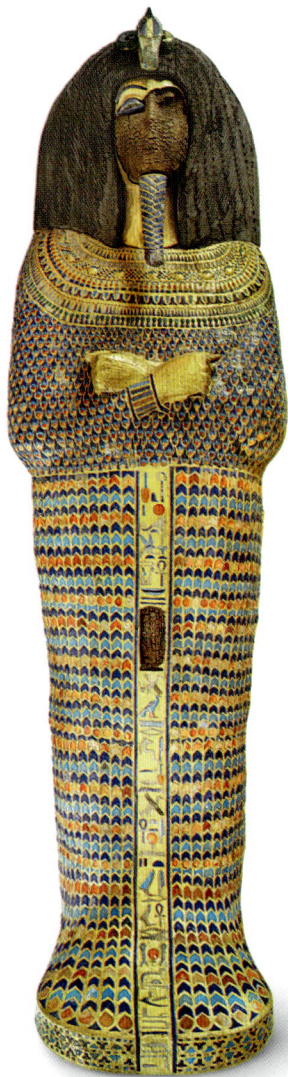

△ 帝王谷第55号墓棺
这副墓棺可能是用来安葬斯门卡拉的。棺木上的王名圈被小心移除，面部则被粗暴地毁掉了，但仍不失为一件令人印象深刻的葬具。

埃赫那吞的身后之事引发了埃及学家们的激烈争辩，专家们无法就一些关键人物的存在、性别或身份达成共识。埃赫那吞的继任者很可能是斯门卡拉。斯门卡拉可能是埃赫那吞的儿子，并娶了埃赫那吞和尼斐尔泰悌的长女梅丽塔吞公主。斯门卡拉的王位名是尼斐尔尼斐鲁吞，与尼斐尔泰悌在拼写上十分相似，这引发了人们对于斯门卡拉和尼斐尔泰悌实际上为同一人的推测，但帝王谷第55号墓（见左图）中所现尸身的可能令这种猜测变得不太可能。无论斯门卡拉是谁，他或她只在约公元前1338至前1336年期间统治了一年多，可能是他或她弟弟的图坦哈蒙就继位了。

图坦哈蒙的统治

以下两个事实证明图坦哈蒙在少年时就即位了：他于公元前1336年至公元前1327年在位，他墓中的尸身是一名十几岁的少年。这意味着，以图坦哈蒙为名义推行的许多举措实际上都是他的近臣所为，其中大多数都曾是埃赫那吞的勋旧之臣。

埃赫那吞改革被推翻的速度之快令人瞠目。图坦哈蒙的名字曾为图坦阿吞，意思是"去阿吞化"，后来才改为图坦哈蒙；他的王后安凯塞帕吞（埃赫那吞和尼斐尔泰悌的另一个女儿）改名为安凯塞阿蒙。阿玛尔纳被弃，宫廷迁往孟斐斯；底比斯再次成为古埃及最重要的宗教圣地，阿蒙被恢复为古埃及的主神。图坦哈蒙在竖立

于卡纳克的所谓"复辟碑"上，明确规划了自己的政治举措。在碑文中，他描述了初登王位时国家的混乱状况，以及他将如何恢复所有古代神灵的应有地位。

从图坦哈蒙统治时期开始，人们试图修复阿玛尔纳时期造成的破坏，其中包括恢复许多纪念建筑上被人为涂抹掉的阿蒙神名。目前尚不清楚，对埃赫那吞遗产（包括阿玛尔纳本身的结构）真正开始实施反攻倒算的时间，是否为图坦哈蒙统治时期，或更晚的时期。

帝王谷第55号和第62号墓

对埃赫那吞改革的推翻，可以从帝王谷第55号墓中得以窥见。1907年第55号墓遭到盗掘时，出土了一批看上去来自阿玛尔纳的物品，其中包括可能原本存在于阿玛尔纳墓中的、属于埃赫那吞母亲泰伊王后的物品，以及属于埃赫那吞妻子基娅王后的随葬品。这批物品中最令人印象深刻的是一尊金棺，金棺最初可能是为基娅王后而制的，后经改造，最终收纳的是一具早逝男性的尸身。人们很容易相信，这具男性尸身的身份是被人从阿玛尔纳带至底比斯的斯门卡拉。

图坦哈蒙的死因尚待研究。

◁ 斯门卡拉和梅丽塔吞
这块石碑上以阿玛尔纳艺术风格加以表现的国王和王后，通常被认为是埃赫那吞的儿子和继承人斯门卡拉，以及埃赫那吞和尼斐尔泰悌的女儿梅丽塔吞。

代表上、下埃及的秃鹫和眼镜蛇

"陛下为众神兴建纪念建筑……并重建他们的神殿。"

图坦哈蒙复辟碑

他的继任者阿伊长眠于阿蒙霍特普三世王陵附近的一座大墓中，而图坦哈蒙却被安葬在帝王谷的一座小墓（第 62 号墓）里。阿伊可能调换了既有的陵墓安排，那座大墓可能原本是为图坦哈蒙设计的，但事实上他的尸身和随葬品却被塞进了狭小的帝王谷第 62 号墓里，而这反而更好地保护了去世后的图坦哈蒙。与大墓不同，第 62 号墓由于规模足够小，且长期被埋在山谷的洪水废墟之下，直到 1922 年被英国考古学家霍华德·卡特发现之前，一直未受扰动。

◁ 黄金面具

这件出自图坦哈蒙墓的黄金面具，被放在包裹成木乃伊的国王面部之上。它是世界古代史上最为壮观的文物之一。

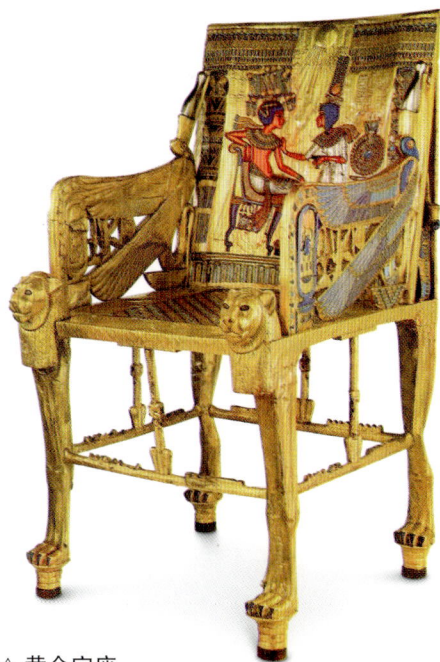

△ 黄金宝座

这件金制王座是图坦哈蒙墓出土的一件珍贵文物。椅背刻画了图坦哈蒙和他的妻子安凯塞阿蒙。位于国王和王后上方的阿吞神的光芒照耀着国王和王后，这证明了宝座的制作时间是古埃及宫廷迁往底比斯之前的阿玛尔纳时期。

雪花石膏制的卡诺皮克罐

除了装有国王遗体的墓棺以外，藏宝仓库中最重要的物品就是镀金的卡诺皮克神龛。神龛内有一个雪花石膏制成的箱子，里面装着存放国王器官的 4 个带盖的雪花石膏制卡诺皮克罐（在木乃伊制作过程中用以储存重要器官的容器），罐盖都雕刻成图坦哈蒙头像的样子。

雕刻传神的罐盖

▽ 陵墓横截面图

图坦哈蒙墓（帝王谷第 62 号墓）的横截面图显示，与位于其上方的拉美西斯六世的传统王陵（帝王谷第 9 号墓）相比，它确实规模很小。

楼梯和斜坡走廊

拉美西斯六世墓入口

拉美西斯六世墓

图坦哈蒙墓

图坦哈蒙墓

为永恒而备

图坦哈蒙入殓于帝王谷的第 62 号墓，而不是原本为他准备的那座大墓。大墓位于西部河谷，紧邻阿蒙霍特普三世王陵。图坦哈蒙死后继承王位的阿伊把这座大墓留给了自己。如何将图坦哈蒙的大量葬具，全部收纳进小墓中有限的空间里，成了一个问题。尽管图坦哈蒙的墓室布置合理，但由于过于有限的空间，大量奇珍异宝被叠压堆放于前厅和附属墓室内。随葬品的混乱分布部分归咎于盗掘活动。盗墓者为盗走有价值的小件随葬品，洗劫了墓葬中的房间，特别是其中的箱子和盒子。

附属墓室

墓中发现的六张床之一

便携式亭子的支撑柱

编织篮和陶罐

存放投掷棍和投掷器的箱子

用于收纳衣物的箱子

分别装饰着神圣河马、奶牛和狮子的 3 张榻之一

被拆卸了的战车

嵌有象牙的乌木凳

装有大块腌肉的餐盒

装有费昂斯彩陶器皿和其他物品的箱子

斜坡走廊（原本被碎石填满）

墓室

太阳船穿行夜空

狒狒代表夜晚
的 12 个小时

◁ 墓室

墓室小到除安置国王遗体的葬具外,几
无空余空间,所以发掘墓室时异常困难。
国王被包裹起来的木乃伊覆着黄金面
具,置于 3 层金棺之内,金棺外是石
英岩质地的外棺,外棺四周嵌有 4 个
镀金的神龛。

三口嵌套的金棺

石英岩石棺

四个镀金神龛
的嵌套位置

前厅

带抬杆的
旅行箱

墓室入口
(原本封闭)

藏宝仓库

冥神阿努
比斯木雕

珠宝盒(已于
古代被盗)

外饰精美
的大箱子

用于保护墓室
入口的真人大
小的守护者

装有衣物和武器
的大箱子

陵墓主入口

大型木船模型

大量装有国王镀
金雕像的黑箱子

保护神龛的 4 位
女神镀金雕像

内有卡诺皮克
罐的镀金卡诺
皮克神龛

装有两个胎儿的棺
木(推测为图坦哈
蒙的孩子)

第 18 王朝的终结

争夺王位的斗争

在第18王朝末期，各个强权人物都在试图夺取古埃及的王位。此时，当同一个王室家族连续掌权两个世纪之后，王统承继就已经难以为继了。

图坦哈蒙因早逝而没有留下继承人，从而造成了一场复杂的继承危机。王室中没有合适的男性继承人，埃赫那吞和阿蒙霍特普三世都没有留下直系血脉。而且此时，埃赫那吞的大女儿梅丽塔吞公主也已去世。

图坦哈蒙的遗孀安凯塞阿蒙具备继统的可能，有证据表明她似乎也在试图为自己争取王位。一封致赫梯国王的信中写道，一位匿名的、丈夫刚去世的古埃及王后邀请赫梯国王派一个儿子到古埃及，让他娶她为妻并成为新任古埃及国王。赫梯国王确实派了一个儿子，但他死在了赴古埃及的路上，而这对于改善古埃及和赫梯之间已然恶化的关系几乎没有起到什么作用。

国王阿伊

图坦哈蒙墓的壁画清楚地表明了从这场王位继承人危机中脱颖而出的新王的身份。图中，已故国王的葬礼由一位名叫阿伊的新国王主持。阿伊可能是尼斐尔泰悌的父亲。他曾是阿玛尔纳时期的重臣，后来继续为图坦哈蒙效力，此时又自封为王。由于图坦哈蒙宫廷另一位重要成员——野心勃勃的郝列姆赫布将军的缺席，他轻而易举地谋得了王位。郝列姆赫布将军缺席的原因，可能是在图坦哈蒙去世时，他一直在与赫梯人交战。阿伊当上国王时年事已高，所以享国仅3年，郝列姆赫布就于其身后获取了王位。

国王郝列姆赫布

在成为国王之前，郝列姆赫布就已经在为自己营建风光大墓。与当时主要活跃于古埃及北部（特别是孟斐斯）的高官一样，他本打算葬在萨卡拉。由于精英们跟风在乌那斯金字塔以南比肩建墓，从而使这片孟斐斯城的古老墓园再次变得重要起来。这些高等级陵墓仿照神庙而建，有宏伟的塔门、柱廊大厅和开放式庭院。在郝列姆赫布为自己营建的大墓里，他被描绘成一位成功的将军，不仅俘虏了

△ **图坦哈蒙墓中的阿伊**
在图坦哈蒙墓中，阿伊（右）正在为图坦哈蒙（中）做来世的准备。确认新国王身份的是阿伊头戴的蓝色王冠，以及被写在王名圈里的名字。

努比亚人独特的发型

> "看呐，阿蒙神来到宫殿……要将王冠戴在他的头上。"

郝列姆赫布继位宣言

◁ **努比亚战俘**
郝列姆赫布通过在孟斐斯大墓的墙壁上装饰外国战俘被带到古埃及的场景，来彰显他的军功。

金项链，这是王室对
获军功者授予的奖励

郝列姆赫布成为国王后，
加刻的乌赖乌斯王室标志

△ **郝列姆赫布受赏**

在新王国时代的私人墓葬中，得到国王封赏的场景很常见。在这幅出自孟斐斯大墓的浮雕碎片中，郝列姆赫布正沉浸在图坦哈蒙授予他军功章的喜悦中。这种军功章被称为"勇士金"。

无数战俘，还得到了图坦哈蒙的嘉奖。然而在成为国王之后，郝列姆赫布在帝王谷为自己建造了另一座王陵，并最终葬在帝王谷。与此同时，他为了彰显自己称王后获得的尊贵身份，将原建于孟斐斯的大墓加以改造，并在此前自己雕像的额头上加刻了乌赖乌斯。

郝列姆赫布和普拉美斯

郝列姆赫布在位期间，延续了后阿玛尔纳时期图坦哈蒙开启的政治复辟（详见第190~191页）。除此之外，他还专注于对外事务。在埃赫那吞统治期间，赫梯人有效地征服了米坦尼王国，并接管了米坦尼王国治下的黎凡特帝国。起初，由于赫梯人保持谨慎，没有侵犯古埃及的领土，所以赫梯对于古埃及来说不构成问题。然而，到了第18王朝末期，古埃及和赫梯两个超级大国之间的关系，已然恶化至兵戎相见的程度。

郝列姆赫布没有子嗣，为了避免出现继承危机，他任命了另一位名为普拉美斯的高级将领作为自己的王位继承人。这是一个明智的选择，确保了古埃及在与强劲外敌作战之时，王位掌握在军事强人手中。此外，普拉美斯（即后来的拉美西斯一世），已经有了一儿一孙。这意味着古埃及有了一个后继有人的新王室，即后人所称的第19王朝。

◁ **普拉美斯的书吏像**

古埃及贵族经常选择将自己刻画为谦逊的书吏形象。然而，普拉美斯雕像上的铭文却描述了其功业与崇高地位。

5

新王国时代后期

约公元前1295~前1069年

新王国时代后期

第19王朝和第20王朝各有100年左右的历史，它们共同构成了新王国时代的后期。这一时期的主导人物是拉美西斯二世，他的统治时期占了新王国时代后期的近三分之一。

拉美西斯时期的古埃及

拉美西斯二世延续了其父亲塞提一世在古埃及各地和努比亚开展的土木工程。在阿拜多斯，他不仅完成了塞提一世神庙的建设工程，还为自己建造了一座神庙。事实上，古埃及的每座主要城镇都从土木工程中有所受益，尤其是进行过大规模集中建设的底比斯和孟斐斯。他在努比亚建造了包括阿布辛贝勒神庙在内的高规格纪念建筑，还把自己位于尼罗河三角洲东部的家乡改建为帝国首都，并以自己的名字命名为培尔－拉美西斯。

出自这一时期的另一个主要考古遗址，是代尔·麦地那村，该村为在帝王谷工作的工匠所建。这里出土的文物聚焦于古埃及普通劳动者的家庭生活，代尔·麦地那也因此成为了世界上最著名的古村落之一。

友邻与外敌

在第19王朝的大部分时间里，主导古埃及外交政策的是与另一个地区性大国——赫梯之间的关系。古埃及和赫梯两个大国在塞提一世统治时期和拉美西斯二世统治前期的军事对抗状态最终结束，双方通过签订和约实现了相互谅解，促成了40余年的相对和平。然而，拉美西斯二世的继任者美楞普塔在位期间，古埃及面临一个越来越严峻的问题，即大批来自西方的利比亚人试图集体向东迁移到尼罗河三角洲定居。第20王朝国王拉美西斯三世统治期间，古埃及不得不反复出兵打击这些顽固的移民，然而在三角洲东部安置利比亚战俘的后果，又在第三中间期显现出来。

也许对拉美西斯三世而言，更具挑战性的问题是被称为"海上民族"的联盟对古埃及的入侵企图。在徘徊于古埃及国门、并企图入侵之前，"海上民族"已然横扫了他们眼前的一切。

第20王朝的困境

第20王朝国王们面临的困难不仅是外敌入侵，还包括内政问题。拉美西斯三世是第20王朝最成功的一位国王，这不仅是因为他所取得的军事胜利，还因为他是载入史册的最后一位在底比斯建成全部三大纪念建筑的古埃及国王。他设法完成了历代国王都有的，建造纪念建筑的三大心愿：在帝王谷建王陵、扩建卡纳克、建成自己的大型葬祭庙。

拉美西斯三世去世后，又有8位名为拉美西斯的国王先后统治古埃及，但他们中没有一位能与拉美西斯三世的成就比肩。到拉美西斯十一世统治时，王权衰落，古埃及面临着诸多困境——经济持续衰退、盗墓频发，以及利比亚部落的大举入侵。

◁ 孔苏的木乃伊面具

公元前1294年，塞提一世继位，随即在阿拜多斯为自己修建神庙

公元前1274年，拉美西斯二世在卡叠什战役中抗击赫梯人

公元前1295年，拉美西斯一世登基为王，开启第19王朝

公元前1279年，拉美西斯二世继位，启动阿布辛贝勒神庙的建设工程

公元前1259年，古埃及与赫梯缔结和平条约

罗德岛
乌卢布伦
克里特岛

地中海

塞浦路斯

迦基米施
阿勒颇

乌加里特

卡叠什
毕布罗斯

扎维特·乌姆·拉哈姆

耶路撒冷

尼罗河三角洲
加沙
培尔–拉美西斯

下埃及

锡瓦绿洲

孟斐斯 ❶

巴哈利亚绿洲

赤伊士湾

东部沙漠

塞拉比特·哈迪姆

法拉法拉绿洲
西部沙漠

阿拉伯沙漠

上埃及

红海

达赫拉绿洲

底比斯 ❷

哈尔加绿洲

阿斯旺 ── 第一瀑布

盖尔夫·侯赛因

阿尼巴 瓦迪·埃斯塞布阿干河谷

阿布辛贝勒 ❸

新王国时代后期
努比亚和黎凡特的重要
考古遗址表明，古埃及
在新王国时代后期对更
广阔的世界依然保持着
兴趣。

布亨
塞姆纳 ── 第二瀑布

西阿马拉

索列布/塞贝戈

塞瑟比
── 第三瀑布
克尔玛

尼罗河
库尔古斯

北
0　　200 千米
0　　200 英里

格贝尔·巴卡尔/纳帕塔
第四瀑布 ── 第五瀑布
库鲁

麦罗埃

❶ 孟斐斯的拉美西斯二世神庙西厅

❷ 底比斯的卢克索神庙

❸ 阿布辛贝勒神庙

公元前1213年，拉美西斯二世去世，美楞普塔继位

公元前1184年，拉美西斯三世登基，与利比亚人和"海上民族"战事不断

公元前1099年，拉美西斯十一世继承拉美西斯十世的王位

公元前1188年，特沃丝拉成为第19王朝末代国王

公元前1126年，拉美西斯七世继位，帝王谷盗墓频发

公元前1069年，拉美西斯十一世去世，第20王朝和新王国时代终结

塞提一世

恢复秩序

在动荡的阿玛尔纳时期之后，第19王朝国王塞提一世为古埃及带来了一段稳定的时期。塞提一世沿袭了新王国时代君主的传统形象，扮演了军事领袖和古埃及（特别是底比斯和阿拜多斯）诸神庙缔造者的角色。

△ 蓝色夏勃梯

塞提一世的随葬品包括数百件蓝色釉面的夏勃梯（代表逝者在芦苇之境为神工作的仆人形象）。每尊夏勃梯雕像都佩戴着专属于王室的尼美斯头巾，手持在来世为奥西里斯工作所需的工具。

年迈的拉美西斯一世在位一年多便去世了，其王位传给了他的儿子塞提一世。塞提一世将拉美西斯一世安葬于帝王谷的一座较小陵墓中，然后着手开创属于自己的帝业。

秩序与和谐

在新王国时代后期，"恢复传统"是纪念建筑铭文中的常见内容，特别是在新任国王建造的纪念碑上尤为多见。新国王们希望通过修复之前统治者造成的破坏，来突出自己与前任国王的不同。塞提一世想治理阿玛尔纳时期造成的社会混乱，在古埃及重新建立起代表宇宙秩序的玛阿特的地位。他的重建与恢复工作在当时的重要工程中也有所体现，他借机在公共建筑上加上自己的王名，以扩大自己在当世的影响，让全埃及各地的人都知晓他的存在。

他也继续推进在施建设项目的实施，其中最著名的是卡纳克神庙的多柱大厅。

塞提一世是一位遵循传统的国王，他在底比斯开展的工程尤其如此，不仅扩建了卡纳克，还在西岸的古尔纳为自己建造了一座葬祭庙。但塞提一世也是一位创新者，他曾在一些不同寻常的地方兴建神庙，比如在东部沙漠卡纳伊斯一处紧邻水井的位置，为在该地区工作的矿工专门建造了一座神庙。

塞提一世修建的最著名的纪念建筑是他建于奥西里斯埋葬地阿拜多斯的神庙。按照当地的古老传统，塞提一世建造了一座巨大的玛哈神庙，里面有7座用于崇拜神灵的祭堂，主要供奉奥西里斯家族成员和塞提一世本人。在神庙后面，塞提一世用大块花岗岩建造了所谓的"奥西里昂"，即奥西里斯的地下假墓穴。

荷鲁斯为他的父亲奥西里斯祭酒

▷ 塞提一世神庙

位于阿拜多斯的塞提一世神庙有着精雕细琢、画工精细的墙壁，是古埃及最美的神庙之一。神庙采用最优质的石灰石建造，且保存得非常完好。

△ 献祭

拉美西斯一世在他短暂的统治期间内，几乎没有建造纪念建筑，仅有的建筑中最具价值的是位于阿拜多斯的一座小祭堂。这座小祭堂于拉美西斯一世在位时期开工，于塞提一世在位时期竣工。这件浮雕出自这座小祭堂的一面墙上，刻画的是拉美西斯一世向奥西里斯献祭的场景。

战士塞提

自登基伊始，塞提一世就决心夺回古埃及帝国在阿玛尔纳时期及该时期刚结束不久时丢失的黎凡特地区的几个省。第一年，他穿越西奈半岛北部，重新夺回了迦南省的首府加沙。在后来的战役中，他进一步向北推进，并将乌皮省重新置于古埃及的控制之下。他还占领了黎凡特的第三省阿穆鲁以及卡叠什城，尽管赫梯人很快又夺了回去。

为了纪念自己参与的战役，塞提一世在贝特·谢安和大马士革等城镇竖立纪念碑，并在神庙墙壁上雕刻反映相关内容的浮雕。卡纳克多柱大厅的外墙展示了有关他参战的详细图像，包括他率领军队越过边境攻入西奈半岛、镇压包括贝都因（又称沙苏人）在内的敌人，以及在西部战胜利比亚人。

塞提一世在位 16 年后，于古埃及北部去世。他的尸身被沿尼罗河运抵底比斯，然后安放在一个由半透明的方解石制成的石棺里，葬入他早已备好的王陵中。这是帝王谷有史以来为君主修建的最长、最深的墓。

▷ 与女神同在的国王

塞提一世派人建造的王室纪念建筑，是这类建筑中最精美的一批。在他位于帝王谷的陵墓中，他和女神哈托尔的形象（见右图）被刻画在一根覆盖着灰泥并饰有雕刻和彩绘的大柱上。

卡纳克神庙建筑群

底比斯众神的归所

在新王国时代，底比斯北部卡纳克的神庙建筑群成为了当时世界上最大的宗教中心之一。卡纳克神庙建筑群以阿蒙－拉神庙为核心，在上下2000年的时间里，得到了历代国王持续不断地增补和修建，形成了包括卢克索神庙和帝王谷在内的宗教建筑群的核心。紧邻阿蒙－拉神庙建筑群围墙的南面，是属于阿蒙－拉的妻子穆特女神的较小建筑群，北面则是底比斯地方神孟图的神庙。

△ **多柱大厅鸟瞰图**

阿蒙－拉神庙最重要的部分之一是宏伟的多柱大厅。多柱大厅主要建造于塞提一世和拉美西斯二世时期，由134根15~22米高度不等的柱子组成。

玛阿特神庙

孟图神庙

第25王朝国王塔哈尔卡建造的柱廊

圣湖

孟图神的圣域

阿蒙小神庙

紧贴围墙而建的小祭堂

普塔神庙

第18王朝国王图特摩斯三世的阿赫－梅努节日大厅

卡纳克神庙的圣湖

"倾听之耳"神庙

神庙的中心圣堂

▷ **卡纳克神庙建筑群复原图**

在2000年间，卡纳克发生了巨大变化，而它在各个时期都是热闹的祭拜场所。这幅复原图展示的是古埃及王朝时代末期的布局。

◁ **斯芬克斯大道**
往返卡纳克的大道上，通常排列着人头或羊头的斯芬克斯，尤其是从阿蒙－拉围墙分别通往穆特围墙、第一塔门以及卢克索神庙的路线上。

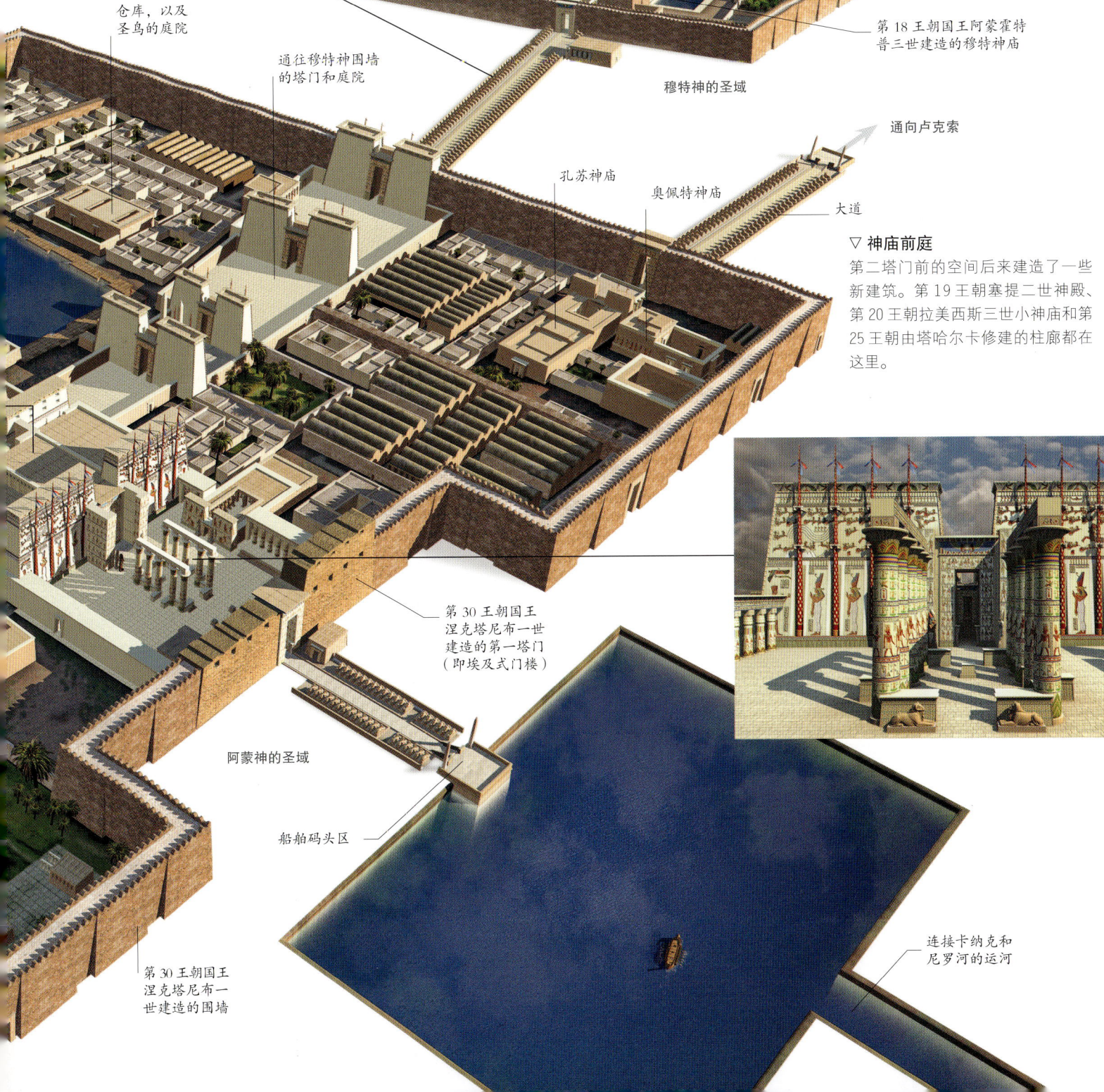

孔帕切德神庙

神庙周围的马蹄形湖

第20王朝国王拉美西斯三世建造的南神庙

第18王朝国王阿蒙霍特普三世建造的穆特神庙

穆特神的圣域

仓库，以及圣鸟的庭院

通往穆特神围墙的塔门和庭院

孔苏神庙

奥佩特神庙

通向卢克索

大道

▽ **神庙前庭**
第二塔门前的空间后来建造了一些新建筑。第19王朝塞提二世神殿、第20王朝拉美西斯三世小神庙和第25王朝由塔哈尔卡修建的柱廊都在这里。

第30王朝国王涅克塔尼布一世建造的第一塔门（即埃及式门楼）

阿蒙神的圣域

船舶码头区

第30王朝国王涅克塔尼布一世建造的围墙

连接卡纳克和尼罗河的运河

阿蒙神的圣域

众神之王阿蒙-拉的宫殿

阿蒙神庙是古埃及最重要的纪念建筑之一。神庙的遗址规模巨大，其中的柱廊、塔门、方尖碑和雕像令置身其中的到访者自觉渺小。

就纪念建筑而言，如果说金字塔是古王国时代最典型的建筑类型，那么神庙就是新王国时代最典型的建筑类型。古埃及的很多城市都有令人印象深刻的神庙，而位于卡纳克的阿蒙神庙是这些神庙中最为壮观的一座。

为阿蒙而建的众多建筑

首次在卡纳克地区大兴土木的浪潮发生在中王国时代。由于当初的底比斯地方统治者成为了实现古埃及统一的国王，所以他们有能力举全国之力，来为自己的守护神"阿蒙"打造一座宏伟的家园。主要由第12王朝国王们完成的"阿蒙"神庙，其大部分早已淹没于后世的建设工程之中，只有一小部分得以幸存，比如第12王朝国王辛努塞尔特一世建造的白色小祭堂。新王国时代见证了卡纳克最引人

◁ 神庙建筑群的中轴线
由于保护神庙建筑群入口的大门现已无存，到访者可以毫无遮挡地从主入口一直望到位于神庙中心位置的圣堂。

注目的建筑工程，此时的国王们竞相超越先王，为阿蒙建造规模更大的建筑，并将阿蒙与太阳神融合，称之为阿蒙－拉。其中最宏伟的建筑包括第 18 王朝图特摩斯一世、哈特舍普苏特和图特摩斯三世兴建的一体式花岗岩方尖碑，以及第 19 王朝拉美西斯二世完成建造的巨型多柱大厅。第 18 王朝的阿蒙霍特普三世还在建筑群中增建了多座通向神庙的塔门。

神庙的设计

尽管 2000 多年来国王们对卡纳克神庙的不断扩建使其看起来结构复杂，但实际上这些建筑的设计理念非常简单，都是遵循着与早王朝时代神庙一样的基本蓝图（详见第 36~37 页）。居中的圣堂里供奉着坐在圣船神龛里的阿蒙－拉神像，人们在一年中

▷ 拉美西斯二世巨像
拉美西斯二世在古埃及各地都竖立了自己的巨大雕像。右图的这座雕像高 15 米，位于卡纳克第二塔门的前方。

的不同时间都要为这座神龛举行巡游。因此阿蒙神庙的建筑布局具有如下特征：所有建筑都要围绕位于中轴的巡游路线进行布局；这条巡游路线从神庙出发，向西直通尼罗河，向南直通穆特神庙和卡纳克。历代国王规划卡纳克扩建工程时都必须遵循这一布局特征。因此所有的塔门、庭院或柱廊大厅都是对称建造的，要么围绕中轴线建造，要么建于中轴线的某侧（如拉美西斯三世加建的侧庙）。

▽ 阿蒙－拉神庙
建筑工程必须围绕神庙建筑群的中轴线进行规划，因为祭司们需要沿着这条笔直的中轴线，抬着阿蒙的神龛巡游。因此，所有后来新增的建筑都建在中轴线的两侧，赋予了神庙独特的对称性。

第 18 王朝国王图特摩斯三世建造的阿赫－梅努节日大厅

第 18 王朝国王图特摩斯一世、哈特舍普苏特和图特摩斯三世分别兴建的方尖碑

多柱大厅

立于塔门前的旗杆

第三中间期统治者们增建的门廊

保留中王国时代部分神庙遗迹的庭院

内设阿蒙－拉神圣船神龛的圣堂

第 18 王朝国王郝列姆赫布和第 19 王朝国王塞提一世建造的第二塔门

第 20 王朝国王拉美西斯三世增建的侧庙

第 25 王朝国王塔哈尔卡增建的柱廊

第 30 王朝国王涅克塔尼布一世建造的第一塔门

环绕整个阿蒙圣域的外墙

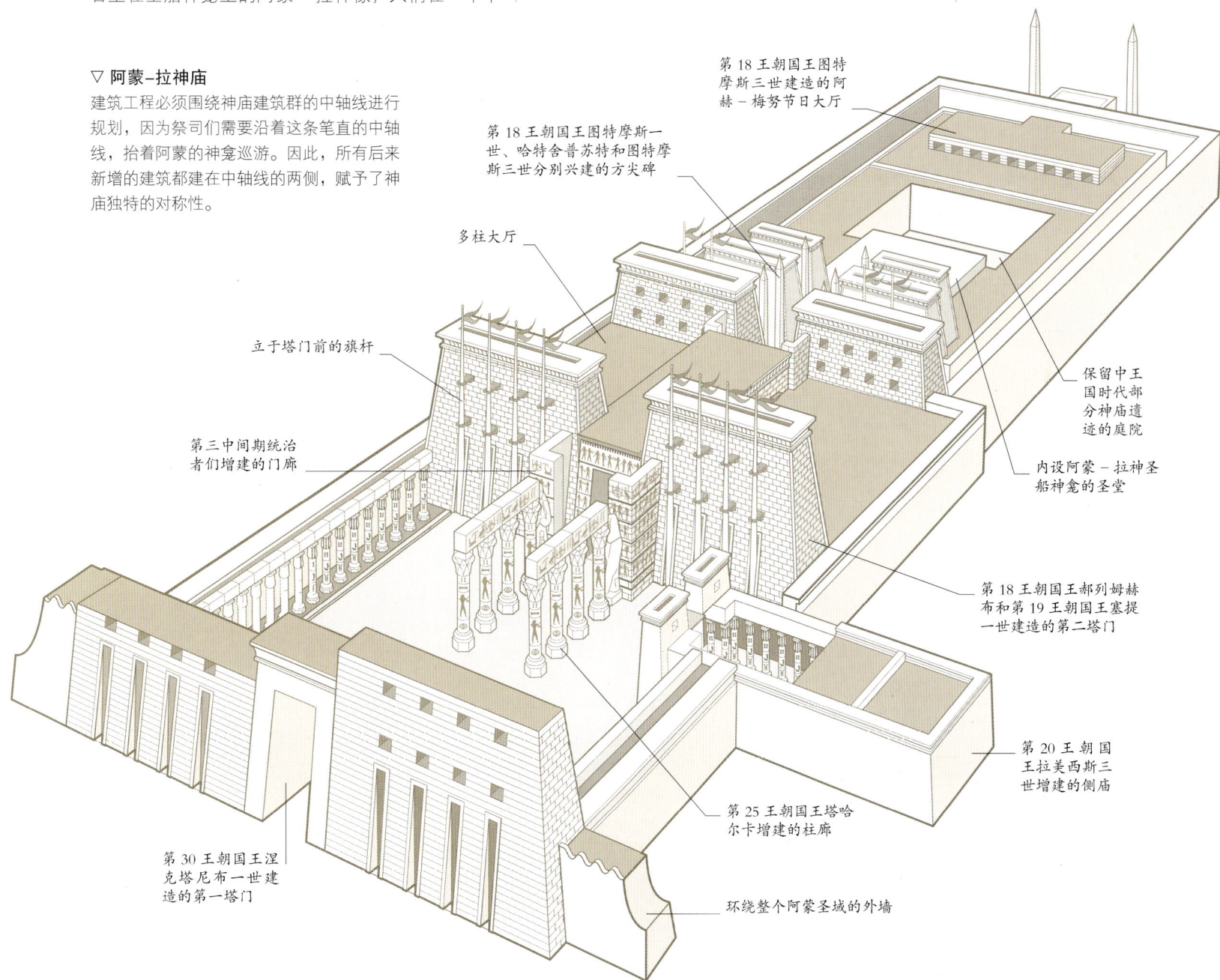

底比斯的葬祭庙

"千秋万载的宅邸"

▽ 麦迪奈特·哈布塔门
葬祭庙的巨大塔门往往被用来展示国王的威权和丰功伟绩。这座塔门正面刻画的是第20王朝国王拉美西斯三世击败敌人的场景。

当帝王谷在新王国时代被选定为王陵的新址后，葬祭庙就无法再毗邻王陵而修建。

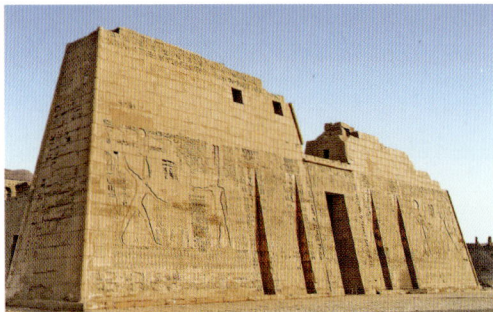

最晚从古王国时代的初期开始，王陵就不再仅仅是埋葬国王之地，更是一个永远崇祭已故先王之所。正如金字塔铭文所述，当国王去世后，虽然他会在来世加入众神的行列，但他的"卡"仍留在墓中接受臣民的食物供奉（详见第70~71页）。

为此，古埃及人需要在金字塔旁为先王修建葬祭庙。葬祭庙（详见第82~83页）通常设置在王陵建筑群内，是由最耐用的建材打造成的宏大建筑。中王国时代金字塔再次兴盛时，葬祭庙就建在金字塔旁。

在新王国时代形成了新的传统，使得葬祭庙不能再建在王陵旁。首先，自第18王朝伊始，国王开始被安葬于帝王谷的隐蔽王陵中（详见第160~161页）。帝王谷中的王陵注定要被隐蔽起来，如果将葬祭庙建在王陵旁，会暴露王陵的位置。其次，山谷的地形不适合建造葬祭庙这种大型建筑。第三，帝王谷地势险要，难以进入，而葬祭庙是定期向国王致祭的场所，如果葬祭庙建在帝王谷，将不便于人们日常供奉。

王陵的新形制

解决这一问题（即葬祭庙不能再建在王陵旁）的办法是调整王陵布局，将葬祭庙与王陵本身分开。这种布局调整的阶段性成果，可以在位于代尔·巴哈里的哈特舍普苏特葬祭庙中看到。哈特舍普苏特葬祭庙紧邻底比斯山的一侧，而哈特舍普苏特的陵墓则开凿于山脊另一侧的帝王谷中，底比斯山的岩石自然地将她的葬祭庙和陵墓联系起来。然而，这一时期的大多数葬祭庙都建在沙漠边缘，靠近底比斯西岸的居住区，因而离陵墓更远。这种神庙与陵墓相隔甚远的布局方式受到一种新建筑形式的启发，而当时这种建筑形式已经被用于传统的祭祀神庙。

所有神庙都具有某些共同特征，即塔门、露天庭院和多柱大厅。举例来说，从外部看去，拉美西斯三世位于麦迪奈特·哈布的葬祭庙与其他所有的主要祭祀神庙没有明显的区别。然而，国王神庙有着与众不同的含义，被称为"千秋万载的宅邸"，旨在纪念已成神的国王留下的不朽遗产。

装饰与功能

哈特舍普苏特的葬祭庙形制在其他方面也影响深远。从广义上讲，哈特舍普苏特神庙的外部装饰展示并颂扬了她作为国王所取得的成就。这一表现形式和内容主题为后世国王所继承，只不过后世国王展示的成就往往在本质上更偏向军事领域。她的神庙内部将她和众神直接关联在一起，建筑形制也与之相匹配。哈特舍普苏特神庙和建于

△ 麦迪奈特·哈布的浮雕
这件浮雕出自位于麦迪奈特·哈布的阳光庭院，刻画的是阳光崇拜的场景。国王带领一群崇拜太阳的狒狒，赞美太阳神拉。

△ 麦迪奈特·哈布的天花板
大部分底比斯神庙的装饰表面已经失去了原有的色彩，但也有少数例外。上图中位于麦迪奈特·哈布的天花板向我们展示最初颜料的色彩是多么的鲜艳。

300年后的拉美西斯三世神庙，都有一套献给奥西里斯的封闭房间、一个献给太阳神拉－荷拉赫提的开放式阳光庭院，以及一间专门纪念其已故父王的附属小祭堂。然而，以上这些神庙和这一时期所有葬祭庙中，最重要的元素是一间中央小祭堂，或一组建在神庙核心的小祭堂建筑群。

这些小祭堂是为了安放阿蒙－拉神及其家人的圣船而设计的。在宗教节日期间，阿蒙－拉神及其家人将以神像巡游的形式乘圣船渡过尼罗河，造访河对岸的王室葬祭庙。这一仪式将底比斯的主神与埋葬在帝王谷（位于尼罗河西岸，与卡纳克隔河相望）的国王们联系在一起。

▷ 阿蒙–拉神为国王拉美西斯二世加冕
葬祭庙的浮雕通常描绘国王与众神之间的独特关系。右图中的阿蒙－拉神肯定了拉美西斯二世的统治权，祝福他的统治长久且成果丰硕。

▽《阿尼纸草》

这是最精美的亡灵书之一，它属于第19王朝底比斯一位叫阿尼的书吏。这幅亡灵书中的小插图，展示了阿尼及其妻子在众神面前接受最终审判的重要环节——称量心脏。

阿尼的"巴"（灵魂的组成部分，用以区别人的肉体。在古埃及的艺术表达上，常以人头鸟为造型）注视着整个最终审判的过程

阿努比斯（古埃及神话中的死神，以豺狼头、人身的形象在法老的葬墓壁画中出现）用玛阿特的羽毛作为砝码，给心脏称重

托特神记录心脏称重测试结果

"亡灵吞噬兽"
阿米特

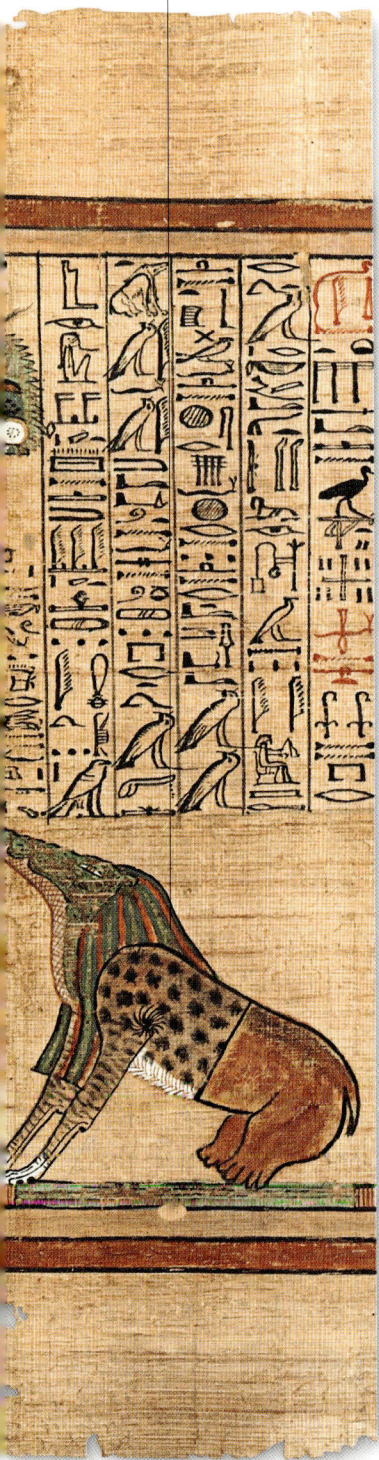

亡灵书

"前往来世的篇章"

在新王国时代，古埃及人最关心的问题之一是如何到达芦苇之境亦即"奥西里斯的王国"，以及如何被芦苇之境永久接纳。通往来世乐土的路并非坦途，满怀希望的逝者必须闯过一道道由凶猛的恶魔把守的关卡。这些恶魔允许逝者继续前往芦苇之境的前提，是逝者能够正确回答一连串问题。

幸运的是，对于富有的古埃及人来说，这个问题的解决办法，与解决来世的宗教问题类似。为了在来世生活，古埃及人需要确保自己拥有该有的随葬品；同理，为了到达芦苇之境，则需要一本关于来世的指南，这本指南既是前往来世的路线图，也是对逝者可能面临问题的提示手册。

这本指南采用了纸草文献的形式，被称为"前往来世的篇章"。这个名字强调了这本书乐观的一面，但今人更普遍地称其为"亡灵书"。亡灵书分为一系列"章节"，每个章节都有由书吏书写的象形文字，并且通常附有与文字关联的插图，这类插图一般被称为小插图。亡灵书中最重要的章节不仅出现在文献中，有时（尤其是拉美西斯时期）还被刻画在私人墓葬的内墙上。

无罪陈词

逝者必须是清白的，如果生前犯有罪恶行径，罪行将使他们无法进入来世。他们将诵读亡灵书中一段名为"无罪陈词"的内容，本质上这是对犯过任何罪恶行径的否认。所谓罪行径类别广泛，包括犯罪行为、亵渎神明行为和反社会行为。与真正的无罪陈词相比，逝者是否真有犯过上述任何一种罪恶行径，似乎没那么重要。

称量心脏

虽然亡灵书的篇幅长短和质量各不相同，但它们共有的一个最重要的章节片段是众神法庭的最终判决。在这次审判中，法庭以玛阿特的羽毛为砝码称量逝者的心脏，从而评估逝者是否适合加入受到祝福的行列。

如果没能通过称量程序，逝者将不能进入"奥西里斯的王国"，并被扔给一种名叫阿米特（"亡灵吞噬兽"）的凶恶怪兽。然而，所有的亡灵书都显示，它们的主人通过称量心脏的程序后，受到奥西里斯的欢迎。因此我们可以认为，亡灵书不仅是一本指南，更是成功到达芦苇之境的保证。

宗教节日

诸神与众生的会面

在新王国时代，各个大型神庙在一年中的大部分时间中都不对公众开放。但在宗教节日期间，这些神庙会敞开大门，众神离开他们各自栖身的神庙，前往人世间进行巡游。

许多新王国时代的神庙建有宽阔、开放的庭院，它们看起来似乎是为了定期举行的大规模祭拜而建的，但事实并非如此。古埃及神庙，尤其是底比斯等地的大型王室神庙，并不是为祭拜者提供的场所，而是为神建造的宫殿。神像供奉在神庙最内侧的圣堂里，专职祭司会在圣堂里为他们献上食物和熏香，并为他们清洗和更衣，有时一日内要进行多次。

巡游

虽然普通人不能在主神的神庙中祭拜神灵，但他们可以通过某些方式接触阿蒙－拉神等伟大的神灵。与神接触的方式之一是在神庙内靠外的适当位置留下一尊自己的雕像，在每年的重大节日期间，即人们可以参加祭拜时，由自己的雕像代表本人祭拜神灵。对国王来说，请神乘上圣船巡幸其他神庙，是一个宣扬王室宗教思想的机会；对公众来说，为了大家人人可以一睹神灵，神像（至少是隐藏在公

众视线之外、长期供奉于神龛内的神像）于重大节日期间在城市中巡游，不仅每个人都可以大声赞美在面前经过的神，而且可以向神表达心中的愿望。有关巡游的图像出现在供奉神灵的神庙墙壁上，画面中一排排的祭司们把精心装饰过的圣船扛在肩上。

埃及学家最了解的古埃及节日，是底比斯的主要宗教节日，特别是奥佩特节和美丽河谷节。过节的第一件事，是将阿蒙－拉神从卡纳克请到卢克索神庙。虽然请神的路线在不同时期会有所调整，但可能都会包括沿尼罗河进行巡游的路线，以及在古埃及后期时沿狮身人面像排列的道路进行巡游的路线。在美丽河谷节，神灵会横渡尼罗河，巡幸尼罗河西岸的一些王室葬祭庙。

然而，节日和巡游并不局限于大型的神庙。地方上的人也会在村庄里举行节日，并把当地小神庙里供奉的地方神的神像请出，进行巡游。针对这一方面的内容，考古学家最为了解的是代尔·麦地那工匠村中的有关情况。在工匠村，宗教节日是村民生活的重要组成部分。

△ 神庙雕像
典型的神庙雕像可能会塑造祭拜者供奉的神庙中诸神的形象。这件来自卡纳克的阿蒙纳赫特雕像，描绘了底比斯神灵家族的成员——阿蒙－拉、穆特和孔苏。

安放神像的神龛

◁ 巡游队伍
这件出自代尔·麦地那的陶片以生动的水墨线描方式描绘了一支巡游队伍，队伍中的祭司们借助长杆，肩扛着载着神龛的圣船。

祭司们抬着"敏神"像

被请出神龛的
"敏神"像

△ 麦迪奈特·哈布的"敏神"节

许多葬祭庙都装饰有在神庙内和所在地方举行
盛大节日的图像。这幅色彩斑斓的"敏神"巡
游主题浮雕，出自位于麦迪奈特·哈布的拉美
西斯三世神庙。

拉美西斯二世

古埃及最伟大的国王

第19王朝拉美西斯二世是一位富有雄心壮志且长寿的国王。他在位的66年间，国家繁荣富强，为古埃及留下了无与伦比且历久弥新的印记。

△ 拉美西斯二世童年像
尽管这件浮雕表现的是拉美西斯二世孩童时的形象，但王名圈表明制作时间是在他成年继位之后。浮雕上的他坐在垫子上，手指对嘴，一侧头发剃光，而另一侧留着小辫子。

拉美西斯二世的统治时期，是一个传统与创新并存的时期。拉美西斯二世希望效仿他崇拜的先王，建立一个可以与强大的第18王朝比肩的王朝。

继往开来

在拉美西斯二世看来，阿蒙霍特普三世是一位英雄。这不仅表现为他给阿蒙霍特普三世正名，免除了阿玛尔纳时期加在其头上的罪责，还在拉美西斯时期制定的王表中删除了从阿蒙霍特普三世到郝列姆赫布之间的所有国王。拉美西斯二世继承了父亲的未竟之事，继续推进为阿蒙霍特普三世建造纪念建筑的规划，并对其他纪念建筑进行了扩建。当然，他也以表达对阿蒙霍特普三世的"尊崇"为名，改造了部分阿蒙霍特普三世时期雕刻的王室塑像，而重塑为自己的雕像。拉美

▷ 神圣的存在
拉美西斯二世经常被描绘为神一般的存在。在这尊三位一体的家族雕像中，他被刻画为坐在"父亲"阿蒙－拉神和"母亲"穆特女神之间的孩童。

西斯二世的长期统治使他有机会开发许多新的建筑项目，他重建或增建了古埃及几乎所有重要的神庙，并在努比亚建造了许多神庙，比以往任何一位国王都多得多。他还为了加强边界防务，而在三角洲的西部边缘和地中海沿岸修建要塞城镇，而来自利比亚的威胁果然在第19王朝晚期和第20王朝时应验了（详见第240~241页）。

培尔－拉美西斯

拉美西斯二世最大的成就是建设了一座新王城。或许为了提升自己家乡的地位，或许基于在一个更靠近赫梯人威胁的地方建立军事基地的考量，甚或仅仅是出于自我颂扬的愿望，拉美西斯二世于希克索斯人的旧都阿瓦利斯附近，建设了被称为培尔－拉美苏·阿－那赫图（伟大胜利者拉美西斯之宫）的城市，这座城市如今通常被称作培尔－拉美西斯。虽然这座城市几乎没有留下地面遗迹，但结合文献资料和一系列考古发掘成果，已经可以清晰地证明这座城市的规模很大，城市里建有神庙、宫殿、巨像、工业区和军营等。

公元前1303年，拉美西斯二世出生

公元前1274年，卡叠什战役爆发

公元前1255年，阿布辛贝勒神庙落成

公元前1279年，拉美西斯二世继位

公元前1259年，古埃及与赫梯缔结和平条约

公元前1213年，拉美西斯二世去世

△ **饰有王名圈的金色胸饰**

拉美西斯二世时期的大部分珠宝，或是属于
国王本人，或是国王送给其近臣和家人的王
室礼物。虽然这些珠宝大多已经遗失，但一
些罕见的物证保存至今，比如这件镶有国王
名字的护身符。

"他必定引领这
片土地。"

塞提一世有关拉美西斯王子的法令

代表王权的赫卡权杖 ————

▷ **强壮的国王**

这尊真人大小的拉美西斯二世
青年像，采用的是在他统治前
期很典型的繁复风格。尽管
这尊雕像是由坚硬的花岗闪
长岩制成的，但对精致百
褶长袍下发达肌肉的雕
刻，还是展现出了雕
刻家超凡的技艺。

王室与外敌

拉美西斯二世的妻儿与境外的赫梯人

在拉美西斯二世统治的前五年，他试图解决早在先王时就已面临的两个问题。他必须确保有儿子能够继承大统，还必须直面古埃及最危险的敌人——赫梯。

众所周知，拉美西斯二世育有 100 多个子女。这一点说明，他拥有的妻子显然不止一位。甚至在他登上王位之前，他就已经生养了众多儿女。他曾提到，他的父亲"为我选择了……后宫女性和女性伴侣"。这些女性在地位上并不平等，其中最重要的是包括王后在内的少数后妃，只有这些女性的子女是王室成员的核心，并有资格成为国王的继承人。

尼斐尔泰丽与伊塞诺弗列

尼斐尔泰丽是拉美西斯二世的后妃之首，她本人虽非王室出身，但她很快崭露头角，成为拉美西斯二世最钟爱的王后。早在塞提一世在位之时，她就已经诞下了塞提一世的王孙、拉美西斯二世的第一继承人——阿蒙赫韦内梅夫。尼斐尔泰丽共生育了 5 位王子，但他们都没能活过自己的父亲。

尼斐尔泰丽在王室中拥有特殊的地位，类似于阿蒙霍特普三世在位时的王后泰伊（详见第 176~177 页）。她被奉为哈托尔女神的化身而受到崇拜，在位于努比亚的阿布辛贝勒的拉美西斯二世神庙旁，有专属于尼斐尔泰丽的小神庙。她于婚后 20 年辞世，被安葬在王后谷。她的陵墓堪称装饰最为精美的古埃及陵墓之一。

拉美西斯二世在与尼斐尔泰丽保持婚姻关系期间，还与名为伊塞诺弗列的第二位王后结了婚。伊塞诺弗列的孩子们，和尼斐尔泰丽的

孩子们一样，都在拉美西斯二世神庙中的巡游画面里以重要的王室子嗣的身份出现。伊塞诺弗列至少有四个孩子，已知的包括两个儿子凯海姆维塞、美楞普塔（拉美西斯二世的最终继任者）和一个女儿宾塔奈特。

伊塞诺弗列和尼斐尔泰丽去世后，她们的女儿宾塔奈特和梅丽塔蒙继任为父王的伟大王后。拉美西斯二世在位的第 34 年，赫梯公主玛特尼弗鲁拉加入了王后的行列，她与拉美西斯二世的联姻是古埃及与赫梯国之间增进外交关系的一部分。梅丽塔蒙在拉美西斯的统治后期消失，取而代之的是尼斐尔泰丽的另一个女儿尼贝塔威。

赫梯人

在统治前期，拉美西斯二世在内政上取得了成功，但在外交政策方面，尤其是帝国的巩固方面，则成效甚微。虽然塞提一世成功夺回了第 18 王朝末失去的部分黎凡特领土，但到拉美西斯二世即位时，赫梯人正威胁着这片领土。

年轻的拉美西斯二世将这次与赫梯人的危机视为他展现军事才能的机会，但他在战术上尚显稚嫩。在他统治的第 5 年，当他率领一支庞大的古埃及军队进入叙利亚时，根本没有意识到一支同样庞大的赫梯军队正在卡叠什附近伺

△ 尼斐尔泰丽王后

在尼斐尔泰丽位于王后谷的陵墓中，尼斐尔泰丽的名字被刻在王名圈里。她被称为"伟大的王后，两地的夫人，上、下埃及的女主人"。

◁ 梅丽塔蒙公主

梅丽塔蒙公主是拉美西斯二世和尼斐尔泰丽的女儿。她拥有一系列以她为形象的非凡雕塑，其中包括位于阿赫米姆和布巴斯提斯的巨像。这尊小雕像曾被称为"白王后"。

古埃及精锐的战车兵团　　　配备盾牌和战斧的古埃及步兵

机而动，并切断了古埃及四路部队之间的相互联系。

卡叠什战役

当赫梯人发动突袭时，大部分古埃及军队还分散在各处。根据拉美西斯二世本人对这场战役的描述，全凭他的个人勇武才挽救了战局。赫梯人错过了击败古埃及人并俘虏其国王的机会，但这并不意味着古埃及的胜利。战斗结束后，拉美西斯二世的军队立即撤退回国，造成了席卷迦南大部分地区的民众起义。卡叠什战役以后，古埃及和赫梯双方又进行了 16 年的战争才签署和平条约，就两国间的边界问题达成一致，并承诺相互合作，打击共同的敌人。

经过适当编辑的卡叠什战役的故事，突出了拉美西斯二世作为一名伟大勇士领军作战的风采，成为了他装饰许多神庙墙壁时刻在浮雕上的重要主题。

△ 卡叠什战役

这件浮雕出自位于阿拜多斯的拉美西斯二世神庙，描绘的是古埃及军队的战车和步兵沿着奥龙特斯河河岸挺进作战的场景。

"你是阿蒙之子……你在赫梯人占据之地，用你英勇的臂膀将敌击败。"

拉美西斯二世在卡叠什受到军队的称颂

△ 阿布辛贝勒神庙
无论是选址还是规模，阿布辛贝勒神庙都是古埃及国王建造的最壮观的神庙之一。神庙入口处有 4 尊高达 20 米的拉美西斯二世巨型雕像。

拉美西斯二世治下的努比亚

"王即是神"

在统治初期，拉美西斯二世就开始在努比亚实施建造神庙的重要计划，其目的在于强化古埃及帝国君权神圣的观念，并不断释放国王即是神明的强烈信息。

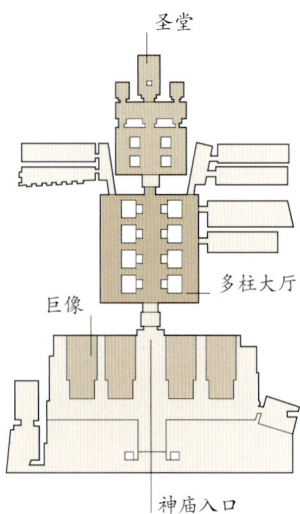

圣堂

多柱大厅

巨像

神庙入口

◁ 阿布辛贝勒神庙平面图
尽管这座开凿于山崖的神庙不像大多数新王国时代的神庙那样有露天庭院，但阿布辛贝勒神庙在其他方面都遵循了神庙的建筑规制。

到拉美西斯二世登基时，努比亚已经被古埃及牢牢控制了 200 年。第 18 王朝建立的行政体系得以存续，古埃及人占据了努比亚的绝大多数重要官职，尤其是被称为"库什的国王之子"的最高行政长官。

在新王国时代，努比亚的人口主要由努比亚土著人组成，但也有相当多的古埃及殖民者在努比亚建立属于自己的城镇，并在其中定居和工作。这些城镇的一些遗迹留存至今，让今人对在努比亚生活的古埃及人的了解，反而多于当时的努比亚土著居民。

殖民城镇

西阿马拉这样的城镇，是古埃及人在努比亚精心规划的古埃及风格定居点。这里的建筑布局与样貌，就如同在古埃及塞提一世建造的大型神庙。这些城镇成了古埃及对努比亚实施地方管理的一个个中心，其主要目标是最大限度地增加古埃及帝国从努比亚获得的收益，尤其是黄金。在塞提一世治下，包括东部沙漠的阿库塔领地在内的新地区得到开发，成为古埃及在努比亚的黄金储备区。

尽管存在差异，古埃及殖民者和努比亚人的生活方式并非互无影响。努比亚人的墓葬中经常出现古埃及文物，有考古证据表明，一些古埃及习俗融入了当地的努比亚上层社会。参与帝国管理的几位知名努比亚当地领袖，在生活方式上融合了努比亚和古埃及的文化元素。

这些努比亚人中最著名的，是努比亚的米阿姆地区的王子赫卡内弗。他为自己建造了一座古埃及形制的岩窟墓，并以古埃及风格进行装饰，与同时代"库什的国王之子"阿蒙霍特普－胡伊位于底比斯的墓极为相似。阿蒙霍特普－胡伊的墓画也同样记录了赫卡内弗的形象，作为努比亚的主要朝贡者之一，赫卡内弗身着融合了古埃及和努比亚风格的服饰。

阿布辛贝勒神庙

在拉美西斯时期之前的第18王朝，当时的古埃及国王已经在努比亚建成了几座重要的神庙，其中最重要的两座，是阿蒙霍特普三世在索列布和塞定戈为自己和妻子泰伊建造的神庙。到了第19王朝，拉美西斯二世延续这一建造神庙的传统，而且扩大了建造的规模，甚至连下努比亚各地都建造了神庙。

阿布辛贝勒神庙是一座直接从山崖上开凿而成的岩穴神庙，建造时间较早，也是给人留下深刻印

象的神庙之一。在古埃及还有几座这样的神庙，比如哈特舍普苏特的斯皮欧斯·阿提米多斯岩穴庙和贝尼·哈桑附近的塞提一世神庙。努比亚的砂岩悬崖和山体更适合建造此类建筑，拉美西斯二世在建造阿布辛贝勒神庙之前，已经在贝特·瓦利等地尝试建造过此类小神庙，积累了相关经验。建阿布辛贝勒神庙时，拉美西斯二世将整座山开凿为一座神庙，并对传统神庙的形制进行了调整，以适应神庙在空间上受到洞穴限制的特点。

阿布辛贝勒神庙最引人注目的特征，是入口处的4尊拉美西斯二世巨像。它们以卢克索神庙等地的独立式雕像为基础，但规模要大得多。阿布辛贝勒神庙的存在似乎在昭告，拉美西斯二世治下的古埃及对努比亚具有强有力的威权，以至于国王的形象已深深植入这片大地。神庙还传达了一个更微妙的信息——任何进入神庙并理解其墙上文字和场景的人都会意识到，这座神庙的主神实际上就是拉美西斯二世本人。

拉美西斯二世在位的第38年，新的"库什的国王之子"又建造了两座更大的神庙。但质量欠佳，与阿布辛贝勒神庙相比显得微不足道。

△ **努比亚朝贡者**
这幅壁画出自阿蒙霍特普－胡伊墓，画中的努比亚人身穿努比亚和古埃及混搭风格的服装，留着古埃及的发型，手托黄金。他们的战车是古埃及的战车，而牵引战车的是努比亚的牛。

▽ **阿布辛贝勒的小神庙**
阿布辛贝勒神庙旁矗立着一座较小的神庙，供奉哈托尔女神和拉美西斯二世的妻子尼斐尔泰丽王后。下图中的王后以哈托尔女神的形象示人，两侧是她丈夫的雕像。

"他以永恒的建造工艺，在大山中开凿出一座神庙。"

拉美西斯二世描述他在阿布辛贝勒神庙的工程

拉美西斯二世神庙

拉美西斯二世神庙的外部非常著名，其内部同样壮观。神庙广阔的大厅是切割努比亚山的岩崖后，再经开凿雕刻而成的，模仿的是这一时期的大型露天神庙。大厅两侧有八尊拉美西斯二世的巨型立像，它们被塑造为来世和复活之神——奥西里斯的形象。在大厅的尽头，被神化的拉美西斯二世的坐像与其他3位神灵——拉－荷拉赫提、阿蒙－拉以及普塔的坐像安放在一起。

底比斯的纪念建筑

阿蒙-拉神域中的建筑

在底比斯增建王陵和神庙，是新王国时代国王们的一项重要事业。拉美西斯二世是最热衷于此项事业的国王之一，他兴建了难以计数的纪念建筑和神庙。

拉美西斯二世兴建纪念建筑的计划遍及整个帝国，这些建筑在许多地区产生了深远的影响，特别是在拉美西斯二世倾注心血最多的底比斯。

卡纳克和卢克索

在卡纳克，拉美西斯二世完成了阿蒙－拉神庙的多柱大厅。他还为这座建筑添加了个人元素，如在东端建造了一座小神庙，以献给"在阿蒙神庙上大门聆听祈祷的拉美西斯"。这一献词再次传达了国王本人就是神的暗示。

拉美西斯二世还对卢克索神庙进行扩建。卢克索神庙是阿蒙霍特普三世在早期建筑的遗址上建造的，它被设计规划为阿蒙－拉神及其家人在奥佩特节期间巡游的终点站。神庙最终成了阿蒙霍特普三世和拉美西斯二世的共同作品，而后者的突出贡献主要是塔门前的庭院。

尼罗河西岸

位于帝王谷的拉美西斯二世陵墓虽没有他父亲的大，但也绝对不小。事实上，大型陵墓在拉美西斯时期已越来越普遍，尽管如此，拉美西斯二世建造的陵墓在某种程度上依然具有独创性。帝王谷第5号墓（KV5）的非同寻常之处在于，该王陵不是为

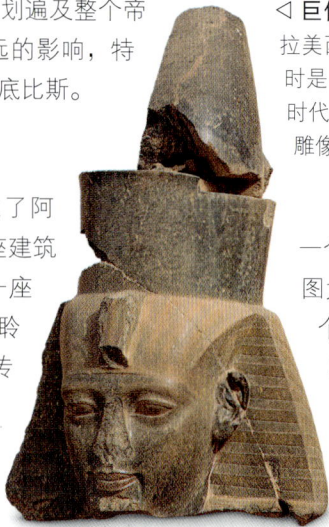

◁ **巨像的头**
拉美西斯二世的巨大头像在拉美西姆被发现时是与身躯分开的。大型国王雕像是新王国时代神庙的一个共同特征，拉美西斯二世的雕像数量是新王国时代诸王当中最多的。

一个人、甚至不是为一对夫妇（如尤亚和图尤双人合葬墓）打造的，它拥有100多个墓室，似乎是为拉美西斯二世的众多孩子预留的。

拉美西斯二世还小心谨慎地为重要的王后们准备合适的王室墓葬，确保她们去世后被安葬于帝王谷附近的、兴建于第18王朝的王后谷。其中包括拉美西斯二世为他最宠爱的妻子尼斐尔泰丽和他们的孩子打造的陵墓。

拉美西姆

拉美西斯二世在统治伊始时开工了一项新项目——在底比斯的尼罗河西岸建造自己的葬祭庙。与阿蒙霍特普三世大葬祭庙之类的葬祭庙不同，这座被称为拉美西姆的国王葬祭庙，是底比斯为数不多的，至今仍有一部分建筑屹立不倒的葬祭庙之一。尽管拉美西姆在建筑上与哈特

> "我是万王之王，奥兹曼迪亚斯（拉美西斯二世的希腊名字）；功业盖物，强者折服！"

雪莱，《奥兹曼迪亚斯》

用一整块花岗岩雕成的方尖碑

奥西里斯柱环绕着庭院。这种柱是国王葬祭庙里特有的，柱前神的面容是国王的样子，穿着彼岸之神奥西里斯的衣服，象征着永生

▽ **卢克索神庙**
拉美西斯二世为阿蒙霍特普三世在卢克索建造的神庙增建了一个巨大的柱廊庭院，庭院正面是下图这座巨大的塔门。他还在神庙前面增立了一对方尖碑（缺失的一座现藏于巴黎），以及自己形象的巨像。

国王巨像

舍普苏特在代尔·巴哈里的葬祭庙迥然不同，但二者的功能相似：一是祭拜来世的众神的地方，二是节日巡游期间停泊阿蒙圣船的地方，三是展示国王文治武功（如拉美西斯二世的卡叠什战役）的地方。

△ **拉美西姆**
拉美西姆是古埃及最古雅的遗迹之一，现存立有柱廊的内殿和倒塌的国王巨像。

巨像

在艺术上，"巨像"一词通常用于指代任何尺寸比真人更大的雕像。古埃及国王下令制作了许多比自己还要大的雕像，有一些雕像甚至非常巨大。拉美西斯二世在建造自己的雕像时，灵感应该来源于阿蒙霍特普三世，尤其是位于库姆·赫坦的阿蒙霍特普三世葬祭庙外的门农巨像。

拉美西斯二世下令在尼罗河流域和三角洲的中心地带竖立自己的巨像，特别是在培尔－拉美西斯（这里的雕像已无存）和底比斯两地。它们的部分用途是作为普通百姓日常膜拜的神，因此许多巨像被安置于万民可见的地方，而非大多数古埃及人无法进入的神庙内部。

现存最大的一座雕像是拉美西姆的拉美西斯二世坐像。这尊坐像原高超过19米，重达1000吨，现已破损倒塌。许多学者认为，这尊拉美西斯二世坐像是雪莱创作《奥兹曼迪亚斯》的灵感之源。

孟斐斯

失落的故都

作为重新统一后的国都，孟斐斯在古埃及历史上具有划时代意义。在此后的3000年里，它一直是古埃及最大和最重要的城市之一。

孟斐斯遗址位于尼罗河西岸，距离今天的开罗不远，其范围南北距离约3.2千米，东西距离约1.5千米。遗址位于农田和一片大的土丘与洼地之中，包括库姆·拉比阿、库姆·卡拉和米特拉希纳。这些都是被历史学家狄奥多罗斯描述为"古埃及最著名的城市……全国最繁荣的地方"的重要都城考古遗址。但它们并非早期城市的遗迹，早期遗址被称为伊内布·赫杰或"白墙"，大概位于现遗址的西北方向。对孟斐斯进行考古会有两方面问题：一方面，

王朝时代的城市位置随着尼罗河向东流过洪泛平原而逐渐发生改变；另一方面，孟斐斯的古迹保存状况不如底比斯等城市的遗址。

▷ 孟斐斯的哈托尔女神
虽然普塔神庙是孟斐斯的主要建筑，但国王们也为其他神建造了较小的神庙，比如右图的柱首就是哈托尔女神的形象。

拉美西斯二世的伟大西厅

在孟斐斯，最引人注目的古埃及及新王国时代考古遗迹，是拉美西斯二世为普塔神庙增建的伟大西厅。与拉美西斯二世在卢克索神庙增建的建筑不同，伟大西厅并没有被增建到已有神庙的正面，而是增建到了可能会与神庙分隔开的背面；伟大西厅朝向西边，而非向东。也许让大厅朝向古王国和中王国时代的金字塔墓葬方向是有意为之的。建造伟大西厅时，拉美西斯二世也重复利用了来自古代建筑的石材，这可能是因为他希望将自己与先王联系起来，特别是在他进行节日庆典的时候。

"孟斐斯"这个名字最初并不指这座城市，而是附近第6王朝国王珀辟一世金字塔"孟–尼斐尔"的希腊语称谓。指代这座城市的是孟斐斯城主神神庙的名称——"哈瓦特–卡–普塔"，当"哈瓦特–卡–普塔"被希腊人转写为"埃及普托斯"时，它就成了整个国家的名字。

新王国时代的孟斐斯

底比斯和孟斐斯是新王国时代古埃及最伟大的两座城市。这两座城市的发展都得到了王室的慷慨资助，而且受到资助的理由充分——底比斯是阿蒙的圣城，也是国王长眠之地；而孟斐斯是古埃及北部的行政中心。虽然如今这两座城市中还是底比斯更为出名，但我们仍然能通过足够的考古资料来还原出孟斐斯曾经壮美的样貌。

城市的中心是"哈瓦特–卡–普塔的神庙。围墙内不仅有普塔神庙今已遗迹尽失的本身以及其他重要建筑，还包括第18王朝国王阿蒙霍特普三世建造的"千秋万载"的"尼布玛阿特拉与普塔"双神庙。尽管这座神庙已不复存在，但它的主要建造者、

"这是一座为他父亲普塔神而建的永恒的纪念建筑……它的美丽如同天堂的地平线。"

阿蒙霍特普三世描述他在孟斐斯建造的神庙

孟斐斯的高级官员阿蒙霍特普在其墓志铭中提到了它的恢宏。在第19王朝的拉美西斯时期，围墙内和周围增建了更多的建筑，包括为普塔神和其他神建造的较小神庙。塞提一世和拉美西斯二世是主要的建造者，美楞普塔也在那里建造了一座宫殿。

我们对当时在孟斐斯的神庙围墙之外的人们的生活状况知之甚少，但塞提一世统治时期的一套行政文件提到了城市南区。城市南区是一个建有很多房屋的郊区，其中一些房屋与在阿玛尔纳发掘出的大型别墅类似。

最终的衰落

即便在公元前332年，亚历山大城成为托勒密王朝的首都之后，孟斐斯仍是一个重要的城市。孟斐斯是古埃及重要的商业中心，也是托勒密王朝国王们的加冕地，直到罗马时期孟斐斯的地位才有所下降。公元7世纪阿拉伯人入侵古埃及之后，福斯塔特和开罗的兴建标志着孟斐斯彻底失去了原有地位，这座城市终被遗弃。

▽ **郝列姆赫布墓**

第18王朝末代国王郝列姆赫布的墓位于萨卡拉的新王国时代大墓地，是丧葬神庙中最杰出的范例之一。在萨卡拉大墓地，为在孟斐斯工作的官员建造的丧葬神庙十分流行。

神圣的"涂鸦"

留在纪念建筑上的个人记录

在新王国时代，有文化的人能够参观古代先王的纪念建筑，并在上面刻下个人的旅行记录，从而与古代先王建立起联系。

位于吉萨的大狮身人面像

△ **参观狮身人面像**

这幅重建的新王国时代石碑显示，两位书吏到访了位于吉萨的古王国时代纪念建筑。他们随身带着书写工具，随时准备在选定的任何地方进行"涂鸦"。

在新王国时代，特别是拉美西斯时期，通过参观历史古迹，一些受过教育的人对过去产生了浓厚的兴趣。尽管这些遗迹对这些新王国时代的"游客"来说很古老，但它们看起来并不陌生，因为这些景观和它们所代表的文化，与"游客"所处的环境非常相似。虽然这些游客中的大多数既没有资源，也没有权力，无法像凯海姆维塞王子那样修复古建筑（详见第 226~227 页），但他们能够用类似"涂鸦"的方式留下自己参观历史古迹的证据。

孟斐斯的朝圣者

孟斐斯的一些官员记录了他们前往古王国时代金字塔的旅行。这些建于遥远时代的最伟大的纪念建筑矗立在沙漠附近，如萨卡拉。在新王国时代，越来越多的富人开始在这些地方为自己建墓。

美杜姆金字塔上有一处典型的"涂鸦"案例。在金字塔侧面的小葬祭庙内有如下涂鸦："阿蒙霍特普三世治下的第 30 年……书吏梅前来拜谒荷鲁斯国王斯尼弗鲁的巨大金字塔。"尽管这座金字塔是在梅出生的 1000 多年前建造的，他依然清楚地知道他参观的是什么。许多其他涂鸦的人和梅一样，也知道每位国王都建造了哪些古王国时代的遗迹。在萨卡拉的一处"涂鸦"中，书吏纳舒余写道，他"来到

了普塔神所钟爱的泰提的金字塔，和首个使用石材的国王乔塞尔的金字塔所在的地方"。这些"涂鸦"并没有任何不敬或破坏的意思，反而是为了表达对古代先王的尊崇。

带有精神追求的旅游

除了表达尊崇外，一些"涂鸦"清楚地表明，涂鸦人希望借此表白自己的心声，拉美西斯二世治下第 47 年的一幅涂鸦便是一例。这幅涂鸦被发现于萨卡拉的乔塞尔阶梯金字塔群，其作者是财政部官员赫德纳赫特。他写道，自己和兄弟帕纳赫特来到"孟斐斯西部散步，尽情享受"。但他的旅行绝非一次周末的休闲游，更多的是为了精神上的追求。赫德纳赫特在涂鸦中向与萨卡拉墓地有关的神灵致意，请求他们给他长久、幸福的生活，并希望在他去世时将他好好安葬于萨卡拉墓地。

并非所有的"涂鸦"都被写在王室纪念建筑上，也不是所有的"涂鸦"都集中在孟斐斯一地。位于底比斯的中王国时代维西尔殷提菲克尔墓上的涂鸦表明，书吏们也参观了私人墓葬。一位涂鸦人对其所见表达赞赏："书吏巴克来到索布克尼弗鲁时代的这座墓葬参观。他发现这座墓的内部如天堂一般。"

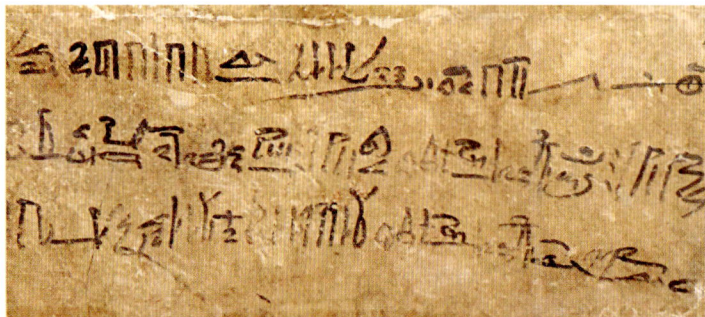

"涂鸦"的日期——第 47 年

◁ **赫德纳赫特的"涂鸦"**

大多数"涂鸦"是用黑墨书写的。这幅"涂鸦"出自萨卡拉的乔塞尔阶梯金字塔，采用的字体是草书和僧侣体，而非圣书体。

△ **塞赫勒巨石上的"涂鸦"**

在尼罗河第一瀑布附近的塞赫勒岛上可以看到一种不同形式的"涂鸦"。负责采石任务的官员们在岛上的巨石上刻下了自己的"涂鸦",以此作为他们到访此地的纪念。

阿蒙尼莫普特身着新王国时代的流行服饰

> "(拉美西斯二世)第50年……书吏普塔海姆维亚与父亲尤帕同游阿布西尔,参观了全部金字塔。"

赴阿布西尔参观纪念建筑的游记

◁ **巨石上的细节**

总督工程的阿蒙尼莫普特(右)在塞赫勒巨石上留下的"涂鸦",表达了他对第一瀑布和努比亚地方神之一——阿努凯特(左)的崇拜。

凯海姆维塞浮雕

这件凯海姆维塞浮雕出自孟斐斯或萨卡拉。与他佩戴的项链一样,一侧留小辫子的侧发型并不是青年的标志,而是孟斐斯普塔神高级祭司传统装束的一部分。

凯海姆维塞

古王国和中王国时代历史古迹的修复者

第19王朝国王拉美西斯二世之子、孟斐斯普塔神高级祭司凯海姆维塞毕生致力于研究和修复先王的历史古迹。因此，他有时会被称为首位埃及学家。

用黄金铸造成的一整张面具

△ 随葬金面具

1851年，奥古斯特·马里埃特开始使用炸药对萨卡拉的塞拉皮雍进行破坏性"发掘"。他发现了许多陪葬品，其中包括这个金面具。

凯海姆维塞是拉美西斯二世的第4子，其母是伟大的王后伊塞诺弗列。虽然他在继承顺位上排在哥哥们之后，但他是一位地位较高的王子，在拉美西斯二世统治末期曾短暂地成为王储。

高级祭司

在新王国时代，古埃及的神庙变得富裕起来。神庙雇佣数千人劳作，拥有大量土地和其他资产（如矿山和采石场）。这些神庙的高级祭司既是宗教领袖，也相当于大公司的首席执行官。这些神庙中最重要的，是位于底比斯的阿蒙-拉神庙和位于孟斐斯的普塔神庙。

在父王统治的第16年，凯海姆维塞成为普塔神的"塞姆"祭司。在成为高级祭司之前，凯海姆维塞已有30年掌管神庙的经历。他深知这些神庙代表的是他父王的意志，因此尽职尽责。他监督了孟斐斯神庙的大规模扩建（详见第222~223页），并在古埃及各地组织其父在位30周年的庆典和建设工程。当然，凯海姆维塞也有自己的兴趣与追求。

新旧墓葬

在拉美西斯时期，古埃及人对自身的历史十分着迷，对大多数人来说，参观古迹是了解历史的唯一途径。但是对于凯海姆维塞来说，他有资源、有权力、有想象力，可以在探寻历史的领域中更进一步。他住在孟斐斯，靠近古王国和中王国时代最伟大的纪念建筑，甚至从孟斐斯的普塔神庙就能看得到其中一些古迹。凯海姆维塞下令对状况不佳的古迹进行大规模的整修和重建。他重点修复了金字塔和太阳神庙等疏于维护的石质建筑，并组织祭礼，为所有这些建筑的古代先王献祭。然后，他在修缮过的建筑上铭刻题记，昭告世人他所做的一切。

凯海姆维塞还在孟斐斯周边地区启动新的建筑项目，其中最引人注目的是在萨卡拉的一系列地下长廊工程。这些长廊被统称为"塞拉皮雍"，被用于埋葬神圣的阿匹斯公牛（详见第272~273页）。他本人可能打算身后安葬在这个建筑群里。

◁ 乌那斯金字塔

凯海姆维塞的修缮工程包括对两座古王国时代金字塔的修复：第3王朝的乔塞尔阶梯金字塔（后）和第5王朝的乌那斯金字塔（前），并以铭文的形式留下了修复记录。

公元前1282年，凯海姆维塞在其祖父塞提一世统治时期出生

公元前1265年，凯海姆维塞被任命为孟斐斯普塔神"塞姆"祭司

公元前1235年，凯海姆维塞成为孟斐斯普塔神高级祭司

约公元前1224年，凯海姆维塞去世

公元前1279年，拉美西斯二世继位

公元前1249年，凯海姆维塞为父王组织登基30周年庆典

公元前1230年，凯海姆维塞成为王储

公元前1213年，拉美西斯二世去世

第 19 王朝的终结

拉美西斯二世的继任者

经历了拉美西斯二世的长期统治后，他后面的5位国王在位时间总共只有27年。这是一个愈发不稳定的历史时期，第19王朝随即以崩溃而终结。

当拉美西斯二世于公元前1213年离世时，大多数王位继承人均已先于他去世。他的第13子美楞普塔成为了国王，美楞普塔的母亲是伊塞诺弗列王后。

美楞普塔

美楞普塔登上王位时年事已高。他在统治的十年间建造了一套标准的纪念建筑，包括位于底比斯西岸的一座葬祭庙。新建的纪念建筑紧临第18王朝国王阿蒙霍特普三世神庙，美楞普塔充分利用阿蒙霍特普三世神庙作为他新建建筑的材料来源。

美楞普塔统治期间最重要的事件，与古埃及的外敌有关。他为了应对黎凡特地区棘手的附庸国，推行了一系列惩戒性的军事远征，并对严重侵入古埃及领土的利比亚人发动了一场防御战。这场战争发生在他统治的第5年，在卡纳克的一座曾属于阿蒙霍特普三世的胜利碑上有记载。虽然他赢得了战争，但他的胜利并没有解决利比亚问题，这一问题在第20王朝拉美西斯三世的统治期间再度出现。

美楞普塔的继承人

公元前1203年美楞普塔的去世，引发了一场笼罩了整个第19王朝的继承危机。美楞普塔的长子塞提二世是合法继承人，但他继承王位的权利遭到了阿蒙美西斯的挑战。阿蒙美西斯可能是塞提二世和一

▽ 美楞普塔王陵
这件彩绘浮雕出自帝王谷的美楞普塔墓入口处，描绘的是太阳神拉－荷拉赫提欢迎国王驾临来世的画面。

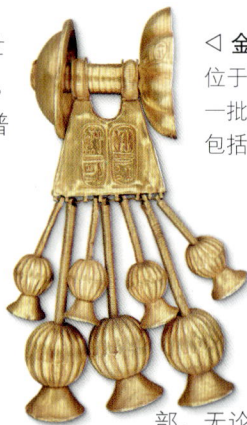

◁ 金耳环
位于帝王谷的金墓（帝王谷第56号墓）内藏一批有可追溯至第19王朝末期的黄金珠宝，包括这对刻有塞提二世王名圈的耳环。

个小王妃的儿子。接下来3年发生的事件尚不清楚，已知的是塞提二世从他的纪念建筑上抹除了阿蒙美西斯的王名圈，而阿蒙美西斯也可能曾短暂废黜塞提二世，或是他可能只割据了古埃及南部。无论如何，阿蒙美西斯卒于公元前1200年左右，而塞提二世只比阿蒙美西斯多活了6年。这段时间刚好够他在卡纳克和赫尔莫波利斯·马格纳建造神庙。

西普塔与特沃丝拉

塞提二世的继任者是西普塔，他可能是塞提二世和另一位叙利亚血统的小王妃的儿子，甚至还可能是阿蒙美西斯的儿子。西普塔似乎还太年轻，无法主持朝纲，因此真正的权力掌握在塞提二世一位重要王后特沃丝拉的手中。这种情况与哈特舍普苏特和图特摩斯三世的情况相似，但西普塔没能活到成年。

作为摄政者，特沃丝拉似乎得到

▷ 塞提二世雕像
这座精美的塞提二世石英岩雕像发现于卡纳克。国王保持坐姿，膝上放着一个代表阿蒙－拉神的公羊头。王名刻在他的双肩和雕像的基座上。

了总理大臣巴伊的支持。巴伊的名字表明他可能不是古埃及人。巴伊声称他"将国王立在他父亲的王位上"。这对于一个非王室成员的人来说，是一种非同寻常的夸耀，暗示他在这一动荡时期所起的关键作用。在西普塔统治的第5年，巴伊被处决，于是特沃丝拉成为了唯一的摄政者。西普塔在名义上统治古埃及6年之后，于公元前1188年辞世。

西普塔死后，特沃丝拉登基为王，改王位名为西特拉·梅里阿蒙。她只统治了两年。帝王谷第14号墓原是为塞提二世修建的，或者可能是为塞提二世和特沃丝拉两人所建的。特沃丝拉于摄政期间对其进行扩建，登基后再次进行扩建。但帝王谷第14号墓最终被继承特沃丝拉王位、开创第20王朝的国王塞特那克特据为己有。作为第19王朝末代之君的特沃丝拉女王，安息之所至今不详。

玛阿特女神的象征：鸵鸟羽毛

玛阿特的手臂上附有展开的双翅

"他受命维护贵族，他的出现是为了保护普通百姓。"

美楞普塔被众神封为国王

▷ 乱世中的秩序
尽管第19王朝后期的王陵是在政治危机频仍的时代中建造的，但依旧保持着精细的做工。这幅壁画发现于西普塔陵墓，描绘的是代表真理、正义和宇宙秩序的女神玛阿特。

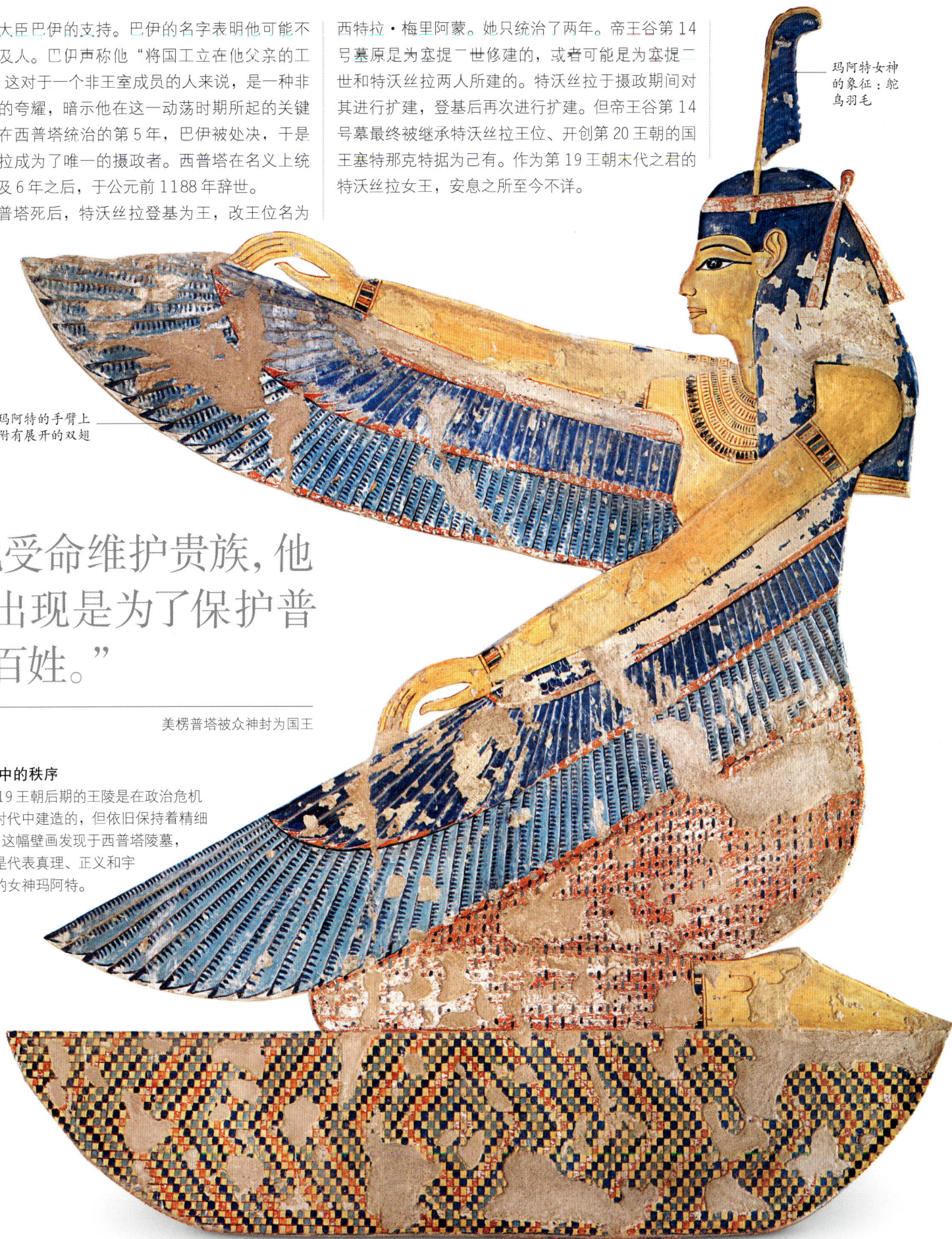

代尔·麦地那的生活

王陵建造者的社区

代尔·麦地那村是古埃及最重要的考古遗址之一。该遗址的文物提供了对古埃及普通劳动者日常生活的独特观察视角。

△ 生活保障
一队后勤人员负责为村民们提供后勤保障，包括水、谷物和面包、蔬菜和鱼等食物。

当新王国时代的国王们决定在底比斯附近建造一处新的王陵时，他们需要一支技术熟练的劳动者队伍。此时新建的王陵不再是金字塔形制，而是开凿于沙漠中陡峭山谷两侧的地下建筑，因此不像过去那样需要大量搬运石头或泥砖的劳动者。项目所需的是熟练工匠，他们不仅需要认真开凿墓葬，更重要的是有能力装饰墓葬内墙。

工匠村

这些王陵都建在同一地点——帝王谷，所以陵墓建造者及其家人都住在帝王谷附近，这便有了今天被称为代尔·麦地那的地方。这是一个安置王陵建设者的村庄。住在代尔·麦地那的工人组成了一个关系紧密的社区，他们子承父业。这座村庄几乎在整个新王国时代（近500年）居住的都是工人们，建造和装饰王陵的职责代代相传。

生活在这里的人们还在村庄附近建造自己的坟墓（详见第236~237页），并常把自己的墓同样装饰得十分精美。

多年间代尔·麦地那的规划有所变化，为了容纳更多的工匠及其家人，新房不断增加。在鼎盛时期，村里约有70间房屋。因为村民们一直参与国家项目，所以得到了政府的直接支持，这也造就了工匠村非同寻常的生活。由于以前的王陵遭到破坏和盗掘，因此偏远的帝王谷成了安葬王室成员的安全之地。

代尔·麦地那建在离底比斯的主要定居点有一段距离的沙漠山谷中，但这不是为了保密，也不是为了囚禁居民。虽然村民们可以在一小时内步行到河岸或当地市场，但这几乎没有必要，因为社区得到了包括食物和饮料在内的一切供应。单是为村子供水就已是一项艰巨的工程，一队驴驮着水罐回村是这里司空见惯的场景。供水的原因是这个村子的海拔太高，无法打井。考古发现了一处打井失败的

考勤登记簿

发现于代尔·麦地那的一些文件记录了帝王谷工人的出勤和缺勤情况。做记录显然很重要，但工人们为了不出工，或出工不出力所找的那些借口有时显得有些无聊。这件可以追溯到拉美西斯二世在位第40年的陶片，列出了工人五花八门的缺勤理由，包括必须酿造啤酒、与朋友一起喝啤酒、修缮自己的房屋，以及病得太重。

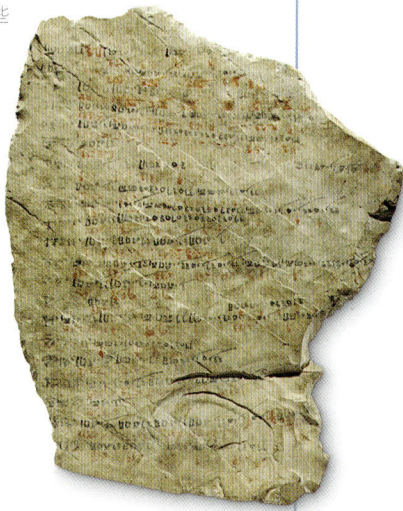

"第1年，冬天的第3个月，第15天。今天送衣服给洗衣工。"

代尔·麦地那的洗衣收据

△ **生火的燃料**
动物粪便等农业废弃物是古埃及最主要的
生火燃料。这堆粪便出自位于代尔·麦地
那的建筑师克哈墓。

证据，即村子北端留下的一口巨大枯井。

一座善做记录的村庄

当代尔·麦地那被发掘时，考古学家在这
口废弃的井中发现了一座令人振奋的文献宝
库。村民们在这种被称为陶片的石灰石薄片
上留下了大量文字（详见第246~247页）。
这里的村民会读会写，因为给陵墓书写铭文
是他们的基本工作技能。这对于我们今天研
究平民阶层的古埃及人意义非凡。

从私人信件到收据，以至到法庭案件
的记录，陶片揭示出大量有关村民日常生
活的细节。这些文本和提供了村民宗教活
动（详见第234~235页）相关信息的村庄
文物遗迹，使得考古学家可以解码代尔·麦
地那的生活全景。到目前为止，代尔·麦
地那保留下了前古典时期有关人类社区最
为丰富的信息。

▷ **祖先的半身像**
代尔·麦地那的村民崇拜当地神和国家神，同
时可能也崇拜自己的祖先。当地发现的几尊半
身雕像似乎是不同家族的已故先人。

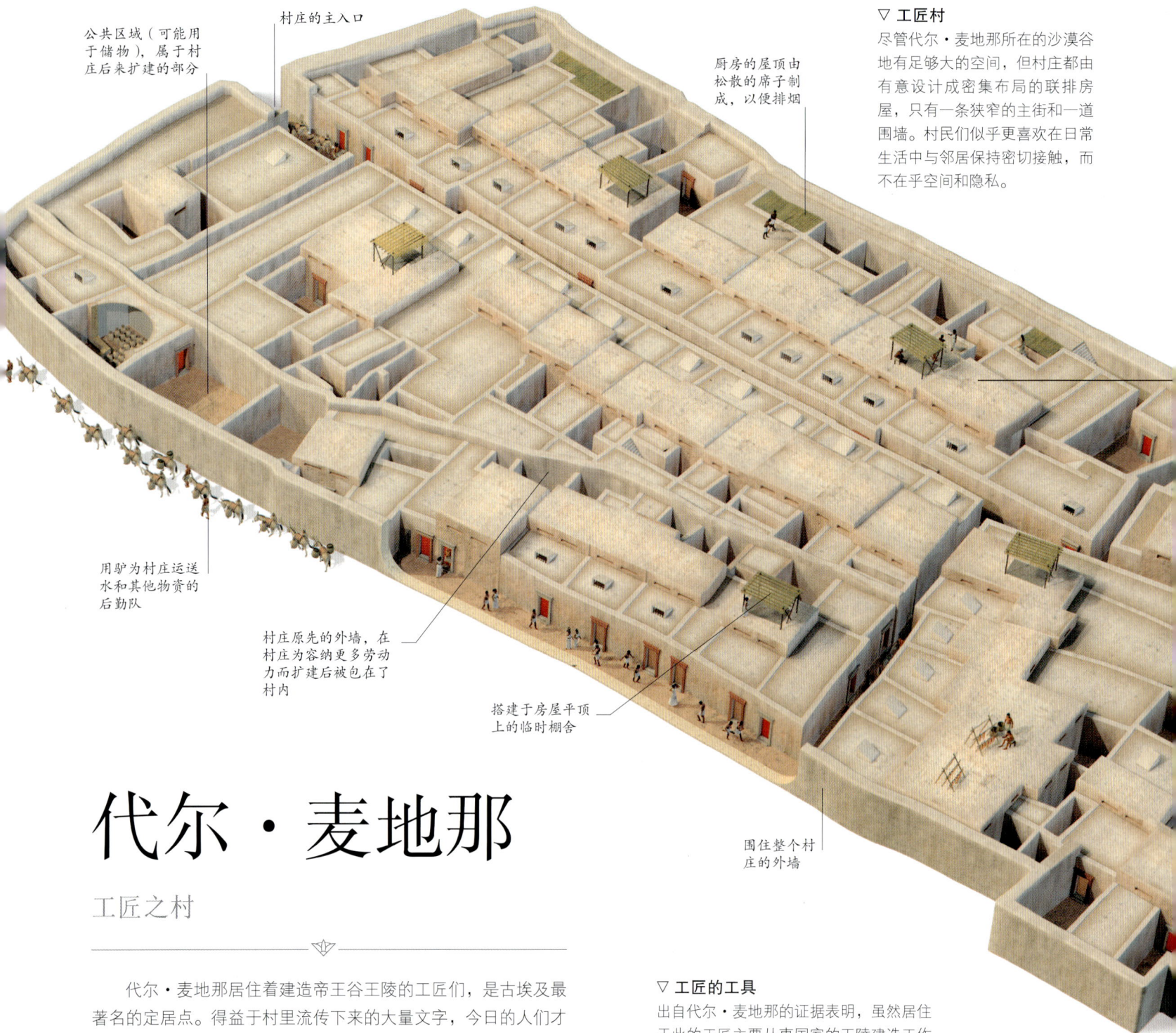

公共区域（可能用于储物），属于村庄后来扩建的部分

村庄的主入口

厨房的屋顶由松散的席子制成，以便排烟

△ 工匠村

尽管代尔·麦地那所在的沙漠谷地有足够大的空间，但村庄都由有意设计成密集布局的联排房屋，只有一条狭窄的主街和一道围墙。村民们似乎更喜欢在日常生活中与邻居保持密切接触，而不在乎空间和隐私。

用驴为村庄运送水和其他物资的后勤队

村庄原先的外墙，在村庄为容纳更多劳动力而扩建后被包在了村内

搭建于房屋平顶上的临时棚舍

围住整个村庄的外墙

代尔·麦地那

工匠之村

代尔·麦地那居住着建造帝王谷王陵的工匠们，是古埃及最著名的定居点。得益于村里流传下来的大量文字，今日的人们才对居住于此的古人们的生活有了更多了解。这些文字记录了各种日常事务，内容从存货清单、购物清单，到对通奸和盗窃的指控不一而足，甚至包括笑话。这里保留了当时村庄的样貌，还有放弃村庄时村民遗留的物品，将这些遗存与古文献结合后，我们就能深入了解到这个古老社区中的独特细节。

▽ 工匠的工具

出自代尔·麦地那的证据表明，虽然居住于此的工匠主要从事国家的王陵建造工作，但他们在业余时间也做其他工作，尤其是为私人客户制作随葬品。

手锯

榫凿

贯穿村内的
狭窄街道

改善室内通
风和采光条
件的屋顶通
风口

陈设简单的
主客厅

地下储藏间

通往屋顶
的楼梯

厨房，其中配有
烤箱和碾磨谷物
的石磨

直通厨房的第二
个地下储藏间

一些屋顶由木柱支
撑，这些木柱在村
庄废弃时被移走了

△ 工匠之家

代尔·麦地那的发掘工作不仅帮助我们认识
整个村庄，还帮助我们了解单个居所的布局
（村内的房间布局多采取相似的单一模式）。
但居民如何使用家中房间尚不完全清楚。

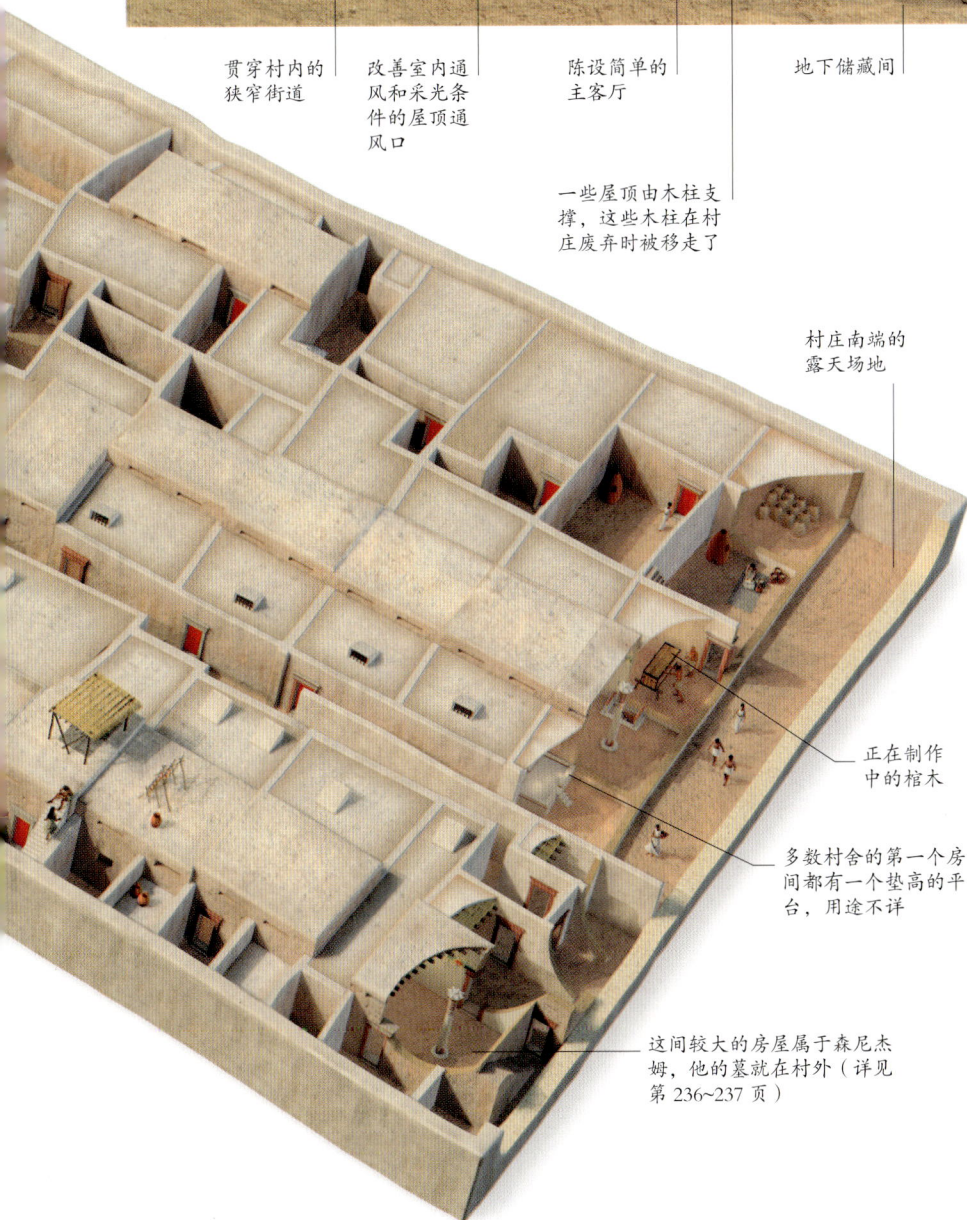

村庄南端的
露天场地

被废弃的代尔·麦地那

在第20王朝的最后几年，代尔·麦地那的日常生活变得难
以为继。地处沙漠边缘使得这里很容易受到利比亚游牧民族
的袭扰，而不断恶化的政治和经济形势使村民失去了稳定的
供应保障。到新王国时代结束时，国家不再需要在帝王谷建
造王陵，于是失去功用的村庄被废弃。不久，代尔·麦地那
便掩埋于岁月的风沙之下。

正在制作
中的棺木

多数村舍的第一个房
间都有一个垫高的平
台，用途不详

这间较大的房屋属于森尼杰
姆，他的墓就在村外（详见
第236~237页）

代尔·麦地那遗址

个人对神灵的崇拜

新王国时代的石碑

最能展现古埃及人崇拜神灵的考古实据是石碑。这些石碑通常由石灰石雕刻而成，上有铭文和绘画，用来提醒人们永远忠于他们所选择的神。

△ **女神的倾听**
这方石碑上的耳朵表明，乌瑟尔萨塔特希望神灵倾听到他的请求，尤其是"聆听祈祷"的女神内贝塞特佩特。

△ **对月神的崇拜**
这里的铭文是向托特神祈祷的长祷文。托特神也是月神艾亚，他以朱鹭的形象示人。石碑上一只狒狒向他敬献乌加特之眼。

△ **巴基对"好公羊"的崇拜**
石碑下半部的长文，是巴基对以"好公羊"形式示人的阿蒙－拉神的赞美诗。

△ **两个女人对拉尼努特的崇拜**
在这方由两部分组成的石碑上，两个女人献身于眼镜蛇女神拉尼努特，祈求女神护佑家庭。

"我要以你的名义打造这方石碑,将对你的赞美写在上面。"

奈布拉向阿蒙-拉神献上的颂词

◁ **外邦神**

这方石碑表现了古埃及人对外来神的接受,在石碑上古埃及神"敏"(左)与迦南神"卡叠什"(中)、"雷舍夫"(右)一同出现。

四条蛇现身于山上

太阳神拉-荷拉赫提坐在他的太阳船上

△ **阿蒙纳赫特对山峰的崇拜**

在这方石碑上,一位书吏同时崇拜女神伊西斯和"西峰"。这里的"西峰"指与女蛇神美瑞特塞格有关的底比斯山。

△ **马胡对三位神明的崇拜**

这方石碑可能尚未完成,也可能原本只打算用墨线勾勒。马胡崇拜的三位神明从左至右依次是美瑞特塞格、穆特和阿蒙-拉。

△ **哈贝克内特的三段式石碑**

在这方石碑的中间场景中,哈贝克内特供奉着一位无名王子和现身于底比斯山的母牛女神哈托尔。

△ **梅赫特卡蒂对塔沃里特的崇拜**

女神塔沃里特以河马的形象出现在供桌旁。不同寻常的是,碑上的崇拜者梅赫特卡蒂端着一碗燃着的香。

△ **阿蒙纳赫特向女神美瑞特塞格忏悔**

在这方石碑上,阿蒙纳赫特认为女神美瑞特塞格的惩罚令他暂时失明,于是他为求得宽恕而向女神忏悔。

△ **胡伊和朋友们对哈托尔的崇拜**

石碑的下半部分描绘了胡伊等崇拜者,上半部分描绘了充当崇拜者与哈托尔女神之间中间人的国王拉美西斯二世。

森尼杰姆墓

"真理之地的仆人"

尽管在底比斯地区，森尼杰姆墓只是规模较小的私人墓葬之一，但这座位于代尔·麦地那工匠村的墓葬却很有名。墓中生动的绘画展现了该村工匠的非凡技艺。

代尔·麦地那村的村民在许多方面不同于大部分的古埃及人。其中的一个方面，就是他们能够享受到建造精良、设备齐全、装饰精美的墓葬。因为代尔·麦地那是一座工匠村，居住于此的人负责在帝王谷建造王陵。这份工作赋予了他们建造墓葬的技能，也许他们还有获取优质原材料来为自己建墓的一些便利。在第18王朝，大多数墓建在村东；到拉美西斯时期，他们在村西的沙漠斜坡上开辟了新墓地。

家族墓

在第19王朝的塞提一世和拉美西斯二世统治期间，森尼杰姆及其家人居住在代尔·麦地那。森尼杰姆的头衔"真理之地的仆人"，表明他是新王国时代受雇开凿和装饰王陵的工匠之一。森尼杰姆本人的墓发现于1886年，墓室及随葬品完好无损，是代尔·麦地那村西墓地中最重要的墓葬之一。遗憾的是，在发掘之后墓中的随葬品没能保存在一起，而

▽ **墓室内部**

森尼杰姆的墓室处处都被画覆盖着，画中他和妻子在来世与众神会面。这些画顺着墙壁延伸，穿过天花板，覆盖着整个放置棺木的空间。

△ **装饰罐**
这件出自森尼杰姆墓的酒罐上绘有类似于葬礼宴会所使用的花环。

是散落到了世界各地的收藏机构和博物馆，但墓葬木身仍不失为底比斯私人墓葬中的一颗瑰宝。

森尼杰姆墓内安葬着他和他的家人——他的妻子艾诺弗雷特、儿子孔苏和儿媳塔玛克特，以及孙媳伊西斯。在代尔·麦地那，多人合葬墓似乎很常见，整个家族中的几代人经常共用同一个墓。森尼杰姆的另一个儿子哈贝克内特拥有独立的墓，墓中有一份安葬者名单，名单上不仅列有包括福尔曼·奈赫姆特及其父亲孔苏在内的哈贝克内特后人，还列有几名工匠的名字，他们甚至可能与哈贝克内特家没有任何亲缘关系。

绘制墓室

与这一时期的其他代尔·麦地那墓葬一样，森尼杰姆墓只有一座简单的地上建筑——一座小祭堂，其顶部有一个小泥砖金字塔。地下的空间虽小，却绘满了生动的画面，展示了森尼杰姆和艾诺弗雷特去世后享受来世生活，并被众神接纳进入芦苇之境（详见第 22~23 页）的场景。

身为工匠的森尼杰姆可能亲自装饰了自己的墓，但工匠们有时会雇更熟练的同事来为他们工作，而不是自己动手。例如，在一份合同中，一位名叫阿纳赫特的工人承诺向他的同事梅里塞赫迈特提供食物和各种衣物，以换取他为自己的地下墓室作画。这也包括了油彩的费用。

一位名叫基内布的祭司的墓葬，揭示了绘制其墓室所花的时间。他的墓室是一间矩形的小屋，里面是一套标准的墓室场景，描绘了宴会、基内布对阿蒙霍特普一世和阿赫摩斯－尼斐尔泰丽（详见第146~147 页）的崇拜，以及一支精心组织的送葬队伍。墓中的"涂鸦"记录了耗时三个月零十九天

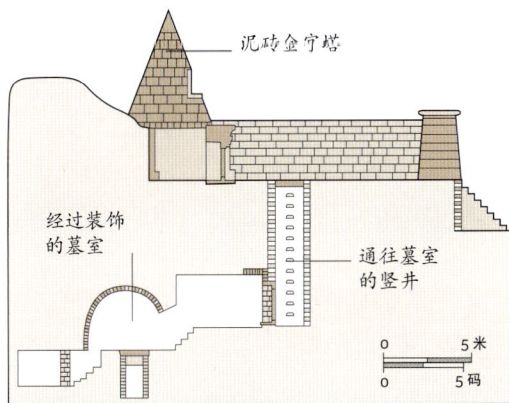

奥西里斯，芦苇之境的王者

大而精致的领饰

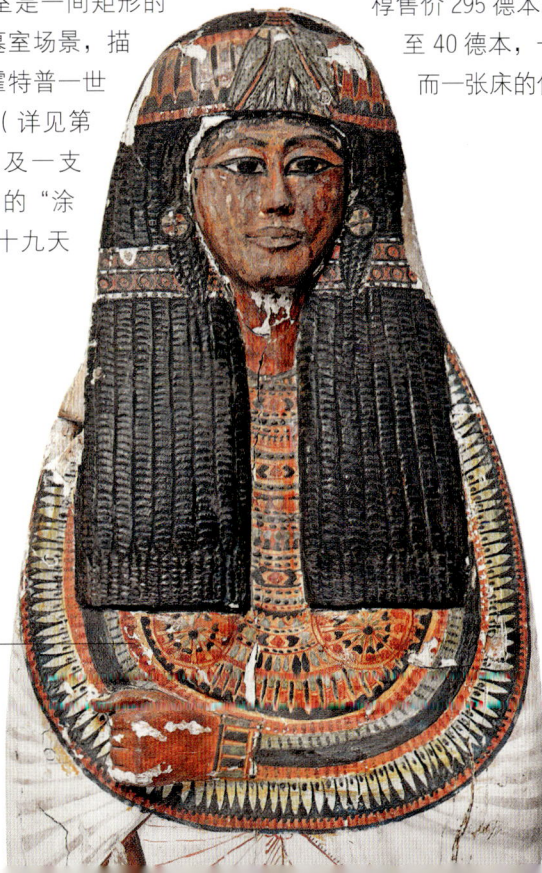

△ **森尼杰姆墓的截面图**
森尼杰姆墓是代尔·麦地那村在拉美西斯时期典型的高级工匠墓，设置有地上的供奉祭堂和地下的彩绘墓室。

的绘制过程。

棺椁

森尼杰姆墓中发现的陪葬品中，有一套属于他家人的精美棺椁。到了拉美西斯时期，早期形制的外椁已经受到改造，当时更受欢迎的样式是形似人形的外椁和内棺。这表明代尔·麦地那工匠的技能不仅限于装饰墓室，他们还是优秀的制棺木匠。

棺椁的价格取决于做工和所用材料（木材、油漆、清漆）的质量。拉美西斯时期大多数棺材的价格在 20 至 40 德本之间。据记载，最昂贵的一套棺椁售价 295 德本。当时，一头驴的价格为 25 至 40 德本，一头猪的价格为 3 至 5 德本，而一张床的价格为 15 至 20 德本。

◁ **艾诺弗雷特的木乃伊盖板**
艾诺弗雷特的尸身被放置在一具人形棺内的木乃伊盖板下。盖板上画着她生前的样貌——身着亚麻质地的常服，佩戴领饰和假发。

拉美西斯三世

新王国时代最后一位明君

拉美西斯三世的统治期很漫长，而且要事频发。他始终以拉美西斯二世为榜样，不仅结束了第19王朝后期的政治动荡，而且作为一名建造者和军事统帅青史留名。

第20王朝的起源有些神秘。第一位国王是塞特那克特，他在拉美西斯二世去世27年后登上王位。登上王位的时间表明，他可能是拉美西斯二世一个不太重要的妻子的孙子。

塞特那克特的统治时期不到两年，也许他登基时就已经垂垂老矣。随后王位传给了他的儿子拉美西斯三世。新国王拉美西斯三世有一个对自己影响至深的榜样，他希望效仿与他同名的伟大君主拉美西斯二世。这种效仿反映在3个不同领域的身份上：建造者、父亲和军事统帅。

麦迪奈特·哈布

拉美西斯三世对卡纳克神庙和古埃及各地的其他小型建筑进行了大规模扩建，而他在营造建筑

王后谷是拉美西斯王子们的重要墓地。左图中，阿蒙赫赫佩舍夫王子站在父亲拉美西斯三世身后，与女神哈托尔会面。

方面的主要成就是底比斯的最后一座大型葬祭庙，即麦迪奈特·哈布。

麦迪奈特·哈布，是除代尔·巴哈里之外古埃及最完整的葬祭庙。这主要是因为在拉美西斯三世之后，没有哪位国王能建造如此宏伟的纪念建筑了，也没有哪位国王能从神庙里掠夺石料了。麦迪奈特·哈布的平面图与拉美西斯二世建造的拉美西姆基本相同，而且其壁画的主题也非常相近（详见第220~221页）。

王室儿童是壁画的主题之一。拉美西斯三世仿效拉美西斯二世，也下令绘制了王子和公主们参加王室巡游的场景。每支队伍前列的孩子们都被标注了姓名，但这是一次非同寻常的抄袭行为，孩子们的名字甚至都被标注成了拉美西斯二世孩子的名字。麦迪奈特·哈布的王子巡游图是一份极具历史价值的文献，因为图中的一些王子后来被增刻了王名圈，他们后来依次成了国王拉美西斯四世、拉美西斯六世和拉美西斯八世。

外部威胁

麦迪奈特·哈布最重要的历史意义，也许在于它描绘和记述了拉美西斯三世的伟大军事成就。与先王一样，拉美西斯三世有大量的机会证明自己是一位强大的勇士国王，但与拉美西斯二世不同的是，

巴肯孔苏石碑

巴肯孔苏是第20王朝前期的阿蒙神高级祭司。这方石碑是为了纪念巴肯孔苏在塞特那克特统治期间为修复在卡纳克的王室雕像所做的贡献。巴肯孔苏将这些雕像描述为："高贵的国王们陷入了濒临毁灭的状态……有些雕像侧躺在一边，另一些仰躺着……被穷人的手所摧毁。"碑文证明，高级官员能够对王室神庙加以修复和维护，但官员们并不总会做出这样的无私虔诚之举。巴肯孔苏还说，他"把自己的雕像和这些王室雕像立在一起，希望自己有可能与王室成员一道在阿蒙神的圣域里永生"。

巴肯孔苏跪着举起双臂赞美阿蒙－拉神

他发动的战争不在帝国的远方，而在古埃及的边界，甚至国内。

拉美西斯三世最伟大的军事成就是击退了3次外敌入侵：两次分别发生在他统治的第5年和第11年，均为利比亚人从西部的入侵；另一次发生在他在位的第8年，是海上民族从东部的入侵（详见第240~241页）。

当近东和地中海东部的几个主要国家都被类似的入侵摧毁时，拉美西斯三世治下的古埃及依然站稳了脚跟，保持着自身的主权。当

双臂交叉是该时期王室木乃伊的典型特征

拉美西斯三世

▷ 拉美西斯三世石棺
拉美西斯三世石棺重达7吨的花岗岩棺盖上雕刻着的国王形象，国王以奥西里斯的高浮雕造型出现。国王身边是守护女神伊西斯和奈芙蒂斯。

然，经历过这几次外敌入侵后，古埃及的国力确实受到了削弱。

内部动乱
拉美西斯三世统治末期，内乱开始引发一系列问题。在他统治的第29年，代尔·麦地那的工匠们因为工资未被支付而罢工。这反映出第20王朝面临严重的经济问题。

对国王自身而言，更严重的问题是，在他统治的第30年，有人密谋在宫廷中刺杀他。某位小王后与其他朝廷官员合谋，意图让自己的儿子彭塔维里特取代拉美西斯王子登上王位。结果小王后的阴谋失败，密谋者被处死，拉美西斯王子后来成为国王。拉美西斯三世是否真的因这一阴谋而被谋杀尚不得而知，但他大约是在这个时候去世的，他选定的继任者登基成为拉美西斯四世。

"赞美你！你俘虏了你的敌人，打败了边界的入侵者。"
阿蒙-拉神在麦迪奈特·哈布赞扬拉美西斯三世

◁ 拉美西斯三世的木乃伊
拉美西斯三世的木乃伊是新王国时代保存最完好的王室成员遗体之一。这具木乃伊与其他几具从帝王谷墓穴中移出的木乃伊一道，被秘密地重新安葬于代尔·巴哈里的地下隐蔽墓穴里（详见第244~246页）。

危险的入侵者

海上民族和利比亚人

在新王国时代，地中海东部和近东地区稳定的文明秩序被一系列大规模的武力入侵和移民行动所打破，古埃及也只能勉强维持生存。

在新王国时代，古埃及面临的最大威胁既不是古埃及的宿敌努比亚，也不是米坦尼王国、赫梯等已经出现在近东的敌对帝国，而是来自以下两伙人：古埃及人之前不认为是威胁的利比亚人，以及根本没听说过的"海上民族"。

利比亚人

埃及学家所说的"利比亚人"指居住在尼罗河流域和三角洲西部的半游牧民族，他们大多数生活在地中海沿岸，带着牛群在西部沙漠过着逐水草而居的生活。利比亚的两个主要族群，被古埃及人称为捷迈胡人和捷赫努人，尽管他们早在公元前 3000 年左右的统一时期就出现在古埃及文献中，但似乎没有引起过古埃及人的重

◁ 利比亚因犯

古埃及艺术品中的利比亚人形象千篇一律，与所有其他外国人一样，其形象创作遵循既定惯例。利比亚人通常留着侧边发辫的短发，蓄着短而尖的胡须，肩系敞开的长袍。

视。对于古埃及来说，利比亚人没有潜在的经济剥削价值，而且除了偶尔袭扰边境定居点外，他们也不构成军事威胁。然而这种情况在第 18 王朝后期发生了巨大变化，因为利比亚出现了新的、更强大的族群。

利比亚的美什维什人最早出现在第 18 王朝阿蒙霍特普三世统治时期，而赖布人则出现在第 19 王朝拉美西斯二世统治时期。他们可能来自昔兰尼加高地（在今利比亚）。古埃及人面临的问题是，这些利比亚的新族群或许是为了逃离地中海沿岸日益干

▽ 与海上民族作战

拉美西斯三世在麦迪奈特·哈布的神庙外墙上详细描绘了他与海上民族开展水陆战斗的场景。位于画面左侧的一艘古埃及战船袭击了一艘海上民族的船只。

装备弓箭和长矛的古埃及军队

"海上民族"独特的头盔

△ 敌人的手

为了确定战斗中的杀敌数量,古埃及人会切下敌人尸身的一部分,将其收集起来进行统计。此处正被收集起来的是敌人的手。

▷ 以色列石碑

这方石碑详细记述了国王美楞普塔与利比亚人作战的细节,并且首次在碑文中引述了有关以色列人的信息,故而被称为以色列石碑。

旱的环境而实施的一项长期战略,即强行移民到古埃及,并在此定居。这绝非传统意义上的军事入侵,而是整个族群为新领土而战的大规模行动。

　　这一问题的端倪,可以从第19王朝国王塞提一世在卡纳克描绘的战争场景,以及拉美西斯二世在埃及西部修建的堡垒中窥知一二。真正的危机则出现在第19王朝国王美楞普塔和第20王朝国王拉美西斯三世的统治时期。其间,他们不得不应对3次严重的利比亚人入侵,每一次入侵都威胁到了古埃及的生存。虽然3次入侵都以古埃及人的胜利而告终,但这个问题没能彻底解决,并为第三中间期埋下了重大隐患。

海上民族

　　拉美西斯三世对抗利比亚人的战争,发生在他在位的第5年和第11年。他还与海上民族打了一场重要的防御战。海上民族可能起源于今日土耳其的爱奥尼亚海岸,他们最初以全副武装的海盗身份出现在地中海。在第19王朝拉美西斯二世统治前期,舍尔丹人(海上民族多个族群中的一支)袭击了尼罗河三角洲。100年后,这些人不再只是临海国家面对的小麻烦,他们已成长为一支摧毁古希腊迈锡尼文明和赫梯的强大军事力量。

　　海上民族袭击了塞浦路斯、横扫了黎凡特,洗劫了乌加里特等重要城市。他们颠覆了该地区的现状,结束了地中海东部和近东地区繁荣发展的青铜时代晚期的文明。古埃及是唯一抵御住海上民族侵袭的国家。拉美西斯三世在其统治的第8年取得胜利,拯救古埃及于水火之中,但由于曾经的战略伙伴的灭亡,

手持圆盾和长剑的海上民族战士

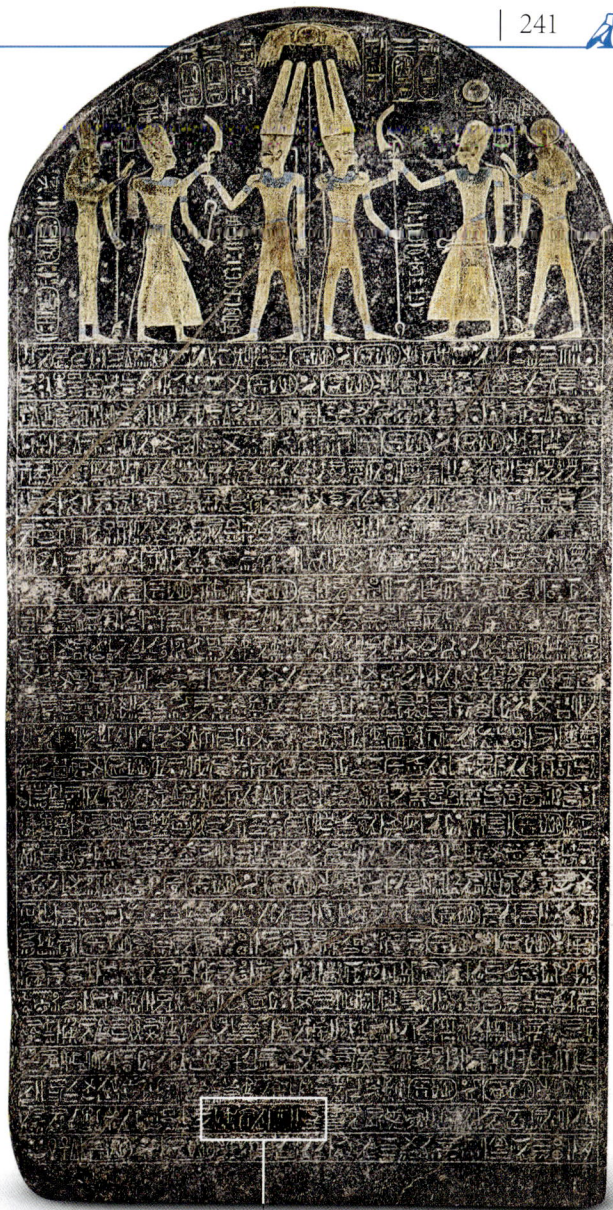

△ 碑文中的"以色列"

这一象形文字与"以色列"一词非常接近。此处它不是一个地名,而可能是对一个游牧族群的统称。

也迫使古埃及不得不面对一个新的世界秩序。这种新秩序也威胁到了古埃及帝国在黎凡特的势力,因为以帕来塞特人(腓力斯丁人)为首的海上民族已在黎凡特定居。

拉美西斯四世到拉美西斯十一世

新王国时代的终结

△ 拉美西斯四世王陵
尽管第 20 王朝后期的国王们没有资源建造规模宏大的神庙，但是他们在帝王谷为自己建造了令人印象深刻的王陵。

在第20王朝国王拉美西斯四世至拉美西斯十一世统治期间，古埃及社会变得愈发不稳定。这既影响到了王权，也极大地影响了国家整体上的经济和政治秩序。

自拉美西斯三世于公元前 1153 年去世后，王权在他的子孙之间易手的速度快得令人惊讶。拉美西斯三世的王位由他的儿子拉美西斯四世继承，经过了一段短暂的统治后，王位被传给拉美西斯四世的次子拉美西斯五世。之后拉美西斯五世早逝，没有留下继承人。于是，下一任国王是拉美西斯三世的另一个儿子——拉美西斯六世，但他很快被兄弟拉美西斯七世所取代，拉美西斯七

世也在即位后不久去世。之后继任国王的拉美西斯八世同是拉美西斯三世的儿子，但他也很早就去世，他的王位又传给了拉美西斯九世，而拉美西斯九世与这个不幸家族的关系尚不清楚。拉美西斯十世可能是拉美西斯九世的儿子，他去世后传位于儿

◁ 拉美西斯四世的夏勃梯
第 20 王朝后期的王陵拥有与先王相同类型的随葬品，但自此以后，除了一些王室夏勃梯雕像外，幸存下来的高品质文物相对较少。

▷ **拉美西斯六世雕像**
这尊半真人大小的拉美西斯六世雕像，塑造了一个抓着外国俘虏头发的国王形象。颇具讽刺意味的是，正是在他的统治时期内，古埃及失去了包括黎凡特在内的大部分帝国领土。

子拉美西斯十一世。统治者的快速更替，可能是由于拉美西斯三世后代的相似年龄和不幸的病史导致的，但也折射出这一时期古埃及的全面衰落，而且这种趋势变得愈发凸显。

王陵

在拉美西斯三世去世后的新王国时代的剩余时期，除了在帝王谷建造王陵，古埃及没有再实施任何重大建设项目。代尔·麦地那的工匠们一直忙于为拉美西斯四世、拉美西斯五世和拉美西斯九世建造大型陵墓。他们还为拉美西斯七世建造了一座小型但实用的陵墓。拉美西斯十世的陵墓尚未被完全发掘，而拉美西斯八世的陵墓还没有被发现。虽然为新王国时代最后一位统治者拉美西斯十一世修建的陵墓已经完工，但很可能最终没有启用，他被安葬在了孟斐斯，具体地点不详。

新王国时代的终结

拉美西斯十一世可能是新王国时代自拉美西斯三世之后统治时间最长的一位国王，但却远没有那么成功。事实上，他的过世加速了古埃及的衰落，导致了王权的崩溃、新王国时代的终结，以及第三中间期的开始。古埃及进入了一个内战频仍、军阀争霸的时期，同时也是经济严重动荡的时期。在代尔·麦地那发现的文献证明，中央政府未能解决这些问题，粮食价格的上涨导致了通货膨胀，同时在底比斯发生的盗墓事件激增。

祭司和军阀

这一时期国王的频繁更替，意味着高级官员必须维持中央政府的连续性。例如，阿蒙神高级祭司拉美塞斯纳赫特，从拉美西斯四世继位的第一年一直任职到拉美西斯九世的某个时间。然而，其中一些官员后来成了军阀。在拉美西斯十一世统治期间，"库什的国王之子"帕奈赫希出兵古埃及南部，可能是为了支持一位建都于孟斐斯的国王及其政治势力，

"你将参照拉美西斯二世为我延长寿命和统治期。"

拉美西斯四世向奥西里斯提出了一个终未实现的祈愿

并试图恢复那里的王权，但他最终被迫返回了，而此时古埃及对努比亚已然无力控制。

其他新兴军阀是利比亚战俘的后裔，他们在古埃及定居后被晋升为高级军官，其中最重要的是一位名叫赫里霍的将军。当帕奈赫希被免职后，赫里霍不仅成了古埃及南部的实权人物，而且当上了底比斯的阿蒙神高级祭司。当他在卡纳克以拉美西斯十一世的名义建造纪念建筑时，竟将自己的名字写进王名圈，并将自己的孩子绘制于巡游队伍之中。他的野心昭然若揭，与拉美西斯三世之前的所为如出一辙。

赫里霍与诺杰姆特

下图是将军兼阿蒙神高级祭司赫里霍，及其妻子诺杰姆特，在一本属于诺杰姆特的亡灵书中的图像。这份文献表明这对夫妇早有僭越称王的图谋，因为赫里霍的额头上有一条乌赖乌斯，诺杰姆特则头戴王后专属的秃鹰王冠。赫里霍共有 17 个儿子，在卡纳克的孔苏神庙里，他的每个儿子都被标以"国王亲生之子"。尽管赫里霍夫妇以古埃及名字示人，但其几位儿子的名字——马萨哈塔、马萨卡哈塔、奥索尔孔，都暴露了他们的利比亚血统。

盗墓

帝王谷的盗贼

帝王谷的陵墓中藏有珍贵而丰富的随葬品，是古埃及新王国时代最神圣的遗址之一，但这并不能阻止盗贼们无休无止的盗墓行动。

古埃及人看待来世的方式，意味着所有阶层的人的墓里都会放置帮助逝者在来世生活的物品。富有的精英们通常用金、银和半宝石制成的极其贵重的物品随葬。根据墓中的碑文可知，在古埃及人的观念深处，生者应尊重逝者是不言而喻之事。然而，总有人想打破禁忌，冒着触怒众神的危险从逝者身上偷窃，因此古埃及的盗墓之风由来已久。

盗掘王陵

虽然盗掘王陵被定为重罪，但仍屡禁不止，尤其是在法律和秩序崩溃的时期。鉴于古王国时代的金字塔在第一中间期遭到劫掠，中王国时代的政权加强了金字塔的安全措施，但收效甚微。到新王国时代，王室成员被秘密安葬在帝王谷的地下墓穴中，以防止遭受亵渎。但许多墓穴有着巨大而明显的入口，一点也不隐秘。因此，到了第20王朝末期，当新王国时代国王的权威开始瓦解时，他们已无力保

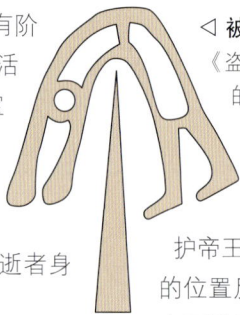

◁ **被钉在木桩上的罪犯**
《盗墓纸草》提到，对罪犯施以"钉在木桩上"的处死方式。这个短语中的一个象形符号直白地表明了罪犯将面临的可怕命运。

护帝王谷中的陵墓。事实上，帝王谷墓葬半隐蔽的位置反而往往对窃贼有利，因为这使盗贼能够在不受看守或路人干扰的情况下盗掘。在第20王朝末期，甚至连地方官员也开始与盗贼勾结，参与盗取王陵和神庙中宝物的活动。

《盗墓纸草》

拉美西斯九世到拉美西斯十一世统治时期的一套被称为《盗墓纸草》的文献表明，一些盗墓贼被绳之以法。纸草记录了对王陵的巡查（目的是发现哪些王陵被劫掠）、对嫌疑人的审问，以及对罪犯的判决。

盗贼的供词清晰地表明，相比墓中物品本身，他们更想要的是制造物品的珍贵材料。一伙盗贼闯入第17王朝国王索贝克姆萨夫二世墓，在疯狂劫掠后将国王之棺付之一炬，目的可能是为了更容易取走棺上的金箔。

▽ **杖责罪犯**
这件文物出自古王国时代萨卡拉的美列卢卡墓，刻画的是一群罪犯正在受审的场景。审判过程中显然采用了杖责等刑讯手段。

▷ **阿赫摩斯－梅丽塔蒙王后之棺**
第18王朝阿赫摩斯－梅丽塔蒙王后的遗体和棺木是在代尔·巴哈里的地下隐蔽墓穴中被发现的。棺木上覆盖的珍贵金箔在从原王陵移棺时就已经被完全剥除，原本覆盖金箔之处被涂成了黄色。

"我们带着铜制工具，强行闯入这座国王的金字塔。"

出自《利奥波德–阿姆赫斯特纸草》的盗贼供词

国王的秘窖

地方当局对帝王谷惨遭劫掠的应对措施之一，是收集被盗陵墓中的剩余随葬品，然后将其埋葬在更为隐蔽的"秘窖（地下隐蔽墓穴）"中。采取这种补救措施的著名人物，是代尔·巴哈里的高级祭司皮努捷姆二世。然而，大多数情况下，只有王室成员的遗体和随葬品才能被重新葬入秘窖，而且新棺木比原棺简陋得多。

代尔·巴哈里的秘窖中有 50 多具遗体，包括新王国时代从第 18 王朝阿赫摩斯一世到第 20 王朝拉美西斯九世的多位国王。然而，这项重新安葬国王遗体的工作，似乎也给了新王国时代末期的底比斯官员一个中饱私囊的机会。他们表曲声称为古代先王谋取最大利益，实则窃取了原本王陵中的珍贵材料。代尔·巴哈里的主要秘窖直到 19 世纪末才被发现。

▽ **拉美西斯九世的金首饰盒**
大多数从王陵盗取的物品，上面的贵重金属和宝石都被夺走了，但尚有几件随葬品上的珍贵材料幸存下来，并被重新葬入代尔·巴哈里的秘窖里。其中包括这件嵌象牙的金首饰盒，其上刻有拉美西斯九世的名字。

陶片上的绘图

微缩的艺术

陶片指的是陶器的小碎片，而在古埃及更常见的是石灰岩薄片，人们会在上面写字和画画。代尔·麦地那是这种非正式艺术品产出最丰富的地方，这里的陶片内容最为有趣，且画技也最为娴熟，全部出自装饰帝王谷王陵的工匠之手。

▷ 葬礼现场
这幅详细的葬礼线稿图绘制了在墓道口举办的葬礼场景和参加葬礼的哀悼者，还绘制了多间地下墓室。

一个人正从竖井爬下去

安放于墓室的棺

◁ 哺乳妇女
母亲哺育孩子是代尔·麦地那陶片绘图的常见主题。这或许是为了纪念新生儿的降生。

刚生完孩子的女人将头发扎起来

▷ 建筑平面图
一些陶片似乎绘制的是建筑项目的草图。这件陶片绘制了一张标明尺寸的神龛平面图。

◁ 家庭场景
创作者在这幅图中使用了多种颜色，画面描绘的是女仆服侍怀抱孩子的母亲照镜子的场景。

埃赫那吞的显著特征

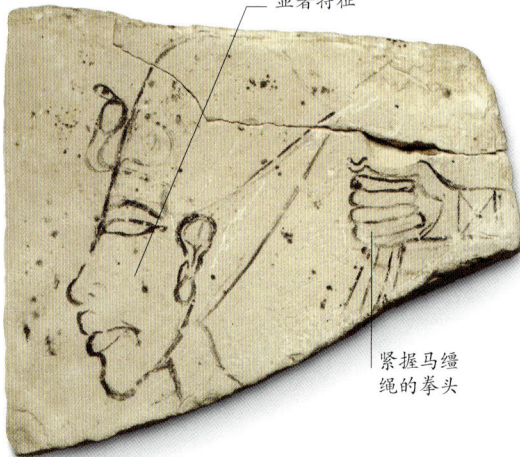

国王头戴蓝色王冠

克赫帕什镰形刀

国王打击敌人

紧握马缰绳的拳头

△ 有胡茬的国王
绘画者在这件陶片上练习画手和胳膊，还画了一个有胡茬的国王头像，胡茬可能代表他正处于哀悼之中。

◁ 阿蒙赐刀
这一场景出现在许多新王国时代的神庙中，展示了阿蒙－拉神向国王（此处为拉美西斯九世）赐刀以击败敌人的场景。

△ 埃赫那吞头像
这幅描绘埃赫那吞头像的练习作品，展示了阿玛尔纳艺术风格（详见第178~179页）对艺术作品中国王面部特征的影响。

△ **女杂技演员**
这是古埃及现存最美的陶片之一。绘图者以多彩而细腻的手法创作了一个女杂技演员形象，并作为完稿的艺术作品保存下来。

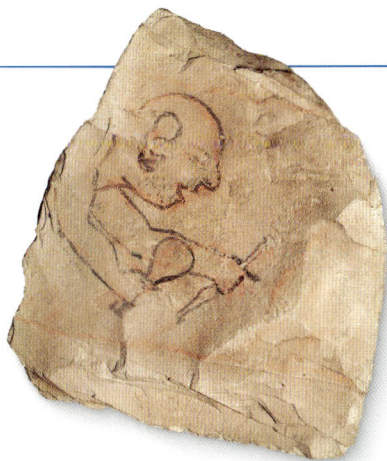

△ **用锤、凿进行工作的工匠**
这幅简单而生动的工匠工作场景草图，可能是绘图者本人或其工友的肖像。

△ **塞奈穆特的草图**
这幅哈特舍普苏特女王顾问塞奈穆特的画像，可能是为其底比斯墓墙上相同画像所做的预备草图。

鸵鸟羽毛扇

动物祭司在仪式上宣读祭文

▷ **猫和老鼠**
古埃及人非常乐于以动物角色进行拟人化表达。这件陶片描绘了一只猫正在伺候上流社会的老鼠的场景。

△ **宗教巡游**
在这幅模仿底比斯宗教节日的作品中，动物扮演了神灵以及抬着神灵巡游的祭司角色。

▽ **美瑞特塞格**
这件宽 23 厘米的大陶片，可能是献给底比斯西部的女蛇神美瑞特塞格的供品。上面的文字声称，作者是代尔·麦地那的"副主管"阿蒙库。

这部分内容意为"西部夫人美瑞特塞格"

6

第三中间期和
后期埃及时代

约公元前1069~前332年

步入后期历史的古埃及

公元前 1069 年拉美西斯十一世的去世，标志着古埃及长期的政治不稳定时期的开端。在接下来的 700 余年里，很少有古埃及国王能够统治整个国家。历史学家将这一时期分为第三中间期（公元前 1069~ 前 664 年）和后期埃及时代（公元前 664~ 前 332 年）两个阶段，而这两个阶段各具特点。正是在这一时期，古埃及不仅发生了分裂，而且无法再维持原来帝国的形态。

第三中间期

自新王国时代末期君主制崩溃以来，许多派系和个人之间相互竞争，试图在王权衰微的古埃及获得权力。在古埃及南方，阿蒙神高级祭司始终在政治和经济上保持强势；而在北方，以三角洲东部塔尼斯为中心的多个地方的割据者各自称王。然而，这一时期在古埃及叱咤风云的恰恰不是古埃及人，而是在新王国时代后期大战结束后，就已定居古埃及的利比亚人的后裔。这些人以从军为业，如今已成为军阀。

从这些自称为王的人的名字上可以看出他们有利比亚血统，比如第 22 王朝的国王——舍尚克、奥索尔康和塔凯罗特。这些利比亚血统的国王后来被入侵古埃及并建立第 25 王朝的努比亚国王皮安希驱逐。然而，当亚述人入侵古埃及后，努比亚统治者也遭到废黜。

后期埃及时代

后期埃及时代始于公元前 664 年，该年第 26 王朝国王普萨美提克一世（王朝奠基人尼科一世之子）登基。亚述人在第 25 王朝末期入侵了古埃及。起初，虽然普萨美提克一世的政权是亚述的附庸，但他后来设法从亚述人手中夺取了权力，使古埃及一度重新统一在一位国王治下，只是这种状态没能持续很久。后期埃及时代的一个显著特点，是波斯人两度统治了古埃及。波斯人的第一次统治发生在第 27 王朝时期，古埃及的首位波斯统治者冈比西斯击败了普萨美提克三世。第 30 王朝打破了波斯对古埃及的统治，从公元前 380 年起，古埃及再度独立并统一。波斯人的第二次统治发生在公元前 343 年，此时波斯人再次征服古埃及，建立第 31 王朝。公元前 332 年，来自希腊（马其顿）的亚历山大大帝驱逐了卷土重来的波斯人，因而亚历山大大帝被古埃及人尊为解放者。

文化与艺术

虽然在这段漫长的政治不稳定时期内，没有一个统治者可与古王国、中王国和新王国时代的国王们比肩，但这一时期仍不失为一个带有文化创新色彩的时期。国王们开始在神庙圣域内建造陵墓。这些建在塔尼斯的陵墓大多完好无损，直到 20 世纪才被发掘。在这一时期，虽然陵墓和随葬品的风格都发生了变化，但也存在着复古之风，人们通过回望过去来找寻艺术灵感。尽管大多数建筑状况较差，但塞易斯和塔尼斯等地不朽的城市风光，都以令人印象深刻的规模，展示出后期埃及时代的国王们的创新。

◁ 阿蒙的金像

公元前1039年，普撒塞尼斯一世登基，他死后葬于塔尼斯

公元前874年，奥索尔康二世在布巴斯提斯启动建设项目

公元前727年，皮安希入侵古埃及。努比亚国王开始统治古埃及

公元前1069年，斯门德斯成为第21王朝首位统治者

公元前945年，舍尚克一世成为第22王朝首位国王，他也是该王朝最勤于政务的国王

公元前773年，舍尚克三世去世，古埃及北部陷入政治分裂

地中海

塞易斯 •布托
贝赫比特·哈伽
诺克拉提斯 • 门德斯
太尔·姆克达姆 ❶ 塔尼斯 •佩鲁修姆

下埃及 ❷ 布巴斯提斯

尼罗河三角洲

• 赫利奥波利斯

萨卡拉 • 孟斐斯

法尤姆

尼罗河 东部沙漠 苏伊士湾

西部沙漠

尼罗河 阿拉伯沙漠 红海

图纳·格贝尔 • • 赫尔莫波利斯·马格纳

阿拜多斯 • 丹德拉

上埃及 • 科普特斯

❸ 底比斯

步入后期历史的古埃及
在此期间，古埃及不再是一个帝国。因此，该时期的重要遗址都已分布于传统边界之内，尤其是在三角洲地区。

北

0 75千米
0 75英里

象岛（阿斯旺）
菲莱 — 第一瀑布

❶ 位于塔尼斯的神庙圣域

❷ 位于布巴斯提斯的巴斯特神庙

❸ 位于底比斯的孟图埃姆哈特之墓

公元前664年，塞易斯的普萨美提克一世成为第26王朝首位国王

公元前380年，涅克塔尼布一世成为第30王朝首位国王，启动大型建设项目

公元前332年，亚历山大大帝从波斯人手中夺取古埃及

公元前671年，亚述入侵古埃及，并将努比亚国王赶出古埃及

公元前525年，冈比西斯征服古埃及，并开启第一个波斯统治时期

公元前343年，第二个波斯统治时期开始

第三中间期

第21王朝至第24王朝

在新王国时代主权崩溃后的一段时期里，地方的执政家族与包括高级祭司和利比亚军阀在内的强权势力相互争夺霸权，使古埃及再度陷入四分五裂之中。

拉美西斯十一世的去世标志着新王国时代的终结，但真正意义上的中央政权，早在几十年前就已摇摇欲坠。第21王朝由一系列自称为王的人构成，他们以北方城市塔尼斯为统治中心，此时的塔尼斯已取代培尔－拉美西斯成为三角洲东部的主要城市。同一时期的古埃及南方，事实上由底比斯的阿蒙神高级祭司所统治。

北方和南方

如此安排下的政治形势似乎运转良好，且南北方之间的关系由于人民间频繁的相互联系而得以加强。在长达半个世纪的时间里，普撒塞尼斯一世是居于塔尼斯的国王，而他的兄弟蒙凯帕拉是底比斯的高级祭司。公元前984年，老奥索尔康成为北方的国王，他的名字表明，利比亚血统的家族已经渗透进古埃及统治阶层。这一情况早在第20王朝末期就已有先例，身为利比亚战俘后裔的赫里霍，作为将军和高级祭司在古埃及的统治阶层中占有一定的优势地位（详见第242~243页）。

"美什维什人的伟大首长"（美什维什人是利比亚人的分支）舍尚克一世是老奥索尔康的侄子，他建立了第22王朝。老奥索尔康的家族长期占据三角洲东

部的布巴斯提斯，因此在接下来的230年里，以塔尼斯为首都的古埃及北部，拥有利比亚姓名（舍尚克、奥索尔康和塔凯罗特等）的国王们当之无愧地先后统治这一地区。

在第三中间期，舍尚克一世的统治最为有效。他任命自己的儿子尤普特为阿蒙神高级祭司，并在卡纳克建造神庙。他还曾征伐曾经是古埃及帝国一部分的黎凡特地区，甚至洗劫过耶路撒冷。然而，他没能统一古埃及，随着他的去世，各地再次分崩离析。

日益分裂

在第22王朝国王舍尚克三世统治期间，王权所受的挑战在古埃及北部也开始显露出影响。马涅托试图通过整理第23王朝和第24王朝的王表，厘清古埃及在分裂为许多互相争斗的割据地区后，形成了怎样的日益混乱的局面。

到公元前730年舍尚克五世去世时，各地统治者都已自行其是，其中许多人已自封为王。仅三角洲地区，就分别由三角洲东部的塔尼斯、布巴斯提斯、里昂托波利斯的地方统治者，以及三角洲西部的几位"美什维什人的伟大首长"进行统治。还有一位被称为

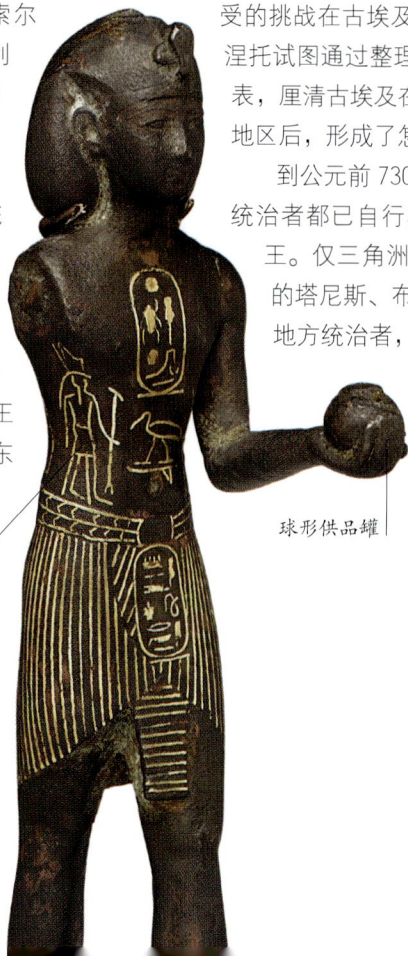

荷鲁斯神（左）和托特神（右）

球形供品罐

▷ 奥索尔康一世

金属雕像是第三中间期独具特色的艺术品门类之一。这件第22王朝国王奥索尔康一世的铜像出自三角洲东部，铜像上国王的名字和国王身穿的短褶裙嵌有黄金。

▷ 奥西里斯家族三位一体神

这件雕塑为第22王朝国王奥索尔康二世时期雕刻的神庙之宝，刻画了罕见的奥西里斯蹲像，以及分别立于奥西里斯两侧的荷鲁斯和伊西斯。这件三位一体神雕像使用的是最优质的材料，神像由黄金打造，柱子则由青金石雕刻而成。

奥西里斯蹲像

青金石柱

"西方的首长"并以塞易斯为中心的统治者，名叫泰夫那克特（即马涅托所述的第24王朝国王）。在中埃及的尼罗河流域，新的地方执政者获得了对赫拉克利奥波利斯·马格纳和赫尔奥波利斯·马格纳的控制，而阿蒙神高级祭司仍是南部的主导力量。

这种日益分裂的局面反而带来了一个积极结果，古埃及不同地区的敌对执政者，都在其所在的各个城市建造神庙、陵墓和纪念建筑，而这类建筑就不再只集中于底比斯等少数几个主要地点了。因此，这一时期建造的纪念建筑，在风格上比此前更加多样化。

无论是古埃及人自己，还是已上升为统治阶层的利比亚人，都未能将已经支离破碎的古埃及重新统一起来。古埃及的重新统一需要强大外部力量的介入才能实现，而由努比亚人建立的第25王朝便是这样的力量。

布巴斯提斯

布巴斯提斯（今太尔·巴斯塔）是三角洲东部的主要中心城市之一，其历史比塔尼斯或培尔－拉美西斯更悠久。布巴斯提斯遗址的考古遗存证明，这里曾存在第6王朝国王特悌和珀辟一世建造的一座古王国时代神庙、中王国时代的一座宫殿，还有为人类和圣猫修建的大型墓地。新王国时代的第19王朝国王拉美西斯二世可能也在此建造过建筑，但一些纪念建筑最初应该建在培尔－拉美西斯。在第三中间期，布巴斯提斯纪念建筑的中心区曾被扩建，尤其是在第22王朝奥索尔康一世、奥索尔康二世的统治时期，他们在主神庙建筑群内建造了一座巨大的节日大厅。

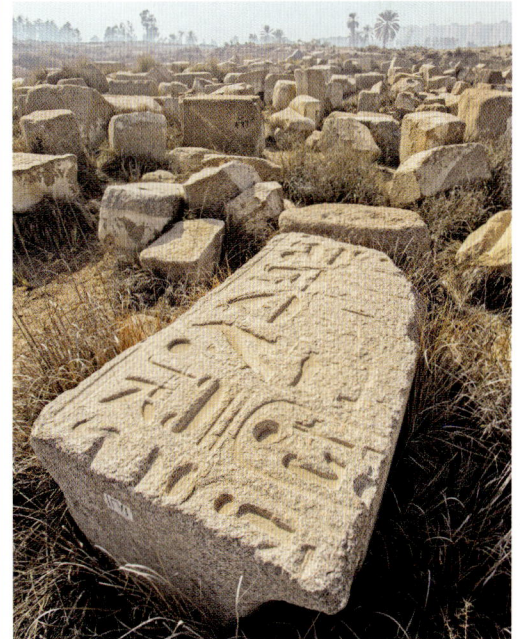

布巴斯提斯遗址

塔尼斯

"北方底比斯"

在第三中间期的建筑工程中，最能体现统治者的雄心，也最令考古学家激动的是对塔尼斯城的开发。从规划开始，这座城市就在对标王朝首都的规模。

◁ 位于塔尼斯的神庙围墙
这张塔尼斯照片的后景是大阿蒙神庙的遗迹，前景是王室陵墓。这座城市的建筑石材大部分取自培尔－拉美西斯。

△ 普撒塞尼斯一世面具
第 21 王朝国王普撒塞尼斯一世的随葬黄金面具，是塔尼斯出土的最著名文物，看起来很像图坦哈蒙墓出土的面具。

到了第 20 王朝末，拉美西斯建造的伟大城市培尔－拉美西斯（见第 221 页）基本上被遗弃了。这是因为它所处的尼罗河支流流向发生了变化，这座城市不再是原来的河港城市，因此它被一座新城所取代。这座新城便是塔尼斯（今圣·埃尔－哈加尔），它建在尼罗河下游远处的面积广大的沙洲上，如今遗址尚在。

对于第三中间期早期的国王们来说，建造新城的决定代表着创造大都市的绝佳机会，他们希望打造一个可与底比斯媲美的北方大都市，并把这里作为新的纪念建筑中心，献给阿蒙神。而事实上，塔尼斯的存在比起底比斯只是昙花一现，随后在罗马时期被废弃了。

从其他地区"借"来的神庙

新王国时代早期的国王们，已经用掉了古埃及南部的采石场中大量的建筑材料。为了在资源短缺的情况下尽可能快地建成这座恢宏的"北方底比斯"，第 21 王朝和第 22 王朝的国王们不得不挪用现有的纪念建筑的石料。于是，他们从培尔－拉美西斯拆走了许多建筑材料，不仅拆走石材，还有雕像和方尖碑，并在塔尼斯将石料按照他们自己的目的加以重新利用。他们不仅在新城为阿蒙神建造了一座巨大的神庙，也为穆特、孔苏和荷鲁斯建造了神庙。

推动这项城市建设工程最为积极的国王是第 21 王朝的普撒塞尼斯一世和第 22 王朝的舍尚克三世。相当一部分拉美西斯时期的纪念建筑在迁建到塔尼斯时，国王并未下令对原有的建筑铭文予以重刻。这一情况一度误导了考古学家们，让他们误把多年来发掘的塔尼斯当成了培尔－拉美西斯。直到最近在坎提尔开展的研究工作，才最终为塔尼斯正了名。

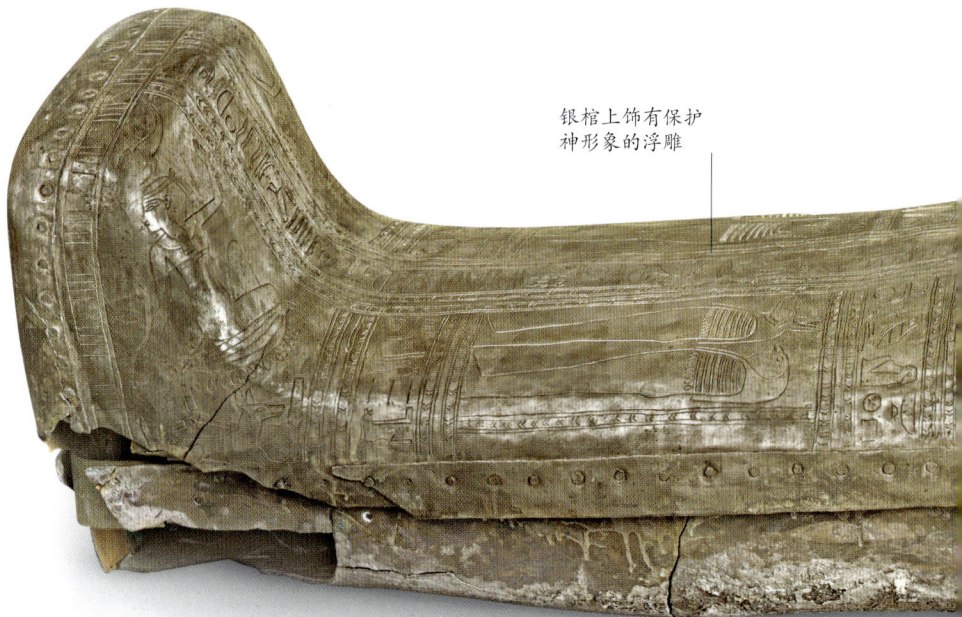

银棺上饰有保护神形象的浮雕

王陵

塔尼斯与底比斯最明显的不同之处，是它附近没有像帝王谷那样可以用作王室墓地的沙漠山谷。第三中间期的国王们也没有足够的财富来建造可与古王国和中王国时代王陵相媲美的那种令人印象深刻的巨大王陵。其实，他们也根本不想这样做，因为他们更看重的是王陵的安全性和保密性。帝王谷被盗墓贼洗劫、王室遗体被迫转移到新墓穴（详见第 244~245 页）的现实，使第三中间期的执政者将他们的陵墓布局在了他们所认为最安全的地方——城市主神庙的围墙内。而且，他们都保持了适度的陵墓规模，尽量做到谨慎行事。

在塔尼斯，阿蒙神庙围墙的一角被专门划出一片区域，用于设置小墓室群，每间墓室的大小刚好容纳一口石棺和几样随葬品。与围墙本身一样，这些小墓室主要是用取自早期建筑的石材建造的。

隐秘的辉煌

事实证明这种隐藏陵墓的策略是成功的，塔尼斯的小型王室墓地一直没有受到盗掘，直到 1939 年被考古学家发现。然而，它似乎也有一段曲折的经历，因为在第 21 王朝和第 22 王朝期间，陵墓和随葬品、葬具都经历了反复使用。这里已知的 4 座陵墓可能是为普撒塞尼斯一世、阿蒙尼摩普、奥索尔康二世和舍尚克三世共 4 位国

"神庙的圣域仍然令人印象深刻，即便这里已彻底沦为废墟。"

肯·基钦，《古埃及的第三中间期》，1995年

◁ 圣甲虫胸饰
这件罕见的胸饰出土于第 21 王朝国王普撒塞尼斯一世的陵墓，上面不仅有一只展翅飞翔的圣甲虫，还刻有称呼国王为"阿蒙的至爱"的王名圈。

王修建的。舍尚克二世、塔凯罗特二世以及其他几位最初的墓主人，或许还有后来的闯入者也埋葬于此，前后可能涉及多达 8 位国王。

这些陵墓中发现的随葬品，有的确实是为墓主人所作，有的则是从以前的陵墓中，特别是从拉美西斯二世统治时期建造的陵墓中取来的。虽然每位国王的随葬品数量都相对较少，但其中多是质量精良之物。事实上，塔尼斯墓地是除图坦哈蒙墓地之外，古埃及王陵中最为惊人的遗存。

▽ 舍尚克二世银棺
这口银棺属于第 22 王朝国王舍尚克二世，是在塔尼斯墓地发现的最引人注目的文物之一。国王拥有一只猎鹰的头，或许是为了将国王与荷鲁斯神联系在一起。

王权的象征之一——连枷

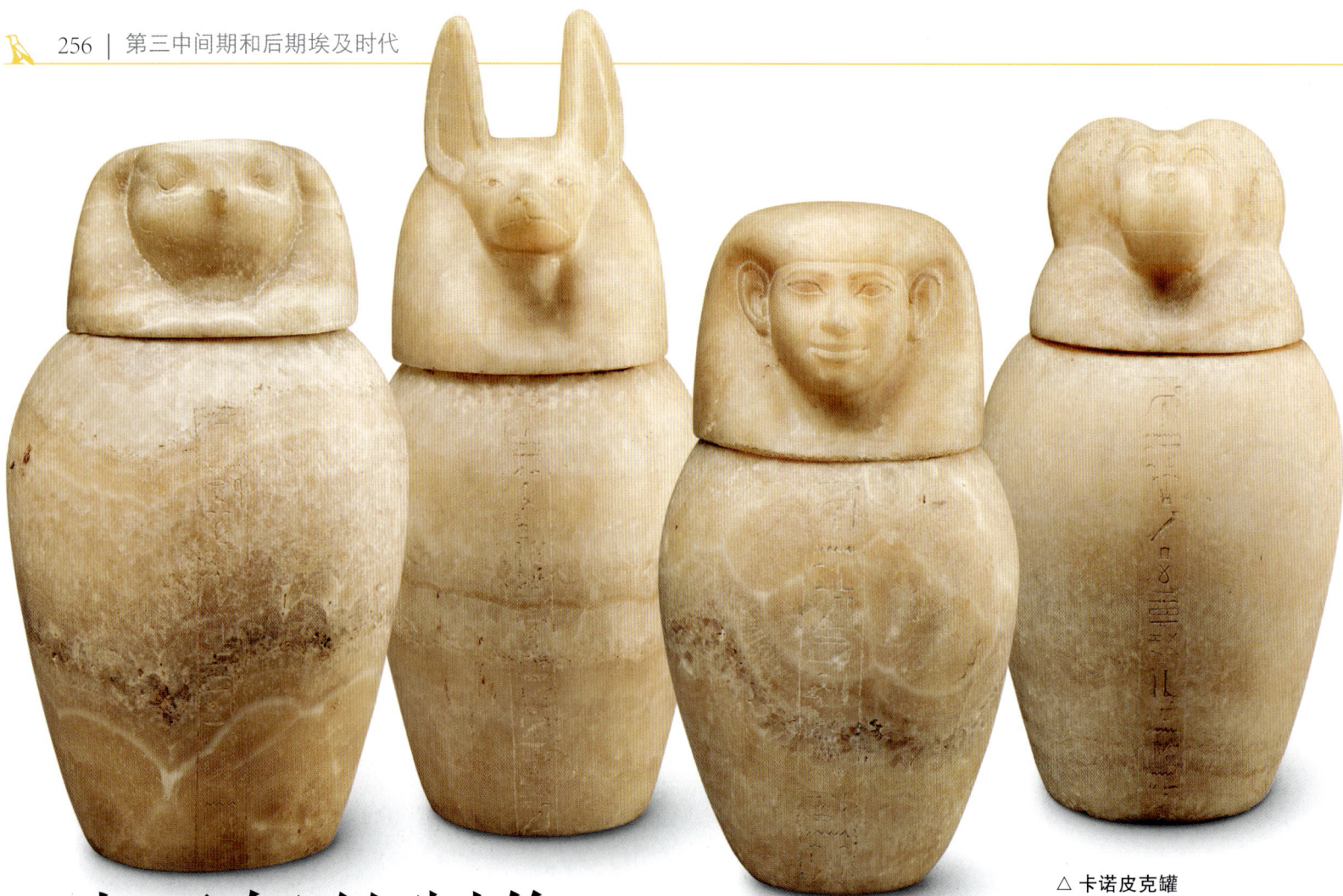

木乃伊的制作

裹在绷带下面的文化

△ 卡诺皮克罐
到了新王国时代，用来存放身体器官的卡诺皮克罐上装饰有荷鲁斯四子的形象。这4位神灵被认为是守护逝者的神灵。

古埃及文化最鲜明的特征之一，是保存尸身的习俗。古埃及人普遍认为，这种将逝者"木乃伊化"的习俗，对于确保一个人在过世后能成功进入来世发挥着关键的作用。

古埃及人相信，当一个人去世后，他的"卡"需要被永世供养（详见第50~51页）。为了实现这一点，"卡"需要一个可以滋养它的物理宿主。理想情况下，这个物理宿主是逝者的尸身，因此保存逝者的尸身变得十分重要。这一想法可能是因为人们偶然发现，埋在沙坑中的尸身由于自然风干而保存得异常完好。然而，当古埃及人开始用棺木埋葬逝者时，那种天然风干的保存效果就不复存在了。用棺木埋葬逝者的安葬方式本意是为了尊重逝者，结果反而加速了尸身的腐烂。为了解决这一问题，古埃及人没有抛弃棺木回归沙葬，而是创造了人工保存尸体的方法。

◁ 遗体防腐师贮藏的防腐材料
制作木乃伊时余下的材料通常被埋在墓葬附近。这袋泡碱发现于图坦哈蒙墓附近。

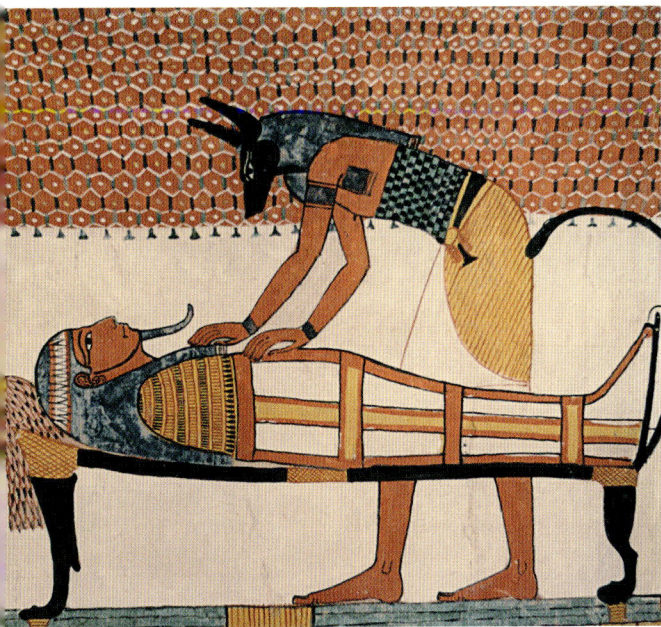

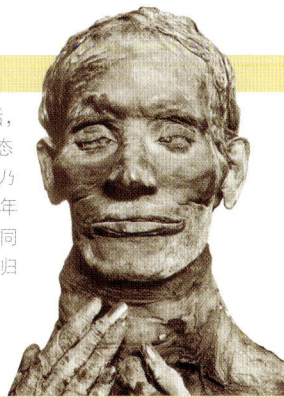

◁ **在阿努比斯神的监督下，森尼杰姆的尸身被制成木乃伊**

古埃及人相信阿努比斯神可以引导逝者从现世去往来世。他们认为阿努比斯神扮演了神圣的殡仪员的角色，负责监督木乃伊的制作过程。

保持外观

制作木乃伊的最早尝试，是在早王朝时代和古王国时代。人们起初专注于保持尸身外观的栩栩如生，于是用亚麻绷带紧紧地绑缚在尸身周围，有时还会用石膏或树脂加固绷带，以确保尸身被塑造成原本的形状。这样做，虽不能阻止包裹起来的身体组织腐烂分解，但通常能有效地保持尸身的外观。

保存器官

到了中王国时代，古埃及人在解决肉身腐烂这一现实问题方面取得了长足进步。他们的解决办法是取出内脏并将其单独保存，以备身体的来世之需。当重要器官被取出后，它们就被储存在一种叫作卡诺皮克罐的罐子里。

防腐

在所有重要器官都被取出后，尸身的外部仍然需要处理。处理尸身外部的主要方法，是在皮肤上涂抹一种天然的盐化物，即泡碱。遗体防腐师将泡碱作为干燥粉堆积于尸身之上，就像沙葬中将沙子堆积在尸身上一样。

木乃伊的制作表明，古埃及人已掌握物理、化学、医学等多方面的知识。木乃伊的制作对古埃及的医学，特别是生理学和解剖学的发展具有重要影响。保存了数千年的木乃伊，还为现代人了解当时人的身体情况和疾病流行的情形提供实物。

▽ **瓦赫的木乃伊**

包裹木乃伊的最佳范例之一是中王国时代"仓廪监督"瓦赫的木乃伊。他的尸身被多层亚麻布包裹着。

▷ 嵌套式棺木

杰德杰胡提安赫的整套棺木，展示了古埃及人为了实现内棺各层之间的适配所作出的用心设计。多层棺木相互嵌套在一起，共同在杰德杰胡提安赫的尸身周围形成了一个多层的物理保护罩，并带来了宗教意义上的保护。

杰德杰胡提安赫之棺

后期埃及时代的丧葬方式

▽ 内棺

杰德杰胡提安赫之棺最里面的一层绘满了保护神的形象。所绘的保护神中包括荷鲁斯四子，以及在他胸前展开翅膀的天空女神努特。

至少早在中王国时代，凡是支付得起相应费用的古埃及人，都会开始选择用两重棺木埋葬逝者。其形制是一个棺嵌套在一个椁中，内棺为人形或类人形，外椁为箱形。在新王国时代，这种标配的棺椁形式逐渐被相互嵌套在一起的多重不同尺寸的人形棺所取代。图坦哈蒙长眠其中的一系列棺木和最外层的石棺（详见第 192~193 页），是这种风格的最好例证。

在拉美西斯时期和第三中间期，外椁的装饰变得愈发复杂，面板上绘有传统的宗教文本和众神场景。到了后期埃及时代，基于古埃及人对多重人形棺的渴望，这种精细的装饰演变成了有史以来最复杂的嵌套式棺木。

带基座的棺木

带基座的棺木的最佳案例，是第 25 王朝祭司杰德杰胡提安赫的棺木。杰德杰胡提安赫是孟图神祭司团队中的一员，他死后被埋葬于卢克索附近的代尔·巴哈里。他被包裹起来制成木乃伊，并置于棺木的最里面。木乃伊上面覆盖着一张由费昂斯珠制成的网。

装有木乃伊的人形棺是这一时期棺木的典型样式。它有一个基座，在葬礼过程中经常举行的开口仪式（详见第 260~261 页）上，这个基座可能用于将棺木整体垂直竖立起来。

杰德杰胡提安赫棺木中最里面的内棺装饰着墓葬文本和墓葬神灵的图像，嵌套内棺的中间层棺木也经过了精细装饰，而中间层棺木又被外棺所嵌套，这种层层嵌套的棺木形式是这一时期具有创新性的设计。外棺是最外层的基座棺，带有一个拱形的棺盖和 4 根高高的角柱，角柱的设计仿效的显然是小祭堂或神龛的形式。阿努比斯或乌普奥特是引导逝者走向来世的豺狼神，它们的雕像被固定在棺盖上；4 根角柱上各有一只鹰形的荷鲁斯神木制雕像。由于荷鲁斯是天空之神，棺盖本身可能代表了天空。

这一时期繁复的棺木代表了一种从新王国时代到后期埃及时代都很明显的大趋势，即用神的场景和墓葬文本来装饰棺木，而不再这样装饰墓墙。随着墓墙的留白，陵墓本身也变得更加简单。这种趋势标志着一个重大的社会变迁，即打破了古王国和中王国时代建造附有精致小祭堂的豪华陵墓的传统。

冥界的豺狼神——阿
努比斯或乌普奥特

太阳神"拉"的船被
拖行于天空

假胡子将逝者与奥西里斯联系起来

代表天空之神
荷鲁斯的猎鹰

旨在祈求神灵保护
的象形文字铭文

被包裹的尸身上
覆盖着由费昂斯
珠制成的网

被绘制在一个个独
立神龛里的保护神

开口仪式

胡尼弗的亡灵书是新王国时代墓葬文本的最好例证。这卷纸草通过绘画与铭文，清晰地描绘了葬礼的关键程序——开口仪式。长着豺狼头的阿努比斯神，将胡尼弗的棺木竖立在胡尼弗的墓前，两位妇女在棺木前哀悼。主持仪式的祭司正走近棺木，准备用工具触及棺木上嘴巴的部位。这一仪式的目的是令胡尼弗魔法般地张开嘴巴，使他可以在来世说话、进食和呼吸。

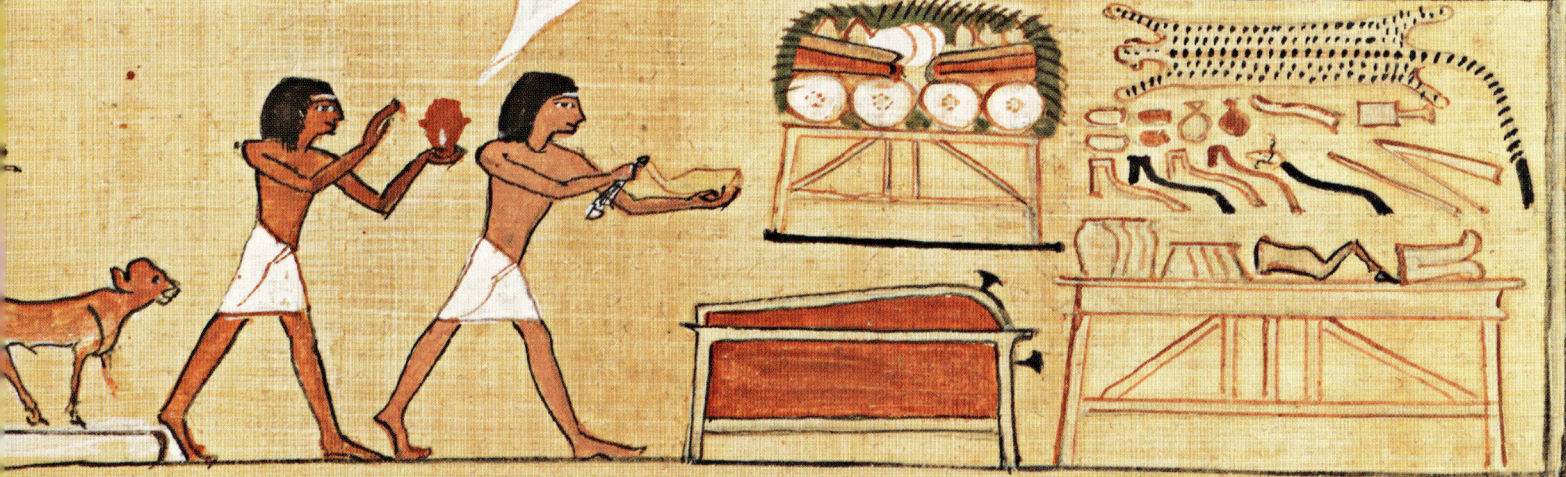

夏勃梯

在来世劳作的仆役俑

穿着常服的
阿蒙摩斯

古埃及人相信，他们去世后必须在"芦苇之境"为奥西里斯工作。为了避免自己在来世永无休止地进行体力劳动，他们下葬时会随葬一种能够魔法般地代替或辅助自己为奥西里斯工作的雕像。这种雕像被称为夏勃梯，它们形如木乃伊，且配有劳作工具。

▷ **彩绘夏勃梯**
这件新王国时代后期的夏勃梯上，清晰地绘制了从木乃伊的白色包裹物中露出的头部，以及双手所持的农具。夏勃梯身体的下半部分在黄色背景上写有象形文字。

夏勃梯手持农具

可拆卸的盒盖

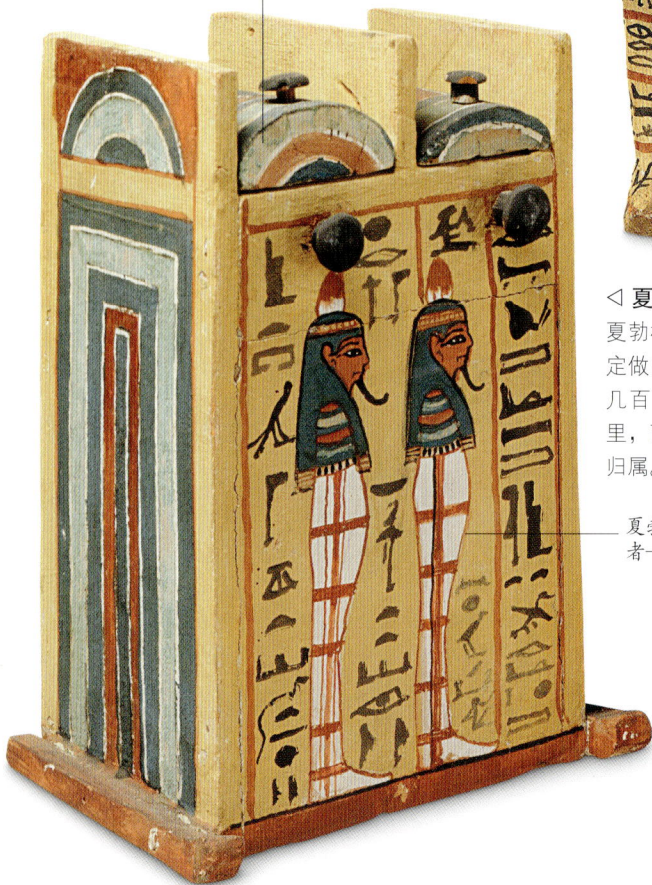

◁ **棒状的夏勃梯**
夏勃梯最基本的形式是一块粗略刻成木乃伊样子的粗糙木头。这件夏勃梯写有一段标识所有者的铭文。

△ **阿蒙摩斯的夏勃梯**
夏勃梯的一种变体，是代表逝者本人的小型随葬品。在上图中，穿着常服的费昂斯小雕像，被放在一个象征逝者之棺的盒子里。

◁ **夏勃梯盒子**
夏勃梯通常是成批制作，而非单一定做的。随葬时会把大量（有时是几百个）夏勃梯雕像存放在盒子里，而盒子上通常会以铭文标明其归属。

夏勃梯盒子的所有
者——帕拉曼尼库

▷ **属于一家三口的夏勃梯**
这 3 件夏勃梯出自工匠森尼杰姆在代尔·麦地那的墓，分属于一家三口。女性夏勃梯属于他的妻子，男性"监工"夏勃梯属于他的儿子，标准样子的夏勃梯则属于森尼杰姆本人。

△ **尤亚的夏勃梯**

夏勃梯是精心雕琢绘制而成的小雕像，最上乘的夏勃梯本身就是一种艺术品。 这件第18王朝泰伊王后之父尤亚的夏勃梯就是这样的艺术品。

填充有蓝色颜料的铭文

△ **玛雅的夏勃梯**

这件41厘米高的新王国时代木制夏勃梯拥有炯炯有神的眼睛和镶嵌着石头和玻璃的眉毛，因此看起来栩栩如生。

△ **塔哈尔卡的夏勃梯**

这件夏勃梯是第25王朝国王塔哈尔卡的一组夏勃梯中的一件。虽然它的造型并不突出，但是由于它以花岗岩制成，所以相当经久耐用。

塔哈尔卡的王名圈

△ **一位高级祭司的夏勃梯**

在后期埃及时代，精英们拥有的夏勃梯比之前的夏勃梯形象更好、尺寸更大。与同时期的许多棺木一样，夏勃梯也被安装在基座上。

环绕着夏勃梯身体的铭文

△ **"监工"夏勃梯**

"监工"夏勃梯拥有负责管理工作团队的工头形象。古埃及人认为，就像现实生活中的工人一样，大量的夏勃梯也需要管理者来监督工作。

△ **安虎的夏勃梯**

与新王国时代及之后的时期相比，中王国时代陵墓中随葬的夏勃梯较少。有的夏勃梯由非常坚硬的材料制成，比如这件由花岗闪长岩制成的夏勃梯。

彩色釉面造成的反差效果

△ **萨蒂夫人的夏勃梯**

这件费昂斯夏勃梯，是新王国时代阿蒙霍特普三世在位时期常见精湛工艺品的典范。它拥有白釉底，刻有用蓝釉填充的象形文字铭文。

努比亚血统的古埃及国王

古埃及的第25王朝

在第三中间期末期，努比亚的库什国王征服了他的北方邻国，短暂地建立了一个联合王国。而之后古埃及以一种意想不到的方式重新归于一统。

到新王国时代末期，古埃及人已经失去了对努比亚地区的控制；在第三中间期，他们没有再试图重新征服这片领土。于是，在接下来的300年里，努比亚得以不受古埃及的任何干涉而自由发展，因此努比亚人如同在第二中间期的时候一样，自然而然地重新建立起一个强大的国家。

然而，从古埃及帝国的废墟中崛起的努比亚统治者，已经深受古埃及文化的影响，他们与其前辈在许多方面都存在不同之处。此时努比亚最重要的统治集团来自比克尔玛更远的尼罗河上游地区，靠近第四瀑布。到公元前8世纪末，这一统治集团以

纳帕塔为权力中心统治了整个努比亚，他们的统治者死后皆被葬于库鲁。他们最初的陵墓是圆形的，类似于之前在克尔玛建造的陵墓，但后来他们的陵墓在外观上越来越像古埃及的陵墓，并最终变成了小金字塔。另一处对努比亚人非常重要的遗址是位

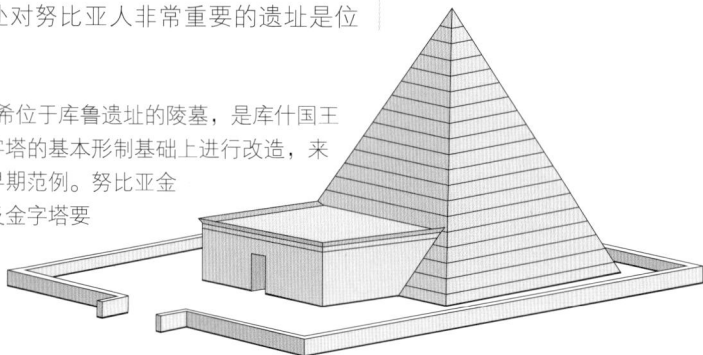

△ 塔哈尔卡神殿
第25王朝国王塔哈尔卡位于努比亚卡瓦的神殿主要供奉阿蒙－拉神。图中的塔哈尔卡正在向端坐在阿努凯特女神旁边的阿蒙－拉神献祭，此处的阿蒙－拉神被刻画为公羊头的形象。

▷ 皮安希金字塔
第25王朝国王皮安希位于库鲁遗址的陵墓，是库什国王的后裔在古埃及金字塔的基本形制基础上进行改造，来为自己所用的一个早期范例。努比亚金字塔比早期的古埃及金字塔要小得多，而且侧面更陡。

于格贝尔·巴卡尔的古代宗教中心。这里供奉的是阿蒙神，说明努比亚人已将阿蒙神认同为自己的主神。

努比亚统治者征服古埃及

这些努比亚统治者野心勃勃，不满足于努比亚的传统疆域，而是充分利用古埃及的弱点开疆拓土。卡什塔自封为上、下埃及的国王，当他的儿子皮安希开始控制古埃及南部时，当初的自封变为了现实。

皮安希在位的第21年，他通过一场战役侵入古埃及北部，胜利后的国王在格贝尔·巴卡尔竖立了一座巨大的石碑记载相关事迹。皮安希的大军随即沿尼罗河继续向北，前往孟斐斯。经过一番艰难的攻城战，他占领了孟斐斯，然后返回努比亚。而皮安希的继任者夏巴卡在执政前期再次入侵古埃及，因为对他来说很有必要将尼罗河三角洲的统治权牢牢掌控在努比亚人手中。

努比亚血统的古埃及国王

作为统一了努比亚和古埃及王国的统治者，第25王朝的库什国王们非常小心地以古埃及的传统方式展现自己的合法性，他们为此建造或增建了古埃及传统神庙。阿蒙是底比斯的主神，所以底比斯得到了王室的特别青睐。同样，这些努比亚血统的国王将政治首都定在了孟斐斯，这么做也许表达了他们对古王国时代建造金字塔的国王们的尊崇与效法，因为这些国王们是更早时期建立王权的模范。塔哈尔卡在统治期间在古埃及和努比亚的全境内大兴土木。

◁ **努比亚的狮子吊坠**
这件努比亚吊坠的金底描绘了一群举起手来崇拜太阳神的狒狒，从中可以明显看出古埃及文化的影响。

以撒哈顿胜利碑
以撒哈顿于公元前681年成为亚述帝国的新国王，他一直统治到公元前669年去世。尽管他饱受疾病和干室家族内斗的困扰，而且统治时间不长，但他自夸取得了一项重大成就——征服了古埃及。公元前674年，以撒哈顿第一次入侵古埃及但被塔哈尔卡击退，他在公元前671年卷土重来，不仅在古埃及北部击败了塔哈尔卡的部队，而且占领了孟斐斯。虽然塔哈尔卡逃往南方，但他的家人在被擒后被送往亚述当人质。以撒哈顿以这方石碑庆祝自己的胜利，石碑上的他比两个俘虏高大许多。其中较小的一个俘虏脖子上套着绳索、头戴乌赖乌斯，刻画的形象应该不是塔哈尔卡就是他的儿子。

以撒哈顿
古埃及俘虏

亚述人的入侵

努比亚人对古埃及的统治，最终被亚述人的持续入侵所终结，亚述人一直进攻到远达底比斯的位置。第25王朝国王坦塔马尼曾试图从亚述人手中夺回古埃及，但以失败告终。至此，第25王朝灭亡。亚述人并没有打算直接统治古埃及，所以在马涅托王表中没有亚述人的王朝。相反，他们把国家的控制权交给了当地的执政者，而这些执政者都宣誓效忠亚述国王。这样一来，在古埃及形成了一张权力网，而当亚述帝国崩溃时，权力网中的人们便相互争权夺利。

双乌赖乌斯（眼镜蛇），代表古埃及和努比亚

▷ **塔哈尔卡的斯芬克斯**
出生于库什的第25王朝国王们热衷以传统的古埃及方式展现自己，如把国王刻画成狮身人面的形象。

公元前747年，皮安希成为努比亚统治者
公元前690年，塔哈尔卡登基为古埃及国王
公元前664年，塔哈尔卡去世
约公元前735年，皮安希入侵古埃及
公元前671年，以撒哈顿入侵古埃及

塞易斯时期

第26王朝的古埃及国王们

自第20王朝结束以来，首次重新统一埃及本土的古埃及人建立了第26王朝，并建都于塞易斯，但他们不得不应对越来越多的外敌。

在第 26 王朝期间，古埃及越来越多地卷入近东和地中海东部的政治对抗，不得不应对包括努比亚、亚述、巴比伦、波斯和希腊在内的各种外国势力所构成的威胁。

希腊历史学家的著作提供了关于这一时期的宝贵信息，特别是希罗多德的著作《历史》中记录了各种有关古埃及的史实和野史。这些信息表明，此时的古埃及依靠外交和军事上的双重手段，艰难地维持着独立。

普萨美提克一世

亚述人入侵并统治古埃及后，在三角洲地区的塞易斯设总督，尼科一世于公元前 672 年至前 664 年担任此职，成为亚述在古埃及最重要的封臣之一。公元前 664 年，第 25 王朝末代国王坦塔马尼试图重新夺回古埃及，其间尼科一世被杀。尼科一世之子普萨美提克一世子继父业，成为亚述人

◁ **孔西尔迪斯雕像**
在后期埃及时代，向神庙捐赠的物品通常包括捐赠人的铜像。这件 40 厘米高的铜像刻有孔西尔迪斯的名字，制作时间可追溯至普萨美提克一世时期。

◁ **普萨美提克一世金牌**
这块刻有普萨美提克一世王名的小金牌出自国王建于三角洲泰尔·德奋奈的一座神庙的地基下。

的附庸，控制了三角洲西部和孟斐斯。普萨美提克一世在统治早期，利用亚述帝国其他地区存在的问题来扩大自己的权威。公元前 660 年，他已经控制了整个尼罗河三角洲，到公元前 656 年进而控制了古埃及其他地区。他没有公开与亚述人决裂，而是成为了整个古埃及境内的实际统治者，也是 400 年来首位统一古埃及的本土人。

普萨美提克一世与包括底比斯祭司在内的其他本土的地方执政者结盟，并建立了一支拥有大量外国雇佣军的强大军队。他鼓励外国人进入古埃及，尤其是希腊商人，不仅为他们在三角洲西部建立了

阿蒙神之妻

"阿蒙神之妻"这一称号起源于第 18 王朝，用来指代在底比斯的阿蒙崇拜中扮演重要角色的王室女性。在第三中间期，特别是在第 25 王朝，这个角色与底比斯地区的政治和经济权力存在密切联系，所以其地位变得越来越重要。由王室女性担任阿蒙神之妻，以及由现任阿蒙神之妻"收养"王室之女作为继承人的做法逐渐成为惯例。当时的艺术作品可以明显反映出这些"阿蒙神之妻"的重要性。右图中的阿蒙神之妻舍频维帕特二世被塑造成正在向阿蒙神献祭的斯芬克斯形象。

舍频维帕特二世的名字被写在王名圈里

舍频维帕特二世父亲的名字——皮安希

阿蒙神之妻的斯芬克斯形象

"在阿玛西斯统治时期，古埃及达到了繁荣的顶峰。"

希罗多德描述第26王朝国王阿玛西斯（又称阿赫摩斯二世）的统治时期

诺克拉提斯城，还允许该城垄断古埃及和希腊两国间的贸易。

塞易斯

虽然塞易斯王朝（即第26王朝）的国王们统治的是整个古埃及，但顾名思义，他们的基本盘是三角洲西部的塞易斯。他们是有着亚述帝国塞易斯总督身份的古埃及人，与塞易斯有很密切的关系。因此，塞易斯在第26王朝成为重要的纪念建筑中心，其中最重要的建筑是第26王朝主神奈斯女神的神庙，各项建筑工程都围绕这座神庙展开。第26王朝的国王们遵循第21王朝和第22王朝等其他三角洲执政者的做法，也在城市的神庙周边圈地建造他们的陵墓。遗憾的是，塞易斯所有的神庙和陵墓在随后的几年里都被劫掠一空。

第 26 王朝的继任国王

普萨美提克一世长期且成功的统治，为整个古埃及带来了稳定，这是他的后继者很少具备的。尽管如此，他的儿子尼科二世还是延续了普萨美提克一世强化军事实力的政策。第26王朝的这支拥有大量雇佣军的军队，在阻止迦勒底人（巴比伦人）入侵古埃及的过程中发挥了至关重要的作用。尼科二世的儿子普萨美提克二世在一场消除努比亚潜在威胁的战役中，也曾动用这支力量。然而，普萨美提克二世的儿子阿普里斯的统治时期动荡不安，他在黎凡特进行的与巴比伦人的战事、在利比亚进行的与希腊殖民者的战事皆以失败告终。之后，阿玛西斯将军发动了一场针对阿普里斯的政变，政变成功后阿玛西斯成为了国王阿赫摩斯二世。

尽管开局不利，但阿玛西斯的统治既长久又繁荣。然而阿玛西斯的儿子普萨美提克三世很不幸，他才刚刚登上王位几个月，波斯帝国国王冈比西斯二世就率领大军攻入了古埃及。冈比西斯二世占领孟斐斯后，普萨美提克三世被俘，随后被关押在波斯，并死在那里。

▷ 尼科雕像
这尊青铜雕像塑造的是尼科，不确知是尼科一世还是尼科二世。尼科呈现出向神献祭的经典姿态，在下跪的同时双手于身体两侧张开。

向既往寻找灵感

古埃及艺术中的拟古风格

在第25王朝和第26王朝，国王和上层人物都从古埃及遥远过去的艺术风格中找寻灵感。这种对古代风格的模仿被称为拟古主义。

无论是王室成员还是精英，许多古埃及人都满怀崇敬地回顾他们国家悠久的历史，以及祖先创造的数量惊人的纪念建筑和艺术作品。这种对文化遗产的尊重体现在新王国时代留下的"涂鸦"上，也体现在凯海姆维塞修复的许多纪念建筑上（详见第226~227页）。这种崇敬也解释了为什么古埃及人有时会恢复古代曾流行过的纪念建筑风格，以及为什么会在中王国时代初期新建金字塔。

后期埃及时代的拟古主义

古埃及人对以往艺术的模仿欲望在后期埃及时代尤其强烈，特别是在第25王朝和第26王朝。对库什人（第25王朝）来说，恢复古制是强化文化认同、加强统治合法性的一种手段。第26王朝的国王们也纷纷效仿，或许意在强调自己作为古埃及本土统治者的身份，并暗示曾经的辉煌时代正在回归。在文学领域，这种倾向的一个很好的例证是第25王朝的"夏巴卡石碑"，石碑上的铭文原文是国王在一份已遭虫蛀的纸草上发现的古代文献。

◁ **孟图埃姆哈特之墓中的浮雕**
这些男人给鱼开膛破肚、女人顶着篮子的场景，令人联想起孟斐斯周边地区古王国时代墓画中描绘的日常生活场景。

孟图埃姆哈特

拟古现象最典型的例证，是高官孟图埃姆哈特之墓。孟图埃姆哈特的职业生涯涵盖了第25王朝的终结和第26王朝的崛起。他的墓葬是底比斯最大的墓葬之一，装饰有极其精美的浮雕，而装饰的内容与风格则是对底比斯早期纪念建筑的复制。他的墓葬效仿的内容与风格主要来自新王国时代，部分甚至来自古王国时代。

孟图埃姆哈特的十多尊雕像也幸存了下来，它们是对后期埃及时代风格（如当时流行的黑色硬石）和古代（最远可追溯到古王国时代）形制的有趣融合。

△ **孟图埃姆哈特雕像**
这尊写实风格的石像的面部设计是明显的后期埃及时代风格，但人物的形态和服饰则基于古王国时代的私人雕像。

◁ **孟图埃姆哈特之墓**
这座陵墓距第18王朝哈特舍普苏特位于代尔·巴哈里的葬祭庙不远。遗迹中的上层泥砖结构，只是大片地下空间和露天庭院建筑群的一部分。

浮雕上的女人
被描述为"女
主人"

男性贵族身
穿露背长袍

△ 拟古风格
孟图埃姆哈特之墓中的浮
雕雕刻十分精美，其风格
是对第 18 王朝早期陵墓
浮雕的模仿。底比斯有很
多这样的古墓，孟图埃姆
哈特对古墓的装饰风格可
能早已烂熟于心。

第 27 王朝至第 31 王朝

波斯人和古埃及人

在公元前525年至公元前332年的近200年里，古埃及本土的统治者始终试图脱离波斯帝国的掌控而维持独立，但这种努力一直没有成功。

△ 波斯帝国
波斯帝国疆域最广的时候西起希腊，东到巴基斯坦。古埃及是波斯帝国的西南边疆省。

古埃及在陷入来自东方的强大帝国亚述帝国的掌控之后，于公元前 525 年再次遭受波斯帝国的入侵。古埃及国王普萨美提克三世被波斯国王冈比西斯打败，从此古埃及正式成为波斯帝国的一个省。冈比西斯于 3 年后去世，古埃及人曾借此发起了一场短暂的反抗，但被冈比西斯的继任者大流士一世所镇压。

第一次受波斯帝国统治的时期

与亚述人不同，波斯人渴望自己被视为古埃及国王，因此他们建造神庙，并在神庙中将自己刻画为崇拜古埃及神灵的古埃及国王。他们得到了一些愿意为他们工作的古埃及本土高官的帮助，比如首席医师瓦杰霍拉斯内。在冈比西斯和大流士一世的支持下，瓦杰霍拉斯内在塞易斯进行了政治重构，

但是并非所有波斯国王都想以这种维护古埃及传统的方式来宣示自己的王权，特别是大流士一世的儿子薛西斯一世。

随着古埃及成为波斯帝国的一部分，尽管管辖古埃及的最高官员"总督"一职由波斯人担任，但古埃及原有的大部分行政管理架构得以保持。波斯人对古埃及的实际干预很少，他们看重的只是古埃及提供的税收，以及古埃及人为波斯大军提供的保障，尤其是在对抗希腊人方面。在波斯人治下，虽然古埃及人和他们的新主人之间也有在文化或其他方面的融合，但是非常有限，因此古埃及地方贵族领导和发动的反抗波斯人的小规模抵抗运动时有发生。

古埃及历史上最后一个本土王朝

对波斯帝国统治者发动的抵抗运动，同时也导致了地方执政者竞相争夺王权的内讧，这在三角洲地区尤为突出。虽然有关这一时期的详细资料很少，但我们还是可以推知，应该是在公元前 405 年大流士二世去世后，在塞易斯起家的地方执政者阿米尔塔伊俄斯宣布自己成为古埃及的国王、第 28 王朝的唯一统治者（大流士二世的继承者阿塔薛西斯二世也在同时期称王）。波斯统治集团的内部分裂，使其对这次内乱未能做出迅速反应。然而刚

后来添加的喷水口

在辛努塞尔特一世王名圈的基础上改刻而成的涅克塔尼布二世王名圈

◁ 涅克塔尼布二世的狮子
这是第 30 王朝国王涅克塔尼布二世在赫尔莫波利斯·帕尔瓦的托特神庙里设立的一对狮子中的一只。它们在罗马统治时期被掠至罗马。

佩托西里斯之墓

从第 30 王朝开始，经历波斯第二次统治时期，直到亚历山大大帝统治时期，佩托西里斯家族先后五代人都在赫尔莫波利斯·马格纳担任托特神高级祭司这一重要职位。在这段时间里，祭司们在大神庙的围墙内实施了重要的建筑工程，修复受损的地方并建造新建筑。以上内容都被记录在了佩托西里斯的墓志铭中。佩托西里斯之墓以一座微型神庙的形式坐落在图纳·格贝尔墓地附近。

获成功的阿米尔塔伊俄斯的统治，却被同处于尼罗河三角洲、起家于门德斯的尼斐利提斯家族所中断，他们建立的王朝史称第 29 王朝。第 29 王朝的 3 位国王皆有所建树，尽管他们掌握了整个古埃及的权力，但还是效仿了其他三角洲统治者的做法，选择将死后的自己安葬在家乡门德斯。

第 30 王朝的国王远比其前任国王成功，而第 30 王朝是近 2000 年古埃及历史上最后一个由本土人统治的独立王朝。第 30 王朝发家于三角洲城市塞本托斯，两个最重要的国王分别是该王朝的创始人涅克塔尼布一世及其孙涅克塔尼布二世。这两位国王都建造了自新王国时代以来古埃及规模最宏大的神庙，尤其是在三角洲地区和上埃及地区。

第二次受波斯帝国统治的时期

公元前 343 年，波斯国王阿塔薛西斯三世率领波斯大军再次入侵古埃及，击败了南逃的涅克塔尼布二世的军队。古埃及再次沦为波斯帝国的一个省，而这一次古埃及人遭受了巨大的苦难。波斯人洗劫了神庙，并对古埃及实施暴虐统治。古埃及人因此对波斯人深恶痛绝，以至于当亚历山大大帝在公元前 332 年入侵古埃及时，他被视为解放者而受到当地民众的欢迎。

▷ **涅克塔尼布二世**
第 30 王朝的国王们格外注重将自己塑造为传统古埃及国王的形象。这尊涅克塔尼布二世的雕像，表现的是他受到高大的荷鲁斯神的护佑。

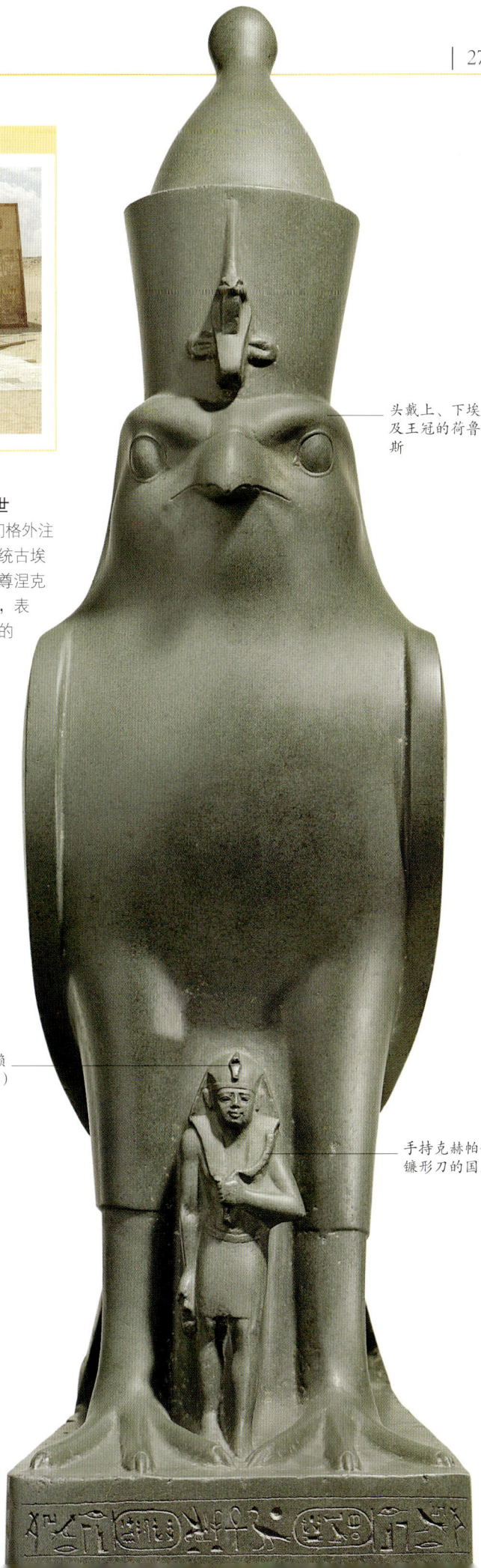

头戴上、下埃及王冠的荷鲁斯

象征王室的乌赖乌斯（眼镜蛇）

手持克赫帕什镰形刀的国王

"所有神庙都没有了仆人，祭司们四散而逃，不知道发生了什么。"

佩托西里斯笔下波斯帝国入侵后的古埃及

伊西斯女神与阿
匹斯公牛相伴

荷鲁加的头衔
——普塔神庙
"看门人"

△ 阿匹斯公牛石碑
阿匹斯公牛的埋葬地位于萨卡拉的塞拉皮雍，成了神的
信徒留下石碑记录其虔诚的地方。在这方石碑上，一个
名叫荷鲁加的礼拜者跪在神像前。

这方石碑的制作年代是
第26王朝普萨美提克一
世治下的第21年

动物崇拜

神圣的动物

认为古埃及人痴迷于崇拜活的动物，是一种常见的误解。比较接近事实的情况是，动物崇拜直到后期埃及时代才开始在古埃及流行。

在后期埃及时代之前，古埃及就有将动物神圣化的悠久传统。许多神也被赋予了特定动物的外观以便于识别，非王室成员供奉的神庙雕像经常塑造以神圣动物作为祭品向神献祭的场景，但这些祭品只是图像，而不是真正的动物。当然，也有一些真正的动物被古埃及人视为真神的化身，其中最著名的是阿匹斯神。在孟斐斯当地，人们以一头活公牛作为阿匹斯神来崇拜；公牛死后会被厚葬，人们再以另一头活牛取而代之。

神圣的动物

然而，这种情况在后期埃及时代发生了变化。人们对神圣动物的兴趣激增，许多与特定神灵有关的动物被人们视为是神圣的存在。

例如，托特神是赫尔莫波利斯·马格纳的主神，代表他的神圣动物是朱鹭和狒狒。在后期埃及时代，朱鹭和狒狒被养在赫尔莫波利斯城中的神圣动物园，虔诚的朝圣者专门为它们出资挖掘墓廊，并将其安葬于赫尔莫波利斯·马格纳的重要沙漠墓地——图纳·格贝尔。埋葬的费用包括将动物制作成木乃伊并将其精心包裹。这项事业可能是托特神庙的重要收入来源。同样的事情也发生在古埃及的其他地方，数百万与当地神灵有关的动物被制成木乃伊，埋葬在专门建造的集体墓穴中。出土的木乃伊里没有体形特别小的动物。在埃斯纳附近，考古学家发掘出了与当地神有关的、保存完好且被包裹起来的鱼的木乃伊。

除了对神庙的经济支持以外，我们尚不清楚为何此时动物崇拜突然兴起。一种理论认为，这可能是后期埃及时代古埃及人不得不反复在外国统治之下生活的一种文化反应。古埃及本土的民众可能是以动物崇拜的方式，清楚地代表他们面对外族统治、特别是波斯人的统治时的反应。

▷ 巴斯特雕像
在布巴斯提斯，对巴斯特女神的捐献包括向那里的大型猫公墓赠送一只木乃伊猫，而另一种选择是献上这种巴斯特女神青铜雕像。

> "古埃及人崇拜动物的习俗令人震惊，难以置信。"

狄奥多罗斯写于公元前1世纪

精心制作的多色绷带

▷ 朱鹭木乃伊
古埃及人对动物木乃伊外表的关注远高于对其内部。经X光检查，很多动物木乃伊的内部填充的只是随机收集的骨头。

宠物

狗、猫和猴子

从某种意义上来说，古埃及人并不是很爱养宠物，因为他们对不同类型的动物存在着个人好恶，但他们通常特别喜欢狗和猫。

古埃及是一个农业国家，因此古埃及人与各种各样的动物生活在一起，包括那些家养的以及野生的动物。对他们而言，动物首先是潜在的食物来源，但当人们想要体现神的品质和力量时，动物也提供了丰富的意象来源。虽然狮子、公牛和鳄鱼最能代表强大的神灵，但它们并不适合在家中为伴。

欣赏动物

古埃及墓葬，尤其是新王国时代墓葬中的动物图像表明，艺术家们被动物的皮毛、羽毛和色彩之美所吸引。鉴于人们对一些动物美丽外表和有趣行为的欣赏，很多古埃及人（至少是上层社会的古埃及人）都拥有宠物，而且这些家养动物基本不具有经济价值。这些动物中有一些是因为美观原因而流行的，比如养在花园池塘里的鱼。古埃及人似乎只与两种动物建立起了亲密的联系，那就是狗和猫。

狗

狗是古埃及各历史时期最受欢迎的宠物。它们在艺术中被描绘成伴侣犬或宠物犬，还有工作犬的形象。许多墓葬都描绘了墓主带着专门饲养的狗外出狩猎的情景。狗的品种有可能是新王国时代占统治地位的萨路基猎犬，也有可能是獒犬，或类似腊肠犬的短腿狗。

狗被描绘成陪伴在各种各样人身边的宠物，它们也陪伴在国王身边。例如，第 11 王朝国王安太夫二世在自己位于底比斯的墓碑上描绘了他的 5 只利比亚猎

△ 塞伦普特墓中的狗

这件猎犬的浮雕出自塞伦普特墓的外部，塞伦普特墓是位于库比特哈瓦的一座中王国时代墓葬。古墓频现这样的图像，表明了狗之于它们身居社会上层的主人来说是多么重要。

犬，而古王国时代晚期一位国王的狗在吉萨拥有单独的墓。再往社会下层看，即使身份卑微的底层农民也有忠实的犬相伴。古埃及人很少给他们的动物起名字，但狗却受到格外的礼遇，一些诸如"优秀观察家""勇者""可靠者"的犬名被记录于历史中。

猫

人们一般认为古埃及是家猫的发源地。猫可能是从中王国时代开始被驯化的，因为古王国时代古墓的浮雕中没有猫的图像，但野猫在更早的时候就出现了。古埃及语中表示猫的词"miw"，应该是源于猫叫声。在新王国时代，猫经常作为宠物出现在上层社会人士的墓葬里，尤其是上层社会的女性墓葬里。与狗不同，猫很少有自己的名字，但也有例外。在位于底比斯的普埃姆雷墓中，就描绘有一只被称为"快乐者"的猫。还有一个著名的例外情况是被安葬在一个主人专为它定制的石棺里的"母

▽ "绿猴"

椅子下的空间是描绘宠物的理想之所。在这幅画中，一只"绿猴"正在吃篮子里的水果，它被主人拴在了椅子腿上。

巴斯特女神

这尊后期埃及时代的青铜雕像，将巴斯特女神塑造成猫的样貌。除了金色的鼻环和耳环，它的身上还装饰着起到护佑功能的宗教符号，包括一个带有乌加特之眼的银色胸饰。这尊雕像可能是供奉给神庙的供品。

猫脖子上挂着带有乌加特之眼的银色胸饰

猫"，猫的主人是第18王朝国王阿蒙霍特普三世的儿子图特摩斯王子。

猴子、鸭子与鹅

在古埃及，除了狗和猫，也有其他被养在家里的宠物。在新王国时代的艺术作品中，猴子、鸭子和鹅经常出人意料地出现在家庭环境中，它们通常可能待在主人的椅子下。

然而，这些图像可能不是对真实宠物的写实描绘，而是象征着宠物身边人的性别。经常出现在描绘家庭环境的艺术作品中的所谓"绿猴"可以很好地解释这一点，因为"绿猴"实际上特别危险，而且具有破坏性。

狩猎的猫

这幅出自尼巴蒙墓的画作表明，狗不是陪伴主人狩猎远征的唯一动物。在沼泽地划船时，猫对捕捉家禽很有用。

7

希腊-罗马时代

约公元前332~公元395年

希腊 – 罗马时代

到公元前 332 年，古埃及已沦为地中海地区里一片没落的区域，因此先后受到希腊化国家和罗马共和国、罗马帝国的统治。

托勒密王朝

公元前 323 年，马其顿国王亚历山大大帝在巴比伦去世，他的帝国随之迅速瓦解，而亚历山大大帝麾下一位名叫托勒密的将军却借此控制了古埃及。公元前 305 年，托勒密在古埃及称王，在接下来的 3 个世纪里，他的王朝一直统治着古埃及。

托勒密王朝的王室家族最显著的特征，是其内部的权力斗争，这些斗争常以谋杀或联姻的方式得到解决。在托勒密王朝内部，王室成员和夫妻之间平稳交接权力异常艰难，特别是当所有男性都被称为托勒密，而大多数女性不是叫阿尔西诺伊就是叫克娄巴特拉时。

与此同时，伴随着致命的宫廷斗争，托勒密王朝治下的古埃及愈发依赖来自古罗马的保护，古罗马成为了古埃及的保护人和潜在的宗主。

文化与艺术

托勒密王朝在文化方面最大的成就，是对亚历山大城的扩建和装饰。这座亚历山大大帝始建之城，随处可见彰显托勒密王朝力量和文化的宏伟建筑，成了古代世界的知识传播中心和最著名的海港之一。除了这座希腊化的城市以外，托勒密王室也热衷于通过建造传统风格的大型神庙，来强化自身作为古埃及国王的正统身份。托勒密王朝的国王们以古王国时代公认的方式和形象，出现于这些大型神庙的墙壁上。在后来的罗马皇帝统治下，这一趋势以一种更为温和的方式得以延续。在很多非王室成员的墓葬和随葬品中，也能够看出古希腊风格和古埃及传统风格的融合。

克娄巴特拉七世与罗马帝国

托勒密王朝的终结，与克娄巴特拉七世的个人故事紧密相连。克娄巴特拉七世是托勒密王朝最著名的女王，她与尤利乌斯·凯撒和马克·安东尼之间关系的背后，是她试图保住自己权力和维持古埃及独立的努力。然而她于公元前 31 年在阿克提姆海战中战败并于次年去世，古埃及旋即并入了罗马共和国（很快转变成罗马帝国）的版图。

除了哈德良，鲜有罗马皇帝巡视古埃及，但他们都热衷于在古埃及的神庙墙壁上展示自己古埃及国王的身份。对罗马人来说，占领古埃及的主要目的是获得粮食。反对罗马统治的起义很少，因为这种起义注定失败。罗马统治时期最重要的事件是基督教的传入，之后基督教成为古埃及的国教，随后基督教之外的所有宗教都被定为异教并加以取缔。这是延续了 3000 多年的古埃及传统文化最终消亡的主要原因。

◁ 阿努比斯小雕像

公元前305年，托勒密一世称王，建立托勒密王朝

公元前196年，罗塞塔石碑落成

公元前332年，亚历山大大帝从波斯人手中夺取古埃及

公元前237年，埃德福神庙建成

公元前180年，托勒密六世登基。塞琉古王朝入侵古埃及

❶ 亚历山大城的地下墓穴

❷ 埃德福神庙入口的塔门

❸ 菲莱神庙的图拉真亭

地中海

罗塞塔（拉希德）●

亚历山大城 ❶

塔波西里斯-马格纳 ●

贝赫比特·哈伽 ●

佩鲁修姆 ●

门德斯 ●

尼罗河三角洲

下埃及

布巴斯提斯 ●

福斯塔特（开罗）●

萨卡拉 ● ● 孟斐斯

法尤姆 ●

哈瓦拉 ●

赫拉克利奥波利斯·马格纳 ●

东部沙漠

尼罗河

苏伊士湾

赫尔莫波利斯·马格纳 ●

安提诺波利斯 ●

图纳·格贝尔 ●

米奥斯·霍尔莫斯 ●

西部沙漠

阿拉伯沙漠

红海

大蒙克劳狄娜山脉 ●

阿拜多斯 ●

丹德拉 ●

上埃及

科普特斯 ●

底比斯 ●

埃斯纳 ●

❷ **埃德福**

考姆翁布 ●

象岛（阿斯旺）●

第一瀑布 ❸ **菲莱**

北

0 ———— 75 千米

0 ———— 75 英里

希腊-罗马时代

这一时代，出现了包括亚历山大城在内的多个新定居点，埃德福、丹德拉等地则建起了新的神庙。

公元前80年，托勒密十二世登基

公元前30年，克娄巴特拉七世去世，古埃及被罗马帝国吞并

298年，古埃及反抗起义遭罗马帝国皇帝戴克里先镇压

379年，狄奥多西一世成为罗马帝国皇帝，古埃及原始宗教被作为异教加以禁止

公元前51年，克娄巴特拉七世开始摄政

130年，罗马帝国皇帝哈德良巡视其治下的古埃及领土

306年，君士坦丁一世成为罗马帝国皇帝，基督教在罗马帝国全境合法化

亚历山大大帝

马其顿人入主古埃及

公元前332年，马其顿国王亚历山大大帝攻入古埃及，将古埃及从波斯统治者的手中解放出来。这为古埃及最后一个王朝托勒密王朝掌权铺平了道路。

公元前 336 年，希腊北部城邦马其顿的国王腓力二世遇刺，王位传至他的儿子亚历山大三世，即今天人们所熟知的亚历山大大帝。亚历山大继承了一个已经崛起并统治希腊和巴尔干半岛南部的王国，与之抗衡的是波斯帝国。亚历山大准备接受挑战，并决心取代波斯人成为主宰一方的地区霸主。

公元前 334 年，亚历山大越过赫勒斯滂海峡（即达达尼尔海峡）进入小亚细亚，在格拉尼库斯战役中取得了对波斯人的首次重大胜利。次年，他在伊

◁ **亚历山大银币**

亚历山大去世后，古埃及生产的许多硬币上将他的形象神化。他常被描绘成头戴公羊角的形象，意在表明他是宙斯－阿蒙之子（公羊是代表阿蒙的圣物）。

苏斯战役中击败了波斯国王大流士三世。得益于此，在南至加沙的黎凡特沿海地区，他可以自由地占领那些仍然效忠于波斯人的城市。他率领的军队随即南下，兵不血刃地于公元前 332 年实现了对古埃及全境的征服。作为将古埃及从波斯统治者的手中解放出来的解放者，亚

▽ **亚历山大大胜图**

这幅出自庞贝的古罗马农牧神之家的马赛克作品是亚历山大大帝最著名的肖像画之一。其创作依据可能是一幅更早的画作，刻画的是亚历山大在伊苏斯大胜波斯人的场景。

亚历山大率领骑兵进攻波斯　　　　　亚历山大的名驹比塞弗勒斯　　　　　大流士的兄弟欧克西亚提斯试图保护国王

历山大似乎受到了很多古埃及人的热烈欢迎。然而，亚历山大只在古埃及停留了很短的时间，就转而深入波斯腹地追击波斯人，最终于公元前331年在高加米拉战役中获得决定性胜利，击败了波斯人。

入主古埃及的亚历山大

亚历山大在古埃及的停留虽然短暂，却卓有成效。他小心翼翼地将自己塑造成古埃及国王，并适时地将自己的名字加于王名圈中，刻在卢克索神庙的圣堂等纪念建筑里。当然，他留下最重要的物质遗产，是他兴建的亚历山大城。这座城市以他的名字命名，后来成为古典世界最伟大的城市和文化中心之一（详见第284~285页）。

入主古埃及不久，亚历山大随即前往古埃及西部沙漠中偏远的锡瓦绿洲。他通过这次漫长而艰苦的旅程，去寻访著名的阿蒙神谕。他看起来满意而归，可能是因为神谕证实了他拥有神圣的血统。此后，他效仿哈特舍普苏特和阿蒙霍特普三世等之前的古埃及国王，自称为阿蒙之子。亚历山大进而将希腊的众神之王"宙斯"与古埃及最著名的神"阿蒙"联系在一起，声称他的父亲是宙斯－阿蒙。

锡瓦绿洲的神谕

锡瓦绿洲位于遥远的西部沙漠深处，与世隔绝，这意味着直到后期埃及时代才被视为古埃及的一部分。在第26王朝期间，锡瓦绿洲一处名为阿格胡尔米的地方建起了一座阿蒙神庙，令该地变得异常重要。神庙坐落在一座小山上，四周是郁郁葱葱的椰枣树。人们推测，亚历山大在公元前331年就是来到这里祈求阿蒙神谕。祈求阿蒙神谕的另一个可能的地点，是第30王朝国王涅克塔尼布二世建造的乌姆·埃比达神庙。

亚历山大大帝的身后事

亚历山大大帝于公元前323年死于巴比伦。其后的古埃及的统治者是他同父异母的兄弟腓力三世（阿黑大由斯）和亚历山大大帝之子亚历山大四世，后者在亚历山大大帝去世时还没有出生，但这两位统治者只是古埃及名义上的国王。事实上，亚历山大大帝建立的庞大帝国被他野心勃勃的高官，即所谓的"继业者"所瓜分。在他们相继执政的动荡时期，拉格斯之子托勒密将军成为了古埃及的"守护者"，继而于此称王。公元前305年，他加冕自称托勒密一世·索塔尔（意为救世主）。

亚历山大城的亚历山大大帝

亚历山大大帝去世后，他的遗体受到至高无上的尊崇，随之产生的问题是他的遗体应该葬在何处。希腊和罗马历史学家的多种著作中记述了亚历山大大帝遗体转移的过程。最初它被放置在一具人形金棺中送往马其顿安葬。然而，托勒密一世意识到拥有亚历山大的尸身将有助于其统治的合法化，便在运送途中劫持了金棺，并将之保存于孟斐斯。

随后，他的继任者托勒密二世将遗体转移到亚历山大城，保存在市中心的一座陵墓中。在那里，亚历山大不仅作为城市的缔造者被人铭记，更被奉为城市守护神而受到膜拜。

在托勒密九世统治时期，亚历山大的金棺被熔化成金币，取而代之的是玻璃棺材。历史资料显示，在400年，亚历山大的尸身已被移出陵墓，但去往何处至今成谜。

坐在战车里的大流士看到亚历山大后惊慌失措

▽ 玄武岩水钟
腓力三世（阿黑大由斯）是亚历山大大帝的继任者。表现他古埃及国王身份的纪念物相对较少。这件绘有他和诸神的精致水钟是一个例外。

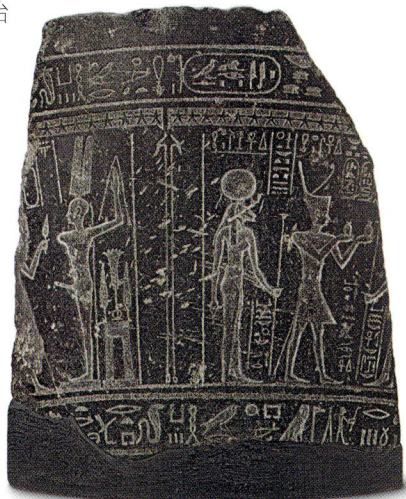

托勒密一世
向哈托尔女
神敬香

托勒密王朝前期

登上古埃及王位的希腊人

托勒密王室是马其顿帝国的将军托勒密的后裔，因此托勒密王朝深受古希腊文化和古埃及文化的双重影响。这种双重的文化认同与身份认同对整个王朝的文化和外交产生了深远影响。

连接头饰的部件

公元前285年，托勒密一世遵循历史悠久的古埃及传统，任命他的儿子托勒密二世为共治之王。这确保了公元前282年托勒密一世去世时权力的平稳过渡，王位从托勒密王朝的第一任国王安全地传给了第二任国王。但事实证明，该王朝此后的历史远没能如此安全和平稳。

得益于希腊和罗马历史学家对历史细节的详细记载，我们可以清楚地知道此后托勒密王室成员一直处于相互争斗的状态。父母和孩子、兄弟和姐妹都准备在他们认为合适的时机结盟或是谋杀对方，

◁ **阿尔西诺伊二世雕像**
不寻常的是，阿尔西诺伊二世的额头上戴着两个乌赖乌斯。她头饰的主要部分已缺失，缺失部分可能与女神哈托尔有关。

试图以此方式夺取王位或实际掌握最高权力。这个家族的男人和女人都同样充满雄心壮志，也同样居心险恶。

阿尔西诺伊二世

阿尔西诺伊二世是托勒密家族中女性迅速崛起的代表。作为托勒密一世的女儿，她最初嫁给了色雷斯的统治者利西马库斯，她的婚姻成了建立反塞琉古王朝（以叙利亚为中心）外交联盟的重要政治手段。利西马库斯过世后，她改嫁同父异母的哥哥托勒密·克劳诺斯；在克劳诺斯杀害了她的两个儿子后，她再次改嫁哥哥托勒密二世。

不同寻常的是，阿尔西诺伊二世与托勒密二世拥有相同的封号，二人的头像一同出现在他们铸造

包含托勒密一世王位名的王名圈，
写有"拉神所选，阿蒙所爱"

的硬币上（详见第 284 页）。许多城镇以她的名字命名，她在去世后更被神化。在亚历山大城，人们对她的崇拜一直持续到罗马时期。在许多方面，阿尔西诺伊二世成了托勒密王朝王后们的榜样。

王室封号

托勒密王朝的所有男性统治者都被称为托勒密，他们在当时并没有一世、二世等的表示传承顺序的头衔，而是被赋予了特定称号，以区别于其他同名国王。有时这些称号概括了国王及其重要家庭成员共同拥有的亲密关系。例如，托勒密一世被称为"索塔尔"（意为救世主），托勒密三世被称为"奥厄葛提斯"（意为恩人），托勒密四世被称为"菲洛帕托尔"（意为爱父者）。托勒密二世和阿尔西诺伊二世则共用了"菲拉德尔弗斯"（意为爱上兄弟姐妹者）的封号，考虑到二人的关系，这一封号是恰如其分的。

"他带回了发现于亚洲的神像。"

托勒密一世时期波斯人的盗窃行为呈死灰复燃之势

◁ 托勒密一世浮雕

这幅浮雕发现于三角洲西部库姆·阿布·比岁一座被毁的神庙内，内容为托勒密一世向哈托尔女神敬香。浮雕采用传统的古埃及艺术风格进行刻画，浮雕中的托勒密一世与后期埃及时代的国王在浮雕中的形象区别较大。

对外问题

对于托勒密王朝前期的国王来说，最紧迫的外交政策问题是古埃及与近东和地中海东部其他大国之间的竞争。上述所有领土都由亚历山大大帝的继任者统治。例如，塞琉古王朝是由亚历山大的将军塞琉古建立的，他因而成为了这里的"继业者"。这些地区的国王都深受希腊文化的影响，在接下来的 300 年间，他们时而互相结盟，时而互相征伐。

托勒密王朝军事上的巅峰发生在托勒密三世统治时期，托勒密三世一度从塞琉古王朝手中夺取了巴比伦，尽管最后还是被迫撤回了古埃及。托勒密王朝军事上的低谷发生在托勒密五世统治时期，其间古埃及在西奈半岛被塞琉古王朝国王安条克三世击败。在公元前 170 年至公元前 168 年的战争中，安条克四世两次入侵古埃及，甚至在孟斐斯宣布自己为古埃及国王，但在罗马人的干预下，他被迫离开了古埃及。

塞琉古王朝的撤退，标志着古埃及作为一个独立的希腊化国家的终结，但这个国家并没有被摧毁。相反，它成了新的超级大国——罗马共和国的附庸。

△ 贝雷尼克二世马赛克像

这幅出自门德斯的希腊风格马赛克像，很可能是女王贝雷尼克二世的肖像。她戴着形如船头的奇特头饰，可能象征着托勒密王朝强大的海军实力。

长着翅膀的圣甲虫神凯普里推动着太阳在天空中穿行

以象形文字刻写的古埃及墓葬文本

◁ 迪奥斯科里德斯之棺

迪奥斯科里德斯是托勒密六世时期的一位将军。尽管他是希腊人，但他被安葬在一具古埃及风格的石棺中，石棺上刻满了亡灵书中的内容。

亚历山大城

"地中海新娘"

亚历山大城是地中海地区最伟大的城市之一。作为托勒密王朝的首都，亚历山大城以其权力、财富和壮观的纪念建筑，闻名于整个古典世界。

公元前3世纪，海上贸易和海军实力十分重要，因此亚历山大大帝将古埃及首都建在地中海沿岸。他将首都选址在一个不起眼的海港小镇——拉科提斯，从战略位置上看这里是一处岬角，北临大海，南临马雷奥提斯湖。同时从这里可以很容易地通过河流到达尼罗河的克诺珀斯支流，而该支流又为联通古埃及其他地区提供了交通运输上的便利。

古希腊和古罗马的作家们对这座城市所做的详细描述，使后人对亚历山大城的布局情况较为了解。然而，考古学家几乎没有找到这座城市的遗迹，亚历山大城最著名三座建筑——法罗斯岛灯塔、亚历山大王陵和王宫均无踪可寻，或所剩无几。正在进

◁ **托勒密二世与阿尔西诺伊二世金币**
亚历山大铸币厂生产的硬币是由贵金属制成的。这枚8德拉克马的金币上印有共治之主托勒密二世与阿尔西诺伊二世的形象。

行的对亚历山大港的水下考古探索是复原这座古城的希望之一，因为目前的证据表明，宫殿建筑群早已因自然灾害沉入大海。

世界奇迹

亚历山大城不仅是古埃及的新首都和政治中心，也是希腊 - 罗马世界最重要的贸易中心之一，大量财富流入或流经该城。为了容纳抵达亚历山大港的大量货物，托勒密王朝在非洲大陆和法罗斯岛之间修建了一条称为赫普塔斯塔迪昂的人造堤道，从而打造了两个主要港口——东面的自然形成的大港和西面较小的尤诺斯托斯港。

亚历山大城同时也是古埃及的文化中心，特别是对于托勒密王朝而言，国王们正好用这座伟大之城来彰显其享乐放纵、奢侈华贵的生活。希腊历史学家斯特拉波曾在古罗马时期参观过这座城市，并详细描述了他所看到的景象。他指出，亚历山大城"拥有最美丽的公共区域，以及占据整个城市四分之一甚至三分之一的王宫"。

当然，亚历山大城最引人注目的建筑是法罗斯岛灯塔（即亚历山大灯塔）。它是古希腊人的"世界七大奇迹"之一，

▽ **亚历山大城布局图**
亚历山大城的街道基于网格规划，托勒密王朝又根据地貌进行了相应调整。整座城市北邻地中海，南依马雷奥提斯湖。

法罗斯岛灯塔　大港　　　　　　　　　　　　北

法罗斯岛　　　　　　　安提罗多斯岛　　　　0　　500 米
　　　　　　　　蒂莫尼姆　　　　　　　　0　　500 码
尤诺斯托斯港
赫普塔斯塔迪昂　　　　　宫殿建筑群
　　　　　　　　　　　　　　　　犹太人居住区
月门　　　　　　　　　　　　　　　　　　日门
　　　　　　库姆·迪卡
　　　　　　　　　　卡诺普斯街
　　　　　　塞拉皮雍　　　索马
拉科提斯区
库姆·舒卡法墓　　　　　　索马街
　　　　　　城墙　　　　　　　　　　运河

马雷奥提斯湖

“这里有4000座宫殿、4000个浴场、400座剧院以及1.2万个果蔬店，和1.2万名纳税的犹太人。”

阿穆尔·伊本·阿斯笔下642年的亚历山大城

◁ **库姆·迪卡**
库姆·迪卡是亚历山大城留下的少数遗迹之一。它建在博学园一带，在罗马时期成了居住区。

矗立在亚历山大港的外缘，是国王们权力和财富的重要标志。由于几个世纪以来的荒废和地震，这座古老的灯塔早已荡然无存。

市中心

亚历山大城的市中心由两条主干道界定——从月门直达日门、大致呈东西走向的卡诺普斯街，以及大致呈南北走向的索马街。这两条街的交叉点成了城市的中心，托勒密王朝于此建造了一处安葬有亚历山大大帝和托勒密王朝国王们的陵园，名为索马。亚历山大城的其他墓地大多位于主城的东门或西门外，主要由地下墓穴构成，这些至今可见的墓地现已成为亚历山大古城最令人印象深刻的组成部分。

博学园和图书馆

托勒密王朝决心将亚历山大城打造成为传播希腊文化的重要中心，因此他们建立了一个集教学和研习于一体的机构，并配备了工作人员，这就是著名的博学园。博学园的一个重要组成部分是亚历山大图书馆，它对世界所有使用希腊语的学者都具有重要的吸引力，这座图书馆在鼎盛时期藏书70余万册。博学园位于市中心，可能临近遗迹留存至今的库姆·迪卡。

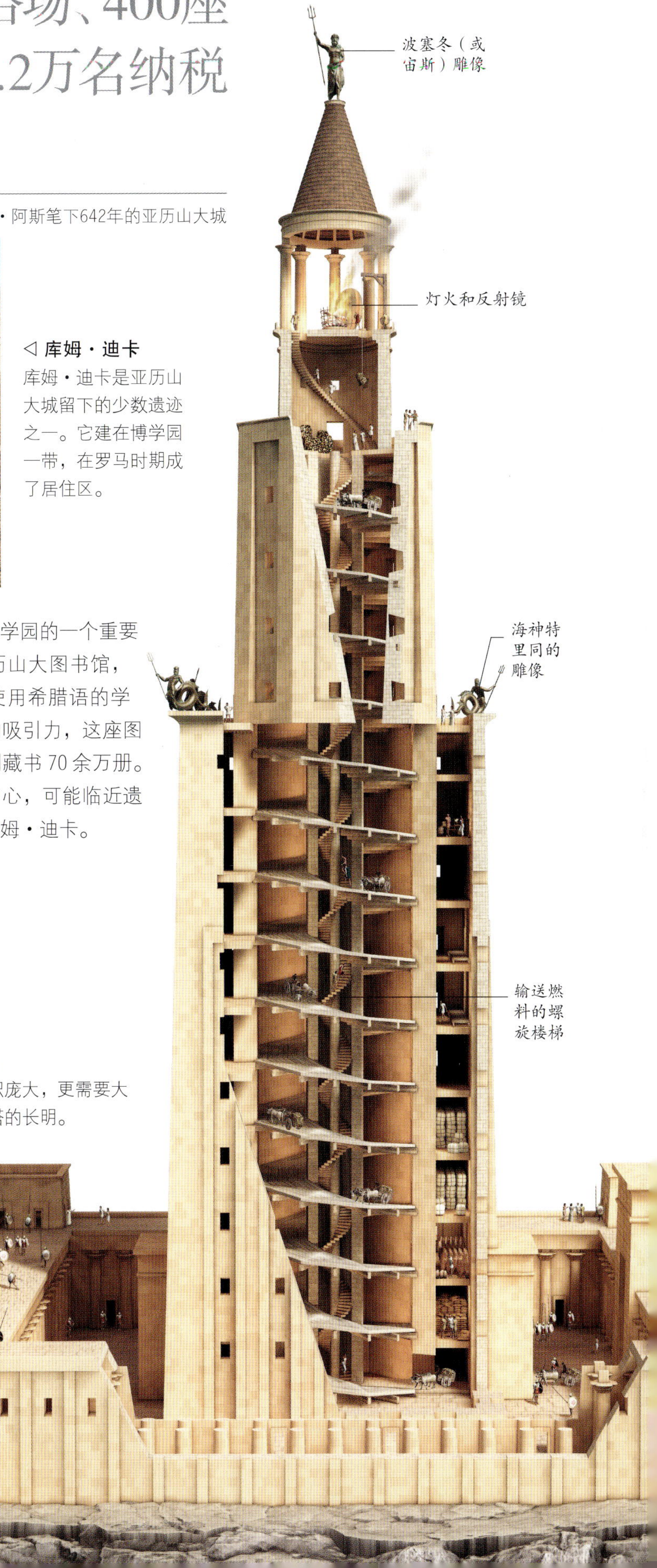
波塞冬（或宙斯）雕像
灯火和反射镜
海神特里同的雕像
输送燃料的螺旋楼梯

▷ **法罗斯岛灯塔**
法罗斯岛灯塔体积庞大，更需要大量燃料来维持灯塔的长明。

古埃及的希腊化

希腊文化对古埃及的影响

托勒密王朝时期，古希腊人为古埃及带来了希腊文化，对古埃及这个国家及生活在埃及的人们产生了深远的影响。希腊文化对古埃及的这种影响被称为希腊化。

亚历山大大帝征服埃及后，其部将托勒密一世建立了统治古埃及300年的托勒密王朝，这对古埃及的影响比以往任何一次外来入侵都要大得多。希克索斯人、亚述人和波斯人在埃及几乎没留下什么持久的印记，如果说有什么值得一提的影响的话，那就是来自库什的努比亚裔国王曾复兴传统的古埃及文化。然而，托勒密王朝是真正带来了一种全新的文化。这种文化本质上是希腊文化，它扎根于亚历山大大帝征服的所有领土。

希腊文化

希腊移民不断迁居到古埃及，在托勒密王朝内形成了讲古希腊语的政治精英群体，这意味着希腊文化主导了古埃及。通过控制古埃及的政治和经济机构，托勒密王朝创造了这样一种局面：只有接受希腊习俗且有抱负的古埃及人才能跻身成为统治精英的一部分。虽然希腊文化的兴起对普通农民的生活几乎没有影响，但接受古埃及和古希腊相融合的文化已经在上流社会成为常态。

托勒密王朝的很多新兴政治精英同时使用古希腊语和古埃及语，而许多接受教育的古埃及本土人也开始使用希腊语名字。因此，我们往往很难根据这一时期的文献记录确定谁是希腊人、谁是当地人。几代人后，种族对包括王室在内的古埃及精英来说可能已无关紧要。当时的公共文件反映出古埃及宫廷内部和古埃及广大地区的双语特征越来越明显。例如，竖立在神庙中的王室石碑通常有3种文字的铭文，其中最著名的是罗塞塔石碑（详见第302~303页）。

亚历山大城是文化交融的中心，其重要海港的地位促使它受到古希腊及其以外众多外来文化的影响。公元前2世纪的亚历山大城，甚至古埃及全境的犹太人口都在增加，这是社会和文化融合的一个重要表征。

古埃及的希腊化城市

亚历山大大帝到来之前，古埃及已经有了一座以希腊风格为主的城市，这便是三角洲西部的贸易中心——诺克拉提斯。托勒密王朝建立了几个类似的新城镇，包括上埃及的托勒迈斯。在这些地方，古埃及人采用和希腊本土类似的组织方式，在社会和政治层面上组织希腊人。

这一时期，大多数古埃及城市都被赋予了新的希腊名字，城市原有的神都被与其最接近

△ 墓碑
这座纯希腊风格的墓葬石碑出自亚历山大城。碑画中间的人与站在他面前的女子握手道别。

古埃及本土文化风格的狮身人面像

"庞培柱"实际上是罗马皇帝戴克里先建造的凯旋柱

◁ 塞拉皮雍遗址
这座供奉塞拉皮斯神（希腊化时期创造出的神）的神庙建筑群是亚历山大城的希腊－埃及文化的集中体现。高大的圆柱是后来增建的，由戴克里先皇帝竖立。

△ 亚历山大城的地下墓穴

地下的上层社会人士公墓是亚历山大城保存最完好的部分之一。墓葬形制具有古希腊和古埃及两种风格相互融合的特征，这表明无论生前还是死后，墓主都自视为古希腊和古埃及两种文化的"混血儿"。

的希腊神联系起来。许多城市至今仍以它的希腊名流传于世，例如，最初被古埃及人称为赫梅努的地方，现在更为人知的名字是赫尔莫波利斯·马格纳，而这个名字源于其主神托特被认为可与希腊神赫尔莫斯相提并论。

安提罗多斯雕像

安提罗多斯岛是托勒密宫殿群的一部分，位于今亚历山大城的东部港口。正如古城的许多海滨地区一样，该岛在公元 4 世纪左右的一次地震后沉没。水下考古发掘在该遗址发现了一些非常精美的雕像，其中包含这尊祭司雕像。雕像具有古希腊风格特征，与传统的古埃及雕塑完全不同。这位祭司可能属于伊西斯教派。他手中紧握着一只可能代表奥西里斯（伊西斯的丈夫）的器皿。

祭司雕像

"亚历山大城的人们在节日时热情洋溢地蜂拥而至，用古希腊语、古埃及语，甚至是希伯来语欢呼喝彩。"

C.P.卡瓦菲创作的诗歌"亚历山大城的国王们"

传统宗教

希腊-罗马时代的古埃及神

托勒密王朝的到来几乎没有改变古埃及宗教的本质。人们依然崇拜各种不同的神，但古希腊和古埃及文化的融合，带来了新的神和新的宗教仪式。

△ 托勒密时期的祭司

与之前时期的人们一样，托勒密时期的古埃及人也会将雕刻的祭司雕像供奉在神庙中。这尊雕像的独特外观反映了托勒密时期古埃及与古希腊雕刻风格的融合。

希腊化原本应该对古埃及宗教信仰造成冲击，因为托勒密王朝建造了新的希腊式神庙，用于崇拜他们带来的希腊神。古埃及所有主要神庙的祭司，在历史上都曾是受过教育的精英阶层，尽管他们不得不接受古希腊习俗对于日常生活诸多方面的影响，但在宗教信仰上并非如此。

事实上，古埃及的希腊化是古希腊和古埃及的文化融合。来到这里的希腊人似乎对古埃及宗教特别感兴趣，这一点从他们的一些墓葬仪式中可以看出。建造传统风格的古埃及神庙，显然是托勒密王朝的国王们彰显自身在古埃及统治合法性的一种手段，国王们希望借此得到古埃及众神的"护佑"。这一点从他们所建神庙建筑的宏伟程度中可见一斑，后来的罗马皇帝亦是如此，只不过他们所建的神庙通常规模较小。

新旧之神

然而，人们崇拜的神的范围确实发生了变化。首先，对旧神的新崇拜形式开始流行。年轻化

▷ 图图雕像

图图是女神奈斯之子，是一位以狮身人面像形式出现的神。他最早出现于后期埃及时代，流行于希腊－罗马时代。

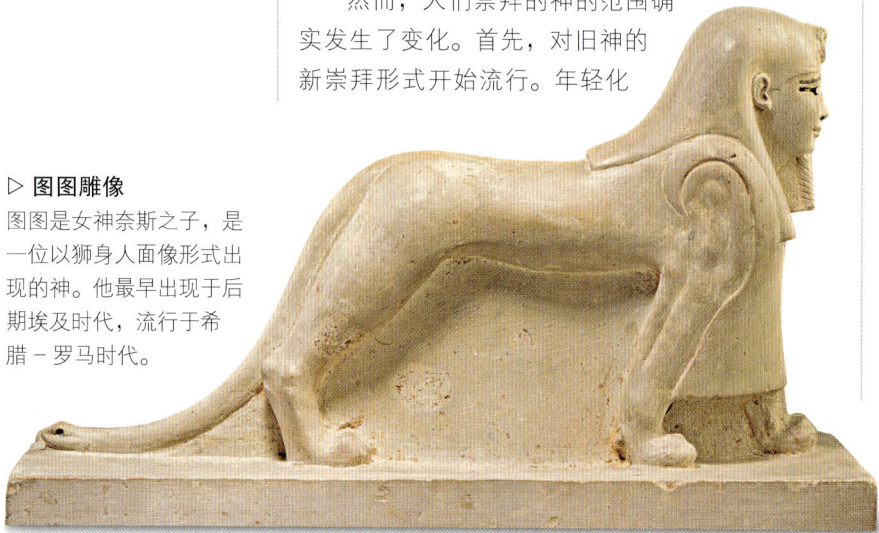

◁ 塞拉皮斯半身像

虽然他的形象看起来很像宙斯等希腊神，但它代表了一个新神——塞拉皮斯。塞拉皮斯由冥界之神奥西里斯和世间的公牛神阿匹斯组合创造而成。

的神开始崭露头角，比如出现了希腊－埃及式的儿童形象荷鲁斯神——哈波克拉特斯。

其次，为适应古埃及文化的希腊化，新神应运而生。这一时期加入古埃及万神殿的最重要的一位神是塞拉皮斯。塞拉皮斯是基于阿匹斯和奥西里斯两位古埃及神组合而成的新神，但它看起来不像他们中的任何一个，而是留着浓密胡须，很像古希腊宙斯的形象。他是一位古希腊统治者和古埃及当地人都能一同崇拜的神。

古埃及神庙内对神像的崇拜习俗与希腊习俗没有太大的不同，与古埃及传统的节日和巡游一样，还在继续进行。在托勒密时期最重要的节日之一——"美好贝迪特节"中，来自埃德福的荷鲁斯雕像和来自丹德拉的哈托尔雕像被请到尼罗河沿岸170千米的地方，互相拜访对方所在的神庙。

走出去的古埃及神

罗马帝国时期，传统的古埃及神和像塞拉皮斯那样的希腊化古埃及神，继续在各大城市受过教育的社会精英中传扬。古埃及神也在更远的罗马帝国范围内受到崇拜。塞拉皮斯和伊西斯尤其受欢迎，伦敦建有一座伊西斯神庙，约克则建有一座塞拉皮斯神庙。

古埃及式的狮身人面像

捧着神像的
首席祭司

祭司摇动叉铃

▽ 意大利的伊西斯崇拜

伊西斯受到包括意大利在内的整个罗马帝国的崇拜。这幅出白赫库兰尼姆城的壁画展示了为女神举行的一场宗教仪式,其中一些特征源自古埃及崇拜,比如神圣的朱鹭。

希腊－罗马时代的神庙

国王们对传统的复兴与发展

托勒密时期和罗马时期的典型的纪念建筑，是新建的许多大型神庙。在结构和风格上，它们很像新王国时代的神庙，但同时也具有其独创性。

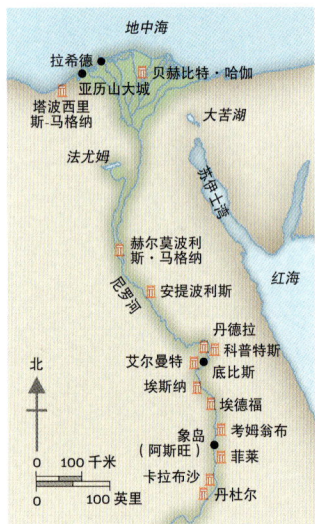

很显然，托勒密王朝的国王们认为，用由来已久的传统方式展示他们作为古埃及统治者的身份在政治上会比较有利。于是，他们遵循古埃及的艺术传统，在神庙的墙壁上将自己塑造成国王的形象。因此，他们建造并维护传统的古埃及神庙，在现有神庙的基础上进行扩建或建造新的神庙。事实上，托勒密王朝在纪念建筑领域留下的遗产大部分都不是他们创建的亚历山大城中的古典建筑，而是位于古埃及南部和努比亚的纪念建筑。

后来的罗马皇帝也渴望被视为古埃及国王，但他们身处遥远的罗马，所以对古埃及建筑工程的参与度远不及托勒密王朝。

托勒密时期的神庙

托勒密王朝的国王们拥有丰富的可支配资源，所以他们能够以新王国时代以来从未有过的规模建造神庙。相对而言，他们几乎没有改变底比斯和孟

△ 托勒密时期的神庙
托勒密王朝在古埃及的绝大多数地区都修建了神庙，保存最完好的神庙位于古埃及的最南部以及努比亚境内。

◁ 埃德福的荷鲁斯像
与古埃及更早的历史时期一样，托勒密时期的神庙装饰有诸神的雕像。这座以黑色花岗岩雕成的荷鲁斯像矗立在埃德福的荷鲁斯神庙院子里。

斐斯等地一批最重要神庙的基本结构，但在其他很多地方，他们拆除了原有神庙并打造了全新的神庙。其中许多神庙至今屹立不倒，成为了人们心目中典型的古埃及神庙代表。

在托勒密王朝建造的主要神庙中，最好的几座神庙分别是位于丹德拉的哈托尔神庙、位于埃斯纳的克努姆神庙、位于埃德福的荷鲁斯神庙，以及位于考姆翁布的荷鲁斯与索贝克神庙。他们还对菲莱岛上规模不大的早期神庙建筑进行了大规模重建（详见第292~293页）。

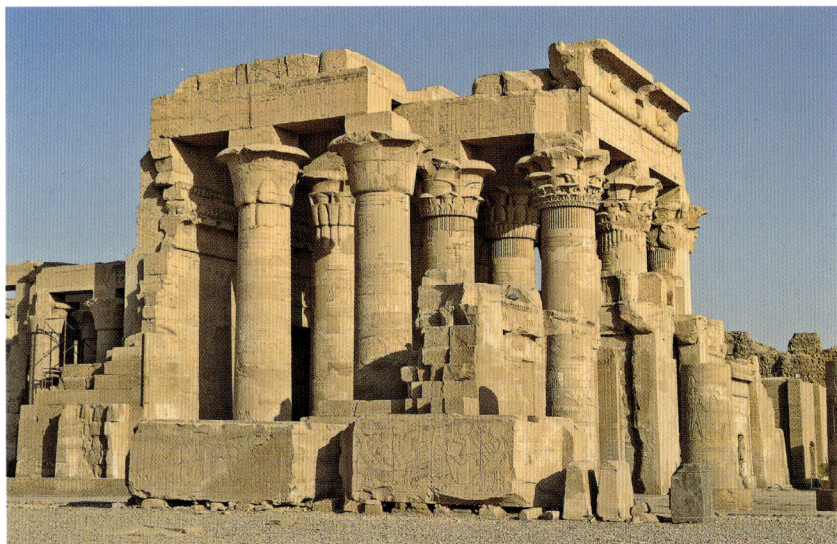

保护传统

托勒密王朝决心坚守古埃及传统，于是按照新王国时代前人的遗风建造神庙。例如，在埃德福，经过一扇巨大的塔门，可以进入一个开放的柱廊庭院。在柱廊庭院的后面，密集的柱廊大厅将供奉着神像的圣堂（内殿）隐藏在神庙中心。在丹德拉，带有哈托尔柱头的大门廊看起来很有创意，而实际上它是根据类似于新王国时代更为朴素的建筑风格

◁ 考姆翁布
考姆翁布神庙的外墙已不复存在，因此内部的柱廊大厅暴露在外。神庙的内部在风格上与新王国时代的建筑相似。

建造而成的。同样，在考姆翁布，神庙中的双轴和平行神龛看起来颇具创意，但它们也是基于此前已有的建筑风格设计的。

所绘重点内容的变化

神庙墙壁上的装饰在某些方面发生了变化。传统画面一般描绘的是国王向神献祭、打击敌人以及节日巡游的内容，但现在画面上的内容有了新的重点，即展示与神庙所供奉的神有关的神话场景。

例如，在埃德福，神庙中有大量的王权之神荷鲁斯与他的叔叔塞特争夺古埃及王位的内容。而这种内容与表达方式在新王国时代被认为是不妥的。

宇宙之庙

托勒密王朝对神话的兴趣不仅影响了神庙的装

◁ 埃斯纳柱

自古王国时代起，在神庙建筑中雕刻成花叶形状的柱头就一直很流行。在希腊－罗马时代的神庙中，柱头造型变得更为复杂多彩。

饰，还延伸到了神庙本身。他们认为神庙是宇宙的模型，其最深处是创造天地的神秘岛屿。这有助于解释托勒密时期神庙中的一些新建筑特征，如丹德拉神庙建有模仿地下世界的墓穴，和神庙屋顶上象征天空的小祭堂。在托勒密王朝的建筑上还能看到一些代表沼泽植物的装饰图案，以及可能生长在创世之岛上的植物群。

▽ 华丽的天花板

托勒密时期神庙建筑内的每一面空间都被文字和图像填满。在这块位于丹德拉的神庙的天花板上，众神的形象被描绘在代表天空的蓝色背景之中。这场景正与天花板契合。

罗马帝国时期的戴克里先皇帝之门是古埃及最后一座标志性的神庙建筑

供奉罗马帝国皇帝奥古斯都的神庙

罗马帝国克劳狄乌斯建造的哈拉多提斯神庙，哈拉多提斯神由荷鲁斯转变而成

△ 伊西斯神庙

托勒密时期，对伊西斯的崇拜极为盛行。与这位女神有关的两个最重要的祭祀中心，一个是位于三角洲的贝赫比特·哈伽神庙（现已无存），另一个就是这座建于菲莱的神庙。这里的大部分工程由托勒密二世及其继任者完成。

诞生殿，与伊西斯之子荷鲁斯的出生有关

托勒密王朝的建造的伊西斯神庙第一塔门

东柱廊，包括为伊姆霍特普（工匠之神普塔之子）修建的一座小祭堂

西柱廊，罗马帝国皇帝奥古斯都对菲莱进行改造时修建的一部分建筑

◁ 伊西斯神庙复原图

尽管菲莱神庙在历史上经历了大量的建设、拆除和重建，但大多数幸存下来的建筑都保存完好。遗憾的是，建造第一和第二阿斯旺大坝引发的水位上升，导致复建于此的这些色彩艳丽的漆面墙壁也没能留存下来。

托勒密王朝托勒密六世时期开工、直到罗马帝国奥古斯都时期竣工的哈托尔神庙

◁ **图拉真亭**

菲莱神庙最引人注目的建筑之一是图拉真亭。该亭可能始建于罗马时期，后来在图拉真皇帝统治时期有些地方进行了装饰。

花岗岩巨石等自然景观

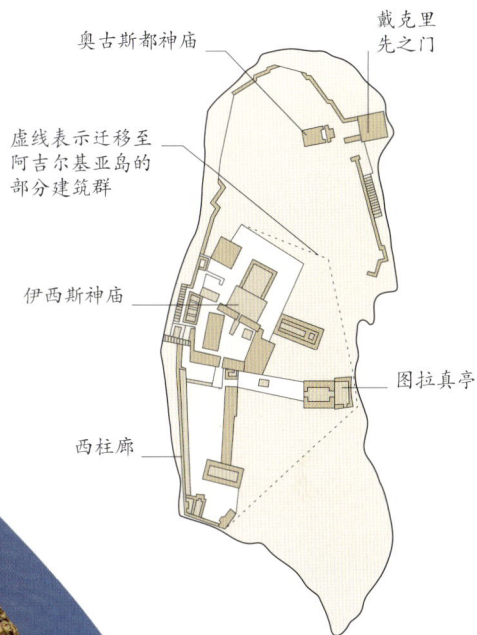

奥古斯都神庙

戴克里先之门

虚线表示迁移至阿吉尔基亚岛的部分建筑群

伊西斯神庙

图拉真亭

西柱廊

△ **菲莱神庙布局图**

阿斯旺大坝建成后形成了人工湖纳赛尔湖，这意味着水将会淹没菲莱岛上的很多建筑。于是这些建筑不得不从原址迁出，移至临近的阿吉尔基亚岛上复建。

阿瑞斯努菲斯神庙，供奉的神是自托勒密时期开始在古埃及和努比亚都受到尊崇的库什神

菲莱神庙

尼罗河上的明珠

△ **菲莱神庙复原图**

这一菲莱神庙的复原图展示了主要建筑被复建于阿吉尔基亚岛之前的样貌。

第30王朝国王涅克塔尼布一世的亭子

菲莱神庙位于今日阿斯旺以南的尼罗河上的岛屿，保存有后期埃及时代和希腊－罗马时代最完好、最华丽的神庙建筑群。这些建筑主要是献给伊西斯女神的（附近的比格岛是献给奥西里斯的），并建有附属神庙，用于供奉哈托尔以及阿瑞斯努菲斯等努比亚的神。伊西斯的神龛始建于第26王朝，但主要建筑工程始于第30王朝，并持续至托勒密王朝和罗马时期。

托勒密王朝后期

古埃及王朝时代的衰亡

在托勒密王朝统治后期，王室内部的政治争斗达到了顶峰。与此同时，罗马对托勒密王朝乃至整个古埃及的影响，逐渐成为一个日益严重的问题。

托勒密五世与塞琉古王朝公主克娄巴特拉一世的联姻属于一种高明的外交手段。这场联姻暂时结束了托勒密王朝和塞琉古王朝间的对抗。这对夫妇育有3个子女：托勒密六世、托勒密八世和克娄巴特拉二世，他们后来都统治了古埃及。

公元前180年，托勒密五世被毒杀后，克娄巴特拉一世担任摄政王，直到4年后去世。她去世后，控制古埃及的政治权力转移到两位权臣尤拉乌斯和勒奈厄斯的手中，他们决策了托勒密六世和克娄巴

特拉二世的婚事，并使他们与托勒密八世形成三人共治集团。后来，因尤拉乌斯和勒奈厄斯对第六次叙利亚战争导致的灾难性后果负责，二人在此次战争期间失去了权力。战争结束后，托勒密王朝首都亚历山大城的臣民不再承认托勒密六世，转而支持克娄巴特拉二世和托勒密八世，此时塞琉古国王安条克四世则短暂地强迫托勒密六世成为傀儡国王。后来亚历山大城的臣民发现托勒密八世无能且放荡，因此转而将他驱逐出古埃及，并邀请流亡罗马的托

"托勒密三世之后的所有国王……都治理不善。"

斯特拉波《地理学》

勒密六世重返古埃及取而代之。回国后的托勒密六世与克娄巴特拉二世共治国家。

托勒密八世

公元前 145 年，托勒密六世最终因在叙利亚作战时负伤而亡，这促使托勒密八世返回古埃及，并与克娄巴特拉二世结婚。克娄巴特拉二世可能认为这样可以保全其幼子托勒密七世，但托勒密七世不久后还是被谋杀了。托勒密八世还娶了克娄巴特拉二世的女儿克娄巴特拉三世。直到托勒密八世和克娄巴特拉二世于公元前 116 年相继去世，国王和两位王后在一段时间内共同统治着古埃及，三人之间的紧张关系一直笼罩着整个政坛。

克娄巴特拉三世是她两个儿子托勒密九世和托勒密十世的摄政王。根据托勒密八世的遗嘱，克娄巴特拉三世应该选择其中一子成为国王，但她并没有这样做，于是托勒密家族又陷入了新一轮的王位之争。在这段动荡时期，托勒密九世十公元前 107 年被流放，克娄巴特拉三世于公元前 101 年去世，托勒密十世独自掌权到公元前 88 年，托勒密九世于同年结束流放，归国 8 年后去世。

托勒密十二世

公元前 80 年，托勒密十一世即位仅几天就被亚历山大城的起义者所暗杀，托勒密十二世被推上了王位。这位新托勒密自称尼奥斯·狄奥尼索斯，他更广为人知的名字是奥勒忒斯（吹笛者），是托勒密九世的私生子。

托勒密十世曾有遗嘱将古埃及遗赠给罗马共和国，这为托勒密十二世埋下了祸根。他通过在古埃及增税和从罗马债权人手中借款的方式筹集巨资，以贿赂罗马政要。尽管公元前 59 年，托勒密十二世国王的身份获得了罗马共和国执政官尤利乌斯·凯撒的确认，但由于他懒于政事，一年后又被迫流亡海外。托勒密十二世谋求在罗马人的支持下重登王位，于是他在公元前 55 年带着一支由奥卢斯·加比尼乌斯率领的罗马军队返回古埃及。

公元前 51 年托勒密十二世去世时，罗马共和国成为了其遗嘱的执行者，他的儿子托勒密十三世和女儿克娄巴特拉七世被立为古埃及的共治国王。然而，托勒密十二世留给孩子们的真正遗产是另一场王朝世仇，这场世仇与罗马对古埃及独立日益构成威胁的大背景交织在了一起。

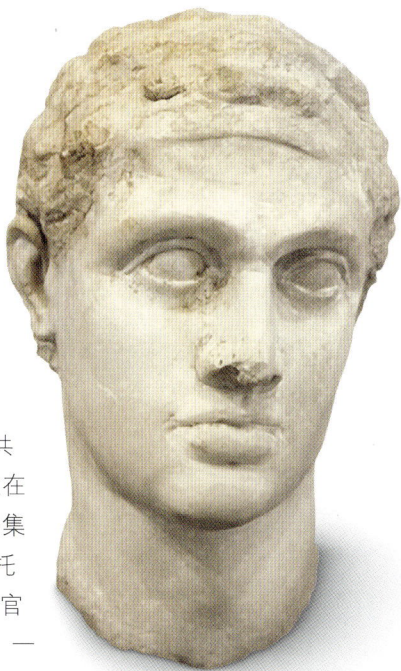

△ 托勒密十二世

与其他托勒密王朝统治者一样，托勒密十二世认为自己既是希腊统治者，也是古埃及国王。在这尊古典雕塑中，艺术家强调了他的希腊血统。

◁ 马赛克作品中的古罗马士兵

托勒密十二世严重依赖国外的支持来实现自己对古埃及的统治，这种依赖主要来自罗马的政治家、军事家和银行家。托勒密十二世还得到了罗马雇佣军加比尼亚尼的支持，托勒密十二世于公元前 55 年复辟后，罗马雇佣军依然留在古埃及。

罗马马赛克作品中的尼罗河

这幅长 5.8 米、宽 4.3 米的巨型马赛克作品,是在离罗马不远的普拉内斯特古镇(今帕莱斯特里纳)的一处洞穴中发现的。其创作时间为公元前 1 世纪至公元 1 世纪之间,这幅作品很好地说明了当古埃及刚刚成为罗马帝国的一部分时,罗马人对古埃及的迷恋与日俱增这一现象。画面不仅融合了现实与幻想,更将古埃及描绘成一个充满异域奇景的地方。蜿蜒的尼罗河上到处都是岛屿—岛上有各种神秘的神庙、城镇和奇怪的猛兽,各种各样的船只载着人们在河面上穿行。

◁ **克娄巴特拉雕像**
在现存雕像中，能够被明确认定为所刻人物是克娄巴特拉七世的屈指可数。这件王室成员头部雕像上，额头上雕刻的三重乌赖乌斯表明这件雕像刻画的可能是克娄巴特拉七世，但是克娄巴特拉二世、三世也有这样的王室标志。

独特的三重乌赖乌斯

可能被蓄意
毁损的鼻子

克娄巴特拉七世

多面的女王

莎士比亚和好莱坞将克娄巴特拉七世塑造为一位充满媚惑感的异域女子，这很大程度上归因于罗马作家的偏颇描述。事实上，她是一位老练的政治家。她试图使古埃及摆脱罗马的控制，维护古埃及的独立。

凯撒与克娄巴特拉七世

克娄巴特拉七世所面对的首要问题并非罗马，而是一直以来困扰托勒密王朝的家族内部问题。她和同父异母的弟弟、丈夫托勒密十三世共同执政不久，两人就产生争端，并很快演化成在三角洲地区的军事对峙。

罗马共和国的独裁官凯撒的到来，对克娄巴特拉七世来说是个偶然，没有人料到追击政敌到埃及的他会站在克娄巴特拉一方，反对托勒密十三世。公元前48年或前47年冬，凯撒与克娄巴特拉七世被困于亚历山大城，直到罗马军队派援兵抵达亚历山大城并释放了他们。

托勒密十三世在外逃中溺亡于尼罗河。克娄巴特拉七世随即改嫁11岁的弟弟托勒密十四世。后来她生下一个儿子，名为托勒密十五

◁ 尤利乌斯·凯撒
这尊在罗马发现的雕像刻画的是身着罗马盔甲的凯撒。在他被刺杀的前一年，他在罗马的维纳斯母亲神庙供奉了一尊克娄巴特拉七世的金像。

◁ 马克·安东尼硬币
马克·安东尼和克利奥帕特拉七世发行的硬币上有两人个性鲜明的侧像。其中安东尼的形象有着罗马人的鼻子和非常坚毅的下巴。

世凯撒（凯撒里昂），这个孩子的名字已然暗示了生父的身份。

安东尼与克娄巴特拉七世

公元前44年，托勒密十四世去世。恰是在同一年，凯撒被刺身亡。克娄巴特拉七世再次成为寡妇，她急需一位新的保护者。此时在罗马的政治危机中两位强权人物脱颖而出，他们是屋大维和马克·安东尼，二人既是同僚，后来又成了死敌。到公元前40年，克娄巴特拉七世与马克·安东尼结盟，并为他生下一对双胞胎，孩子分别名为亚历山大·赫利俄斯和克娄巴特拉·塞勒涅。

克娄巴特拉七世和安东尼共同策划了一个古埃及与罗马的联盟。他们指定克娄巴特拉七世的子女为未来罗马东部大部分地区的统治者，并在公开仪式上宣布了这一决定。这实际上是向屋大维宣战。屋大维于公元前31年决定性地战胜了安东尼和克娄巴特拉七世的军队。到公元前30年底，克娄巴特拉七世和安东尼自杀，凯撒遭谋害。古埃及随即并入罗马共和国，由罗马共和国的第一位元首屋大维统治，屋大维后来很快成了人们熟知的奥古斯都皇帝，罗马共和国变为罗马帝国。

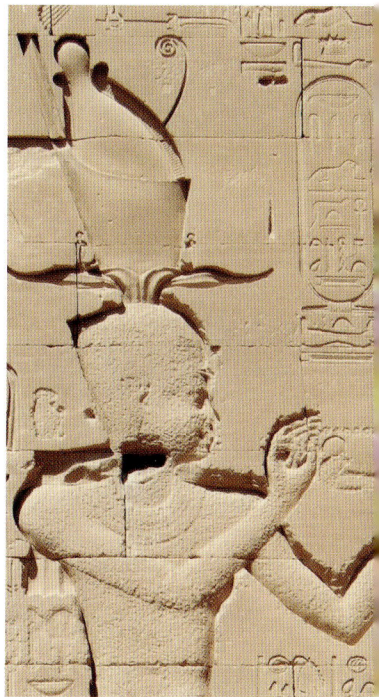

△ 凯撒里昂
在位于丹德拉的哈托尔神庙后墙上刻有克娄巴特拉七世与凯撒之子凯撒里昂的形象。在画面中，凯撒里昂和他的母亲克娄巴特拉七世一起向女神献祭。

公元前69年，托勒密十二世的女儿克娄巴特拉七世出生

公元前48年，凯撒率军抵达古埃及

公元前44年，凯撒去世

公元前31年，阿克提姆海战

公元前51年，托勒密十二世去世。克娄巴特拉七世与托勒密十三世共同执政

公元前47年，凯撒里昂出生

公元前34年，亚历山大城被捐赠

公元前30年，克娄巴特拉七世去世

古埃及的终结

一种文明的消亡

罗马统治时期无疑是古埃及文明走向衰亡的时期。公元4世纪，古埃及人不仅丧失了独立地位，他们中的许多人甚至皈依了基督教。

△ 奥古斯都头像
罗马皇帝经常将自己描绘成古埃及传统国王的形象。这尊奥古斯都的半身像展示了他藏在尼美斯头巾下的卷发，体现了古典时代艺术和古埃及艺术风格的融合。

尽管托勒密家族起源于希腊，在王室内部通婚，并在文化上认同希腊，但他们中的大多数人生于古埃及、住在古埃及，耳濡目染于古埃及的文化传统，还通过建造神庙和崇拜古埃及神灵的方式来支持古埃及文化的发展。相比之下，取代托勒密王朝的国王、成为古埃及实际统治者的罗马皇帝，与古埃及的文明没有任何关联。他们不仅从不生活于此，而且仅将古埃及视为其庞大帝国的一个小小局部。在罗马人眼中，这里对于罗马帝国，头等重要的是经济。最能说明这一点的是，在亚历山大港装满谷物的罗马大型货船的目的地，是位于今意大利的奥斯蒂亚港，古埃及成了向罗马帝国不断提供粮食的基地。

罗马帝国治下的古埃及

罗马帝国的统治者口头上承认古埃及文化，比如他们会在神庙墙壁上将自己描绘成古埃及传统的国王形象。有时他们甚至试图用象形文字书写自己的名字或头衔（如君主凯撒罗斯、统治者凯撒），但鲜有罗马皇帝视察其治下的这片领土，除非他们不得已而为之，比如戴克里先于298年率军至古埃及是为了应对地方起义，重夺亚历山大城。

唯一的例外是哈德良皇帝，他在130年至131年的10个月间到古埃及进行了一次"盛大的旅行"。这引发了一场在罗马仿建古埃及纪念建筑的风潮，哈德良本人也将他在蒂沃利的别墅进行了改造，增加了古埃及风格的建筑和雕像。哈德良的一位名为安提诺乌斯的朋友在陪同他视察的途中去世，于是哈德良在其治下的古埃及土地上建立了一座城市，并以这位朋友的名字命名。

基督教的到来

托勒密王朝和之后罗马人的统治，实际上破坏了古埃及这个国家的自治和独立。建造神庙等古老的文化传统继续存在，而供奉古埃及众神的万神殿，由于要为像塞拉皮斯神这样的后来者腾出空间，而被加以改造。虽然古埃及人仍旧书写着象形文字，但它们变得越来越不合时宜——即便在有读写能力的古埃及人群中，有能力读写象形文字者也变得十分罕见。文件（包括官方性质的文件）都以希腊文或世俗体（一种转录当时古埃及口语的草书体）写就。

导致古埃及文明消亡的关键因素，是基督教的传入。这使得古埃及宗教成为了异教，而异教的神无关紧要，异教的神庙毫无作用，象形文字也毫无意义。这一变化并非一夜之间出现的，而是经历了几个很关键的时点。最为重要的是亲基督教的君士坦丁一世登基成为罗马帝国皇帝，以及《米兰敕令》的颁布。《米兰

◁ 受损的女神
后来的一神论者，在损坏或丑化异教神形象时的行为往往极其粗暴。左图为卢克索神庙浮雕中刻画的穆特女神，虽然女神的面部惨遭损毁，但其他部分完好。

"我将埃及纳入了罗马帝国的版图。"

奥古斯都的官方自传《功业录》

◁ **阿特米多鲁斯之棺**

在哈瓦拉发现的这具罗马时期棺木，是古埃及艺术传统与古典艺术结合的最佳范例之一。其棺盖上装饰着古埃及的冥神，而"木乃伊肖像"则是罗马风格。

△ **罗马风格的荷鲁斯神**

以当时的罗马方式描绘古埃及众神的尝试，会导致一些奇怪的结果。这尊雕像塑造的是身着罗马士兵盔甲的荷鲁斯神。

敕令》结束了罗马帝国对基督徒的迫害，颁布者是先于君士坦丁一世即位的罗马帝国共治皇帝伽列里乌斯，他曾反对基督教。在此以前，基督教一直是一种地下邪教。在得到这一官方认可后，其信众剧增。到君士坦丁去世时，古埃及领土上一半以上的人口可能都成了基督徒。到公元4世纪末，基督教已成为罗马帝国的主导宗教。

狄奥多西一世皇帝在位期间，首颁禁止异教崇拜的系列法令。也是在他的统治时期，位于菲莱的一座神庙里铭刻的象形文字成了最后的象形文字。古埃及神庙被依次关闭或改建为教堂，古埃及神像遭到破坏。毁像行动往往是由狂热的反异教修道士组织的，如著名的谢努特，他损毁了古埃及中部地区的很多异教建筑。

随着新式葬俗的引入，人们不再需要精致的彩绘墓，也不再需要用来装饰陵墓的绘画。随着古代国王、宗教、艺术、建筑和文字的消亡，古埃及文明已不再以一种活态的方式而存在了。

用象形文字写在王名圈里的"托勒密"

▽ 三体文字

罗塞塔石碑的铭文分 3 种文字刻在石碑的表面——古埃及象形文字（顶部）、古埃及世俗体文字（中部）和古希腊文字（底部）。

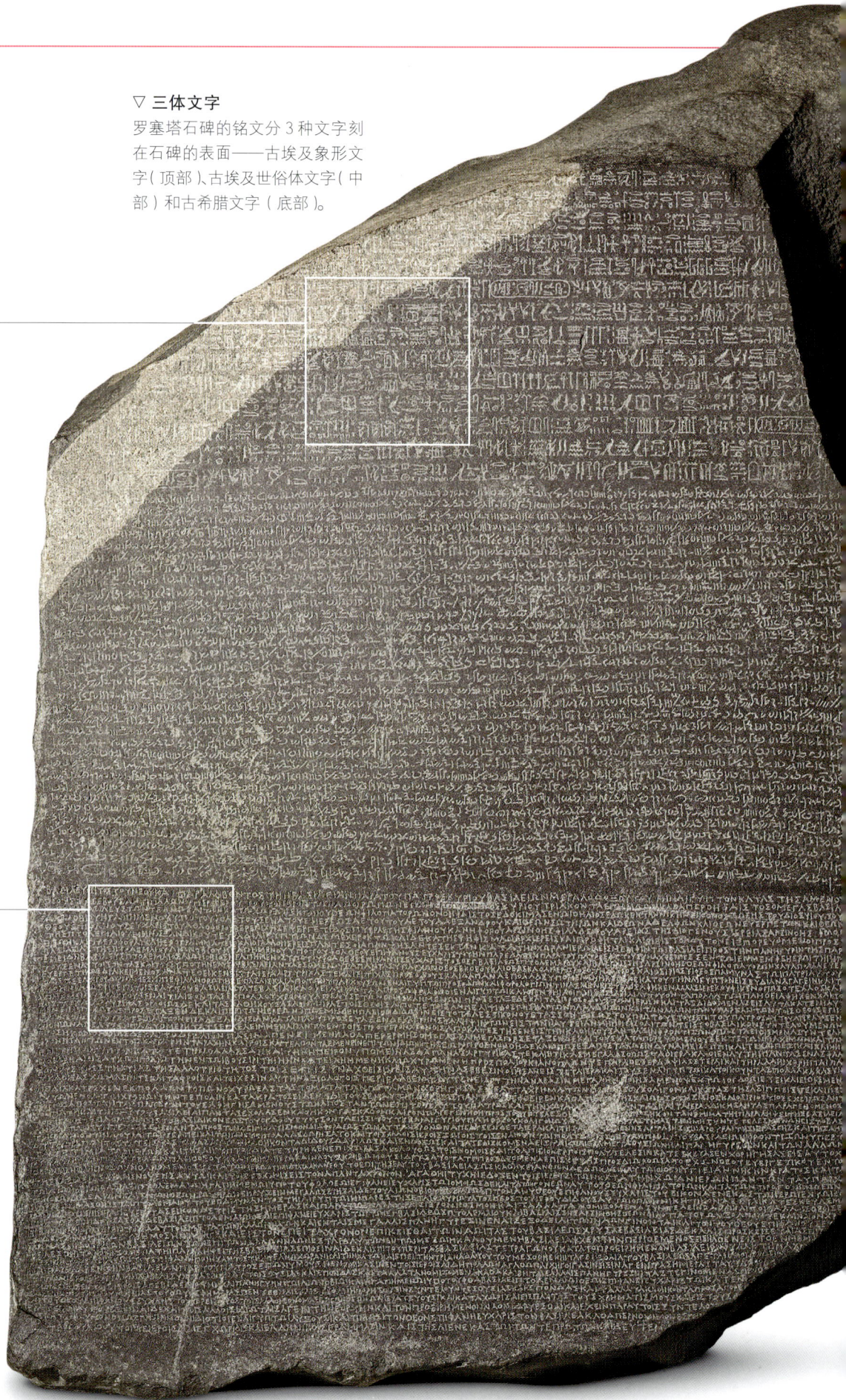

△ 古埃及象形文字

象形文字是一种古老的文字，生活在罗塞塔石碑铭刻前 2000 年的古埃及书吏，对这种文字最熟悉不过。

希腊文的"托勒密"

△ 古希腊文

这段文本承认托勒密王朝的统治者来自希腊（马其顿帝国）。托勒密五世下令在罗塞塔石碑上用希腊文记录这一史实。

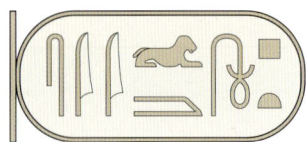

ΠΤΟΛΕΜΑΙΟΣ

△ 王名

理解象形文字的关键，在于认识到"托勒密"这个王名在古希腊文和古埃及象形文这两种截然不同的书写方式中的发音方式应当相同。

罗塞塔石碑

解码古埃及象形文字

1799 年，拿破仑占领埃及期间，一群法国工程师受命修复一座中世纪堡垒。这座堡垒位于尼罗河三角洲河口的罗塞塔（拉希德）镇。在过去用于建造堡垒的碎石瓦砾中，他们发现有些石块取自于古埃及的纪念建筑，其中部分来自三角洲西部城市塞易斯的纪念建筑。

其中的一块石头引起了法国工程师们的特别关注。这是一块高 112 厘米的巨型深色花岗闪长岩（花岗岩的一种），石块正面刻有 3 种明显不同字体的文字，文字呈横线状水平排列。这件重要的文物，现在被称为"罗塞塔石碑"。1801 年英军在埃及大败法军，法国投降后签订的条约规定，法国将掠夺的一批古董宝藏移交给英国，于是罗塞塔石碑于 1802 年入藏大英博物馆。然而，尽管这块石头本身在伦敦，但其上的文字副本早已在那些试图破译古埃及象形文字的学者中流传开来。

破解密码

罗塞塔石碑铭刻的是一项宣布改变托勒密五世与古埃及神庙祭司之间经济关系的法令，内容本身在埃及学的历史上并不具有非同一般的重要性。人们对这方石碑感兴趣的不是它写了什么，而是它是如何刻写的。石碑以两种语言、3 种字体写就，即古埃及文和古希腊文，而古埃及文又以祭司使用的传统象形文字和世俗体（即古埃及人日常使用的草书体）分别书写，而在那时传统的象形文字早已不普遍使用。学者们推测罗塞塔石碑与大约同时期的纪念碑一样，3 种字体刻写的应当是同一内容，因此学者们可以利用他们看得懂的希腊文，作为读懂其他两种文体的钥匙。用象形文字和世俗体写成的古埃及文当然与希腊文完全不同，但罗塞塔石碑至少给学者们提供了一个入手点。

符号与标志

最重要的发现是大多数象形文字没有什么奇怪的象征意义，而仅是表音。这一点在用希腊文很容易读懂的国王托勒密的名字上表现得最为明显。幸运的是，人们猜到王名圈（椭圆形框）里面的文字也是"托勒密"的一种书体，这使学者们开始找寻希腊字母和个别象形文字符号之间的关联性。

破译象形文字是一个漫长、艰苦而极其缓慢的过程。法国学者让 - 弗朗索瓦·商博良在这一过程中做出了最重要的贡献。1822 年，他有效地破解了象形文字的"密码"，使人们能够再次阅读和理解古埃及王朝留下的历史文献。

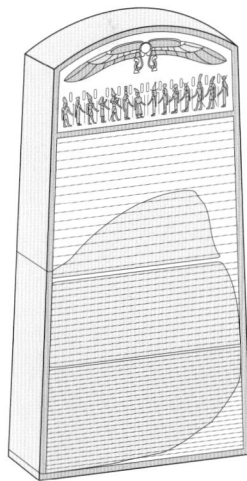

△ 石碑复原图
根据后期埃及时代和托勒密时期的同类石碑推测可知，整个罗塞塔石碑最初可能高约 180 厘米，顶部有国王和众神的图像。

古埃及与世界史

王朝、帝国和重要事件的时间表

古埃及是最早的文明之一，其历史延续了数千年。下图通过一些关键事件和变革来对古埃及与世界上的其他一些伟大帝国和文明进行比较，以此将古埃及史放置在一个更广泛的世界背景之中来进行展现。

- 约公元前 1777 年，索布克尼弗鲁成为第一位独立统治古埃及的女性国王

- 约公元前 2055 年，孟图霍特普二世重新统一古埃及

- 约公元前 2667 年，乔塞尔登基；后来他在萨卡拉建造阶梯金字塔

- 约公元前 2181 年，珀辟二世去世；古王国时代终结

- 约公元前 1650 ~ 前 1550 年，希克索斯统治者与底比斯统治者割据分治

- 约公元前 3000 年，首次出现在埃及使用纸草的记录

- 约公元前 2375 年，乌那斯登基；金字塔铭文首次出现

- 约公元前 3000 年，那尔迈统一古埃及

- 约公元前 2550 年，吉萨大金字塔落成

约公元前 2160 ~ 前 2055 年，第一中间期

约公元前 1650 ~ 前 1550 年，第二中间期

古埃及王朝

约公元前 3000 ~ 前 2686 年，早王朝时代	约公元前 2686 ~ 前 2160 年，古王国时代	约公元前 2055 ~ 前 1650 年，中王国时代

公元前 3000 年	公元前 2750 年	公元前 2500 年	公元前 2250 年	公元前 2000 年	公元前 1750 年

世界上的诸多文明和早期国家

苏美尔早王朝		阿卡德帝国	乌尔第三王朝	古亚述帝国

印度河文明

中华文明

米诺斯文明

努比亚的早期克尔玛文化	努比亚的克尔玛王国

古安第斯文明

- 约公元前 3200 年，纽格莱奇墓在爱尔兰建造

- 约公元前 2600 年，英国出现巨石阵

- 公元前 1790 年，汉谟拉比为巴比伦帝国制定法典

- 约公元前 2340 年，阿卡德人萨尔贡建立阿卡德帝国并开始其统治

- 约公元前 2070 年，中国夏朝诞生

- 公元前 1800 年，中欧首次出现使用青铜器的证据

- 约公元前 3500 年，青铜时代始于美索不达米亚

- 约公元前 2600 年，印度河流域开始出现城市

- 约公元前 2000 年，克里特岛米诺斯王宫建成

- 约公元前 1735 年，二里头文化产生

- 约公元前 1296 年，塞提一世开始统治

- 公元前 1279 年，拉美西斯二世登基，之后指挥卡叠什战役

- 公元前 1550 年，阿赫斯一世登基，之后继续逐希克索斯人

- 约公元前 1126 ~ 前 1069 年，位于底比斯的王陵不断被盗

- 公元前 1352 年，埃赫那吞登基，之后新建阿玛尔纳城

- 公元前 945 年，舍尚克一世占领耶路撒冷

- 公元前 1325 年，图坦哈蒙去世并入葬

- 约公元前 1184 年，拉美西斯三世登基，之后击败利比亚人和海上民族

- 约公元前 671 年，亚述人入侵古埃及

- 公元前 525 年，波斯征服古埃及

- 约公元前 726 年，努比亚国王皮安希占领古埃及

- 公元前 664 年，普萨美提克一世建都塞易斯

- 公元前 51 年，克娄巴特拉七世开始统治

- 公元前 305 年，托勒密一世登基，之后开始建造法罗斯岛灯塔和亚历山大图书馆

- 公元前 332 年，亚历山大大帝从波斯人手中夺取古埃及

- 约公元前 31 年，罗马开始统治古埃及

约公元前 1550~ 前 1295 年，新王国时代前期

约公元前 1295~ 前 1069 年，新王国时代后期	约公元前 1069~ 前 664 年，第三中间期	约公元前 664~ 前 332 年，后期埃及时代	约公元前 332~ 公元 395 年，希腊 - 罗马时代

公元前 1250 年	公元前 1000 年	公元前 750 年	公元前 500 年	公元前 250 年	公元 1 世纪

陀文明

古印度列国

古罗马

迈锡尼文明

古希腊文明

努比亚的纳帕塔王国

努比亚的麦罗埃王国

墨西哥的奥尔梅克文化

- 公元前 1003 年，犹太王大卫统一以色列王国和犹大王国

- 约公元前 508 年，雅典建立民主政体

- 约公元前 146 年，罗马人灭亡迦太基

- 约公元前 600 年，腓尼基开始使用硬币

- 约公元前 1046 年，中国进入周王朝

- 约公元前 200 年，中国发明造纸术

- 约公元前 1400 年，在中美洲地区出现用橡胶球决胜负的比赛

- 约公元前 750 年，中欧进入铁器时代

- 约公元前 490 年，马拉松战役爆发

- 约公元前 4 年，耶稣基督诞生

- 约公元前 776 年，古希腊举办第一届奥运会

词汇表

阿玛尔纳：埃赫那吞改革时所建新都埃赫塔吞的现名，亦指埃赫那吞（即阿蒙霍特普四世）统治时期的文化。

阿玛尔纳时期：古埃及首都迁至埃赫塔吞（现名阿玛尔纳）后的一段时期，属于第18王朝晚期。这一时期的宗教和艺术发生彻底改变。

阿蒙神之妻：一些女性王室成员的宗教头衔，表明其与阿蒙神的关联。

阿匹斯公牛：圣牛，被认为是普塔神在世间的代表。

阿吞：埃赫那吞宗教改革时期埃赫那吞国王推崇的太阳神，其形象为一个散发光芒的太阳圆盘，光芒的尽头是手。

安赫：象征"生命"的象形符号，其形状是一个十字交叉的圈状物。

"巴"：灵魂中塑造每人个性的组成部分。在艺术作品中常以人头鸟为造型。

碑：一种刻有铭文的石板或木板。

播种季：古埃及历法中的第二个季节，农作物于此时种植并开始生长。

侧发辫：孩子们的一种独特发型。

叉铃：一种类似拨浪鼓的乐器。

称量心脏：在杜阿特举办的一种以一根羽毛的重量称量逝者心脏的仪式，用以评判他们是否可以进入"芦苇之境"。

堤道：常将金字塔连接至神庙或运河的铺装小路。

底比斯：古埃及新王国时代的宗教中心，位于今卢克索。

帝王谷：新王国时代的陵墓区，其中包括底比斯国王们的王陵。

动物崇拜：通过代表性动物进行的神灵崇拜。

杜阿特：太阳神"拉"每晚穿行的冥界通路。

多柱大厅：有立柱的神庙大厅。

法老：古埃及对国王的尊称，本意是"大房子"。

泛滥：尼罗河一年中流量最大的洪水期，一般发生在每年的8月至11月。

泛滥季：古埃及历法中尼罗河被洪水淹没的第一个季节。

方尖碑：一种上尖下方耸立的巨型石碑，上部如金字塔塔尖的形象象征着太阳的光芒，常立于神庙入口处。

方解石：碳酸钙的晶体形态。

费昂斯：一种主要由石英制成，通常施以蓝色或绿色釉的陶瓷材料。

封号：用以表明一个人、地方或事物特质的描述性词汇或短语。例如，托勒密一世的封号是"索塔尔"（意为救世主）。

浮雕：一种雕刻技艺。图像被切割成多平面，或将图案以外的空余部分剔凿下去从而使图案从基底中凸显出来。

棺木铭文：在棺材内部镂刻的魔法咒语。

海上民族：在拉美西斯时期入侵古埃及的海上部落联盟。

赫梯人：今土耳其境内的古老民族。

后期埃及时代：第三中间期之后的历史时期，这是一个本土统治者与外来波斯统治者交替建立的历史时期。

护身符：生者或逝者佩戴的带有护佑功能的魔法坠饰。

假门：陵墓中的一扇神奇的刻有文字的门，作为逝者灵魂的"卡"可以通过这扇门接受随葬品。

讲经祭司：在仪式上负责朗诵经文的祭司。

金字塔：一种方底四面倾斜的角锥体陵墓，用以安葬国王的木乃伊。

金字塔铭文：镌刻在古王国金字塔建筑内墙上的魔法咒语。

巨像：远超真人尺寸的巨型雕像。

"卡"：指人与生俱有的生命力。人死后，"卡"住在逝者的陵墓里，并享用那里可供食用的随葬品。在古埃及艺术中，"卡"往往表现为逝者的替身。

开口仪式：木乃伊入殓前的一种仪式。祭司将"卡"从逝者的尸身里释放出来，并施法术恢复其感知。

库什：古埃及南部的一个地区，位于今苏丹北部。

拉美西斯时期：古埃及第19王朝和第20王朝的历史时期。这一时期共有11位以拉美西斯为名的国王，故称拉美西斯时期。

黎凡特：地中海东岸地区的古老称谓，包括今约旦、黎巴嫩、叙利亚、巴勒斯坦、以色列和土耳其南部的部分地区。

亮相之窗：国王及其家人在王宫中出席公众活动时露面的有顶阳台。

灵魂之屋：放置在墓中的供墓主人来世之用的微型住宅模型。

卢克索：尼罗河东岸的一座城市，卡纳克神庙所在地。

芦苇之境：由奥西里斯统治的古埃及及来世。古埃及人认为这里是天堂般理想化的埃及。

罗马时期：此时期的古埃及是罗马帝国的一个省。公元前31年，屋大维在阿克提姆战胜马克·安东尼和克娄巴特拉七世。

马斯塔巴：古埃及一种长凳形的墓葬形式，具有地上平顶和地下墓室的特征。

玛阿特：古埃及关于秩序、真理和正义的概念，与一位女神的名字相同。

梅纳特项链：一条饰以珠子的、带有配重的宽大项链。

美尼斯：神话中第一位统一古埃及的国王。

孟斐斯：这座位于尼罗河三角洲以南的城市是古埃及大部分王朝时期的行政首都。

米坦尼王国：位于底格里斯河和幼发拉底河之间的美索不达米亚平原北部地区。

木乃伊：以自然或人工手段加以保存的人类或动物尸体。

尼美斯：国王佩戴的条纹头巾。

拟古：一种艺术、建筑及写作上的风格，以模仿更早时期的作品为时尚。这是第25王朝和第26王朝时期的文化潮流。

黏土模型：作为随葬品设置在陵墓中的木雕人物或场景模型。

涅伽达：位于卢克索附近的村庄，是前王朝时代墓群所在地。这个词也指代前王朝时代的古埃及文化，分为涅伽达文化一至三期。

努比亚：阿斯旺以南地区，位于今埃及南部和苏丹北部。

诺姆：由诺姆长统辖的古埃及省级行政区域。

诺姆长：古埃及每个诺姆（省）的执政长官。

泡碱：一种在制作木乃伊过程中用来使尸体脱水的天然盐化物。

蓬特：古埃及人对非洲东部某片地区的称谓。古埃及曾派探险队前去获取香料、乌木和兽皮等物资。

前厅：通向更大墓室的小空间。

前王朝时代：公元前 3000 年古埃及统一前的历史时期，先于古埃及国王统治的各个王朝。

青金石：古埃及人进口自今阿富汗地区的深蓝色半宝石。

人形棺：埃及学中指形状类似人形的棺材。

塞德节：用以庆祝国王执政 30 周年的王室庆典或节日。

塞拉赫符号：早王朝时代使用的一个包含国王名字的矩形图案。

塞拉皮雍：供奉神灵塞拉皮斯的神庙。这里也是在萨卡拉埋葬阿匹斯公牛的地方。

"塞姆"祭司：负责主持开口仪式的高级祭司。

塞奈特：一款广受古埃及人喜爱的棋盘游戏，需要在一块 30 个方格的棋盘上进行。

塞易斯时期：古埃及第 26 王朝，即古埃及迁都至塞易斯的时期。

三角洲：指尼罗河三角洲。开罗和地中海之间土地肥沃的近似三角形区域。

僧侣体：一种源于圣书体的古埃及草书字体，常用于书信。

上埃及：古埃及的南部区域。这一概念有时也包括中埃及。

圣船：一种用来运送神像的宗教仪式用船。

圣甲虫：一种蜣螂。古埃及人认为它是神圣的，和重生有关。

圣书体：一种由图形符号组成的文字体系，常用于官方铭文。

世俗体：基于僧侣体创制的一种可以快速书写的草书字体。

收获季：古埃及历法中的第三个季节，此时农作物已经收割了。

随葬品：指供奉在墓室内的面包、啤酒和葡萄酒等供品。供品分两种形式：一种是哀悼者供奉的实物，另一种是通过具有魔力的图案和铭文呈现的供品。

塔门：在埃及学中，指步入神庙致祭的入口。

太阳船：神话中太阳神"拉"及其同伴穿越天空时乘坐的船，"拉"在这一过程中为世界带来光明。

陶（石）片：一种施有彩绘或文字的陶片或石片。

统一：在埃及学中，指上、下埃及合并成为统一的古埃及王国。

土墩：陵墓上的人造封土。

托勒密时期：希腊 – 罗马时代的希腊裔埃及国王统治时期。这一时期共有 15 位以托勒密为名的国王，故称托勒密时期。

亡灵书：旨在保佑逝者灵魂能够前往来世的一系列咒语。

王表：自第一次上、下埃及统一以来古埃及国王的序列表。

王朝：由具有亲属关系的统治者接续构成的统治序列。

王后谷：第 19 王朝和第 20 王朝王后和未成年王室成员位于底比斯的陵墓区。

王名圈：在国王或王后名字外绘制的一个椭圆形的环。

维西尔：古埃及政府最高阶的官员称谓。

乌加特之眼：象征荷鲁斯神之眼的护佑符号。

乌赖乌斯：直立的眼镜蛇形象，常被佩戴在王冠或王室头饰上。

西奈半岛：位于埃及东北部的半岛，是古埃及人通往黎凡特的通道，也是铜矿和绿松石的产地。

希克索斯人：在第二中间期统治古埃及的闪米特人。

希腊化：古希腊思想和文化对古埃及社会的影响。

希腊 – 罗马时代：古埃及的一个历史时期，自亚历山大大帝开始，埃及先后由希腊人和罗马人统治。

下埃及：位于尼罗河尽头的埃及北部地区，即尼罗河三角洲地区。

夏勃梯：被认为是魔法般地代表逝者在"芦苇之境"为神工作的仆人雕像。

楔形文字：古代近东地区使用的一种文字，以楔形符号为特征。

胸饰：戴在脖子上、佩在胸前的珠宝饰品。

亚麻：一种用于生产纺织纤维的开花植物，通常被纺成亚麻布。

岩窟墓：在岩崖间凿出的用来下葬逝者的建筑物或空间。

岩石条带：尼罗河中形成急流的六块露头岩石，其中一块在阿斯旺。

眼影：一种用来描画眼线的黑色粉末。

衣冠冢：一种仪式性墓葬，并非为下葬遗体而建。

葬祭庙：用于献祭供品和日常祭祀已故王室成员的纪念性建筑。通常建于逝者陵墓附近。

早王朝时代：上、下埃及第一次统一后的古埃及历史时期。

纸草：由纸莎草的茎制成的书写材料。

中埃及：泛指法尤姆以南、艾斯尤特以北的区域。常指代阿玛尔纳和贝尼·哈桑及其周边地区。

中间期：没有统治整个国家的国王、地方割据纷乱的古埃及历史时期。

索引

A

致谢

DK London would like to thank the following for their help with this book:
Rose Blackett-Ord for editorial assistance: Helen Peters for the index; Katie Cavanagh
for design assistance; Daksheeta Pattni for secondary artworks; Peter Bull Art Studio
for CGI artworks of Buhen Fortress, Khufu's pyramid, House of Ranefer, Tomb of
Tutankhamen, and Deir el-Medina; Sonia Charbonnier for DTP assistance; Steve Crozier
and Tom Morse for creative technical support; Simon Mumford for cartographic advice.

DK Delhi would like to thank the following:
Chhavi Nagpal, Devangana Ojha, and Tina Jindal for editorial assistance:
Vikas Sachdeva for design assistance; DTP designer Anita Yadav; Picture Research
Coordinator Sumita Khatwani; Jackets Editorial Coordinator Priyanka Sharma and
Managing Jackets Editor Saloni Singh.

The publisher would like to thank the following for their kind permission to reproduce
their photographs:

(Key: a-above; b-below/bottom; c-centre; f-far; l-left; r-right; t-top)